DIGITAL INTELLIGENCE
EMPOWERMENT
Strategic Path for Manufacturing Transformation
and Disruptive Innovation

数智化赋能

制造转型与颠覆式创新战略路径

刘 璟 ◎著

中国财经出版传媒集团

经济科学出版社
Economic Science Press

·北京·

图书在版编目（CIP）数据

数智化赋能：制造转型与颠覆式创新战略路径／刘璟著 . -- 北京：经济科学出版社，2024. 12. -- ISBN 978 - 7 - 5218 - 6580 - 6

Ⅰ. F426. 4

中国国家版本馆 CIP 数据核字第 2024RR7464 号

责任编辑：刘　莎
责任校对：刘　昕
责任印制：邱　天

数智化赋能：制造转型与颠覆式创新战略路径

SHUZHIHUA FUNENG：ZHIZAO ZHUANXING YU DIANFUSHI CHUANGXIN ZHANLÜE LUJING

刘　璟　著

经济科学出版社出版、发行　新华书店经销
社址：北京市海淀区阜成路甲 28 号　邮编：100142
总编部电话：010 - 88191217　发行部电话：010 - 88191522
网址：www. esp. com. cn
电子邮箱：esp@ esp. com. cn
天猫网店：经济科学出版社旗舰店
网址：http：//jjkxcbs. tmall. com
固安华明印业有限公司印装
710×1000　16 开　29 印张　480000 字
2024 年 12 月第 1 版　2024 年 12 月第 1 次印刷
ISBN 978 - 7 - 5218 - 6580 - 6　定价：145. 00 元
（图书出现印装问题，本社负责调换。电话：010 - 88191545）
（版权所有　侵权必究　打击盗版　举报热线：010 - 88191661
QQ：2242791300　营销中心电话：010 - 88191537
电子邮箱：dbts@ esp. com. cn）

　　本专著获得了广东省社科规划 2022 年度常规项目"数字赋能粤港澳大湾区生产型制造向服务型智造转变研究"（GD22CYJ25）；2024 年度广东省普通高校特色创新类项目（人文社科）"金融科技助推粤港澳大湾区制造业高端化转型研究"（2024WTSCX014）；肇庆学院 2024 年度学术著作出版资助项目；2022 年广东省本科高校教学质量与教学改革工程建设项目"数智时代下地方院校专业课程一体化实践研究——以投资学为例"（粤教高函〔2023〕4 号）；2022 年度广东省本科高校在线开放课程指导委员会重点研究课题"在线开放课程助力高等学校高质量发展研究"（2022ZXKC496）；广东省普通高校创新团队项目"数智化转型与新质生产力研究创新团队"（2024WCXTD）；2024 年度肇庆学院质量工程及教学改革项目"数字经济与金融科技教研室"（zlgc2024008）；肇庆学院会计学重点学科资助项目；肇庆学院第四批创新科研团队"数字金融与区域国别发展研究团队"（TD202401）；广东省高等学校教学管理学会毕业论文（设计）管理研究课题（一般课题）"基于 STEM 教育的毕业论文全过程管理研究"（BYLW2023040）；2024 年校级科研基金项目"党纪学习教育"专项"省级样板支部'党纪学习教育'常态化长效化探索与推广"（DJXXJY202408）等项目的资助。

前 言

　　在 21 世纪的今天，全球经济正经历着前所未有的变革。随着信息技术的飞速发展和全球化的不断深入，一个以数字化和智能化为特征的新时代正在到来。在这个时代，传统的生产方式和商业模式正在被新兴的技术所颠覆，企业面临着转型升级的巨大挑战和机遇。在当今时代，新质生产力，作为经济社会高质量发展的必然产物，以创新为主导，推动了生产力与生产关系的深刻变革。它由技术革命性突破、生产要素创新性配置和产业深度转型升级共同催生，以全要素生产率的大幅提升为核心标志。数字经济作为新质生产力的关键抓手，已经从信息化、网络化发展到智能化阶段，其特征是以数据为中心，以算法为工具，促进了数字化、智能化、平台化、共享化和跨界融合。这一进程不仅重塑了全球经济结构，也改变了全球竞争格局。

　　数据要素具有多重属性，其在市场中的利益分配机制与传统要素市场既有联系又有区别。应将数据视为物化劳动，强调其在创造剩余价值中的作用，同时按贡献参与分配，体现按劳分配的原则。数据作为生产要素参与分配，是因为其作为企业和社会的重要战略资源，能够带来科学理论的突破和技术进步，从而提高劳动生产率，创造更多价值。在数据资产的分配过程中，需要明确数据资产的价值和其创造价值的概念。数据必须与劳动者结合，参与劳动过程，才能转移其价值。政策制定者需要对数据要素的分配主体、额度和方式作出科学理性的判断。截至2023年，中国数据产量达到6.6ZB，占全球数据总产量的9.9%，展现出强劲的增长势头。自20世纪中叶以来，我们见证了从信息化到智能化的数字经济演进，这一过程中，数据要素以其独特的"4V"特征——规模性（volume）、高速性（velocity）、价值性（value）和多样性（variety）成为推动经济增长的关键。特别是人工智能技术的突破，为新质生产力的发展注入了新动能。近年来，我国政府通过《中共中央 国务院关于构建更加完善的要素市场化配置体制机制的意见》等文件，强调了数据要素作为新型生产要素的重要性，并提出了加快培育数据要素市场的战略。

当前，我国数字经济的快速发展带动了大数据、云计算、数据中心等产业链的扩展，为传统产业和中小企业的数字化转型提供了强大动力。在数字基础设施方面，据工信部的相关统计数据表明，截至2023年底，我国累计建成5G基站337.7万个，5G移动电话用户达8.05亿户。近年来，我国算力产业发展呈现奔腾之势，工信部数据显示，2021年底我国算力核心产业规模已达1.5万亿元，位居全球第二，近五年平均增速超过30%，带动关联产业规模超过8万亿元。目前我国算力总规模超过150EFLOPS，根据《"十四五"信息通信行业发展规划》，2025年我国算力总规模将增长到300EFLOPS，这为数字经济的持续发展提供了坚实的技术支撑。同时，数据产量也实现了快速增长，据2023年全国数据生产总量达到32.85ZB，同比增长22.44%，显示出数据作为新生产要素的重要作用。技术创新方面，中国在先进计算、人工智能、5G/6G等关键技术领域不断取得突破，人工智能核心企业数量超过4 500家。量子计算、新型显示、3D打印、脑机接口等前沿技术研发进度加快，为数字经济的长远发展注入了新的活力。数字产业化和产业数字化的快速发展，不仅为经济增长提供了新动力，也为传统产业的转型升级提供了新路径。新质生产力与数字经济的深度融合，正推动着经济社会的全面创新和高质量发展。《数智化赋能：制造转型与颠覆式创新战略路径》这本专著，正是在这样一个背景下应运而生。本书深入探讨了数智化转型对于制造业特别是智能制造（智造）的深远影响，以及如何通过颠覆性创新战略实现企业的持续成长和国际竞争力的提升。

在全球化的浪潮中，中国制造业正站在一个新的历史起点上。面对国内外复杂的经济形势和激烈的市场竞争，中国制造业亟须找到一条符合自身特点的转型升级之路。数智化转型不仅为中国制造业提供了新的增长点，也为实现高质量发展提供了新的思路和方法。通过深入分析和研究，本书旨在揭示数智化转型与颠覆性创新在推动企业生产效率提升、促进企业绩效改进以及加速企业国际化进程中的重要作用。本书首先从理论层面对数智化转型和颠覆性创新进行了系统的梳理和阐述，明确了相关概念、特征和路径选择。其次，通过实证研究，分析人工智能、金融科技等关键技术在企业中的应用现状和趋势，探讨了这些技术如何推动企业经营模式、创新生态和生产流程的变革。书中还详细讨论了政策环境、企业特征和市场条件等因素如何与技术创新相互作用，共同塑造企业的转型路径。

此外，本书还重点关注了中国制造业的实际情况，通过案例分析详细阐释了制造向智造转型的实践路径和策略选择。书中不仅提出了企业如何通过数字化赋能实现高端颠覆式创新的策略，也为政策制定者提供了实施相关政策的参考和建议。

希望通过本书的研究成果，为企业提供有价值的参考和指导，帮助企业把握数字化转型的机遇，规避风险，实现可持续发展。同时，也希望能为学术界和政策研究领域提供新的视角和思路，促进相关理论和实践的进一步发展。为此，我要感谢所有提供支持和帮助的机构和个人，没有他们的鼓励和协助，本书的完成将不可能实现。

最后，我期待本书能够激发更多的讨论和思考，为中国乃至全球的制造业转型升级贡献一份力量。让我们共同期待，在数智化赋能的推动下，制造业能够迎来一个更加智能、高效和绿色的新时代。愿数智化的光芒照亮制造业的未来，愿创新的力量推动我们共同进步！

刘 璟

2024 年 10 月于砚园

目 录

第 1 章

导论：数智化赋能与颠覆性
创新的交汇点

在全球化浪潮和科技创新的推动下，制造业正处于一个关键的转型时期。这一转型不仅对企业的未来发展至关重要，也对国家经济的持续增长和全球竞争力具有深远影响。数智化赋能，作为数字化与智能化深度融合的产物，已成为推动制造业升级换代、增强国际竞争力的核心动力。而颠覆性创新，作为一种能够打破既有市场规则、创造新市场机会的创新模式，对现有产业格局带来深刻影响。在中国这一全球制造业的重要基地，如何有效实施数智化赋能和颠覆性创新，不仅是企业面临的战略选择，也是国家层面需要深思的议题。在全球化的大背景下，中国制造业如何在数智化赋能和颠覆性创新的推动下，实现由大到强的历史性跨越，是本研究需要深入探讨的问题。通过这些研究，笔者期望为中国乃至全球的制造业发展提供深刻的理论见解和实践指导，助力制造业在全球竞争中立于不败之地。

1.1 研究背景与问题提出

1.1.1 数智化与颠覆性创新：制造业转型升级的新动力

随着全球经济一体化的加深和科技革新的日新月异，制造业作为国家经济的重要基石，正处于转型的十字路口。这一转型，既带来了空前的压力，也孕育了无限的机会。特别是在信息技术高歌猛进的当下，数智化赋能已然成为制造业升级换代、提升国际竞争力的核心引擎。数智化，简言之，就是数字化与智能化的有机融合。它不仅代表了新一轮工业革命的发展方向，更是制造业实现高质量发展的必然路径。数字化让数据成为新的生产要素，智能化则让这些数据转化为生产力，两者相结合，为制造业带来了前所未有的生产效率和管理水平的提升。在这一大背景下，颠覆性创新显得尤为重要。颠覆性创新，顾名思义，是一种能够打破既有市场规则、创造新市场机会的创新模式。在制造业中，它往往表现为新技术的应用、新产品的推出、新生产方式的采用等，这些都能够从根本上改变产业的游戏规则，甚至颠覆整个产业链的格局。颠覆性创新对于制造业的意义不言而喻。它不仅能够推动单个企业的技术进步和产品升级，更能够带动整个产业的转型升级。通过颠覆性创新，制造业可以打破传统的生产模式，实现由低端制造向高端制造的跃升，由劳动密集型向技术密集型的转变，从而在全球产业分工中占据更有利的位置。然而，数智化赋能与颠覆性创新并非易事。它们需要企业在战略上进行重新定位，在生产方式上进行根本变革，在组织结构上进行深度调整，甚至需要构建一个全新的创新生态系统。这些变革无疑都是艰巨的，其实现需要企业付出巨大的努力和智慧。

1.1.2　新质生产力：科技创新与数据要素引领高质量发展

当今时代，新质生产力的发展具有重要意义。早在 2023 年 9 月，习近平总书记在黑龙江考察期间就提出"加快形成新质生产力，增强发展新动能"，并在多次考察调研中强调整合科技创新资源，引领战略性新兴产业和未来产业的发展，以加快形成新质生产力[①]，并明确强调要"牢牢把

---

① 人民网. 全国人大代表、黑龙江省委书记许勤：打造发展新质生产力实践地［EB/OL］.（2024 - 03 - 04）［2024 - 09 - 29］. http://hlj. people. com. cn/n2/2024/0304/c220005 - 40763408. html.

握高质量发展这个首要任务，因地制宜发展新质生产力"，强调要避免一哄而上和泡沫化的问题①。2024年3月，习近平总书记在中央政治局第十一次集体学习时再次强调"发展新质生产力是推动高质量发展的内在要求和重要着力点"②。近年来，中国政府通过颁布《中共中央 国务院关于构建更加完善的要素市场化配置体制机制的意见》等关键政策文件，确立了数据要素作为现代生产要素的核心地位，并提出了加速培育数据要素市场的战略方针。新质生产力的内涵丰富，其定义包括创新起主导作用、具有"高科技、高效能、高质量"特征等。它由技术革命性突破、生产要素创新性配置、产业深度转型升级催生，以劳动者、劳动资料、劳动对象及其优化组合的跃升为基本内涵，以全要素生产率大幅提升为核心标志。同时，"新质生产力"的形成需要不断调整生产关系。新质生产力具有重要意义，是新时代党领导下先进生产力的具体表现形式，是新时代我国经济社会高质量发展的必然产物，也是引领全球创新性可持续发展的关键驱动要素。其特征包括以科技创新为主导的新发展动能、以数据要素为牵引的新生产要素、以数字平台为中介的新组织形态以及以高新数字产业为引领的新产业生态。2020年，"数据要素"被作为第五大生产要素，如图1-1所示，从2017～2022年，中国的数据产量从2.3泽字节（ZB）增长到8.1ZB，在全球数据产量中的占比也从8.8%上升至10.5%。我国数据产量在2023年达到6.6ZB，占全球数据总产量的9.9%，居全球第二位，保持着29.4%的高速增长速度。这一增长不仅体现了中国在全球数据经济中日益增长的影响力，也凸显了数据作为关键生产要素的战略重要性。

与此同时，中国网民规模的扩大和互联网普及率的提升，从2017年的7.72亿网民和55.8%的普及率，增长至2022年的10.67亿网民和

---

① 光明网. 牢牢把握高质量发展首要任务 积极培育和发展新质生产力［EB/OL］.（2024-04-08）［2024-09-29］. https：//topics. gmw. cn/2024-04/08/content_37251788. htm.

② 中国政府网. 习近平：发展新质生产力是推动高质量发展的内在要求和重要着力点［EB/OL］.（2024-05-31）［2024-09-29］. https：//www. gov. cn/yaowen/liebiao/202405/content_6954761. htm.

75.6%的普及率（见图1-2），进一步证明了互联网在中国的深入普及和数字社会的发展。这种普及不仅促进了信息的流通和知识的共享，也为数字经济的发展提供了庞大的用户基础和市场需求。

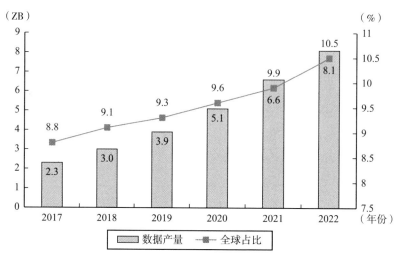

图1-1　2017～2022年我国数据产量及全球占比情况

资料来源：《数字中国发展报告（2022年)》《国家数据资源调查报告（2021)》。

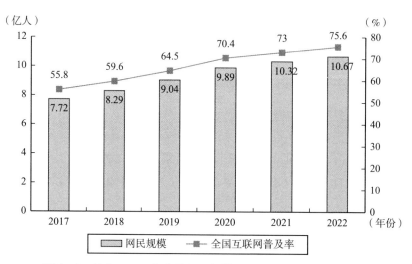

图1-2　2017～2022年我国网民规模及互联网普及率增长情况

资料来源：《数字中国发展报告（2022年)》《国家数据资源调查报告（2021)》。

总体来看，数据要素正推动科研创新、产业创新、经济转型以及基础研究和核心技术攻关中的关键作用。中国正通过构建和完善大数据产业体系，优化大数据产业链，以实现数据资源的高效利用，并服务于国家的整体发展战略。这表明中国在积极推进技术创新和产业升级，以数据驱动未来发展，增强国家竞争力。

1.1.3　数字经济：新质生产力的增长引擎与产业数字化转型

数字经济是发展新质生产力的关键抓手，具有重要的战略意义。发展数字经济有利于推动构建新发展格局、建设现代化经济体系和构筑国家竞争新优势。根据国家统计局的分类，数字经济产业范围包括 5 个大类，数字经济核心产业为产业数字化发展提供支持，广义的数字经济则指应用数字技术和数据资源为传统产业带来提升。在数字经济的快速发展浪潮中，数字资本的兴起为经济的增长注入了新的能量。如图 1 - 3 所示，自 2017年起，中国数字经济的规模一直在稳步增长。2017 年，中国的数字经济规模达到了 27.2 万亿元，而到了 2022 年，这一数值已经增长到了 50.2 万亿元，同比名义增长 10.3%。2002 ~ 2011 年，GDP 与数字经济平均增速分别为 16.0% 和 14.6%；2012 ~ 2022 年，分别为 8.6% 和 15.4%。数字经济占 GDP 比重在 2002 ~ 2011 年由 10% 提升至 19.4%，2012 ~ 2022 年由20.9% 提升至 41.5%。数字经济的发展呈现出一些特点，如数字产业化向强基础、重创新、筑优势方向转变，2022 年我国数字产业增加值为 9.2 万亿元，比上年增长 10.3%，占 GDP 比重为 7.6%，数字产业收入规模为29.3 万亿元，同比增长 9.8%，产业内部结构持续软化。

一方面，数字产业化构筑了数字经济发展的基石。如图 1 - 4 所示，2023 年，我国数字产业增加值为 10.07 万亿元，比上年增长 9.52%，占GDP 比重为 7.9%。数字产业收入规模为 29.3 万亿元，同比增长 9.8%，数字产业化基础夯实。产业内部结构持续优化，电信业、互联网、软件业收入占比 47.4%，较上年提高 0.4 个百分点。数字产业整体快速发展，占

GDP 比重稳步提升，数字技术持续与传统产业融合，助推千行百业数字化转型升级。《"十四五"数字经济发展规划》中提出，到 2025 年，数字经济核心产业增加值占国内生产总值的比重达到 10%。这表明中国对数字产业化的重视和推动力度。

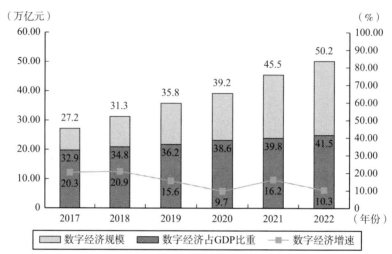

图 1-3　2017～2022 年我国数字经济发展情况

资料来源：中国信息通信研究院。

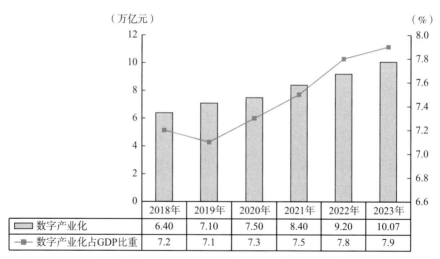

	2018年	2019年	2020年	2021年	2022年	2023年
数字产业化	6.40	7.10	7.50	8.40	9.20	10.07
数字产业化占GDP比重	7.2	7.1	7.3	7.5	7.8	7.9

图 1-4　我国数字产业增加值及其占 GDP 比重

资料来源：中国信息通信研究院。

另一方面，产业数字化成为服务业和工业数字化"双引擎"驱动。据中国信息通信研究院的测算数据表明，2022 年，产业数字化规模为 41 万亿元，同比名义增长 10.3%，占 GDP 比重为 33.9%，占数字经济比重为 81.7%。第一、第二、第三产业数字经济渗透率分别为 10.5%、24.0% 和 44.7%。从历史角度来看，2018 年之前，服务业数字化作为主要动力驱动数字经济发展，服务业数字化占产业数字化比达 74.7%。2019 年至今，工业数字化加速渗透，与服务业数字化共同构成驱动数字经济发展的"双引擎"。其中工业数字化占产业数字化比重由 26.8% 提升至 28.2%。

1.1.4　中国在全球人工智能领域的发展趋势、挑战与机遇

1. 全球 AI 产业的发展趋势明显

新企业的成立是行业活力的体现。AI 行业的快速增长表明了该技术在全球范围内的普及和商业化进程。如图 1 – 5 所示，2013 ~ 2016 年，新增 AI 注册企业数量显著增加，从 1 124 家增长到 3 079 家，显示出这一时期内人工智能领域的快速增长和创业热潮。尤其是在 2015 年和 2016 年，增幅尤为明显，这可能与人工智能技术的快速发展、市场需求的扩张以及资本的增加有关。自 2017 年起，新增企业数量开始呈现波动趋势，虽然 2017 年仍然新增了 3 714 家企业，但随后的几年如 2018 年（3 695 家）和 2019 年（3 100 家）都呈现相对下降的趋势。这可能与市场竞争加剧、投资环境变化或技术成熟度提高导致的创业门槛提升相关。2020 年在新冠疫情的背景下，新增企业数量进一步减少至 2 693 家。从 2021 ~ 2022 年，新增企业数量持续下降，特别是在 2022 年仅新增 1 106 家。2013 ~ 2022 年全球新注册的 AI 企业数量的变化，反映了 AI 行业的增长趋势和创业热潮，以及市场整合和成熟的趋势。

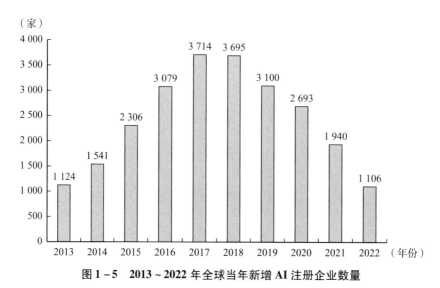

图1-5　2013～2022年全球当年新增AI注册企业数量

资料来源：毕马威、中关村产业研究院联合发布的《人工智能全域变革图景展望：跃迁点来临（2023）》。

全球人工智能领域风险投资的增长表明投资者对AI技术商业潜力的认可和对未来行业发展的积极预期。如图1-6所示，从2018～2023年上半年，人工智能在全球风险投资中的比重整体呈现增长趋势，特别是在2023年上半年达到18.9%。这一变化表明，人工智能领域的吸引力和投资热度明显上升，反映出投资者对AI技术发展和市场前景的积极预期。2018年时AI的风险投资比重为9.4%，到2023年上半年几乎翻了一番，这表明人工智能正逐步成为投资者关注的焦点。

2. 全球AI融资活动活跃且呈现出跨行业整合趋势

融资活动是企业发展和行业增长的重要驱动力，2022年全球人工智能领域的融资金融Top10显示了AI领域内最具吸引力的投资机会和最具潜力的企业。

如表1-1所示，前两名的融资金额分别达到2 000万美元和1 700万美元，表明大型企业在AI技术上的投入不仅规模庞大，还体现出市场对该技术未来发展的信心。数据显示，前十名中有五家公司来自美国，包括

Epic Games、SpaceX、Anduril、Securonix、Intersect Power 和 Coda Pay-ments。尽管美国公司占据了绝大多数，但中国的地平线机器人和粤芯半导体的入选，展示了中国在全球 AI 投融资中逐渐上升的地位，尤其是在智能驾驶和半导体这两个领域的快速发展。此外，融资企业涵盖了游戏、航天航空、安防等多个行业，反映出人工智能技术的广泛应用和跨行业整合趋势。

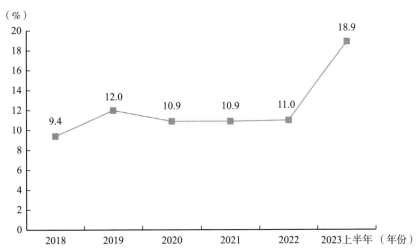

图 1 - 6　2018 ～ 2023 年上半年全球人工智能占全球风险投资比重

资料来源：毕马威、中关村产业研究院联合发布的《人工智能全域变革图景展望：跃迁点来临（2023）》。

表 1 - 1　　　　　　　　**2022 年全球人工智能领域融资金融 Top10**

序号	公司名称	国家	轮次	时间	融资金额 （百万美元）	产业方向
1	Epic Games	美国	私募	2022 年 4 月	2 000	游戏
2	SpaceX	美国	未披露	2022 年 5 月	1 700	航天航空
3	Anduril	美国	E 轮	2022 年 12 月	1 500	安防
4	Securonix	美国	D 轮	2022 年 2 月	1 000	云原生

续表

序号	公司名称	国家	轮次	时间	融资金额 （百万美元）	产业方向
5	地平线机器人	中国	战略投资	2022 年 10 月	1 000	智能驾驶
6	VerSeInnovation	印度	J 轮	2022 年 4 月	805	移动端软件
7	Intersect Power	美国	风投	2022 年 6 月	750	可再生能源
8	Coda Payments	新加坡	C 轮	2022 年 4 月	690	Web 端软件
9	PhotonDelta	荷兰	未披露	2022 年 4 月	681	芯片 & 半导体
10	粤芯半导体	中国	B 轮	2022 年 6 月	671	芯片 & 半导体

资料来源：毕马威、中关村产业研究院联合发布的《人工智能全域变革图景展望：跃迁点来临（2023）》。

3. 全球 AI 产业的竞争格局日益显现

全球 AI 产业的地理分布如图 1 - 7 所示。美国有 12 925 家 AI 企业，远超其他国家，显示出其在人工智能领域的绝对领先地位。中国拥有5 734 家 AI 企业，位列第二，这一数字表明了中国在人工智能领域迅速发展的潜力和趋势。数据中显示其他国家如英国、印度、加拿大、德国和日本等国的 AI 企业数量也相对较高，分别为 2 367 个、2 080 个、1 515 个、1 233 个和 989 个。这表明人工智能的研究与应用正在全球范围内快速扩展，各国正在积极参与这一技术革命。

如图 1 - 8 所示，在全球人工智能独角兽企业分布情况中，美国和中国的独角兽企业数量领先，分别有 131 家和 108 家，占全球 45% 和 37%。在全球人工智能独角兽企业分布中，美国和中国的领先数量反映了两国在 AI 领域的经济与技术生态优势。

4. 中国 AI 创新能力进入第一梯队

创新指数是衡量一个国家或地区在科技创新能力方面的重要指标。如表 1 - 2 所示，中国在全球人工智能创新指数排名中与美国共同位列第一梯队。美国以 72. 23 的得分位居第一，中国以 55. 20 的得分紧随其后，显示出中国在 AI 领域的研发实力和创新环境。中国的 AI 创新指数得分与其在 AI 领域的政策支持和投资密切相关，政府的政策导向和研发资金的投入对 AI 创新具有重要影响。

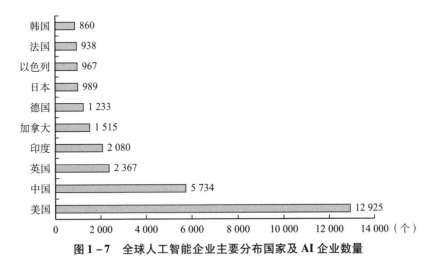

图 1-7　全球人工智能企业主要分布国家及 AI 企业数量

资料来源：毕马威、中关村产业研究院联合发布的《人工智能全域变革图景展望：跃迁点来临（2023）》。

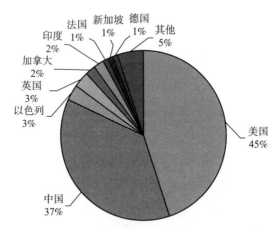

图 1-8　全球人工智能独角兽企业按国家分布情况

资料来源：毕马威、中关村产业研究院联合发布的《人工智能全域变革图景展望：跃迁点来临（2023）》。

表 1-2　　　　　　　　　　全球人工智能创新指数排名

排名梯队	排名	国家	得分
第一梯队	1	美国	72.23
	2	中国	55.20
第二梯队	3	英国	46.59
	4	德国	44.45
	5	新加坡	44.00
	6	加拿大	43.82
	7	日本	43.03
	8	韩国	41.79
	9	以色列	39.30
	10	瑞典	39.19
	11	法国	38.01
	12	澳大利亚	37.98
	13	荷兰	35.52
第三梯队	14	丹麦	34.56
	15	芬兰	33.51
	16	比利时	32.40
	17	卢森堡	32.30
	18	爱尔兰	32.32
	19	意大利	28.23
	20	奥地利	25.88
	21	西班牙	24.36
	22	斯洛文尼亚	22.44
	23	印度	22.34
	24	葡萄牙	21.67
	25	波兰	21.18
第四梯队	26	马其他	19.87
	27	捷克	19.79

续表

排名梯队	排名	国家	得分
	28	塞浦路斯	19.49
	29	希腊	18.44
	30	沙特阿拉伯	18.27
	31	爱沙尼亚	18.09
	32	巴西	17.64
	33	匈牙利	16.56
	34	罗马尼亚	15.92
	35	南非	15.90
	36	斯洛伐克	15.24
第四梯队	37	墨西哥	14.75
	38	印度尼西亚	14.11
	39	土耳其	13.65
	40	立陶宛	13.56
	41	越南	13.50
	42	拉脱维亚	13.49
	43	保加利亚	13.43
	44	俄罗斯	13.40
	45	克罗地亚	13.20
	46	阿根廷	11.22

资料来源：中国科学技术信息研究所《2022 全球人工智能创新指数报告》。

5. 中国 AI 人才的全球地位逐步上升

如图 1 - 9 所示，从 2019～2023 年，中国顶级 AI 人才数量及其在全球的占比持续增长，从 173 人次增加到 277 人次，伴随入选人数的增加，中国在全球顶级 AI 人才数据的占比也稳步上升，从 8.7% 增长到 13.9%，显示出中国在全球 AI 领域的人才增长趋势和影响力。

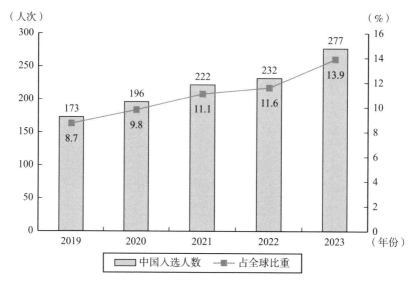

图 1 – 9 2019～2023 年中国顶级 AI 人才数量及占全球比重

资料来源：中国科学技术信息研究所《2022 全球人工智能创新指数报告》。

全球 AI 人才的地理分布对国际合作、技术交流和竞争格局有着重要影响，图 1 – 10 显示了全球 2 000 位最具影响力的 AI 学者在不同国家的分布情况。

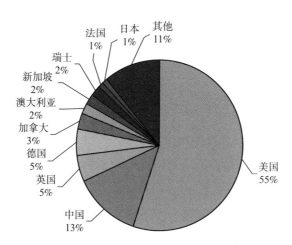

图 1 – 10 入选 AI 全球 2 000 位学者国家分布情况

资料来源：中国科学技术信息研究所《2022 全球人工智能创新指数报告》。

如图 1 - 10 所示，全球人工智能企业格局显示，美国人工智能企业数量位居全球首位，占比为 55%，中国紧随其后，占比为 13%，英国和德国位居第三。

6. 中国 AI 领域的高端人才相对短缺

中国在 AI 算法领域的高端人才相对匮乏，这在一定程度上制约了 AI 技术的原创性和领先性发展。根据《人工智能全域变革图景展望：跃迁点来临（2023）》报告，如图 1 - 11 所示，2023 年中国在人工智能各个细分领域中，"多媒体"领域的人工智能研究者人数最多，达到 45 人次，紧随其后的是"芯片技术"和"物联网"，分别为 31 人次和 26 人次。中国在多媒体、芯片技术和物联网等应用领域的 AI 研究者较多，显示出这些领域研究的集中性和实用性。

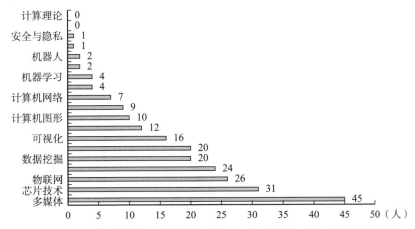

图 1 - 11 2023 年最具全球影响力的中国人工智能学者（按细分领域分布）

资料来源：毕马威、中关村产业研究院联合发布的《人工智能全域变革图景展望：跃迁点来临（2023）》。

1.1.5 中国制造业的数智化赋能与颠覆性创新

在中国，制造业的数智化赋能和颠覆性创新更是面临特殊的挑战和机遇。

一方面，中国拥有世界上最完整的制造业体系，为数智化赋能和颠覆性创新提供了广阔的舞台；另一方面，中国的制造业在技术水平、品牌影响力等方面还存在一定差距，需要通过数智化赋能和颠覆性创新来迎头赶上。为了推动制造业的数智化赋能和颠覆性创新，政府、企业和社会各界都需要共同努力。政府需要出台更加有力的政策，为制造业的转型升级提供强大的支持；企业需要加大研发投入，积极引进和培养创新人才，不断提升自身的创新能力；社会各界也需要营造一个更加有利于创新的环境，为制造业的转型升级提供良好的外部条件。本研究将深入探讨数智化赋能与颠覆性创新在中国制造业中的应用现状、面临的挑战以及未来的发展趋势。我们将通过案例分析、数据分析等方法，揭示数智化技术如何赋能制造业，推动生产方式和商业模式的变革；我们将探讨如何通过颠覆性创新实现价值网络的重构和产业结构的优化；我们还将分析政策环境如何影响数智化赋能和颠覆性创新的实施效果，为政策制定提供决策参考。总之，数智化赋能与颠覆性创新是制造业发展的必然趋势和关键动力。只有紧紧抓住这一历史机遇，中国制造业才能在全球竞争中立于不败之地，实现由大到强的历史性跨越。

1.2　研究目的与意义

数智化赋能在中国制造业的实施现状、所遭遇的挑战及未来发展前景是当前研究的重点。数智化赋能，作为数字化与智能化深度融合的产物，正在成为推动制造业升级换代、增强国际竞争力的关键动力。本研究旨在揭示数智化技术如何为制造业注入新动能，促进生产方式和商业模式的根本变革，并通过颠覆性创新实现价值链的重组和产业结构的优化。研究的重要性体现在多个层面：首先，研究将加深对数智化赋能在制造业高质量发展中作用的理解，通过考察数智化赋能如何提升生产效率、降低运营成本、优化资源配置，为企业供给战略指导与实践参考，助力企业维持并增强在全球市场的竞争力。其次，探索颠覆性创新在制造业中的应用及其对产业结构的深远影响，深入研究颠覆性创新的策略与成效，对促进产业升级和经济结构调整具有至关重要的意义。再次，考察政策环境对数智化赋能和颠覆性创新实施成效的影响，研究政府如何制定有效政策，以及这些政策如何促进技术创新与应用，为政策制定者提供决策参考。最后，为学术界提供新的研究视角与思考路径，通过案例分析、数据分析等研究方法，丰富数智化赋能与颠覆性创新的理论基础，并为相关学术领域的讨论贡献新的观点。

研究还将从以下维度进行深入探讨：一是产业升级与全球价值链优化：探讨数智化赋能与颠覆性创新如何促进中国传统制造业的转型升级，并提供理论依据与实践方案。二是促进区域经济均衡发展：研究数智化赋能与颠覆性创新在不同地区、不同规模企业间的推广方式，以及如何助力缩小区域发展差距。三是创新生态系统与企业竞争力构建：分析创新生态系统的构建如何培育企业核心竞争力，探讨企业如何通过与多方合作形成协同创新网络。四是人才培养与知识管理：着重探讨人才在数智化赋能中的关键作用，以及如何通过人才培养和知识管理促进企业创新。五是应对全球性挑战：探讨数智化赋能如何帮助企业应对全球性问题，提升企业的抗风险能力和适应性。

1.3　核心概念的重要关联

1.3.1　数字化、数智化与数实融合

在数智时代，企业和社会发展的方向被三个核心概念所定义：数字化赋能、数智化赋能以及数实融合。这些概念虽然相互关联，但各自具有独特的内涵和作用。首先，数字化赋能涉及利用云计算、大数据、物联网等

数字技术，对企业的业务流程、管理模式和服务模式进行革新和优化。这一过程不仅提高了企业的数据收集与处理能力，还提高了运营效率，降低了成本，并提升了客户服务体验。数字化赋能是企业数字化转型的基石，为数智化赋能和数实融合奠定了坚实的基础。而"数智化"一词最早见于2015年北京大学"知本财团"课题组提出的课题报告，是对"数字智商"（digital intelligence quotient）的阐释，最初的定义是：数字智慧化与智慧数字化的合成。因此，简单来看，数智化赋能是在数字化赋能的基础上，进一步整合人工智能、机器学习、数据分析等智能化技术，以实现业务流程的深层次优化和创新。它超越了数据的简单收集与处理，更注重通过智能分析预测市场趋势、用户行为和业务风险，从而作出更为精准和前瞻性的决策。数智化赋能使企业能够在激烈的市场竞争中保持领先，推动产品和服务的持续创新。其次，数实融合代表了数字技术与实体经济深度融合的过程。这一过程强调数字技术在实体经济各个领域的广泛应用，以实现产业升级和价值创造。数实融合不仅局限于生产制造，还涵盖供应链管理、市场营销、客户服务等多个方面。通过数实融合，企业能够更敏捷地应对市场变化，提升产品和服务的附加值，促进经济的高质量发展。综上所述，数字化赋能为数智化赋能奠定了基础，数智化赋能则是数字化赋能的深化与拓展。数实融合则是这两者共同作用于实体经济的结果，是数字技术与实体经济相结合，推动产业创新和经济增长的综合体现。这三者相辅相成，共同推动企业和经济在数智时代的持续发展和转型。

1.3.2 价值网与产业创新生态

价值网与产业创新生态是现代商业环境中推动创新和发展的两个核心概念。价值网是一个由多个组织和个体构成的复杂网络，它们通过协作和交易共同创造价值并分享成果。这个网络具有以下特点：一是开放性。价值网对新的参与者和创新思想持开放态度，允许不同背景和专长的组织和个体加入，从而引入新的能力和资源。二是动态性。价值网不断演进，随着市场条件、技术进步和参与者需求的变化而调整其结构和运作方式。三是协作性。网络成员通过互补的能力和资源，通过协作实现共同目标，创造出新的价值。价值网的有效运作依赖于成员之间的信任、沟通和协调，这些因素共同促进了创新和效率的提升。产业创新生态则是由企业、研究机构、政府和其他组织构成的系统，它们通过相互作用推动产业的创新和发展。产业创新生态的关键特性包括：一是多样性。生态系统中的组织具有不同的目标、资源和能力，这种多样性是创新的重要源泉。二是互动性。组织之间的频繁交流和合作促进了知识和技术的交流，加速了创新过程。三是协同效应。组织通过合作实现的成果往往大于各自独立行动的总和，这种协同效应是生态系统创新能力的关键。

价值网与产业创新生态之间存在密切的相互促进关系：一个健康的产业创新生态为价值网的形成和发展提供了肥沃的土壤，通过提供必要的资源、知识和技术，促进了价值网的创新活动。一个有效的价值网可以加速产业创新生态的创新过程，通过整合不同组织和个体的能力和资源，快速响应市场变化，推动新产品和服务的开发。两者都追求通过协作和交易来创造和分享价值，这种合作精神和开放的创新环境是推动产业持续发展的关键。通过这种方式，产业能够不断适应和引领市场变化，实现长期的增长和繁荣。

1.4　研究技术路线与结构安排

1.4.1　总体思路

本研究旨在全面而深入地探讨数智化赋能与颠覆性创新在中国制造业中的应用与发展。为了实现这一目标，本研究综合运用了多种研究方法，并制定了周密的结构安排。研究技术路线如图 1 - 12 所示。

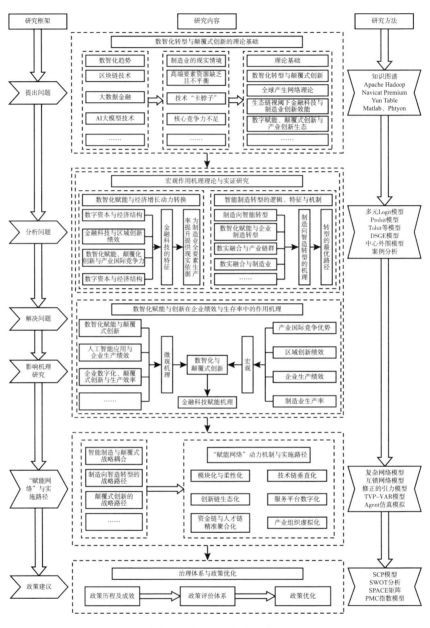

图1-12　研究技术路线

　　首先，本研究采用案例分析法，深入剖析典型企业的数智化赋能实践，从中提取成功经验，发现面临的挑战。案例的选择基于企业的代表性、转型阶段的多样性以及行业的广泛性，以确保研究结果的普适性和参考价值。其次，本研究运用数据分析法，通过收集和处理相关企业的财务数据、生产运营数据以及市场数据，运用统计软件进行回归分析、相关性分析等，量化数智化赋能与颠覆性创新对企业绩效的影响。此外，本研究还将采用比较研究法，对比国内外制造业在数智化赋能和颠覆性创新方面的差异与共性，提炼出适用于中国国情的转型策略。本研究采用了综合性的研究方法论，包括文献综述、理论分析、案例研究、实证分析以及比较研究。这些方法的结合旨在构建一个多维度的分析框架，深入探讨数智化赋能与颠覆性创新的理论与实践。文献综述将帮助识别和总结现有的研究成果和理论缺口，为研究提供坚实的理论基础。理论分析将侧重于数智化赋能与颠覆性创新的概念框架、发展路径和影响因素。案例研究将选取具有代表性的企业转型实例，深入分析其成功要素和面临的挑战。实证分析将利用定量数据，通过统计和计量经济学方法，验证理论假设和模型。比较研究则将我国制造业的数智化赋能与国际实践进行对比，以揭示特定的国情因素和全球趋势。在结构安排方面，本研究共分为 8 章，每章都旨在探讨特定的研究领域，并逐步构建起整体的研究框架。

1.4.2　结构安排

立足于我国制造业转型升级重大需求，遵循"提出问题、分析问题与解决问题"的逻辑思路，以中国制造正处于爬坡过坎、由大变强的发展阶段作为新的历史起点，深入剖析金融科技这一革命性、颠覆性技术对制造业生产率的影响及其潜在风险。以颠覆性创新和数字化创新作为理论思想统领，整合多理论视角和多学科交叉知识，全面剖析金融科技与制造业发展的历史脉络、现实情境及理论基础，深入探讨金融科技在制造业多层面生产率提升的影响，揭示其背后的作用机制与潜在风险。在识别和动态刻画金融科技推动制造业生产率提升过程中的风险的基础上，构建多主体多层次的综合治理体系，最后提出符合中国制造业核心竞争优势构建实际需求的治理策略和对策建议，为制造业的高质量发展提供理论指导。具体结构安排如下：

第 1 章　导论：数智化赋能与颠覆性创新的交汇点。在全球化与科技创新的浪潮中，数智化赋能和颠覆性创新已成为制造业转型升级的关键驱动力。信息技术的迅猛发展，尤其是大数据和人工智能的广泛应用，为制造业注入了新的活力。本研究旨在深入分析中国制造业在转型升级的关键时刻，如何有效利用数智化赋能和颠覆性创新来提升国际竞争力并开拓市场新机遇。本研究的目的是揭示数智化技术如何为制造业赋能，推动生产方式和商业模式的转型，同时探讨颠覆性创新如何重塑价值网络和优化产业结构。研究的意义在于为中国制造业的数智化转型提供理论支撑和实践指导，促进产业升级和经济结构调整，同时为政策制定者和学术界提供决策参考和深入研究的视角。为确保研究结果的全面性和深入性，本研究采用了文献综述、理论分析、案例研究、实证分析和比较研究等多维度的研究方法。这些方法的综合运用将构建一个多角度、多层次的研究框架，为读者提供研究的全貌。

第 2 章　数智化赋能与颠覆式创新的理论基础与分析框架。本章深入探讨数智化赋能和颠覆性创新作为企业竞争力与产业转型的双重引擎。数智化赋能通过数字化和智能化技术提升企业运营效率，创新商业模式；颠覆性创新则通过新技术或商业模式重塑市场和产业结构。理论发展聚焦于技术创新如何提升企业内部效率和市场反应速度，以及如何从小规模边缘市场创新逐步颠覆主流市场。全球生产网络理论强调企业在全球价值链中的专业化和协同作用，以及跨国公司与地方企业的互动。数智化赋能与颠覆性创新的耦合表现在它们相互促进的关系上，数智化技术为颠覆性创新提供平台，而颠覆性创新推动企业进行数智化改造以适应市场需求。通过定义核心概念、整合理论、构建互动模型、实证分析和政策建议，本章提供一个全面的理论视角，以理解数智化赋能与颠覆性创新在提升企业竞争力和促进产业转型中的关键作用。

第 3 章　数智赋能与经济增长动力的机制转换。本章采用 VAR 模型和面板数据分析方法，对 2008～2021 年中国经济增长动力机制进行了深入探讨。研究聚焦于数字资本、金融科技和数智化赋能对经济结构转型和产业国际竞争力的影响。结果表明，数字资本通过促进固定资产投资和研发活动，显著提高了国内生产总值（GDP）增长和全要素生产率（TFP）。金融科技，特别是在经济和金融基础设施较为发达的地区，对区域创新绩效产生了显著的正面影响，且存在明显的门槛效应。数智化赋能通过加强固定资产投资、提升人力资源水平和增加创新投入，显著增强了产业的国际竞争力。地方政府的政策支持和颠覆性创新在这一过程中扮演了关键的中介角色。这些发现为政策制定者提供了实证基础，以促进经济的高质量增长和提升产业的国际竞争力。

第 4 章　智能制造转型的逻辑、特征与机制探索。本章集中探讨了智能制造转型的内在逻辑、关键特征及其运作机制，并分析了数智化赋能如何推动制造业向智能化转型。智能制造作为制造业发展的新趋势，其核心在于整合信息化与智能化技术，以提升生产效率、降低成本，并增强产品品质与市场适应性。智能制造的逻辑根植于工业演进的历史脉络，每一次工业革命都标志着生产方式的根本转变。智能制造的特征包括高度集成性、智能化、灵活性和协同性，这些特征共同推动了制造业的质量、效率和动力变革。机制探索着重于制造过程中信息流、物流和能量流的系统优化，以及建立闭环控制机制，确保生产过程的全面监控和管理。数智化赋能作为推动力，通过引入数字孪生、云计算等先进技术，实现了生产数据的实时采集与分析，优化了生产流程。智能制造的实施路径包括基础设施建设、人才培养、技术创新和政策支持等方面，为制造业的智能化转型提供了坚实的基础。通过这些措施，智能制造不仅推动了制造业的高质量发展，也为经济增长和社会进步作出了重要贡献。

第 5 章　数字化与创新：企业绩效与生产率提升的双引擎。本章深入剖析了数字化与创新如何协同作用，推动企业绩效的提升和生产率的增长。特别关注了人工智能（AI）和金融科技（Fin Tech）在企业数字化转型中的关键应用及其深远影响。数字化的实施，通过优化企业流程、提升决策质量和加强客户互动，显著增强了企业的市场竞争力和盈利潜力。创新作为生产率提升的核心动力，不仅促进了产品和服务的持续改进，还激发了商业模式和组织管理的创新变革。AI 技术在自动化生产、质量控制和客户服务等领域的应用，极大地提升了运营效率，并辅助企业进行战略规划。金融科技通过提供高效的金融服务和资金管理解决方案，支持企业满足数字化转型过程中的资金需求，促进了企业的成长和扩张。企业应积极采纳这些技术，以优化运营流程和提升市场竞争力，同时需警惕并妥善应对数字化转型过程中可能出现的风险和挑战，确保实现可持续发展。

第 6 章 智能制造与颠覆性创新的战略融合。本章细致分析了智能制造与颠覆性创新在推动制造业高质量发展中的战略融合。智能制造通过整合先进的信息技术和自动化技术，显著提高了生产效率，而颠覆性创新则通过引入创新的产品和服务或商业模式，挑战并重塑了市场现状。为了有效实现这两者的战略融合，企业需要投入研发资源、调整组织结构、培养创新人才、紧密跟踪市场动态，并构建一个合作共赢的生态系统。这种融合不仅强化了企业的现有业务竞争力，还开辟了新的增长路径，推动制造业向更高效、更创新驱动的方向发展。智能制造与颠覆性创新的结合，为制造业企业提供了一条实现可持续高质量发展的明确路径，同时要求企业能够灵活应对外部环境的变化和挑战。

第 7 章 数智化赋能：制造业模块化、技术链整合与创新生态。本章探讨了数智化如何作为制造业转型的催化剂，推动模块化生产、技术链整合以及创新生态的构建，并分析了这些因素如何共同作用于提升制造业的竞争力。模块化生产通过简化设计流程和加速产品迭代，显著提高了企业的市场适应性和创新速度。技术链整合通过优化制造流程和提高资源配置效率，促进了跨领域的合作与协同。创新生态系统的构建为企业提供了一个持续创新的环境，加速了新技术和新产品的开发进程。这些战略的融合不仅提升了企业的内部运营效率，还增强了其对市场变化的快速响应能力，使企业能够在激烈的市场竞争中保持领先地位。

第 8 章　结论与展望：数智化赋能的未来路径。本章总结了本研究的核心发现和贡献，强调数智化是制造业转型和竞争力提升的关键驱动力。研究指出智能制造、颠覆性创新、模块化生产和技术创新生态构建的重要性，并识别了研究的局限性，包括样本选择和方法应用的限制。基于此，本章建议未来的研究应扩大样本范围、采用多元方法，并深入探讨数智化在不同环境下的应用。此外，本章提出了未来研究需关注的议题，如技术发展对劳动市场的影响、数据安全和隐私保护，以及在全球化背景下的国际合作与竞争。本章还对制造业在数智化推动下的未来趋势进行了展望，强调了持续创新和适应变化的必要性，为学术界和实践界提供了宝贵的指导和启示。

通过上述研究方法和结构安排，本研究期望为我国制造转型与实施颠覆性创新提供深刻的理论见解和实践指导，为制造业的持续发展和国际竞争力的提升贡献智慧和力量。

第 2 章

数智化赋能与颠覆式创新的
理论基础与分析框架

在全球化和数字化的浪潮中，世界经济正经历着深刻的变革。新一代信息技术，如大数据、人工智能、5G 通信、物联网和区块链，正在重塑全球的生产方式和商业模式。这些技术为企业带来了新机遇，同时也带来了挑战。在这样的背景下，全球生产网络（GPN）理论和颠覆性创新成为学术界和业界关注的热点。本章将探讨数智时代下全球生产网络与颠覆性创新战略的耦合关系，以及这一耦合如何影响后发地区企业的转型升级和国际化发展。我们将分析全球生产网络理论的新发展，探讨其在数字化转型中的作用，深入理解企业如何在全球化生产网络中实施颠覆性创新，以及这一过程中遇到的基本问题和挑战。本章内容将从全球生产网络的理论基础出发，逐步展开对颠覆性创新价值网的理论框架、全球生产网络的新发展、数智化赋能下的战略耦合分析、颠覆性创新价值网的数字化转型，以及典型案例分析等方面的讨论。通过这些讨论，本章将为读者提供一个全面的视角，以理解数智化赋能和颠覆性创新在推动企业转型升级和国际化发展中的关键作用。

2.1　数智化赋能与颠覆性创新的理论基础

2.1.1　数智化赋能的概念框架

全球化推动了市场和资源的全球性配置，而数字化为企业提供了高效利用这些资源的工具。企业实施数智化转型，这是一系列战略调整和组织变革，旨在适应市场变化和技术创新（Bughin et al.，2017）。数智化转型的核心在于大数据、人工智能、5G 通信、物联网和区块链技术的应用，这些技术不仅优化了企业内部运营，还改善了企业与外部环境的互动（Chesbrough，2003；Schmarzo，2015；Tapscott et al.，2000）。企业在数智化转型过程中必须制定清晰的战略规划，确保技术投入与业务目标相匹配（Weill & Woerner，2014），并重视人才培养，建立鼓励创新和适应变化的企业文化（Bughin et al.，2017；Senge，1990）。第一，数智化转型依赖于大数据、人工智能、5G 通信、物联网和区块链等关键技术，这些技术正重塑企业的运营模式并增强其竞争力。大数据技术通过分析海量信息提供业务洞察（Chen et al.，2012），人工智能提升自动化水平和决策质量（Russell & Norvig，2016），5G 技术支持远程工作和智能制造的发展（Hu et al.，2020），物联网技术优化生产监控和管理（Atzori et al.，2010），区块链技术增强数据安全和透明度（Swan，2015）。企业实施数智化转型时，需制定与业务目标相匹配的技术战略，并重视人才培养以适应新技术（Bughin et al.，2017；Senge，1990）。第二，数智化转型对于企业而言，不仅是技术升级，更是战略层面的深度调整和优化。它通过高效的数据分析和人工智能技术，显著提升了企业的决策速度与质量，使企业能够迅速响应市场变化（Bharadwaj et al.，2013；Zhang et al.，2018）。企业需要制定清晰的数智化转型战略，明确目标和路径，包括市场趋势分析、业务模式创新、技术架构设计和实施步骤规划（Weill & Woerner，2014）。同时，企业应合理配置资源，投资关键技术的研发和应用，培养一支懂技术和业务的复合型人才队伍，建立鼓励创新和持续学习的企业文化（Bughin et al.，2017；Senge，1990）。第三，在数智化转型的过程中，企业需应对多重挑战，如变革阻力、数据安全、技术更新和法规合规性。应对策略包括通过沟通、培训减少员工的不安，建立严格的数据管理体系，持续关注技术动态，并建立合规团队以确保转型活动的合法性（Kotter，1995；Gartner，2019；Bower & Christensen，1995；Ceccagnoli et al.，2011）。展望未来，数智化转型是企业持续成长和提升竞争力的核心，涵盖战略、组织结构、产品服务及商业模式的全面变革。企业通过大数据分析预测市场趋势，优化库存，减少资源浪费，并通过物联网技术提供远程监控和维护服务，增强客户满意度和忠诚度。平台化战略构建生态系统，共享资源，拓展市场，提高响应速度，创造新收入源。数智化转型还赋予企业全球市场竞争的新优势，利用数字技术跨越地理界限，与全球客户建立联系，优化市场策略（Gereffi et al.，2005；Bower & Christensen，1995）。

2.1.2 颠覆性创新与价值网理论的发展

经济学家约瑟夫·熊彼特提出"创造性破坏"这一概念之后，哈佛商学院（Harvard Business School）教授克莱顿·M. 克里斯坦森（Clayton M. Christensen）展开了对受人尊敬和管理良好的公司为什么会失败进行调查研究。他认为，优秀的管理者面临着一个困境，因为通过做他们成功所需要做的事情，如倾听客户的意见、投资业务、建立独特的能力的同时，却冒着忽视具有"破坏性"创新的竞争对手的风险。"颠覆性创新""颠覆性技术"和"颠覆性商业策略"等概念相继出现，并且越来越引起众多学者的关注，它们被用来描述一种革命性变革的形势，它们正受到越来越多的学术和行业界的高度关注，但这些术语仍然没有很好的定义和理解。通过整合关于破坏性创新的多个研究视角，形成一个更全面、更全面的定义，从而提高对该主题的理解。

颠覆性创新的研究揭示了其多维特性，涉及商业模式、技术和产品等方面。哈梅尔（Hamel）从商业模式角度，而克里斯滕森（Christensen）从技术角度对颠覆性创新进行了阐释。如图 2 − 1 所示，企业为了长期生存，需周期性地参与变革，这通常涉及技术、产品（服务）或流程的变革。颠覆性创新往往在现有业务底部悄然兴起，其产品或服务性能虽简单，但对许多客户已足够，从而逐渐取代主流产品（Rafi & Kampas，2002）。克里斯滕森（1997）强调，现有组织因忽视看似无法满足客户需求的技术而陷入困境。技术性能与客户需求的性能轨迹不同步时，性能过剩可能导致新技术在边缘市场获得竞争力，最终取代现有企业。

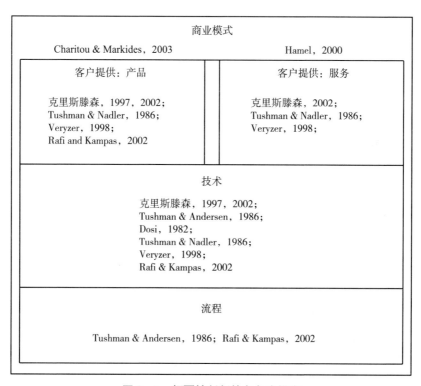

图 2 − 1　颠覆性创新的多角度界定

此外，学者们提出了"不连续创新""革命性创新"等概念，强调产品或服务感知的重要性，并区分了商业不连续、技术不连续和混合不连续（Veryzer，1998）。如图 2 - 2 所示，塔什曼和安德森（Tushman & Anderson，1986）区分了"能力增强"和"能力破坏"两种不连续性，后者与颠覆性创新密切相关。他们认为，高度激进的创新涉及新技术的应用或新技术组合，以获得市场机会，产生新产品或服务。哈梅尔（2000）指出，组织可通过流程、技术、产品或服务来扰乱行业，释放非线性或不连续性的作用行为，增强扰乱和破坏力量。这些研究为理解颠覆性创新的复杂性和多维性提供了深入视角。

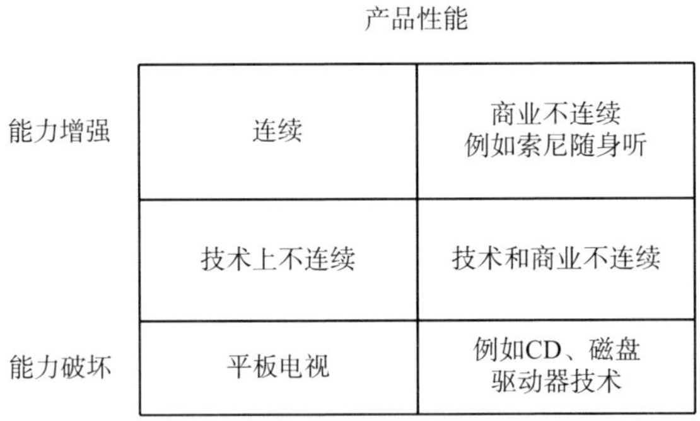

产品性能

能力增强	连续	商业不连续 例如索尼随身听
	技术上不连续	技术和商业不连续
能力破坏	平板电视	例如CD、磁盘 驱动器技术

图 2 - 2 不连续作用行为与颠覆性创新

颠覆性创新通过在流程、技术、产品、服务或商业模式上的创新，显著改变了市场竞争规则，并重塑了现有市场的需求。这类创新通常针对那些服务不足或选择不购买的客户群体，使得颠覆性创新的企业能够取代市场上的主导参与者，开拓新的财富机会。然而，即便是成功的颠覆性创新企业也可能面临未来失败的风险，尤其在全球化和技术快速变化的背景下。现有企业可能因忽略新技术和机会，或过度依赖传统技术而失去市场领导地位，这正是颠覆性创新本质的一部分，也是其破坏现有创新生态系统内在机理的表现。

颠覆性创新通过引入新技术或商业模式，颠覆现有市场和产业结构。

克里斯滕森（1997）强调，即便是成功的企业也可能因忽视了颠覆性技术而失败，因为这些技术在未占据市场前往往不具投资价值。颠覆性创新分为低端破坏、新兴市场和混合市场三种模式（Xue，2013），其特征包括非竞争性、低端破坏性、与知识溢出耦合降低技术开发成本，以及顾客价值取向创造新的价值曲线。颠覆性创新战略通常以简单、便利、价格合理的产品吸引低端或新兴市场的消费者，逐步吸引主流市场，实现市场颠覆。自克里斯滕森于 1997 年提出颠覆性创新理论以来，该理论已成为创新管理的核心概念。该理论解释了技术落后的创新如何颠覆并取代市场主流产品或服务。颠覆性创新起初性能较低，但随着技术的改进，最终能超越主流市场水平。它们通常从被忽视的低端市场或新兴市场起步，为创新提供了成长空间。随着成本降低，这些创新逐渐进入高端市场，重塑市场格局（Christensen & Raynor，2003）。颠覆性创新的三种模式包括低端市场破坏、新兴市场破坏和混合市场破坏（Gawer & Cusumano，2008），对企业竞争策略和市场结构产生深远影响。

价值网概念由阿德里安·斯莱沃茨基（Adrian Slywotzky）提出，强调企业需从传统产业链向价值网络转型，以灵活、高效、低成本的商业模式适应市场变化。在新一轮工业革命中，颠覆性创新和价值链构建成为全球战略重点。颠覆性创新价值网战略强调产业生态系统与知识、技术的互动，引导技术突破和发展需求，以降低资源消耗、提升增长潜力和综合效益。在中国，颠覆性创新作为一种突破传统市场格局、促进产业升级和企业转型的关键策略，受到了学术界和企业界的广泛关注。我国企业通过颠覆性创新满足消费者多样化需求，在全球市场取得优势地位。移动支付和电子商务领域的成功案例，如阿里巴巴和腾讯，展示了颠覆性创新的潜力。中国政府通过政策支持和资金援助，鼓励技术研发和创新实践，促进了创新环境的形成。

2.1.3 数智化转型与颠覆性创新的逻辑关系

在 21 世纪，全球化和数字化为企业带来了前所未有的双重挑战，促使数智化转型和颠覆性创新成为企业战略的核心。数智化转型通过大数据、人工智能、5G 通信、物联网和区块链等关键技术的应用，正在重塑企业运营模式并增强竞争力（Bughin et al.，2017）。这些技术不仅为企业提供了深入洞察市场和客户行为的能力，还优化了决策过程和运营效率。颠覆性创新理论，由克里斯滕森（1997）提出，阐释了新兴创新如何颠覆主流产品或服务，并改变市场竞争格局（Christensen & Raynor，2003）。这种创新通常起始于性能较低但快速迭代的技术，最终能够满足甚至超越主流市场的需求和预期。数智化转型为颠覆性创新提供了技术基础，同时，颠覆性创新的实施也推动了对数智化技术的进一步应用，形成正向反馈循环（Murray，2017）。这种转型的战略意义在于提高决策效率、优化资源配置、增强市场响应能力和改善客户体验（Bharadwaj et al.，2013）。而颠覆性创新则通过开拓新市场和改变消费者行为，为企业提供了获得市场份额的机会（Porter，1996）。企业实施数智化转型时，需制定全面的技术战略，确保技术投入与业务目标相匹配（Weill & Woerner，2014），并重视人才培养以适应新技术要求（Bughin et al.，2017）。企业文化的转变，鼓励创新和适应变化，对成功转型至关重要（Senge，1990）。尽管企业在转型过程中可能面临技术选型、数据安全、组织变革、人才培养等挑战（Westerman et al.，2011），但成功的转型有助于提升运营效率、增强市场竞争力、创造新的商业模式，并实现可持续发展（Bharadwaj et al.，2013）。数智化转型和颠覆性创新是企业提升竞争力、适应全球化和数字化趋势的关键策略。企业需积极拥抱数智化转型，勇于实施颠覆性创新，以实现竞争力提升和市场领导地位的巩固。同时，企业应关注法规合规性，确保技术应用和创新活动符合法律法规，避免潜在的法律风险和经济损失。

2.2　数字化浪潮下全球生产网络中企业战略

2.2.1　颠覆式创新：实现对现有产业和市场结构的根本性颠覆

颠覆性创新是一种具有重塑产业或市场结构潜力的创新类型，它通过引入新技术或产品，旨在彻底改变现有行业或市场结构，创造新的市场机会。克里斯滕森（1997）指出，颠覆性技术在市场初期常被投资者忽视，因此决策者需要具备前瞻视角和变革决心，愿意投资性能较低、利润率较低的产品，并可能进行小规模市场测试。市场影响主要展现为三种模式：低端市场破坏、新兴市场破坏或混合市场破坏（Xue，2013）。颠覆性创新的战略选择通常聚焦于通过简单、便利且价格低廉的产品吸引非挑剔的消费者或潜在客户，随后推出更先进的颠覆性产品以吸引主流市场，实现市场的成功颠覆。领先企业由于难以放弃现有的生产和研发策略，常常面临创新战略选择的困境。相比之下，新进入者由于缺乏先天优势，更有可能成为颠覆性创新的推动者。技术的快速发展和新兴产业的兴起促进了新的工业革命，使新兴产业成为世界经济和社会发展的关键力量。各国正调整其发展战略，将颠覆性创新和价值链构建作为主要战略方向。特别是发展中国家，更加重视这一战略选择，这为其在未来的经济科技竞争中占据有利地位提供了新机遇（Nankervis，2013）。颠覆性创新极大地改变了信息技术行业的产品市场需求，迫使可能被淘汰的企业积极开发新产品，并调整经营策略，以提高其在激烈市场竞争中的生存能力。在此过程中，价值网络的构建发挥着至关重要的作用（Chiu et al.，2021）。总体而言，颠覆性创新具有以下特征：首先，它具有长期性，因为它对现有产业格局构成重大颠覆，需要长期时间和大量投入才能实现；其次，它具有高风险性，涉及资本、技术、人才等多维度资源的投入；再次，它具有潜在高收益性，成功的颠覆性创新能够带来显著的经济回报和市场份额；最后，它具有全面性，不仅包括产品或服务的创新，还包括商业模式的创新，以及产业生态环境的全面升级和转型。

2.2.2 全球生产网络：理论、发展与数字化转型

全球生产网络（global production networks，GPNs）是 20 世纪 80 年代末随着全球化和数字化的加速发展而日益重要的研究概念。经济学家皮奥里和萨贝尔（Michael Piore & Charles Sabel）在他们的著作 *The Second Industrial Divide* 中首次提出了全球生产网络的研究。此后，格里菲和考泽尼维克兹（Gereffi & Korzeniewicz）从全球供应链和全球价值链的视角，推动了全球生产网络理论的发展。全球生产网络被定义为由众多企业节点构成的复杂网络，这些节点通过物流、技术、资金和信息等流程的协同合作，实现全球性的生产目标（Gereffi，1994）。近年来，信息技术的迅猛发展和全球化趋势的加强，使得全球生产网络不断演进，成为国际经济中的关键组成部分。格里菲等提出的 GPN 理论，强调了企业节点、非政府组织、政府和市场之间的协同合作，以实现全球性生产目标，特别关注企业、价值链、空间关系和制度安排等方面，以有效控制和管理全球生产活动（Gereffi，2018）。全球生产网络理论已跨越单一学科，成为环境、城市和经济学等多个学科交叉研究的领域。空间协调和全球治理成为全球生产网络中的重要议题，其中包括政策环境、制度安排、信息技术和文化等空间协调因素（Hennart，2010；Gereffi et al.，2005）。数字技术的飞速进步，正在推动全球生产网络经历颠覆性的转型和创新（Baldwin，2016）。数字化创新改变了传统的生产方式，推动了生产环节的智能化和自动化，显著提升了生产效率和质量控制水平（章峰等，2018）。同时，数字化创新增强了供应链的可追溯性和透明度，有效提高了全球生产网络的调节和管理能力。

同时，创新合作模型在数字时代不断涌现，如跨国公司与供应链公司之间建立的新伙伴关系，以及商业模式的转变，从传统的独立与竞争转向互惠互利、合作共赢的多元化合作关系（辛明军等，2005）。数字云平台的部署促进了远程智能化生产，推动了全球生产的数字化转型和智能化升级（Agrawal et al.，2019）。智能化创新在数字时代的全球生产网络中尤为重要，人工智能、机器学习等技术实现了生产过程的自动化控制和智能化监测，极大地提高了生产效率和精度（Mcafee et al.，2012）。数字化设备和分析平台的应用，对生产流程的安全、稳定性及质量控制起到了积极的促进作用（王坤等，2018）。因此，在数字时代，全球生产网络的颠覆性创新不仅包括数字化创新，还包括创新合作模式和智能化创新等多个领域（Gereffi，2018）。随着技术的持续更新和全球贸易的普及，全球生产网络正致力于推动创新，并探索更好的数字时代生产模式（Niebel，2020）。

2.2.3　颠覆性创新生态系统与全球生产网络融合机制

在数字革命的浪潮下，全球生产网络正经历着前所未有的变革，其中颠覆性创新成为推动企业发展和产业升级的关键动力。结合数字技术、全球生产网络、颠覆性创新和战略整合等元素，颠覆性创新生态与全球生产网络的战略融合机制如图 2-3 所示。

在数字化浪潮中，全球生产网络的格局正在经历重构。人工智能、大数据、云计算和物联网等数字技术的融合为企业提供了新工具和平台。这些技术不仅彻底改变了产品和服务的创造方式，也重塑了企业与消费者、供应商和合作伙伴之间的互动模式，促进了企业在全球生产网络中的互联。颠覆性创新作为变革的驱动力，通过引入突破性新技术或商业模式，颠覆甚至重塑现有市场结构。在数字技术的支持下，企业能够快速将创新概念转化为市场成果，引领行业变革。为了在全球竞争中获得优势，企业必须进行战略整合，将数字技术与创新战略紧密结合。这要求企业优化内部创新机制，同时通过外部生态系统的资源和政策来增强创新能力。政府的角色变得尤为关键，通过制定新政策和建立新制度，为数字技术驱动下的颠覆性创新提供支持，优化创新生态，降低企业创新的门槛和风险。企业需要积极获取和整合全球生产网络中的资源和能力，包括技术、人才、资本以及市场信息等关键要素，以支持其颠覆性创新。同时，企业必须建立灵活的创新机制，探索适应数字化时代的创新方式，如用户参与创新、开放式创新和跨界合作等。数字技术的发展带来了新的经济机会和社会需求，企业需要敏锐地捕捉这些变化，并将其转化为创新的动力。此外，企业在进行颠覆性创新时，还需考虑自然环境的可持续性以及制度环境的适应性，确保创新活动既环保又符合法规要求。综合这些要素，企业能够在数字革命下构建一个充满活力、高效协同的创新生态系统，实现在全球生产网络中的持续发展，推动整个行业乃至全球经济的进步和繁荣。

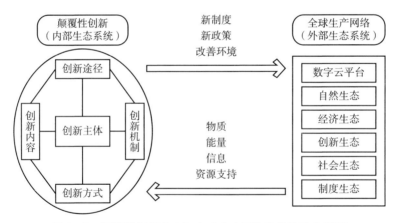

图 2-3　颠覆性创新生态与全球生产网络的战略融合机制

2.2.4　数字化全球生产网络中企业实施颠覆性创新

1. 路径选择：数字化供应链、智能化制造和数字化产品与服务

数字化全球生产网络，依托于先进的数字技术，构建起全球性的生产体系。当数字技术触发颠覆性创新时，该网络既面临机遇也面临挑战。为了抓住这些创新带来的机遇，数字化全球生产网络需要迅速调整其结构与运营模式，以促进产业的升级与转型。数字技术的运用不仅提升了全球生产网络的信息处理能力、决策速度和精度，还加快了创新的实施，并引发了资源配置方式的重大变革。企业间的竞争已从传统的产品和服务转向运营效率的多个方面，包括交付时间、质量和可靠性等，这为数字化全球生产网络的革新提供了新的方向。首先，颠覆性创新的一个路径是建立数字化供应链。基于物联网、云计算和人工智能等技术，数字化供应链通过实现供应链各节点间的信息共享与协同工作，提高了供应链的透明度与效率。与传统供应链相比，数字化供应链减少了人力成本，缩短了交付时间，确保了交付质量，从而提升了客户满意度和企业的市场竞争力。其次，推进智能化制造是颠覆性创新的另一路径。企业利用数字化设备和智能化生产线，实现生产过程的自动化和智能化，这显著提升了生产效率、工艺精度和产品稳定性，减少了资源浪费，并提高了产品质量与生产能力。最后，开发数字化产品和服务是第三个颠覆性创新的路径。随着数字技术的进步，生产流程、环节和数据的数字化变得日益可行。数字化产品和服务的开发应专注于解决行业痛点，优化生产环节，并以提升用户体验和用户价值为目标，通过加强数字技术的应用，实现产业链的闭环管理和提升数字化全球生产网络的质量和效率。

2. 策略解析：原因、成功因素和影响因素

数字化全球生产网络（digital global production networks，DGPN）正重塑企业创新的方法，企业采纳颠覆性创新策略的趋势越发显著。DGPN 是指企业通过数字技术和通信技术在全球范围内建立起的协同与分布式生产模式。这种网络的形成不仅加剧了企业间的竞争，增加了竞争的复杂性，同时也为企业提供了更广阔的市场和资源，支持其颠覆性创新的实施。颠覆性创新被定义为一种创新方式，它通过提供成本更低、性能适当、品质可接受的新产品或服务来创造新市场和产业，并逐步取得市场主导地位。这类创新通常由处于市场边缘或特定细分市场的小型企业或新创企业发起，它们能够对现有的商业模式和行业结构造成颠覆。随着数字化生产方式和全球化经济的进展，企业实施颠覆性创新的重要性和价值日益凸显。DGPN 的构建和颠覆性创新的执行已成为社会和经济发展中的关键组成部分。在 DGPN 中，企业采纳颠覆性创新策略的动因、成功要素及影响因素包括（见表 2 - 1）：

表 2 - 1　　企业颠覆性创新策略的动因、成功要素及影响因素分析

序号	类别	要点	主要内容
1	主要原因	数字技术的发展	降低生产和管理成本，提高效率，使企业更灵活地应对市场变化
2		全球化经济的趋势	便捷获取人才和资源，紧密合作，网络平台和金融工具支持
3		市场的变化	传统商业模式和产品失去优势，颠覆性创新满足新兴市场需求
4	成功因素	科技创新	不断技术创新，提高研发能力，保持竞争优势
5		市场洞察力	了解市场需求和供求关系，开发颠覆性产品或服务
6		资源配置能力	独特资源配置，包括资金、人力、技术、市场渠道，以快速实施创新策略
7	影响因素	政策环境	政策稳定和支持鼓励科技创新，降低创业成本
8		技术门槛	高门槛技术和资源对初创企业和小企业构成挑战
9		竞争环境	竞争激烈的市场环境要求企业具备足够的资源和能力

资料来源：笔者根据相关资料整理。

在数字化全球生产网络（DGPN）中，企业采纳颠覆性创新策略以响应市场变化并获取竞争优势。数字技术的发展降低了生产和管理成本，提升了运营效率，并增强了企业适应市场需求快速变化的能力。全球化经济促进了人才与资源的便捷获取，加强了企业间的合作，网络平台和金融工具的应用为企业提供了坚实的支持。颠覆性创新的成功依赖于科技创新作

为主要驱动力，持续增强研发能力；市场洞察力确保企业能够准确捕捉市场需求，开发具有市场影响力的产品或服务；资源配置能力关系到资金、人力、技术及市场渠道的有效整合，以迅速执行创新策略。然而，颠覆性创新的实施面临政策环境稳定性、政府支持、技术门槛、市场竞争等多重影响因素。政策环境的稳定性及政府支持对降低创业成本、激励科技创新至关重要。技术门槛对初创和小型企业构成挑战，可能缺乏实施颠覆性创新的资源和技术。高度竞争的市场环境要求企业具备充足的资源和能力以应对市场竞争，从而有效执行颠覆性创新策略。企业必须综合考虑这些因素，制定有效的战略，以在数字化全球生产网络中成功实施颠覆性创新，推动行业的持续发展和进步。

2.3　数字化赋能制造业转型的内在机理

2.3.1　数字化赋能的内涵界定

随着数字孪生、人工智能、大数据等前沿技术的融合与创新，国内制造业正经历着智能制造的革命。这些技术的引入不仅催生了新工厂、平台和数字产品的诞生，而且深刻改变了生产与服务的模式（刘洋等，2022）。根据《中国工业互联网发展状况》报告（2020 年底发布），我国企业在工业互联网平台的全球使用量前 20 强中占据了压倒性的 17 席，凸显了工业大数据、云计算和物联网技术的广泛应用和深远影响（Gui，2002）。在早期，学术界对分布式信息管理在制造业变革中的作用进行了探讨，但数字化赋能的概念尚未明确提出。当前，数字化赋能已经成为推动企业数字化转型的关键策略，它通过资源配置的优化、生产成本的降低以及创新发展的驱动，促进了制造业的转型升级，并显著提升了产品和服务的质量（焦勇等，2020；杨雅程等，2022）。研究指出，不同类型的企业在数字化转型过程中受到数字化赋能的影响程度存在差异，特别是在资本密集型和高竞争性行业中，数字化转型更有助于提升企业的技术创新能力（廖信林等，2021）。此外，数字化赋能对制造业的高质量发展具有深远的意义。它通过技术使能和资本扩张，在技术和资本等多个维度上促进了全要素生产率的提升，为制造业的高质量发展提供了坚实的基础（刘平峰等，2021；徐向龙，2022）。这些发现不仅为学术界提供了新的研究方向，也为制造业的政策制定者和实践者提供了宝贵的指导。

2.3.2 制造向智造演化：特征性描述

当前，信息通信技术与制造业的融合正迅速扩展至整个生产流程、产业链的各个环节以及产品的全生命周期。我国工业互联网发展态势总体稳定向好，根据中国工信部发布的数据，2021 年，产业增加值规模达到 4.10 万亿元，名义增速 14.53%，高于 GDP 增速，占 GDP 比重达 3.58%。此外，根据华经产业研究院的数据，2022 年我国工业互联网产业增加值规模达到 4.25 万亿元，同比增长 3.5%。智能制造的综合应用水平显著提高，全国已有 44 个城市完成了智能工厂示范项目的建设。此外，智能制造工业应用程序（APP）的注册数量快速增长，达到了 7.1 万个，年增长率达到了 78%。在机器人设备销售方面，尤其是服务机器人市场，呈现出最为迅速的增长势头。这些数据表明，新型智能制造模式正在逐步取代传统的生产方式，成为推动新旧动能转换的关键力量。新旧制造模式之间的转换逻辑和功能特征，具体如表 2 - 2 所示。

表 2 - 2   制造向智造的演化逻辑

项目	传统制造模式	智能制造模式
生产方式	生产者驱动（规模经济）	消费者驱动（范围经济）
动力机制	更低的成本、更好的质量、更高的效率	成本、质量、效率的挑战，以及新增的不确定性、多样性和复杂性

续表

项目	传统制造模式	智能制造模式
管理模式	泰勒制：科学管理理论 丰田制：精益管理模式	信息时代下的新一轮管理变革
系统体系	一个简单的机械系统：确定性是常态	一个复杂的生态系统：不确定性是常态
解决方法	生产装备的自动化（物理世界的自动化：自然科学）	数据生成、加工、制造自动化（虚拟世界的自动化〔元宇宙〕：自然科学、管理科学、人工智能）
产品形态	黑箱产品	透明化产品（数字孪生）

资料来源：笔者根据相关资料整理。

制造向智造转型的特征可归纳为：第一，从生产者驱动到消费者驱动的转变。在宏观经济层面，数据作为制造业的关键新型生产要素，正推动着制造业从传统的生产者驱动模式向消费者驱动模式的转变（刘启雷等，2022）。这种转变促进了供需双方的深度开发，增强了制造业的颠覆性创新能力。中国国家统计局的数据显示，2021 年上半年，社会消费品零售总额显著增长，反映了消费者需求的日益增长和市场对个性化服务的渴望。数字化服务的提供不仅实现了数字化赋能，而且推动了企业在生产要素和服务能力上的提升，促进了价值的创造（张振刚等，2022）。第二，动力机制与管理模式的转变。《中国制造业"互联网＋"创新发展研究报告》强调，"互联网＋"战略的实施对制造业的转型升级至关重要。数字化、智能化和服务化的推进为制造业的持续发展注入了新动力。信息技术的持续进步已经使得传统的制造模式难以满足当前的市场需求，制造业的转型升级变得尤为迫切（宋旭光等，2022；刘平峰等，2021）。第三，由简单制造向复杂生态转变。数字化的赋能对制造业的结构性升级和流程合理化产生了显著的正面效应（蔡延泽等，2021）。企业通过协同创新平台和供应链管理平台，实现了跨企业、跨区域、跨产业链的数据共享、信息交换和业务协同，促进了资源配置的动态优化，激发了制造业创新和发展的新动力。第四，由物理世界向虚拟世界自动演变。智能制造作为革命性的生产和组织形式，依托人工智能、物联网、智能监控及信息技术的集成应用，实现了人、机器和物料的无缝协同，推动了生产流程和系统的自动化（Handiso，2021）。工业互联网平台的发展，以及工业机器人的消费量和安装量的显著增长，表明自动化技术成为推动实体经济向虚拟经济自动升级的关键力量。第五，产品形态由黑箱到透明化。现代智能产品制造工厂通过集成化、数字化、智能化和可视化的特性，引领工业生产方式的革新（Tao et al.，2021）。数字孪生技术开辟了创新的路径，实现了产品生命周期的全面数字化模拟，促进了从传统的黑箱制造过程向透明化制造过程的转变（Yu et al.，2021）。大数据、物联网和区块链技术的应用，提升了制造业内部的信息开放度和透明度。

2.3.3 数字化赋能制造向智能转型：内在机理分析

1. 核心元素组成

数字化赋能与工业化的融合是推动工业数字经济发展的关键双轮，它们相互促进，共同成长。当前，信息技术的最新发展与制造业的紧密结合，正在加速工业数字经济的快速增长。在这一进程中，数据已经转变成制造企业的一项至关重要的战略资源。挖掘和利用数据的价值，已经成为推动企业进行数字化转型和升级的核心驱动力（刘检华等，2022）。随着信息资源日益扮演着生产要素的角色，中国制造业面临着对传统生产模式、研发组织、制造流程、供应链网络、用户服务体验等方面的革新需求。在数字技术迅猛发展的当下，中国制造业不仅遭遇了数字化转型的挑战，同时也迎来了前所未有的发展机遇。数字化转型被视为制造业迈向智能化、高效率和可持续成长的必由之路，而实现这一转型需要一个更为全面和宏观的框架作为支撑。本节提出了一个以数字化赋能为基础的智能制造整体框架，该框架整合了数据、企业、产业创新生态系统和平台等关键要素，凸显了智能制造在数据化、网络化、智能化和服务化方面的特征。

这一框架的设计宗旨在于提供全方位的支持，以促进数字化赋能智能制造的全面发展和深入应用，如图 2 - 4 所示。

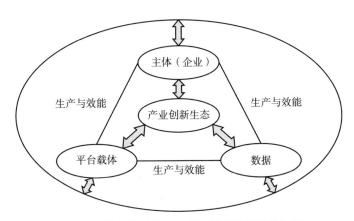

图 2 - 4　数字化赋能下实现智能制造的整体框架

数字化赋能智能制造是一个多维过程，它涵盖了三个核心要素：数据、企业主体和平台载体。企业作为产业创新生态的中心，承担着产品从研发到生产再到市场推广的全链条责任。在智能制造的浪潮中，企业通过整合尖端的数字技术，例如人工智能（AI）和大数据，不仅提升了生产效率，也提高了产品的质量与市场竞争力。平台载体在产业创新生态中发挥着至关重要的作用，它作为信息交流和资源共享的枢纽，为企业提供必要的技术支持和服务。这些平台促进了企业间的协作，加速了知识的交流和创新过程的发展。数据在智能制造中扮演着基石的角色，它渗透于产品从设计到生产、销售乃至服务的每一个环节。通过数据分析和挖掘，企业能够获得决策支持，优化资源配置，并加快对市场变化的响应速度，从而在激烈的市场竞争中保持领先。

产业创新生态系统的构建可划分为四个关键圈层，每一层都对推动产业创新发挥着不可或缺的作用。核心层由企业担纲，它们通过持续的技术创新和深入的数字化转型，成为推动产业创新发展的主导力量。支撑层由平台载体构成，它们提供关键的技术和服务平台，构建起企业间的合作网络，促进知识与信息的共享。效能层关注的是生产效率和效能的提升，这直接体现了数字化转型的目标。基础层以数据为核心资源，为生产过程的智能化和决策的精准化提供了基础。在智能制造的领域内，生产与效能的相互作用至关重要。"数据＋智能制造"的紧密结合标志着数据在整个制造过程中的集成应用。企业通过数字化转型和智能化升级，正经历着根本性的变化，这些变化不仅颠覆了传统的生产模式，还催生了新的产业形态。数字化赋能的过程不仅是企业数字化转型的体现，也是平台、体系和生态系统重构的体现。

在智能制造领域内，生产与效能的相互作用至关重要。"数据＋智能制造"的紧密结合标志着数据在整个制造过程中的集成应用，涵盖了信息的采集、传递、分析和加工。一个及时且可靠的数据传输网络对于智能系统至关重要，而精确的数据分析是实现智能操作的核心。企业作为制造业的核心，通过数字化转型和智能化升级，正经历着根本性的变化，这些变化不仅颠覆了传统的生产模式，还催生了新的产业形态（李新宇等，2022）。数字化赋能的过程不仅是企业数字化转型的体现，也是平台、体系和生态系统重构的体现。智能制造的平台载体，支持着信息门户、Web界面和管理应用软件，高效地运用新一代智能技术，实现信息的无缝交流（Shen，2006；张媛等，2022）。这种交流通过紧密和松散的耦合关系，建立起一个基于Web界面的虚拟网络组织，以信息价值和知识共享为特征，推动工业企业的数字化转型（杜勇等，2022；邱新平，2022；周嘉等，2022）。产业创新生态通过数字化重构了创新主体间的价值共创模式，智能制造生态系统的演化表现为网络动态性的增强和生态系统复杂性的增加，这显著地驱动了企业的智能化转型（周文辉等，2018；李煜华等，2022）。生产作为制造业的基础活动，其效能涉及生产过程中的效率和效果。数字化转型通过优化生产流程、提升自动化水平和智能化管理，显著提高了生产效能。综上所述，产业创新生态是一个涉及多层面和多要素相互作用的复杂系统。企业，作为创新的主体，依靠平台载体，利用数据资源，通过提升生产和效能，共同推动产业的持续创新和发展。

2. 数字化赋能机理

产业创新生态系统是一个由多个关键参与主体构成的复杂网络，它们协同工作，共同推动创新过程和价值创造。如图 2 - 5 所示，在这个生态系统中，企业主体扮演着核心角色，负责生产、运营和销售等关键职能，是创新的主导力量，将创意转化为实际产品和服务。材料供应商作为产业链上游的重要环节，提供原材料和初级产品，为生产过程奠定基础。经销商则是市场流通的关键，负责将产品有效地推向市场，连接生产者和消费者。金融保险机构提供资金支持和风险管理服务，确保企业运营的稳定性和可持续性。顾客作为产品和服务的最终用户，其需求直接驱动市场发展和产业创新。

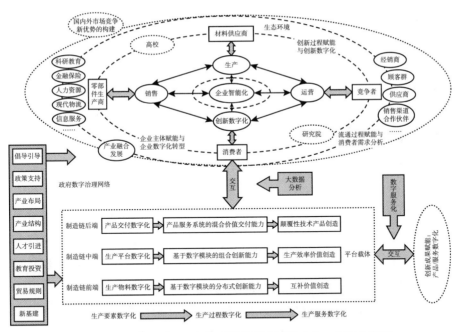

图 2 - 5　数字赋能实现智能制造流程全面数字化、全程化机理

在数字化赋能的推动下，"厂商自研"和"云辅助"等工业互联网平台模式成为促进智能制造的内在路径。这些模式通过整合数字技术，优化生产流程，提高运营效率，并促进创新能力的提升。本研究以产业创新生态系统为研究框架，详细描绘了数字要素如何赋能智能制造，推动产业创新生态的持续发展和演化。具体来说：第一，数字化转型已成为企业获取数字化赋能、提升竞争力的关键策略。在制造业领域，高级仿真工具的需求不断增长，数字化赋能正赋予企业应对外部环境复杂性的能力。企业必须致力于持续的技术创新以实现业务目标并保持市场竞争力（Ruiz N.，2014）。通过促进企业间的研发合作，数字化赋能有效降低了研发成本，并激发了人力资本的潜力，推动了企业技术创新的步伐（张国胜等，2021）。企业正逐步摒弃传统的生产模式，转而探索智能制造、网络化制造以及云制造等新型生产模式，加速其数字化转型的进程。第二，数字化赋能在制造业中引发了一场深远的变革，体现在从要素驱动向数据驱动的转移、从产品导向向用户体验的转变、从产业关联向企业共同体的演进，以及从竞争合作向互利共生的演化（焦勇，2020）。材料供应商、零件制造商和高校研究所等成为关键的连接点，推动了企业的智能化和数字化创新。数字化赋能还改变了传统的研发设计方法，虚拟仿真技术集成到研发流程中，有助于减少工程变更、优化生产流程、降低成本和能耗。第三，数字化赋能战略必须基于数字技术，以消费者需求为核心导向，并以促进企业的数字化转型为最终目标（韩佳平等，2022）。通过深入分析大数据所揭示的消费趋势，企业可以更好地理解市场与消费者之间的关系。数字化赋能还为消费者的参与开启了新的大门，使他们能够通过多种方式参与到研发和生产过程中（吕铁等，2021）。在数字经济的大背景下，消费者与企业之间的互动演变为一种协同进化的过程，推动着价值共创和智能制造的发展（李煜华等，2022）。第四，制造业的附加值正逐渐降低，促使企业将焦点转向产品增值服务，以此作为新的竞争优势。云计算、大数据和物联网技术的快速普及，催生了多样化的服务模式，推动了以商品为基础的商业模式的发展，加速了综合服务的发展，这些服务以商品为载体。数字化服务流程的构建，涵盖了制造链的前、中、后各个环节，基于数字化的生产资料、平台和产品交付流程。当前，我国制造业在数字化流程和商业模式方面存在层次不高的问题，主要原因在于数字化技术和业务数字化的不足（李晶等，2022）。构建一个深度的政府数字治理网络，实现区域治理的协同，对于引导制造业向智能化转型至关重要。为了推动制造业的智能化转型，需要在政策支持、产业布局、人才引进、教育投资、贸易规则和新型基础设施建设等方面形成数字治理的赋能。

2.4　生态链视阈下金融科技与制造业创新绩效

2.4.1　背景与前景

随着数字化浪潮的兴起，金融科技正以惊人的速度重塑全球经济结构，尤其是在制造业这一关键领域。它所融合的颠覆性技术——大数据、人工智能、区块链，已经成为革新传统金融服务和激发制造业创新潜力的关键因素。当前，制造业的生态链正在经历一场深刻的转型，这一转型涵盖了数据、产品、产业、平台及治理等多个方面。数据生态链的高效数据处理能力，为智能制造提供了强有力的决策支持，这标志着从传统制造向智能化、个性化生产的飞跃。产品生态链的创新理念，不仅在产品设计和开发阶段发挥作用，更贯穿于产品的全生命周期，从概念设计到售后服务。产业生态链通过跨行业合作，强化了产业链的竞争力，推动了产业集群的形成和协同发展。平台生态链利用云计算和物联网技术，为制造业打造了一个资源共享和协同工作的开放环境，促进了创新模式的涌现。而治理子生态链群确立的行业标准和规则，保障了生态链各方的规范运作与权益，为行业的健康发展提供了坚实基础。金融科技作为制造业数字化转型的催化剂，其重要性不容忽视。它不仅推动了行业向高效率、智能化和可持续发展的方向转型，更为制造业带来了前所未有的机遇和挑战。本研究旨在深入探讨金融科技在制造业转型中的作用，明确其在推动产业创新、提升产业链效率、促进可持续发展等方面的贡献，以及面临的潜在风险和挑战。

在全球化和技术革新的推动下，金融科技正迅速成为推动制造业创新的关键力量。本研究融合生态链、价值网络及颠覆式创新理论，旨在深入探索金融科技如何作为制造业创新的驱动力，并揭示其内在作用机制。这一探索对于粤港澳大湾区乃至全国制造业的转型升级具有重要的理论和实践意义。通过应用网络分析法，本研究将构建一个金融科技与制造业生态链相互作用的框架。特别是在粤港澳大湾区这一充满活力且具有独特发展环境的地区，本研究将进一步拓宽经济空间网络理论的应用范围，为理解金融科技与制造业融合的复杂性提供新的视角。同时，本研究将结合微观企业与宏观经济的多维视角，深入分析金融科技对制造业生态链网络特性和动态变化的影响。这不仅包括金融科技如何促进产业链各环节的创新和协同，也涉及其在宏观经济层面对制造业发展模式的影响。通过这种多角度的分析，本研究期望为区域内制造业的协同创新和融合发展提供理论指导和实践策略。本研究的目的在于为政策制定者、行业领袖以及学术界提供深刻的见解，帮助他们更好地理解金融科技在制造业创新中的作用，并为实现制造业的可持续发展和创新驱动提供策略支持。

在当今快速发展的数字化时代，金融科技正以其独特的创新潜力，在全球范围内激发制造业的变革。本研究致力于深入探索金融科技在这一变革中的核心作用，尤其是在促进制造业创新和产业升级方面，以及其对区域经济显著推动效果的潜力。通过这一研究，期望为粤港澳大湾区乃至更广泛区域的经济发展提供新的视角和动力。研究的重点在于解析金融科技如何整合制造业的各个关键生态链环节——数据、产品、行业、平台和治理，以实现创新的全面提升。项目将特别关注区块链技术在提升供应链透明度和效率方面的应用，这不仅能够增强供应链的可靠性，还能够为制造业带来前所未有的运营效率。此外，本研究将深入分析大数据分析在市场预测和决策支持中的关键作用。在数据驱动的决策日益成为企业竞争力的今天，金融科技的大数据分析能力，为制造业提供了精准的市场洞察和前瞻性战略规划。项目还将评估金融科技在提供资金支持、风险管理、定制化金融产品方面的潜力。面对资金筹集和市场变化的挑战，这些工具如何帮助制造业企业保持竞争力和灵活性，是本研究关注的重点。进一步地，本研究将探讨金融科技在促进技术突破、产业升级和治理规范中的作用，以及它是如何帮助减少系统性金融风险的。在粤港澳大湾区这一充满活力的经济区域，金融科技如何成为新的经济增长动力，是本研究特别关注的议题。通过政策建议，本研究旨在支持制造业技术和商业模式的颠覆性创新，确保金融科技与制造业的融合在规范和创新中实现可持续发展。

2.4.2　金融科技与制造业发展关系

1. 金融科技在制造业创新中的作用

金融科技正重塑制造业的创新格局，其多维度作用日益成为研究焦点。斯楚菲尔（Schueffel，2016）和扎沃洛奇纳等（Zavolokina et al.，2017）强调了金融科技在提供资金与风险管理方面的重要作用，这些创新工具不仅革新了金融服务，也为制造业注入了创新活力。李和申（Lee & Shin，2018）进一步阐述了金融科技通过资金支持、风险管理、市场理解及趋势预测等机制，增强了企业的市场适应性与创新能力。众筹和 P2P 借贷平台，如贝里弗雷姆等（Belleflamme et al.，2014）和霍威（Howe，2009）所述，为企业提供多样化融资途径，降低了门槛并加速资金流转，从而激发创新。考伯等（Gomber et al.，2017）提供的数据分析工具助力企业深入洞察市场需求，推动了基于市场动态的创新。阿纳等（Arner et al.，2016）指出金融科技促进了跨领域合作，提高了融资可及性，对中小企业尤为重要。乔许等（Joshi et al.，2018）发现，金融科技通过灵活的融资渠道，助力中小企业解决资金问题，增强创新能力。斯万（Swan，2015）研究表明，金融服务的开放性显著促进了依赖外部融资的企业的技术创新。塔普斯考特和塔普斯考特（Tapscott & Tapscott，2016）提出，金融科技的持续发展将进一步挖掘其在制造业创新中的潜力，尤其在颠覆性创新领域。

2. 金融科技在供应链管理中的应用

金融科技，尤其是区块链技术，在供应链管理中的应用正受到行业的高度重视。区块链技术的透明性、不可篡改性和去中心化特点，为供应链提供了一个可靠的信息共享和增强安全性的平台。例如，IEEE 区块链杭州工作组的研讨会就突出了区块链技术在供应链金融中的创新潜力，强调了其在提升交易可靠性和信用穿透传递方面的作用，为中小企业开辟了新的融资途径。贝里弗雷姆等（2014）、匡增杰和于偶（2021）、马征（2020）的研究进一步证实了这一点。此外，区块链技术在应收账款、预付账款和存货融资等方面的应用，如刘洋和唐任伍（2019）所述，展现了其在供应链金融中的实践效果。尽管如此，区块链技术的广泛应用仍面临技术成熟度、数据安全和监管政策等挑战，这需要业界进行深入分析和解决，正如曹慧平和王欣（2021）所强调的。李向红和陆岷峰（2023）预测，随着技术的成熟，区块链技术将在供应链管理中扮演更加关键的角色。

3. 金融科技在风险管理中的应用

金融科技正以其在风险管理中的突破性应用，成为金融行业创新的核心力量。它融合了人工智能和大数据分析技术，在信贷和市场风险评估方面提供了显著优势。机器学习算法的应用使得历史数据能够得到深入分析，预测违约风险，并辅助金融机构制定科学的风险控制策略，这在迪库昂佐等（Dicuonzo et al.，2019）的研究中有所体现。金融科技的实时数据分析能力，帮助机构及时响应市场变化，如巴扎巴什（Bazarbash，2019）所述，提供了精准的风险管理工具。自动化工具和区块链技术的应用减少了操作错误，提高了交易的透明度和安全性，巴尔雅尼斯等（Baryannis et al.，2019）强调了这一点。智能合约和云计算的结合进一步提高了风险管理的效率，戴等（Dai et al.，2017）展示了这一变革。金融科技的多维度监控能力，如米申科等（Mishchenko et al.，2021）所指出，对预防系统性风险至关重要。此外，金融科技的风险教育工具和平台，如乔杜里等（Chaudhry et al.，2022）所述，提升了企业和个人对金融风险的认识和管理能力。

4. 制造业企业获得更精准的信贷服务

金融科技正通过大数据和机器学习工具，彻底改革制造业的信贷评估流程，提供更深入的企业信用和偿债能力分析，如阿塞沃等（Acebo et al.，2022）和王满仓等（2023）所指出。这种技术使金融机构能够提供定制信贷服务，满足制造业企业的特定融资需求，展现了金融科技在信贷领域的创新潜力，贝克和昆特（Beck & Demirguc – Kunt，2006）亦有论述。在线平台和移动应用的使用，不仅提升了信贷服务的可获取性和便捷性，还通过自动化审批流程，提高了服务效率，魏亚楠等（2018）亦有记录。金融科技还通过整合供应链信息，为制造业企业提供了灵活的融资方案，阿纳等（2015）强调了这一点。区块链技术的应用进一步增强了交易的安全性，降低了信贷风险，为企业提供低成本融资，尤瑟夫等（Yusuf et al.，2023）展示了这一优势。尽管存在数据安全、模型准确性和监管不确定性等挑战，赵春明等（2023）建议金融机构在创新同时，应加强风险管理和合规性，以保障信贷服务的长期发展。

2.4.3 金融科技推动制造业产业链创新能力效应的测度

1. 国外研究现状

金融科技发展指数综合考量了企业数量、投资规模和服务覆盖度，为衡量金融科技在全球范围内的发展提供了多角度视野（Yusuf，2009；Kidwell et al.，2016）。这一指数不仅揭示了金融科技对制造业创新的潜在推动作用，还促使学者们开发了全面的制造业创新评估体系，包括研发投入、专利、新产品销售等多个维度（Kandpal & Mehrotra，2019）。实证分析技术，例如计量经济学和面板数据方法，已被用于深入探讨金融科技与制造业创新之间的联系（Ferrari，2016），有效控制了外部变量的干扰。特别地，金融科技的新型服务模式，如供应链金融和众筹，通过提供创新

的资金和物流解决方案，显著降低了企业的融资障碍（Arner et al.，
2015）。这些研究为政策制定者提供了宝贵的参考，指导他们如何借助金
融科技激发制造业的创新潜力。展望未来，随着金融科技的持续进步，期
望将有更多研究涌现，进一步解析其在促进制造业创新，特别是颠覆性创
新中的作用。

2. 国内研究现状

国内学者通过实证分析，采用定量方法如回归和面板数据分析，深入
探讨了金融科技对中国制造业创新能力的影响（邓宇，2022；王世文等，
2022）。考虑到中国区域经济发展的差异，研究着重于特定区域，揭示了
金融科技水平与当地制造业创新能力的相关性（Yang & Zhang，2022；王
荣等，2023）。政策研究揭示了政府如何通过政策手段促进金融科技与制
造业的融合，进而推动创新（黄勃，2019），这是当前研究的重点之一。
金融科技在供应链管理和风险管理中的应用，通过提供创新解决方案，提
高了效率并降低了风险，对制造业创新产生了积极作用（孙悦婷，2023）。
国内研究已建立了系统的理论和方法来评估金融科技对制造业创新的推动
作用，预计未来将更深入地研究其作用机制和效应测度方法。

2.4.4 金融科技作用于制造业创新效能的内在机制

1. 国外研究现状

金融科技正全球性地改变创新资源的配置，利用大数据和人工智能等
技术提高了资金匹配效率并减少了交易成本（Ferrari，2016）。这种效率
的提升促进了资本流向创新，支持了制造业的技术革新和产业升级（Do-
ran & Ryan，2017）。国外研究显示，金融科技与制造业的结合不仅提供了
研发资金，还通过风险管理减少了创新的不确定性（Kandpal & Mehrotra，
2019），加强了企业、科研机构和市场之间的联系，形成了一个创新网络
（Arner et al.，2015c）。金融科技还打破了传统的线性创新模式，推动了
创新的开放和网络化，加速了跨领域的协同创新，提升了产业链的创新能

力（Naumenkova et al.，2019；Ronaghi，2022）。平台生态链在此过程中扮演了关键角色，促进了技术交流和知识共享，降低了创新的门槛（De-rave et al.，2021）。同时，平台生态链通过标准化接口和服务增强了系统间的互操作性，推动了技术发展。治理子生态链群通过政策和标准确保了金融科技与制造业融合的合规性和风险控制（Zetzsche et al.，2017），保护了消费者权益并维护了市场秩序。

2. 国内研究现状

国内学者基于中国数据的实证分析，广泛研究了金融科技对提升制造业创新能力的作用，多运用回归和面板数据分析等定量方法来衡量这一效应（张玉华和张涛，2018）。研究揭示了金融科技通过资金支持、成本降低和信息流通显著增强制造业创新（柴正猛和杨燕芳，2022；郭燕青和李海铭，2019），并注意到区域经济发展不均衡性对金融科技发展和制造业创新能力的影响（李钊和王舒健，2009；王荣等，2023b；朱仁泽等，2023）。政府政策在促进金融科技发展和制造业创新中扮演关键角色（房汉廷，2010），同时金融科技的创新模式在供应链管理和风险管理中对提升产业链创新能力具有显著影响（宋华和陈思洁，2019；王霜等，2023）。从生态链角度来看，金融科技通过数据、产品、产业和平台生态链的构建，为制造业提供了洞察力、灵活性、资金流动性和协同工作环境（丰佰恒和杜宝贵，2024；侯晓丽等，2024；朱国军和周妙资，2023；蔡啟明等，2023；焦豪等，2023），而治理子生态链群通过标准和规则确保了融合过程的规范性和安全性（张雪和王凤彬，2023）。

2.4.5　金融科技赋能制造业创新效能的路径选择

1. 国外研究现状

数字金融与技术创新的结合正在重塑制造业，为其带来资金支持和风险管理，从而加速技术创新和产业升级（Doran & Ryan，2017b；Ferrari，2016）。金融科技通过提供多样化融资渠道和高效率服务，满足了企业资金需求并推动了技术发展（Potts，2009）。它还通过降低交易成本和提升资本配置效率，促进了资源的有效流动和产业结构的优化（Ranade，2017）。供应链金融科技的崛起，利用区块链和大数据分析等技术，不仅提高了供应链的效率和透明度，还降低了融资成本，支持了制造业的稳定发展（Shashkova et al.，2020；Al – Smadi，2023）。数字普惠金融的推广扩大了金融服务的覆盖，使更多企业获得资金支持，加速了产业创新和发展（Kaal，2020；Alkhazaleh，2021）。金融科技还推动了制造业的数字化转型，创新了金融产品和服务，与商业目标更好地结合（Li et al.，2017；Gozman et al.，2018）。随着金融科技的快速发展，监管机构面临新的挑战，需要加强沟通和协作，确保监管规则与时俱进（Ya，2020；Deng et al.，2021；Lee et al.，2023）。总体来看，金融科技在多个方面为制造业的高质量发展提供了支持，其应用前景广阔。

2. 国内研究现状

国内研究者深入分析了金融科技对制造业创新能力的推动作用。通过建立评价指标和应用耦合协调度模型，研究揭示了数字金融如何深化产业链与创新链的整合，并为制造业带来数字化转型的新机遇（中曾宏等，2017；许可证，1996）。技术进步在金融科技网络系统转型中的作用被特别关注，它不仅改变了服务交付，还为产业链效率提供了增强动力（张金清等，2022；欧阳红兵和刘晓东，2014）。实证研究进一步确认了金融科技对企业技术创新的积极影响，并指出其具有促进区域间创新活动的空间溢出效应（刘建，2023；方先明等，2023）。同时，研究也指出金融科技在风险管理中的"双刃剑"作用，强调了实施有效风险评估和管理的必要性，以确保金融安全并降低系统性风险（邓彦等，2017；王卫红和王颜悦，2014；周代数和郭腾达，2020）。

综上所述，金融科技与制造业的融合是推动产业创新的核心动力，这一点已在广泛的文献中得到认可。然而，现有文献多集中于金融科技对制造业创新影响的宏观描述性分析，缺乏对金融科技在制造业创新微观过程中具体作用机制的深入探讨。本研究旨在填补这一研究空白，通过采用定性和定量相结合的方法，深入剖析金融科技在制造业创新各环节中的作用机制，特别关注数据管理、产品设计、行业协作等关键节点的应用，并探讨这些应用如何促进创新思维的产生和创新产品的开发。进一步地，尽管众筹和 P2P 借贷等新型融资模式被认为具有改变传统融资模式的潜力，现有研究对于这些模式在不同规模企业中的具体实施效果和影响的比较分析仍然不足。本研究将通过实证研究，评估这些新型融资模式对不同规模制造业企业的创新能力的具体影响。在风险管理领域，尽管人工智能和大数据分析的应用被广泛认为能够提升信贷风险评估的准确性，现有研究对于这些技术在多样化金融环境下的适应性、有效性及其潜在局限性的探讨尚显不足。本研究将评估这些技术在不同金融场景中的应用效果，并探讨其在风险管理策略中的优化潜力。此外，本研究将创新性地构建一个多维度的分析框架和综合评价体系，这不仅涵盖了金融科技发展指数和创新能力评价指标，还将引入衡量技术采纳深度、创新文化普及度以及跨领域合作广度等新维度，以全面评估金融科技对制造业创新的长期影响。通过这种方法，本研究期望为金融科技与制造业融合提供更为全面和深入的理论支持，并为实践领域提供策略性指导。

2.5　数智化赋能、颠覆式创新与竞争力

2.5.1　数智化赋能与竞争力

数智化赋能定义为一种关键策略，通过整合大数据分析、人工智能（AI）、物联网（IoT）、云计算等信息技术，实现业务流程、管理模式、产品服务和客户体验的深度优化。这一过程不仅强化了企业的传统竞争力要素，如成本控制和市场响应速度，还显著提升了创新能力、供应链管理和人才队伍建设。数智化赋能的特征包括数据驱动决策、智能化生产、创新

驱动、客户体验优化、业务模式创新、组织结构调整和生态系统构建，这些特征使企业能够更科学地制定决策、提高生产效率、持续创新、提供个性化服务、探索新的商业模式、灵活应对市场变化，并与合作伙伴共同创新（Ruiz N.，2014）。与此对应，竞争力的概念体现为组织在市场上相对于其他竞争者的综合优势，涵盖多个关键维度：优化内部运营以降低成本和提高效率；提供独特产品或服务以满足特定客户需求，形成市场独特定位；持续创新以适应市场变化；建立强大品牌形象以赢得消费者信任和忠诚；管理和优化供应链流程以提高运营效率；吸引、培养和保留关键人才以推动组织创新。面对全球化竞争的加剧、技术迭代的加速、消费者需求的多样化以及环境社会要求的提升，企业必须采取有效措施来增强其竞争力（张国胜等，2021）。

数智化赋能是当代企业发展的关键驱动力，对提升企业竞争力具有显著影响。首先，数智化通过自动化和智能化技术提高生产效率，降低运营成本。信息技术的应用优化了资源配置和流程管理，减少了 IT 基础设施投资，并通过物联网技术实时监控设备状态，减少停机时间。其次，数据分析能力的提升帮助企业深入理解市场需求，设计差异化产品。个性化推荐系统如亚马逊算法，根据消费者偏好推荐商品，增强消费者体验和产品差异化。人工智能和机器学习技术支持企业创新，开放式创新理论强调外部知识整合和内部知识共享，加速新产品上市。数智化还促进商业模式创新，如订阅服务和共享经济模式。此外，数智化赋能还可以提升客户体验和服务质量，增强品牌吸引力和忠诚度。社交媒体和大数据分析帮助企业建立与消费者的紧密联系，提升品牌形象。物联网和云计算技术提高供应链透明度和效率。信息技术提高供应链可见性和响应速度，优化库存管理，减少成本。数智化还提供先进培训和协作工具，吸引和培养人才。在线教育和虚拟协作工具提高员工工作效率和满意度（焦勇，2020）。

2.5.2　数智化赋能、颠覆式创新与竞争力

数智化赋能通过整合大数据、人工智能、云计算等先进技术，优化企业业务流程和管理模式，促进产品和服务创新，提升客户体验。这种赋能使企业能够高效地进行资源配置，实现灵活生产，提高市场竞争力。数据分析和机器学习技术的应用，让企业能够准确预测市场需求，实现个性化定制，增强产品差异化（韩佳平等，2022）。同时，颠覆性创新通过引入全新的产品、技术或商业模式，挑战现有的市场格局，为企业提供了突破传统竞争的新途径。这种创新能够促进数智化赋能的发展，因为它通过收集和分析大量数据，帮助企业了解市场需求和趋势，为创新提供方向。例如，Netflix 通过分析用户数据，推出了在线视频流媒体服务，改变了娱乐产业的竞争格局。特斯拉推出电动汽车，推动了智能驾驶和车联网技术的发展，不仅颠覆了传统汽车行业，还推动了相关技术的创新应用。因此，数智化赋能和颠覆性创新是推动企业和行业发展的两大关键动力。

数智化赋能和颠覆性创新的结合对企业竞争力和产业竞争力产生了深远影响。企业需要深刻理解市场和技术趋势，制定有效战略规划，以确保成功实施这两者，保持市场竞争优势。数据驱动的颠覆性创新正成为企业发展和行业变革的关键力量。智能技术如人工智能和机器学习在颠覆性创新中发挥重要作用，提供个性化服务，提升产品创新速度和效率。同时，颠覆性创新的实施提高了企业对数据和智能技术的需求，形成了正向反馈循环，推动行业向更高层次的数智化发展（李煜华等，2022）。企业应积极探索和实施颠覆性创新策略，以维持和提升市场地位，增强产品竞争力，降低成本，提高品牌价值，改善供应链管理，吸引优秀人才，并实现可持续的增长。通过这种整合，提供了一个清晰的视角，展示了数智化赋能和颠覆性创新如何共同推动企业和行业的持续发展和成功。

2.6 数智化赋能、颠覆性创新与产业创新生态

2.6.1 创新生态的界定与结构

在创新生态系统中，多个组织构成的联盟共同创造并提供集成技术系统，为客户创造价值。这个系统涵盖供应商、互补者、系统集成商、客户、分销商、广告商、金融供应商、大学、研究机构、监管机构和司法部门等多元化参与者。它们通过合作与竞争，围绕创新产品或商业模式，共同推动能力发展。核心企业，如微软、苹果和 Mozilla，作为生态系统的"基石"，对整个系统的功能和成员成功具有决定性影响。核心企业的价值设计不仅定义了生态系统的价值主张，而且影响着终端用户的利益。生态系统的结构和参与者间的互动是实现价值主张的关键。价值设计涉及核心企业与供应商、互补者和客户三类行为者的关系。供应商提供集成到核心企业产品中的商品；互补者提供配套产品；客户整合核心企业和互补者的产品以提升价值。国内学者认为颠覆性创新是"双刃剑"，其效果取决于组织的适应与响应能力。颠覆性创新可以被主流公司采纳，也可以被新企业把握，有助于企业突破后转向渐进性或持续性创新。因此，创新生态系统的价值设计和核心企业的策略对生态系统的演变和整体发展至关重要，而颠覆性创新则为生态系统带来新的活力和发展方向。

创新生态系统的繁荣依赖于其成员和产品之间的紧密相互依赖关系。如图 2-6 所展示的，核心企业所构建的平台架构是生态系统内部协同进化的催化剂，其中互补和配套产品的制造商构成了具有特色的技术子系统。核心企业在设计生态系统架构时，必须基于对未来变化的预测，因为一旦平台架构确立，它往往是不可逆转的。为了降低生态系统的复杂性并加速子系统的发展，平台设计可以采取"分解"策略，即将架构分解为独

立的子系统。这种模块化设计提升了子系统之间的独立性，允许它们自主进化，减少了资源协调的需求，并能快速与其他模块实现兼容。这样的设计增强了生态系统的适应性和进化能力。平台领导者通过解构子系统并标准化它们之间的接口，可以增强模块化程度，使子系统更加稳定。这不仅降低了管理和协调的成本，还进一步推动了生态系统的进化。通过这种方式，创新生态系统能够在不断变化的市场环境中保持活力和竞争力。

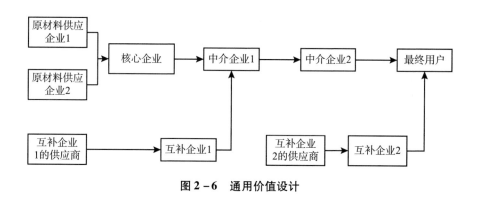

图 2 - 6　通用价值设计

2.6.2　创新生态的破坏或重塑

数字化转型是推动产业创新生态发展和地区经济高质量增长的关键动力。它通过促进企业间的 R&D 合作、资源整合、金融模式创新，以及改变产品性能体系，构建了新的价值网络体系，影响和促进了颠覆性创新价值网的构建。数智化赋能在这一过程中扮演着至关重要的角色，涉及企业利用大数据、人工智能、物联网等信息技术深度融合和优化业务流程、管理模式、产品服务及客户体验，实现更高效的资源配置和更灵活的生产能力，提高整体竞争力，并促进新商业模式的出现，如按需生产和个性化定制（韩佳平等，2022）。

颠覆性创新是一个多维概念，通过引入新技术或商业模式，重新配置现有的创新生态系统，并建立新的技术改进路径。这种创新在初期可能在性能上无法与现有技术相媲美，但通过在低端市场或新兴市场中的培育，能够逐步达到主流市场的性能标准，最终提供具有竞争力的解决方案。颠覆性创新的优势不仅体现在价格上，更在于其独特的价值主张，改变了市场中消费者所重视的属性，迫使现有生态系统进行结构性重组（Christensen，1997）。颠覆性创新的两种主要模式是低端颠覆和新市场颠覆。低端颠覆通过低成本和简化设计吸引价格敏感的客户群体，然后逐步向更广泛的市场拓展。新市场颠覆则通过创造新市场和非消费竞争，吸引传统市场的客户，最终可能导致现有企业的衰败。这两种模式都要求现有企业对创新作出反应，以避免被市场淘汰。此外，颠覆性创新还可能通过平台架构和模块化设计，降低价格和简化产品设计，实现生态系统的价值设计重构，提高其适应性和灵活性（Christensen & Raynor，2003）。

数智化赋能和颠覆性创新是企业在构建或重塑创新生态系统、实现产品或服务差异化、提升品牌形象和消费者体验方面的关键因素。它们共同推动产业变革和企业竞争态势的演变，为企业带来新的市场机会和竞争优势。当企业面临创新生态系统的破坏时，数智化赋能提供了一种有效的应对策略。企业可以通过收集和分析大量数据来深入理解市场和消费者需求的变化，及时调整产品和服务以适应这些变化。加强技术研发和创新可以提升产品和服务的技术含量及附加值，增强企业的市场竞争力和创新能力。通过加强与供应商、客户和合作伙伴的合作与协同，企业可以建立更紧密的合作关系，共同应对市场变化和挑战，提高整个创新生态系统的稳定性和竞争力。强化风险管理能力，帮助企业更准确地识别和评估市场变化和风险，并采取相应措施以降低潜在的风险和损失。通过这些措施，企业不仅能够应对创新生态系统的挑战，还能在不断变化的市场环境中保持领先地位。数智化赋能和颠覆性创新使企业能够提供更优的价值主张，无论是通过低成本还是增强产品功能，都能在市场中获得竞争优势，推动生态系统的进化和变革。这些策略和创新实践是企业持续发展和适应市场变化的重要保障。

2.6.3　数智化赋能、颠覆性创新与产业创新生态

数智化赋能和颠覆性创新是推动产业创新和企业持续发展的关键因素。它们共同促进了创新生态系统的构建和市场竞争力的提升。第一，低端市场颠覆与体系重构。在技术成熟和生产瓶颈的背景下，颠覆性创新通过满足低端市场的广泛需求，改变了现有价值设计，并促成了新创新生态系统的重构。新产品的推广通常从低端市场开始，因为这些市场的客户更注重价格和技术性能。随着生产规模化和影响力的扩大，新产品逐渐吸引那些对在位企业产品不忠诚的客户，帮助新产品扩大市场份额，最终颠覆原在位企业。例如，塑料胶木的发明破坏了以天然虫胶为中心的创新生态系统，并促成了基于塑料胶木生产技术的新的创新生态系统的重构（Christensen，1997）。第二，新兴市场颠覆与体系重构。新兴技术的出现满足了消费者需求的提升和对旧技术产品的偏好变化，往往伴随着原创性的技术创新或商业模式创新。颠覆性创新的核心企业成为新生态的中心，影响并改变与之配套的原材料供应商、生产商、销售商等，进而重构原有的产业创新生态体系。微波炉的发明是这种模式的典型案例，它通过新的组合集成实现了烹饪，改变了传统技术的发展轨迹，避免了与在位企业的直接竞争，从而实现了颠覆性创新。第三，混合市场颠覆与体系重构。当现有创新生态系统被颠覆性生态系统取代时，其价值设计经历了根本性的转变。颠覆性创新的价值设计通常建立在一个更广泛的合笔者网络之上，这个价值网络通过外包在原有创新生态中已经内部化的关键功能，使得新企业的新产品能够以更低的成本价格提供给市场。佳能复印机的案例便是这种战略的典型代表，它凭借其设计简单且具有高度竞争力的产品，打破了当时由施乐复印机主导的主流市场，改变了主流市场的价值观念。综上所述，颠覆性创新通过提供更具成本效益的替代品，逐步从低端市场渗透，最终颠覆整个行业的传统价值链和生态系统。这种创新不仅改变了产品技术，还可能引发商业模式和市场结构的重大变革，为新进入者提供了

打破传统壁垒的机会，同时也为现有企业提供了转型升级的路径。

颠覆性创新通过不同模式重构创新生态系统的价值设计，对现有市场造成冲击并开辟新的市场空间。案例分析深入揭示了这一过程，其中市场竞争导致不同生态系统提供不同的价值主张，形成不同的价值设计。重构可能涉及增加或减少参与者、转移任务、分离和组合活动。如表2－3所示，在胶木案例中，新行业的加入削弱了现有供应方的多个参与者，而微波炉案例展示了新互补企业的加入。佳能复印机案例则展示了新参与者的任务分离，这些变化都标志着价值设计的重组。颠覆性创新引发的变革类型是决定价值设计重构模式的关键因素。胶木和佳能复印机案例均展示了对低端市场的干扰，其中颠覆性创新产品的价格低于主流产品，但提供了更高的价值主张，包括更低的价格和额外的好处，如服务的丰富性和产品的易用性。

表2－3　　　　　　　　创新生态系统价值设计重构与颠覆性特征

现任创新	颠覆性创新	价值设计（重新配置）	市场类型	路径特征	平台/模块化
虫胶	胶木	减法：传统供应商和运输商退出 组合：在同一体系中集成工业过程	低端市场	通过降低单位成本；采用新的生产方法；去除行业间的同质竞争与系统冗余	否
传统烤箱	微波炉	添加：进入预包装食品生产者	新市场	提升单位成本与价值；增加互补企业	是
施乐复印机	佳能复印机	分离：将以前内部化的任务（例如分配、服务、支持和融资）进行分包	低端和新市场（混合）	通过降低单位成本；外包给专业公司	是

数字技术，尤其是互联网，为颠覆性变革提供了新的途径。例如，Airbnb通过提供一个平台，使个人能以更低的价格提供住宿服务，同时增加了位置和选择的灵活性，创造了一个双向市场。高端市场颠覆与低端市

场颠覆不同，它通常从高价格和高质量水平的市场进入，然后向下移动扰乱主流市场。环境因素对技术中断和价值设计重构具有显著影响，例如虫胶需求的增加、微波炉的民用应用探索，以及 20 世纪 60 年代美国联邦贸易委员会迫使施乐授权专利，这些因素都推动了技术发展和市场变化。综合考虑环境因素，可以将价值设计破坏的一般模型转换为一个更全面的解释模型，以便更深入地理解创新生态系统重构的原因。如图 2 - 7 所示，这种综合考虑有助于揭示创新生态系统中颠覆性创新的复杂动态，并为参与者提供应对策略。

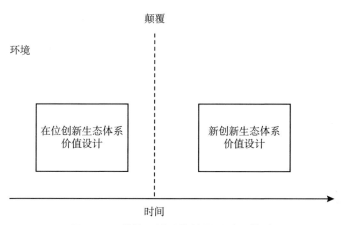

图 2 - 7　价值设计重构的通用过程模型

模块化通过提高生态系统的灵活性和适应性，降低了系统因混乱而整体被替代的风险。一个灵活的价值设计结构允许参与者承担多项任务，并通过多重链接与其他参与者相连，有助于生态系统的快速重新配置和提升效率。相比之下，一个严格专门化的结构可能使整个生态系统面临被替代的风险。如图 2 - 8 所示，构建通用过程模型有助于理解这些动态，并为未来的创新活动提供指导。通过这些案例分析，可以看到颠覆性创新如何逐步从低端市场渗透，最终颠覆整个行业的传统价值链和生态系统，不仅改变了产品技术，还可能引发商业模式和市场结构的重大变革。

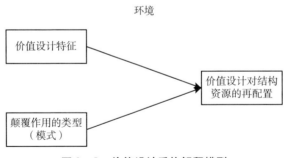

图 2-8　价值设计重构解释模型

因果模型为解决创新生态系统中的破坏问题提供了指导，并帮助企业在战略决策上获得洞察力。从创新生态系统的视角来看，企业在网络化环境中与其他行动者合作为客户创造价值的重要性不言而喻。技术变革的影响波及整个生态系统，不仅包括直接竞争者，还有供应商、中介机构、互补者和客户等。因此，在分析创新对生态系统的影响时，必须将所有相关方的竞争地位纳入考量，以更全面地反映这个相互联系的世界。这种全面的分析有助于企业更好地理解市场动态，制定有效的战略，以应对技术变革带来的挑战和机遇。

2.7　小　　结

在当今这个被称为"数智时代"的历史节点，本章致力于深入剖析全球生产网络（global production networks，GPNs）与颠覆性创新（disruptive innovations）之间的复杂互动，以及这种互动如何深刻影响企业的转型、升级以及国际化扩张。本研究依托于 GPN 理论的最新发展以及颠覆性创新的理论架构，旨在揭示数字化转型如何为全球生产网络带来新的活力，并为颠覆性创新的实施提供新的视野和策略。特别地，本章聚焦于金融科技与制造业创新效能的交叉点。通过综合文献回顾和案例分析，本章展示了金融科技如何作为制造业数字化转型的关键催化剂，其在促进产业创新、提高产业链效率以及推动可持续发展等方面发挥了显著的作用。金融科技通过整合大数据、人工智能、区块链等前沿技术，不仅重塑了传统金融服务，而且为制造业注入了新的创新动力，推动了从传统制造向智能化、个性化生产的转变。

　　本章通过精选案例，详细分析了企业如何在全球生产网络中利用金融科技实现数字化转型，并探讨了这一过程中所遭遇的挑战和问题。例如，区块链技术在提高供应链透明度和效率方面的潜力，大数据在市场预测和决策支持中的关键作用，以及金融科技在资金支持、风险管理以及定制化金融产品开发中的能力。这些分析强调了在全球化与数字化交织的背景下，企业必须不断适应快速变化的环境，通过构建协同发展平台、实施颠覆性创新，并积极参与数字经济的新形态，来培育自身的核心竞争力。政策制定者在推动产业的转型和创新生态系统的构建中扮演着不可或缺的角色。数智化赋能通过整合先进的技术，增强了企业的创新能力和客户体验；而颠覆性创新则为企业提供了打破传统竞争格局的新途径。通过案例研究，本章展示了数智化赋能和颠覆性创新的理论框架、实践应用及其深远影响，以及它们如何共同推动企业和行业的深刻变革。随着技术的不断进步和创新的持续涌现，数智化赋能和颠覆性创新在全球产业竞争中的作用越发显著。企业和政策制定者必须积极适应这些变化，利用数智化技术提升效率和创新能力，并更新政策以支持产业的健康发展。本章不仅为学术界提供了理论洞见，也为实践界提供了策略指导，展示了在数智时代背景下，企业如何通过数智化赋能和颠覆性创新实现可持续发展。

第 3 章

数智赋能与经济增长动力的机制转换

随着信息技术的迅猛发展，数字资本已成为推动经济增长的新引擎。本章将探讨数字资本如何通过提升全要素生产率（TFP）和促进经济结构优化，为中国经济增长提供新动力。我们将利用全国季度数据及 29 个省区市（不含西藏、新疆、海南及港澳台地区）的面板数据，运用 VAR 模型和面板数据分析方法，对 2008～2021 年的数据进行深入分析，揭示数字资本与经济增长之间的内在联系。同时，本章将考察金融科技作为金融与科技融合的产物，如何通过重塑传统金融业态，为区域创新注入新活力。特别是在经济发达地区、金融基础坚实的地区以及沿海地区，金融科技对区域创新绩效的正向影响尤为显著。此外，本章还将分析数智化赋能如何通过颠覆性创新，推动产业国际竞争力的提升，以及地方政府政策支持在这一过程中的促进作用。本章扮演着桥梁和核心分析的角色，将理论与实践紧密结合，为理解数智化赋能如何推动制造业转型和颠覆式创新提供实证基础。

3.1 数字资本与经济结构转型、全要素生产率

3.1.1 研究背景

在当前数字化时代，新质生产力的提出背景与内涵特征显得尤为重

要。新质生产力是基于技术革命性突破、生产要素创新性配置和产业深度转型升级而催生的先进生产力形态，其核心在于创新，具有高科技、高效能、高质量的特征。这种生产力的形成与发展，需要不断调整生产关系，激发社会生产力的发展活力。数字经济作为新质生产力的关键抓手，已经经历了信息化、网络化和智能化三个阶段，推动了经济结构从物理空间向信息空间的转变。随着数字经济从1.0到3.0的发展，我们见证了从以比特代替原子的信息化，到基于因特网的网络化，再到以数据为中心、以算法为工具的智能化。这一进程不仅重塑了全球经济结构，也改变了全球竞争格局。特别是在人工智能技术的推动下，新质生产力的发展获得了强大动能，其中大模型为代表的生成式人工智能尤为突出。我国政府高度重视数字经济的发展，通过《"十四五"规划纲要》等政策文件，明确提出了加快数字化发展、建设数字中国的目标和措施。2022年，中国数字经济规模就已达到50.2万亿元，同比名义增长10.3%，占GDP比重为41.5%，显示出数字经济对国民经济的重要贡献。数字产业化和产业数字化作为数字经济发展的两大支柱，分别在提供数字技术和服务，以及通过数字技术提升传统产业效率方面发挥着关键作用。数字经济的核心产业包括数字产品制造业、数字产品服务业、数字技术应用业、数字要素驱动业和数字化效率提升业五大类。这些产业不仅为产业数字化发展提供必要的技术、产品和服务，而且完全依赖于数字技术、数据要素的经济活动，成为数字经济发展的基础。新质生产力和数字经济的发展正推动着经济社会的全面创新和高质量发展。面对这一转型，我们必须深化对新质生产力的理解，以揭示在数字化转型浪潮中，如何通过智能化手段激发新的增长动能，并实现经济的持续健康发展。

3.1.2 机理分析与理论框架

1. 数字资本对经济增长和全要素生产率的影响

随着数字经济的迅速崛起，学术界对数字资本在经济增长中的作用给予了越来越多的关注。国外文献已经对这一主题进行了深入的探讨。霍布金等（Hobijn et al.，2001）在2001年通过量化计算机和信息技术（IT）资本，评估了IT技术对生产率的显著影响。戈登（Gordon，2000）在2000年的研究揭示，计算机基础设施的增长在20世纪90年代对经济增长率的积极作用逐渐显现。迪维特等（Diewert et al.，2009）在2009年的研究中进一步强调了数字资本在经济增长中的重要作用。在国内，研究者们也将研究视角转向了数字经济领域的企业，发现数字化企业的数字资本远超非数字化企业，并且数字化能够显著提升企业的创新能力，从而促进经济增长（Gao，2015）。实证研究进一步揭示，市场竞争、科技进步和数字化财务管理的发展是数字企业数字资本积累的重要推动力（Wu，2019）。尽管如此，关于数字资本对经济增长的直接影响仍存在争议，部分观点认为这种作用并不明显（Mokyr，2014）。此外，生产要素与全要素生产率（TFP）及经济增长之间的关系也是研究的关键方向。TFP衡量的是在相同生产输入条件下生产效率的提升。传统的生产要素包括劳动、资本和土地，而在数字经济背景下，数字资本已成为其中不可或缺的一部分。众多研究已经证实，企业采用数字技术后，其生产效率和TFP均得到了显著提升（Brynjolfsson，2003；Fernald，2015），使得数字技术对TFP的影响成为数字经济研究的一个热点。

2. 数字化时代下数字化赋能与供需协同的推动力

数字化赋能的目的在于利用互联网技术和数字化手段，为企业、行业以及社会提供更全面、更准确、更高效的信息服务和智能化解决方案，以此推动数字化转型和创新驱动发展。供需协同则依赖数字技术、算法和平台的支持，促进供应链和价值链的优化协同，实现资源配置的优化和效率的提升。首先，探讨数字化赋能的理论基础。数字经济是全球经济发展的重要趋势，而数字化赋能是实现数字经济的关键途径。其理论基础主要包括数据赋能、人工智能、物联网和云计算等技术（Research，2019）。数据赋能构成了数字化转型的基石，要求企业和行业收集并分析与其业务相关的大数据。人工智能技术，结合机器学习、自然语言处理和计算机视觉等，实现数据处理的智能化和决策支持的高效化。物联网技术则实现了物理世界与数字世界的连接，通过它，智能设备可以感知物理世界的信息并将其传输至云端。云计算为企业提供了强大的计算和存储资源，为数字化赋能提供了坚实的技术支撑。其次，审视数字化赋能的应用场景。其应用范围极为广泛，遍及智慧城市、智慧医疗、工业 4.0、智能制造、金融科技、智能物流等多个领域（Yang Wei，2019）。智慧城市是数字化赋能的关键应用场景之一，它利用物联网、云计算、大数据和人工智能等技术优化城市管理，为居民提供更精细化、更智能化的公共服务（Feng，2018）。智慧医疗通过数字化技术实现医疗信息的共享与管理，辅助医生获得更精确的诊疗方案。工业 4.0、智能制造和智能物流等通过数字化手段优化资源配置，提升生产效率（Xiaodong，2018）。最后，分析供需协同的理论框架。供需协同通过数字化技术和互联网平台构建供应链和价值链的协同机制，旨在实现生态系统效率和利润的最大化（Tan Xinxin，2020）。其理论框架涵盖交易模式创新、数据驱动和平台共享等方面。交易模式创新是供需协同的重要手段，基于数字化技术，通过多样化的交易模式和协调机制，促进企业和消费者之间的互动（Zhao Yang，2020）。数据驱动侧重于通过数据的采集、分析和挖掘来优化供应链和价值链。平台共享则是供需协同的实现路径，通过互联网平台连接企业间信息和服务，促进资源共享和有效利用（Shiping，2019）。综上所述，数字化赋能和供需协同是数字化时代的重要研究领域，它们通过数字化手段和算法模型，推动企业和社会的数字化转型、创新和高质量发展（刘新争，2023）。随着新技术的不断涌现和数字化思维的普及，预计数字化赋能和供需协同将以更广泛和深入的方式推动数字经济的发展和社会进步（刘家旗等，2023）。

3. 结构性因素对地区经济增长的影响

近期，学术界对多种因素如何影响地区经济增长表现出浓厚兴趣，尤其是创新、市场、贸易、产业结构及生产要素结构等方面。经过深入分析区域经济增长的结构性问题，研究者们将影响地区经济增长的结构性因素主要归结为两大类：投入结构和需求结构。投入结构涉及人力资本、劳动力、技术与制度等方面的调整，而需求结构则集中于市场与贸易需求、出口贸易及产业结构等议题。政府的角色、创新活动、人力资本积累、教育投资，以及企业基于比较优势的自主创新能力，被普遍认为是影响这些结构性因素的关键要素。这些内生性结构因素不仅塑造着区域经济的增长轨迹，而且在它们的相互作用中推动着经济的持续发展。

供给和需求结构的影响需要综合考量。扩大总需求是促进技术进步的基石，而随着服务量的增加，服务成本的降低将进一步扩大需求。服务业结构的演变旨在提升该部门的收入弹性和生产率增长，从而促进经济结构向更合理、更高级的方向发展。为了实现更为合理的经济增长，必须基于投入和需求结构的变化，确保经济发展的机会与可持续性。这要求我们超越对低成本、劳动力过度依赖或对投资和出口的过分依赖等传统增长模式（黄山，2023）。通过采取这种全面而平衡的方法，可以为区域经济的持续增长奠定坚实的基础。数字经济下的供给侧结构性改革与需求侧管理的协同机制，如图 3 - 1 所示。

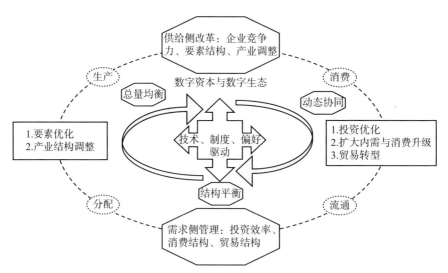

图 3 - 1　数字经济下的供给侧结构性改革与需求侧管理的协同机制

第一，实现高质量增长的主要方式是通过供需双侧的共同驱动来构建经济发展模式。这一增长的主要动力来自技术革新、消费者偏好的变化以及制度的演进。在供给侧，这些动力体现为提升企业竞争力、优化生产要素结构和调整产业结构。在需求侧，它们则体现为提高投资效率、调整消费结构和贸易结构，以实现供需之间的动态平衡（徐莉，2023）。第二，供给侧结构性改革对于促进经济增长至关重要，而加强需求侧管理则有助于形成一种"需求引导供给，供给创造需求"的良性互动机制（薛村等，2023）。面对新时代中国经济增长约束条件的变化，推进供给侧结构性改革和需求侧管理成为实现经济质量和数量双重提升的关键。为了达到更高层次的供需平衡，必须从生产、分配、流通到消费等各个环节进行全面调整，优化内外循环的关系，利用外循环促进内循环，为消费升级和产业结构调整创造有利条件（洪银兴等，2023）。第三，数字经济和数字资本的积累对经济增长具有深远的影响，特别是在促进全要素生产率方面的贡献，这已成为数字经济研究的核心议题（Aghion，2006；Hausman，2007）。

3.1.3 基于供需协同下的地区经济增长模型构建

1. 结构性效应 VAR 实证模型

实现经济高质量增长的关键在于实现供需之间的动态平衡，并优化两者的组合，以此来推动制造业、服务业和消费市场的协同升级（Gabriel，2010）。此外，供需协同不仅能提升供给的质量和效率，还能促进经济地位及整体质量的提升。在稳定市场需求和扩大内需方面，消费端的升级和有效的宏观政策调控发挥着重要作用。高质量增长与区域经济结构、技术进步、城市化进程以及政府管理等因素紧密相关（Li，2013）。

本节采用了向量自回归（VAR）模型来深入分析经济增长的动态机制。为了实证分析上述变量之间的相互作用，首先需要对数据进行预处理，包括进行平稳性检验、数据差分或对数变换等操作，以确保模型中所有变量均达到平稳性要求。确定 VAR 模型的滞后阶数 p 时，可以采用信息准则（如赤池信息准则 AIC、贝叶斯信息准则 BIC），或通过分析自相关函数（ACF）和偏自相关函数（PACF）图来辅助决策。在确定了 VAR 模型的滞后阶数并选择了所有的内生变量和外生变量后，可以通过向量形式构建 VAR 模型的表达式。

$$Y_t = \alpha + A_1 Y_{t-1} + A_2 Y_{t-2} + \cdots + A_p Y_{t-p} + \varepsilon_t \qquad (3.1)$$

其中，自变量 Y_t 分别表示为地区在时期 t 的经济增长率、工业增加值增长率、出口与进口总额增长率、三次产业增加值以及技术、资本、劳动密集型的工业增加值、进出口额。ε 表示随机误差项，α 是一个常量。p 表示模型的阶数，即回归方程中的滞后期数。该模型反映了 k 个变量之间的互动作用，同时捕捉了自变量之间的相互作用以及各自变量对自身的滞后效应。

2. 面板模型构建

为了深入探究不同产业类型对经济增长的影响，本节构建了多组经济计量模型，具体包括：（1）第三产业与第二产业增加值的比值，以衡量服务业相对于工业的经济重要性；（2）技术密集型工业增加值与资本密集型工业增加值的比值，用以观察技术在推动工业增长中的作用；（3）技术密集型进口总额与资本密集型进口总额的比值，以评估技术密集产品在国际贸易中的地位；（4）技术密集型出口总额与资本密集型出口总额的比值，以了解出口结构高端化的趋势。

自变量则包括：数字技术研发投入占 GDP 的比重，反映对数字技术创新重视的程度；劳动力投入，体现人力资源对经济增长的贡献；固定资产投入，衡量资本形成对经济增长的影响；研究与开发（R&D）投入，揭示创新活动对经济增长的推动力。

$$\ln y_{it} = \beta_0 + \beta_1 \ln x_{1it} + \beta_2 \ln x_{2it} + \beta_3 \ln x_{3it} + \beta_4 \ln x_{4it} + \beta_5 \ln x_{5it} + \alpha_i + \omega_t + \varepsilon_{it}$$

$$(3.2)$$

其中，y_{it} 分别代表第 i 个省（区、市）在第 t 年的三产与二产比值、技术密集型工业增加值与资本密集型工业增加值比值、技术密集型进口总额与资本密集型进口总额比值、技术密集型出口总额与资本密集型出口总额比值。x_{1it}、x_{2it}、x_{3it}、x_{4it} 分别代表第 i 个省份（区、市）在第 t 年的数字技术研发投入[①]占 GDP 比重（DTRD）、劳动力投入（L）、固定资产投入（F）和 R&D 投入（RD）。α_i 为固定效应，ω_t 为时间固定效应，ε_{it} 为随机误差项。可具体展开为如下 5 个模型：

$$\ln(Serv/Ind)_{it} = \beta_0 + \beta_1 \ln(DTRD)_{it} + \beta_2 \ln(L)_{it} + \beta_2 \ln(F)_{it} + \beta_2 \ln(RD)_{it}$$
$$+ \alpha_i + \omega_t + \varepsilon_{it} \tag{3.3}$$

$$\ln(Tiva/Civa)_{it} = \beta_0 + \beta_1 \ln(DTRD)_{it} + \beta_2 \ln(L)_{it} + \beta_2 \ln(F)_{it} + \beta_2 \ln(RD)_{it}$$
$$+ \alpha_i + \omega_t + \varepsilon_{it} \tag{3.4}$$

$$\ln(Tii/Cii)_{it} = \beta_0 + \beta_1 \ln(DTRD)_{it} + \beta_2 \ln(L)_{it} + \beta_2 \ln(F)_{it} + \beta_2 \ln(RD)_{it}$$
$$+ \alpha_i + \omega_t + \varepsilon_{it} \tag{3.5}$$

$$\ln(Tie/Cie)_{it} = \beta_0 + \beta_1 \ln(DTRD)_{it} + \beta_2 \ln(L)_{it} + \beta_2 \ln(F)_{it} + \beta_2 \ln(RD)_{it}$$
$$+ \alpha_i + \omega_t + \varepsilon_{it} \tag{3.6}$$

$$\ln(TFP)_{it} = \beta_0 + \beta_1 \ln(DTRD)_{it} + \beta_2 \ln(L)_{it} + \beta_2 \ln(F)_{it} + \beta_2 \ln(RD)_{it}$$
$$+ \alpha_i + \omega_t + \varepsilon_{it} \tag{3.7}$$

其中，模型（3.3）代表产业结构，模型（3.4）代表工业结构，模型（3.5）和模型（3.6）分别代表进出口结构，模型（3.7）代表全要素生产率。

3. 数据来源与行业划分说明

（1）数据来源。本节收集了 2009～2022 年我国季度数据以及 29 个省（区/市）的面板数据（不含西藏、新疆与海南及港澳台地区）。对于数据中一些缺失的部分，采用插值法进行补全。数据主要来源于《中国统计年鉴》《中国高技术产业统计年鉴》《中国电子信息产业统计年鉴》《中国科技统计年鉴》《中国工业统计年鉴》，以及 CSMAR 数据库、EPS 数据库

---

① 该指标的获取主要依据《中国科技统计年鉴》中的科技活动统计数据，特别是针对高技术产业中的电子计算机及办公设备制造业和电子及通信设备制造业两个子行业的 R&D 支出。通过分析这两个子行业的 R&D 支出，并结合高技术产业的整体占比，对数字技术研发投入进行了反向推算，并以《电子信息行业经济运行报告》等国家级统计报告和行业报告，以及数字经济相关数据作为参照，采用适当的数据处理方法，对估算结果进行进一步的验证、细化。

等。此外，相关数据采集渠道还包括：中国统计数据应用支持系统，网址为 http：//info. acmr. cn/ 和 http：//yearbook. acmr. cn/；中国行业研究报告库，网址为 http：//firstreport. acmr. com. cn：8000；中国统计年鉴数据库（挖掘版），网址为 http：//19. 16. 29. 12/csydkns/navi/NaviDefault. aspx。

（2）工业行业分类。为了深入分析工业结构并准确理解各行业对经济增长的贡献，首先必须对工业行业的多样性进行恰当的分类。鉴于工业包含的 39 个行业各自具有显著的差异性，本节采用了一种系统化的方法来界定这些行业。具体来说，根据行业的内在特征，将这些行业划分为三个主要类别：劳动密集型产业、技术密集型产业以及资本密集型产业①。如表 3 - 1 所示，这种分类方法不仅揭示了各行业内部的结构性特征，而且提供了一个清晰的分析框架。

表 3 - 1   工业行业分类

行业类别	序号	细分行业
劳动密集型 工业行业	1	农副食品加工业
	2	食品制造业
	3	酒、饮料和精制茶制造业
	4	烟草制品业
	5	纺织业
	6	纺织服装、服饰业
	7	皮革、毛皮、羽毛（绒）及其制品和制鞋业
	8	木材加工及木、竹、藤、棕、草制品业

① 在对劳动密集型、技术密集型和资本密集型产业进行分类时，本节采用了一系列的量化标准进行综合评估和分类。具体而言，劳动密集型产业的分类依据是行业内劳动力数量占总人数的比例；资本密集型产业的分类则参照固定资产与员工人数的比率以及固定资产占总资产的比例；技术密集型产业的衡量标准是研发支出占行业增加值的比重以及研发人员数量占员工总数的比例。此外，人均产出作为衡量产业密集度的一个重要指标，通常表现为劳动密集型产业的人均产出率较低，而资本密集型和技术密集型产业的人均产出较高。这些量化方法，结合实际经验判断，共同构成了划分产业类别的依据。

续表

行业类别	序号	细分行业
劳动密集型 工业行业	9	家具制造业
	10	造纸及纸制品业
	11	印刷业和记录媒介复制业
	12	文教、工美、体育和娱乐用品制造业
	13	化学纤维制造业
	14	橡胶和塑料制品业
	15	工艺品及其他制造业
技术密集型 工业行业	16	化学原料及化学制品制造业
	17	医药制造业
	18	通用设备制造业
	19	专用设备制造业
	20	汽车制造业
	21	铁路、船舶、航空航天和其他运输设备制造业
	22	电气机械及器材制造业
	23	计算机、通信和其他电子设备制造业
	24	仪器仪表制造业
	25	其他制造业
	26	废弃资源综合利用业
资本密集型 工业行业	27	石油、煤炭及其他燃料加工业
	28	非金属矿物制品业
	29	黑色金属冶炼和压延加工业
	30	有色金属冶炼和压延加工业
	31	金属制品、机械和设备修理业
	32	煤炭开采和洗选业
	33	石油和天然气开采业
	34	黑色金属矿采选业
	35	有色金属矿采选业

续表

行业类别	序号	细分行业
资本密集型工业行业	36	非金属矿采选业
	37	开采专业及辅助性活动
	38	其他矿采选业
	39	电力、热力生产和供应业
	40	燃气生产和供应业
	41	水的生产和供应业

注：以下的研究将涉及表中的有关概念和领域，并按此口径定量分析。

4. 变量定义与统计性描述

本节收集并整理了 2009~2022 年的宏观经济数据，涵盖了国内生产总值（GDP）增长、工业与服务业增加值、货物进出口总额以及技术密集型、资本密集型和劳动密集型工业增加值等多个经济维度。表 3-2 展示了所有变量的经济含义、计算方法和统计性描述。

表 3-2　　　　　　　　　　变量定义与统计性描述

类别	变量	定义	均值	标准差	最小值	最大值
因变量	$\ln\_Gdp$	国内生产总值平均增长速度（对数形式）	0.011	0.032	-0.047	0.098
	$\ln\_Iavg$	工业增加值平均增长速度（对数形式）	0.020	0.043	-0.058	0.140
	$\ln\_Egr$	货物出口总额平均增长速度（对数形式）	0.021	0.079	-0.436	0.328
	$\ln\_IGR$	货物进口总额平均增长速度（对数形式）	0.023	0.077	-0.357	0.309
	$\ln\_Serv/Ind$	第三产业与第二产业增加值比率（对数形式）	-0.382	0.214	-1.511	0.446

续表

类别	变量	定义	均值	标准差	最小值	最大值
因变量	ln_*Tiva/Civa*	技术密集型工业与资本密集型工业增加值比率（对数形式）	-0.458	0.164	-1.272	0.181
	ln_*Tii/Cii*	技术密集型进口总额与资本密集型进口总额比率（对数形式）	-0.700	0.170	-1.356	-0.293
	ln_*Tie/Cie*	技术密集型出口总额与资本密集型出口总额比率（对数形式）	-0.671	0.218	-1.491	-0.118
自变量	ln_*Pavg*	第一产业增加值平均增长速度（对数形式）	0.017	0.045	-0.082	0.110
	ln_*Savg*	第二产业增加值平均增长速度（对数形式）	0.020	0.040	-0.067	0.103
	ln_*Tavg*	第三产业增加值平均增长速度（对数形式）	0.020	0.031	-0.047	0.081
	ln_*Eravg*	就业人员数平均增长速度（对数形式）	0.016	0.022	-0.042	0.068
	ln_*Faiavg*	固定资产投资（全部投资）平均增长速度（对数形式）	0.023	0.051	-0.076	0.169
	ln_*Rdiavg*	R&D 投入总额平均增长速度（对数形式）	0.029	0.112	-0.334	0.749
	ln_*VA_LI*	劳动密集型工业增加值平均增长速度（对数形式）	0.011	0.119	-0.345	0.322
	ln_*VA_KI*	资本密集型工业增加值平均增长速度（对数形式）	0.106	0.217	-0.109	0.643
	ln_*VA_HI*	技术密集型工业增加值平均增长速度（对数形式）	0.097	0.209	-0.191	0.509
	ln_*Legr*	劳动密集型出口总额平均增长速度（对数形式）	0.019	0.083	-0.505	0.425

续表

类别	变量	定义	均值	标准差	最小值	最大值
自变量	ln_*Cegr*	资本密集型出口总额平均增长速度（对数形式）	0.021	0.087	-0.827	0.530
	ln_*Tegr*	技术密集型出口总额平均增长速度（对数形式）	0.003	0.100	-0.298	0.318
	ln_*Ligr*	劳动密集型进口额增长率对数（对数形式）	0.024	0.108	-0.538	0.502
	ln_*Cigr*	资本密集型进口总额平均增长速度（对数形式）	0.024	0.100	-0.831	0.416
	ln_*Tigr*	技术密集型进口总额平均增长速度（对数形式）	0.007	0.093	-0.295	0.387
	ln_*L*	就业人员数（对数形式）	10.489	0.046	9.052	10.636
	ln_*F*	固定资产投资（全部投资）比上年增长（对数形式）	17.187	0.280	14.042	18.113
	ln_*RD*	R&D投入总额（对数形式）	13.584	0.065	12.518	14.983

资料来源：国家统计局网站（http://www.stats.gov.cn/）、《中国统计年鉴》（http://www.stats.gov.cn/）、海关总署网站（http://www.customs.gov.cn/）等。

3.1.4 经济结构关系的 VAR 模型实证检验

1. 实证结论

本节采用了向量自回归（VAR）模型来分析经济变量之间的动态关系。为了确定 VAR 模型中最优的滞后阶数，采用了逐步选择法，这是一种通过排除法减少模型中不必要滞后项的方法。

在模型选择过程中，本节以赤池信息准则（Akaike information criterion，AIC）的最小值作为选择标准。AIC 旨在衡量模型的拟合优度，同时对模型中的参数数量过多而进行变量取舍。计算结果显示，当滞后阶数为 1 时，AIC 值达到最小，即 -12.80，这表明滞后一阶是模型的最佳选择。

　　基于此结果,本节确定模型的滞后阶数为 1。对于其他模型的滞后阶数检验过程,由于方法论相似且过程较为冗长,本节不再进行详细展开。最终,本节利用时间序列数据结合 VAR 模型对经济变量进行了估计,而实证分析的结果已汇总在表 3-3 中。

表 3-3　　　　　　　　　　　　　　VAR 模型实证结果

	模型 1.1			
变量	$\ln\_Gdp_{t-1}$	$\ln\_Pavg_{t-1}$	$\ln\_Savg_{t-1}$	$\ln\_Tavg_{t-1}$
三次产业结构效应 $\ln\_Gdp_t$	0.3672 (1.8307)	0.2868 (1.8308)	-0.0814 (-2.8566)	0.0961 (1.3662)
$\ln\_Pavg_t$	-0.1214 (-1.2491)	0.9113 ** (12.3017)	0.0377 (2.9577)	0.0630 (1.9681)
$\ln\_Savg_t$	-0.0250 (-0.0603)	-0.0265 (-1.1258)	0.9850 * (5.0005)	0.0275 (1.9292)
$\ln\_Tavg_t$	0.0453 (0.7729)	0.0382 (0.8356)	0.0291 (1.5532)	0.9794 * (2.9455)
	模型 1.2			
变量	$\ln\_Gdp_{t-1}$	$\ln\_Eravg_{t-1}$	$\ln\_Faiavg_{t-1}$	$\ln\_Rdiavg_{t-1}$
要素结构效应 $\ln\_Gdp_t$	1.0346 * (2.3204)	-0.0370 (-1.1907)	0.1813 * (2.6509)	0.0237 ** (4.2008)
$\ln\_Eravg_t$	-0.0020 (-0.2501)	0.8320 ** (63.2103)	0.0686 ** (22.8700)	0.0033 (1.7009)
$\ln\_Faiavg_t$	0.0037 (0.3109)	-0.0336 (-1.6006)	0.9092 *** (64.0004)	-0.0006 (-0.0404)
$\ln\_Rdiavg_t$	-0.0119 (-0.710)	-0.0036 (-0.250)	0.0066 * ((6) 307)	0.9067 *** (21.670)

续表

		模型1.3			
	变量	$\ln\_Iavg_{t-1}$	$\ln\_VA\_LI_{t-1}$	$\ln\_VA\_KI_{t-1}$	$\ln\_VA\_HI_{t-1}$
工业要素使用结构效应	$\ln\_Iavg_t$	1.0486* (2.5304)	0.0926 (0.2703)	0.2274*** (22.7401)	0.0672*** (5.4002)
	$\ln\_VA\_LI_t$	0.0263 (0.5903)	0.6555* (1.9206)	−0.0441 (−0.0008)	0.1322 (1.4403)
	$\ln\_VA\_KI_t$	−0.0469 (−1.6002)	−0.1631 (−0.5804)	0.5502 (1.5002)	0.0969* (2.7006)
	$\ln\_VA\_HI_t$	−0.0723 (−0.5306)	0.0130 (0.3003)	0.0056 (0.1407)	0.5153* (14.3306)
		模型1.4			
	变量	$\ln\_Egr_{t-1}$	$\ln\_Legr_{t-1}$	$\ln\_Cegr_{t-1}$	$\ln\_Tegr_{t-1}$
出口要素使用结构效应	$\ln\_Egr_t$	1.6302* (5.9802)	0.1844* (4.5002)	0.0747 (0.8208)	0.2307*** (6.9705)
	$\ln\_Legr_t$	−0.0833 (−0.7102)	1.0336*** (59.0206)	−0.3991*** (−10.310)	−0.0595 (−1.6303)
	$\ln\_Cegr_t$	0.0599 (0.5309)	−0.1937 (−11.4308)	0.8279* (2.3402)	−0.0018 (−0.0506)
	$\ln\_Tegr_t$	−0.3526* (−3.3502)	0.0890* (2.7508)	0.2342 (1.7101)	0.9305 (0.6208)
		模型1.5			
	变量	$\ln\_IGR_{t-1}$	$\ln\_Ligr_{t-1}$	$\ln\_Cigr_{t-1}$	$\ln\_Tigr_{t-1}$
进口要素使用结构效应	$\ln\_IGR_t$	1.1477* (2.0201)	−0.0581 (−1.3707)	0.2426* ((6)308)	0.4505* (2.5300)
	$\ln\_Ligr_t$	−0.0927 (−1.1404)	0.9555*** (3.5000)	−0.0634 (−1.1300)	−0.0089 (−0.3103)
	$\ln\_Cigr_t$	−0.0076 (−0.1108)	−0.2018*** (−6.8200)	0.8596* (2.6305)	0.0417 (1.3907)
	$\ln\_Tigr_t$	0.3040*** (4.6209)	0.3382 (0.5203)	0.1169 (1.6700)	0.8678 (1.5302)

注：*、**、***分别表示双尾检验的显著性水平为10%、5%、1%。以下各表相同。

第一，三次产业结构效应（模型 1.1）。一是第一产业增加值的增长显著促进了第二产业的增长，其显著性水平为 1%。二是第二产业和第三产业的增加值增长均与各自前一期的增长呈现显著正相关，显著性水平均为 10%。

第二，要素结构效应（模型 1.2）。一是 GDP 增长与前一期的自身增长及固定资产投资显著正相关，显著性水平为 10%；同样，与前一期研发投入增长也显著正相关，显著性水平为 5%。二是就业增长与前一期就业增长及固定资产投资均显著正相关，显著性水平均为 5%。三是固定资产投资与研发投入增长对其前一期增长具有非常显著的正面影响，显著性水平均为 1%。四是研发投入（R&D）增长与前一期固定资产投资增长和自身前一期增长均显著正相关，显著性水平分别为 10% 和 1%。

第三，工业要素使用结构效应（模型 1.3）。一是工业增加值的增长受到前一期自身增长、资本密集型和技术密集型工业增加值增长的显著正面影响。二是劳动密集型工业增加值增长与其前一期增长显著正相关，显著性水平为 10%。三是资本密集型工业增加值增长与其自身前一期增长显著正相关，显著性水平为 10%。四是技术密集型工业增加值增长同样与其前一期增长显著正相关，显著性水平为 10%。

第四，出口要素使用结构效应（模型 1.4）。一是出口总额增长与其自身前一期增长以及劳动密集型出口总额前一期增长显著正相关，显著性水平均为 10%；与技术密集型出口总额增长的前一期增长也显著正相关，显著性水平为 1%。二是劳动密集型出口总额增长对其自身前一期增长和资本密集型出口总额前一期增长均有非常显著的正面影响，显著性水平均为 1%。三是资本密集型出口总额增长与其自身前一期增长显著正相关，显著性水平为 10%。四是技术密集型出口总额增长与出口总额增长呈现显著负相关，显著性水平为 10%，但与其前一期劳动密集型出口总额增长显著正相关，显著性水平为 10%。

第五，进口要素使用结构效应（模型 1.5）。一是进口总额增长与其自身前一期增长显著正相关，显著性水平为 10%，同样与资本密集型和技术密集型进口总额增长的前一期增长显著正相关，显著性水平均为 10%。二是劳动密集型进口总额增长与其自身前一期增长显著正相关，显著性水平为 1%。三是资本密集型进口总额增长对劳动密集型进口总额有显著负面影响，显著性水平为 1%，同时与其自身前一期增长显著正相关，显著性水平为 10%。四是技术密集型进口总额增长与进口总额增长显著正相关，显著性水平为 1%。

2. 检验结果

在进行经济模型的实证检验过程中，稳定性和协整关系的存在构成了两个至关重要的统计特性。稳定性反映了模型对未来预测的可靠性，而协整关系则揭示了模型中变量之间存在长期的均衡关系。关于 5 个向量自回归（VAR）模型的基本信息、协整关系以及误差项稳定性的检验结果，见表 3 - 4 所提供的数据。

表 3 - 4 实证检验

模型名称	是否存在协整关系	是否稳定
模型 1. 1	否	否
模型 1. 2	是	是
模型 1. 3	是	是
模型 1. 4	是	是
模型 1. 5	是	是

模型 1.1 未通过协整检验，这一结果表明模型中的变量之间未发现存在长期的均衡关系。同时，该模型的误差项表现出不稳定性，这可能对模型预测的可靠性造成影响。相对的，模型 1.2、模型 1.3、模型 1.4 和模型 1.5 均顺利通过了协整检验，确认了这些模型中变量之间存在长期的均衡关系。此外，这些模型也均通过了误差项稳定性检验，意味着它们在统计上是稳定的，适用于长期预测和分析。

表格中展示的结果需要通过 Johansen 检验进行进一步的解释和分析。在执行 Johansen 协整检验的过程中，目的是确定模型中的变量是否共有一个或多个协整关系，这将表明这些变量在长期内存在相互关联性。五个 VAR 模型的 Johansen 检验结果汇总如表 3 – 5 所示。

表 3 – 5　　　　　　　　　　　　Johansen 检验

模型名称	rho_1 特征值	rho_2 特征值	rho_3 特征值	trace 统计量	90% 临界值	95% 临界值	99% 临界值
模型 1.1	0.1076	0.0254	0.0009	6.2968	7.2552	8.2604	10.4250
模型 1.2	0.1890	0.1235	0.0304	19.9349	8.0896	13.4294	15.4943
模型 1.3	0.1105	0.0212	0.0004	8.4334	4.4137	7.2311	11.2246
模型 1.4	0.7391	0.5734	0.3304	12.2971	6.1358	7.7797	9.2364
模型 1.5	0.4174	0.1478	0.0127	4.1325	3.8415	5.9915	9.4748

第一，模型 1.1 的特征值 rho_1、rho_2 和 rho_3 均较低，且其 trace 统计量为 6.2968，低于 90%、95% 和 99% 的临界值。这一结果表明模型 1.1 中不存在协整关系，即该模型的变量集合在长期内并未展现出均衡的趋势。第二，模型 1.2 的 trace 统计量为 19.9349，超过了包括 90%、95% 和 99% 在内的所有给定临界值，这表明模型 1.2 中至少存在一个协整关系，揭示了模型中的变量在长期内存在一个均衡的关联。第三，模型 1.3 的 trace 统计量为 8.4334，超过了 90% 和 95% 的临界值，但未超过 99% 的临界值。这表明模型 1.3 中存在协整关系。第四，模型 1.4 的 trace 统计量为 12.2971，超过了 90%、95% 和 99% 的临界值，进一步确认了该模型中变量的协整性。第五，模型 1.5 的 trace 统计量为 4.1325，仅超过了 90% 的临界值，而未达到 95% 和 99% 的水平。这一结果表明模型 1.5 中的协整关系数量可能较少。

3.1.5 数字资本增长效应的实证分析

基于式（3）~式（7），本节利用了 2009~2022 年中国 29 个省（区/市）的数据，采用 Stata 软件进行了面板数据回归分析。回归分析的结果如表 3-6 所示。

表 3-6　　　　　　　　　　数字资本的增长效应的实证结果

模型	式（3）	式（4）	式（5）	式（6）	式（7）
自变量 ＼ 因变量	$\ln\_Serv/Ind$	$\ln\_Tiva/Civa$	$\ln\_Tii/Cii$	$\ln\_Tie/Cie$	$\ln\_TFP$
$\ln\_DTRD$	0.231 ***	0.552 ***	0.215 ***	0.242 ***	0.032 ***
$\ln\_L$	0.127 **	0.100	-0.008	0.238 ***	0.258 ***
$\ln\_F$	-0.039	-0.007	-0.042	-0.084 ***	-0.080 ***
$\ln\_RD$	0.492 ***	0.428	0.570 ***	0.448 ***	0.225 ***
截距	0.7099	-0.2522	-0.2506	-0.4067	3.2970
α_i	1.318 ***	0.413 ***	1.123 ***	0.584 ***	0.713 ***
ω_t	0.005 ***	0.002 ***	0.004 ***	0.002 ***	0.001 ***
R-squared	0.806	0.924	0.876	0.919	0.614
Adjusted R-squared	0.798	0.921	0.870	0.917	0.570
F-statistic	95.83	232.69	144.50	213.90	13.855
Prob（F-statistic）	0.000	0.000	0.000	0.000	0.000
Log-Likelihood	-38.49	-11.57	-27.18	-10.75	-252.141
Akaike criterion（AIC）	87.61	33.14	62.35	35.51	536.282
Bayes criterion（BIC）	100.71	46.24	75.45	48.61	679.28

第一，数字技术研发投入已证实对经济结构的转型、工业及进出口的结构性增长产生了显著的正向影响。

第二，研发投入在促进经济创新方面发挥着至关重要的作用。特别是数字技术研发的投入，它显著提升了企业的竞争力和技术水平。此外，劳动力投入对 GDP 的结构性增长也有显著的正向效应。

第三，数字技术研发以及 R&D 投入均有助于提高技术密集型进口的比例，这促进了技术创新和生产力的发展，与现代化经济的发展趋势相一致。在当今数字化、智能化、绿色化成为现代经济的显著特征的背景下，数字技术、绿色技术以及智能制造等领域的投入和研发对于提升生产效率和产品质量发挥着至关重要的作用，同时也推动了经济的可持续性发展。

第四，数字技术研发投入、劳动力投入、固定资产投入以及 R&D 投入均能够推动技术密集型出口的增长，并优化出口结构。数字技术的进步和应用有助于降低技术密集型产品的生产成本，增加这些产品在出口市场中的份额。此外，这些投入还增强了技术密集型产业的生产能力和创新能力，从而进一步促进了出口额的增长。

第五，数字技术研发投入对全要素生产率（TFP）的增长起到了正向的推动作用，而固定资产投入的增加在一定程度上可能会导致生产效率的下降。

3.2　金融科技与区域创新绩效

3.2.1　文献综述、理论分析与研究假设

1. 数字经济驱动下的金融科技与区域创新

（1）技术革新与市场变革

随着数字经济的蓬勃发展，金融科技在我国迎来了迅猛的增长期。这一增长的驱动力在于金融科技对数字经济需求的快速响应，它不仅为新技术的研发提供了肥沃的土壤，而且通过整合物联网、云计算、大数据等尖端技术，对传统金融业进行了根本性的变革（Goldstein et al.，2016）。这

些技术的应用为金融市场带来了全新的视角和操作模式，极大地拓宽了金融服务的边界。金融科技通过大数据分析和人工智能技术，能够深入挖掘用户信息，降低信息搜集成本，从而在传统金融机构难以触及的领域发挥优势。这种能力使得金融科技能够识别并投资于那些可能被忽视的创新项目，为中小企业和创业者提供新的融资渠道，有效缓解了信贷市场的资金配置不均问题，促进了金融资源的更合理分配（Haddad et al.，2018）。此外，金融科技通过对大量数据的深入分析，能够为市场参与者提供更为精准的决策支持，预测市场趋势，推动创新和进步。预计金融科技的崛起将重塑金融市场的竞争格局，金融科技企业凭借其创新产品和服务，有潜力改变传统金融机构的竞争优势，推动整个行业向更高层次的竞争发展（Lee et al.，2018）。金融科技还促进了信息技术与金融市场的深度融合，为金融创新提供了坚实的技术支撑，加速了金融市场的现代化和国际化进程（Chen，2018）。基于这些观察，本节提出以下假设：

假设 H_1：金融科技的发展对区域创新绩效具有积极的促进作用，能够显著提升区域创新绩效。

（2）营商环境与金融基础的调节作用

金融科技的兴起对营商环境产生了深远的影响，这主要表现在通过提升地区的金融发展水平和经济运营效率，间接地优化了营商环境（张海军等，2021）。实证研究表明，金融发展在国家层面上显著促进了科技创新，并产生了正向的空间溢出效应（Boeing et al.，2016）。这意味着，一个城市的科技创新不仅受到本地金融发展的推动，还受到邻近城市金融发展的积极影响，尤其是在经济发达地区更为显著。进一步地研究发现，金融科技的发展对于促进特定类型企业——"小巨人"企业的成长具有重要作用，尽管这种作用可能受到一定条件的限制。特别是在营商环境优良、规模较大以及民营企业中，金融科技的推动作用尤为明显（王永等，2021）。营商环境的优化已成为促进产业转移和实现区域协调发展的关键因素，其中政府效率、贷款环境、市场公平性与开放程度是推动数字经济发展的核心要素（冯学良等，2023）。然而，也有研究从协同演化理论和制度逻辑理论的视角分析了创新主体与营商环境的相互作用，以及这些因素如何复杂地影响地方创新绩效（刘志彪等，2023；裴然等，2023）。这些研究指出，创新主体和营商环境要素并不是地方高创新绩效的唯一条件（刘静等，2023）。基于上述分析，本节提出以下假设：

假设 H_{2a}：营商环境的改善对金融科技与区域创新绩效之间的关系具有正向的调节作用。

假设 H_{2b}：金融基础的加强同样对金融科技与区域创新绩效之间的关系具有正向的调节作用。

2. 高技术产业集聚的中介作用

高技术产业的空间集聚已成为创新增长的关键区域，其集聚效应的形成不仅得益于资源的集中吸引力，更在于通过知识溢出为企业提供了丰富的外部知识学习机会，这有利于企业构建起技术创新的良性循环模式。尽管如此，高技术产业在发展过程中对人才、技术和资本的巨大需求，往往超出了传统金融机构的风险承受能力，导致这些机构未能提供充分的支持。在这样的背景下，金融科技作为一种新型金融形态，以其创新的资金供给方式，有效弥补了传统金融服务的不足，为高技术产业的融资难题提供了解决方案。金融科技的介入不仅满足了高技术产业的发展需求，还提升了地区的整体创新绩效。此外，数字新基建对区域创新绩效具有"U"型影响，而高技术产业的集聚效应进一步提升了区域创新绩效（许露元，2023）。研究还发现，粤港澳大湾区的高技术产业具有显著的空间扩散效应。具体来说，该地区的两大都市圈——港深莞惠和澳珠中江的高技术产业不仅直接贡献显著，其间接贡献也通过空间回波效应和空间扩散效应展现了出来。这表明高技术产业的集聚效应不仅增强了区域创新绩效，还促进了周边地区的技术进步（罗琼等，2023）。基于这些观察，本节提出以下假设：

假设 H_3：高技术产业集聚在金融科技与区域创新绩效之间起到中介作用，能够促进金融科技对区域创新绩效作用的进一步提升。

3. 地方政府对金融科技支持政策的理论分析

金融科技正以其创新性重塑当代金融行业，为金融服务领域带来前所未有的新机遇，并显著提升了区域技术创新绩效。尽管金融科技为经济发展注入了新的活力，但其发展是一个渐进的过程，需要政策等外部条件的支持。地方政府在推动金融科技创新方面发挥着至关重要的作用。通过制定和实施针对性的政策，例如税收减免、融资援助等，地方政府能够为金融科技行业的成长创造有利的外部环境。同时，监管政策的适度灵活性对于引导金融科技创新和防范金融风险同样重要，这有助于确保金融科技的稳健发展（Boeing et al.，2016）。此外，金融改革政策的优化和调整对于满足金融科技行业的发展需求至关重要。地方政府需要根据本地实际情况，有针对性地调整政策，以保持政策的时效性和精准性，并紧密跟踪金融科技的发展态势，及时调整政策导向（郭洁等，2024）。金融科技企业在推动地区经济发展中扮演着核心角色。地方政府应积极吸引这些企业，提供优越的发展环境和支持政策，以促进地区金融科技产业的繁荣。通过税收优惠、融资支持等措施，地方政府可以进一步激励金融科技企业的发展，为地区经济注入新动力（张磊等，2023）。基于上述分析，本节提出以下假设：

假设 H_4：地方政府的金融科技发展支持政策在金融科技与区域创新绩效之间起到中介作用，有助于促进金融科技对提升区域创新绩效的贡献。

值得注意的是，不同地区在金融科技对区域创新绩效的影响上可能表现出异质性。在经济发达地区，技术创新的投入与产出通常更为显著，教育水平、科研实力及科技创新能力也普遍较高。产业结构的演变、对外开放的水平以及基础设施的完善等因素，也对创新活动起到积极的促进作用。因此，金融科技对区域创新绩效的影响效果可能受到经济发展水平、金融基础、金融科技的发展历史以及地理位置等因素的影响，展现出区域差异性。这意味着对金融科技如何影响技术创新绩效的内在机制需要进行更深入的实证研究和数据验证,同时在分析时必须充分考虑区域间的差异性和存在的各种限制条件。

3.2.2　研究设计

1. 实证模型

在现有研究的基础上,特别是考虑到陈旭升等的工作(陈旭升等,2023),本节在构建模型时特别关注了区域技术创新绩效与金融科技发展水平之间的滞后效应。这种滞后性是合理的,因为它反映了金融科技影响区域创新的潜在时间差。为了深入分析金融科技如何影响技术创新绩效,本节提出了以下基准模型:

$$Depth\_\ Coupling_{i,t+1} = \beta_0 + \beta_1 Fintech_{i,t} + \gamma Control_{i,t} + \eta_j + \lambda_t + \varepsilon_{i,t} \quad (3.8)$$

其中,$Depth\_Coupling_{i,t+1}$ 表示年度企业 i,$t+1$ 年的绩效水平,$Fintech_{i,t}$ 表示 t 年度地区 i 的金融科技发展水平,$Control_{i,t}$ 表示 t 年度的一系列控制变量。本节在回归模型中加入地区固定效应 η_j 和年份固定效应 λ_t,$\varepsilon_{i,t}$ 为随机扰动项。若金融科技发展有助于推动各省区技术创新绩效提升,则估计系数 β_1 应统计显著为正。

2. 变量指标

(1) 被解释变量:区域创新绩效指数

为了全面衡量区域创新绩效,本研究采纳了任娇等学者的方法(任娇等,2023),将其划分为三个主要方面:经济效益、社会效益和技术效益。这种划分有助于从不同角度评估创新对区域发展的贡献。在此基础上,本节构建一个评价体系,如表 3 – 7 所示。该体系通过综合考虑各个方面的指标,使用熵值法来确定各指标的权重。熵值法是一种客观的权重赋值方法,它基于各指标的变异性来确定权重,从而确保评价体系的科学性和合理性。

表 3-7   基于熵值法的被解释变量评价指标体系

变量名（变量符号）	经济含义	单位	权重
区域创新绩效（*Depth_Coupling*）	规模以上工业企业新产品销售收入	万元	0.126
	规模以上工业企业新产品出口额	万元	0.093
	人均 GDP	元	0.132
	失业率	%	0.128
	居民消费水平	元	0.107
	互联网普及率	%	0.174
	专利申请数	件	0.116
	专利授权数	件	0.124

注：指标失业率的属性为负向，其余指标均为正向指标。

（2）解释变量：金融科技

本研究在衡量区域金融科技发展水平时，借鉴了宋敏等学者（宋敏等，2021）和任娇等学者（任娇等，2023）的方法论。我们采用了一种综合考量的方法，确保研究的科学性和客观性，并考虑到数据的可获取性。具体而言，我们利用了该地区上市企业的工商注册信息和公告发布数据，通过对企业名称、经营范围以及公告内容进行关键词匹配，识别出与金融科技相关的企业。关键词包括但不限于"金融科技""云计算""大数据""区块链""人工智能"和"物联网"。在筛选过程中，本节特别排除了那些经营时间不足一年的企业或经营状态异常的样本，以确保样本的有效性和数据的可靠性。最终，我们采用该地区金融科技企业数量的自然对数来量化区域金融科技发展的水平。这种方法可以更准确地反映金融科技在区域经济中的实际影响。为了进一步细化对金融科技业务开展程度的衡量，本节计算了该地区所有开展金融科技相关业务的公司在上述业务类型中的种类数，并对其进行了加 2 的自然对数处理（*Fintech_level*）[1]。此外，我

---

[1] 在贝叶斯平滑算法中，我们通常给样本值加上 1 平滑处理，而在多项式分布的情况下，我们将样本值加上 2 进行平滑操作通常会更有效。根据实际情况和经验知识来判断，本节对变量进行 +2 处理。

们还统计了这些企业在公告中提及金融科技相关词语的总次数，并同样进行了加 2 的自然对数处理（*Fintech_degree*）。

（3）调节变量

本研究选取了地区金融基础和营商环境发展作为潜在的调节变量，以期更全面地理解金融科技对区域创新绩效的影响。在营商环境的衡量上，本节采用了北京大学光华管理学院与武汉大学经济与管理学院联合发布的《中国省份营商环境评价报告》中所构建的指标体系[①]。该指标体系全面覆盖了中国内地 29 个省区市（西藏、新疆、海南和港澳台地区除外），并提供了 2009～2022 年的营商环境发展指数数据。为了增强数据的可比性，本节对原始的营商环境发展指数进行了归一化处理。这一步骤旨在消除不同年份和地区之间的量纲影响，确保分析结果的公正性和准确性。在进行主要的回归分析时，本节专注于省级层面的营商环境发展指数，将其作为关键的研究变量。

（4）中介变量

本研究选定高新技术产业集聚度和地方政府政策支持作为中介变量，以深入探讨金融科技对区域创新绩效的影响路径。高新技术产业，以其高技术含量、强技术创新能力以及技术知识的密集度，被视为推动科技创新的关键力量。借鉴任娇等学者的研究（任娇等，2023），本研究特别关注高技术产业集聚度对科技创新的促进作用，将其纳入中介变量的考量。为了量化高技术产业的集聚水平，本节采用了区位熵方法进行测算。区位熵

[①]　该体系的一级指标由《"十三五"规划纲要》中营商环境建设的四个方面：市场环境、政务环境、法治环境和人文环境组成。二级指标参照《优化营商环境条例》并吸纳多个国内外主流评价体系的相关指标，细分为 13 个子类，包括市场环境下的融资、创新、竞争公平、资源获取和市场中介；政务环境下的政府效率、政府廉洁和政府关怀；法治环境下的产权保护、社会治安和司法服务；人文环境下的对外开放和社会信用等。这些二级指标的权重根据其在《优化营商环境条例》中出现的次数确定，这样便生成了一级指标的权重。综合考量参照指标体系和数据可获得性，选定了 22 项三级指标。这样，就形成了一个具体的、对中国内地城市营商环境有全面评估能力的指标体系。

是一种衡量特定产业在某一地区相对于全国或更大区域的集聚程度的指标，其计算公式如下：

$$High\_tech_{it}^{j} = \frac{x_{it}^{j}/x_{it}}{x_{i}^{j}/x_{i}}$$

本研究着重探讨了地方政府政策对金融科技发展的支持作用，以及这种支持如何通过创造有利的政策环境来促进企业的创新能力和核心竞争力，最终提升区域技术创新绩效。为了量化这一政策支持的影响，本节对超过 165 万篇地方政府政策文件进行了深入的数据挖掘，以筛选出对金融科技发展具有直接影响的具体措施。通过文本挖掘技术，结合金融科技业务词典，本节比对了政策文件中的文本信息，从而识别出各省区市出台的金融科技支持政策。在此基础上，本节引入了一个虚拟变量来衡量地方政府政策对金融科技与区域创新绩效关系的影响。这一虚拟变量基于地方政府是否出台了金融科技支持政策，并采用了一阶滞后设置，以评估政策的潜在影响。具体而言，本研究采用了成程等（成程等，2023）的研究方法，通过考察省级或市级政府在上一年度是否出台了金融科技支持政策，来设置虚拟变量 $Policy_{j} \times After_{t-1}$。如果地区 j 的地市政府或省级政府在上一年度出台了相关支持政策，则该虚拟变量被设为 1；如果没有出台，则设为 0。这种方法允许本节评估政策变化对金融科技企业发展及其对区域创新绩效贡献的即时和潜在影响。

（5）控制变量

金融科技的发展依赖于充足的资源和坚实的基础能力。为了全面评估金融科技对区域创新绩效的影响，本节精心选取了一系列控制变量，包括经济发展水平、产业结构、开放水平以及基础设施建设水平。如表 3 – 8 所示，这些变量共同构成了金融科技发展的资源和能力基础，对金融科技的成长和创新绩效有着直接或间接的影响。

表 3-8　　　　　　　　　　　变量定义与说明

变量类型	变量名称	变量符号	变量度量	单位
被解释变量	区域创新绩效指数	*Performance_inno*	参见文内说明	—
解释变量	金融科技	*Fintech*	参见文内说明	—
	金融科技业务水平	*Fintech_Level*	参见文内说明	—
	金融科技业务程度	*Fintech_Degree*	参见文内说明	—
调节变量	营商环境	*Envir_Institution*	参见文内说明	—
	金融基础	*Envir_Fina*	金融机构存款贷款余额之和与 GDP 的比值	%
中介变量	高技术产业集聚度	*High_tech*	参见文内说明	—
	地方政府政策支持	*Policy_region*	参见文内说明	—
控制变量	经济发展水平	*Gdppc*	人均地区生产总值	万元/人
	产业结构	*Secind*	第二产业占 GDP 比重	%
	开放水平	*Open*	外商直接投资额/GDP	%
	基础设施建设水平	*Infcon*	地区基础设施建设资金投入额/GDP	%
	政府财政支出	*Gov*	财政一般预算支出占 GDP 的比例	%
	行业效应	*Industry*	行业虚拟变量，属于该行业时赋值为1，否则为0	—
	时间效应	*Year*	年度虚拟变量，属于该年度时赋值为1，否则为0	—

3. 数据来源

本研究的时间跨度为 2009～2022 年，涵盖了中国内地 29 个省（区/市）的面板数据，但排除了西藏、新疆、海南及港澳台地区。在数据收集过程中，针对部分缺失的数据点，本节采用了插值法进行有效的补全处理，以确保数据的完整性和分析的连续性。为了衡量金融科技的发展状况，本节采用了由北京大学互联网金融研究中心与蚂蚁金服共同开发的

"数字金融普惠金融指数"作为关键的解释变量。该指数基于大量的数字金融数据，并通过科学的建模方法，全面评估了中国各地区数字金融的发展水平，为金融科技领域的研究提供了坚实的数据支撑。目前，已有众多学者在其研究中采纳并验证了该指数的有效性（郭峰等，2020；唐松等，2020；陈中飞等，2021）。此外，区域创新绩效指标及控制变量的测度指标数据，主要来源于国家统计局官方网站、《中国统计年鉴》以及各省份统计年鉴。本研究特别筛选了医药制造业、电子及通信设备制造业、医疗设备及仪器仪表制造业作为高新技术产业的代表，并从《中国高技术产业统计年鉴》中获取了这些产业的原始数据，以确保研究的针对性和深入性。

4. 描述性统计与相关性分析

在本研究的回归分析中，为了消除不同变量之间的量纲影响，并确保估计系数的可比性，所有变量均经过了标准化处理。描述性统计分析的结果汇总在表 3 - 9 中，揭示了参与分析的变量中，部分呈现出偏态分布的特性。这种分布特征意味着数据的集中趋势与离散程度之间可能存在不一致性。具体来说，这些变量的均值与标准差之间存在显著的差异，这可能指示了数据的非对称性或极端值的存在。

表 3 - 9   描述性统计

变量	样本量	均值	标准差	最小值	25%分位数	中位数	75%分位数	最大值
Performance_inno	406	0.386	0.194	0.053	0.235	0.351	0.528	0.921
Fintech	406	0.119	0.323	0.000	0.000	0.000	1.000	1.000
Fintech_Level	406	0.059	0.010	0.036	0.052	0.061	0.066	0.077
Fintech_Degree	406	0.761	0.073	0.584	0.712	0.782	0.811	0.900
Envir_Institution	406	0.706	0.051	0.602	0.672	0.709	0.741	0.884
Envir_Fina	406	3.624	0.908	1.906	3.025	3.474	4.173	8.267
High-tech	406	0.043	0.012	0.037	0.050	0.061	0.067	0.083

续表

变量	样本量	均值	标准差	最小值	25% 分位数	中位数	75% 分位数	最大值
Gdppc	406	7.517	3.757	1.203	4.560	6.648	9.248	22.479
Secind	406	0.415	0.058	0.256	0.376	0.417	0.460	0.566
Open	406	0.081	0.039	0.016	0.056	0.074	0.101	0.196
Infcon	406	0.052	0.010	0.035	0.045	0.053	0.058	0.077
Gov	406	0.154	0.045	0.081	0.125	0.149	0.181	0.296

3.2.3　实证分析

1. 基准回归结果

本节采用了王欣等（2023）的研究作为参考，对控制变量进行了细致的分类，以确保分析结果的精确性。将控制变量划分为两大类：统计变量和治理特征变量。这种分类有助于更系统地考察金融科技对区域创新绩效的影响。表 3-10 呈现了对金融科技对区域创新绩效总体影响的回归分析结果。在构建的模型中，我们设定区域创新绩效（Performance_inno）为因变量，而金融科技作为关键的自变量。此外，模型还包括了一系列与研究假设和理论框架相一致的控制变量。为了逐步深入分析，本节设计了三个不同纳入程度的模型。模型 I 为基础模型，未包括任何控制变量和固定效应，旨在提供一个未受其他变量影响的金融科技对区域创新绩效影响的初步估计。模型 II 在模型 I 的基础上纳入了统计特征的控制变量，而模型 III 进一步融入了治理特征的控制变量。这两个模型还加入了年份和地区固定效应，以控制不随时间变化的地区特性和可能影响创新绩效的时间趋势。

表 3 – 10　　　　　　　　　　金融科技对区域创新绩效的总体影响

因变量	（Ⅰ）	（Ⅱ）	（Ⅲ）
	Performance_inno	*Performance_inno*	*Performance_inno*
Fintech	0. 027 *** （12. 380）	0. 028 * （2. 413）	0. 056 *** （12. 389）
Gdppc	—	0. 499 *** （7. 494）	0. 424 *** （6. 297）
Secind	—	0. 216 *** （3. 656）	0. 181 *** （3. 194）
Open	—	0. 158 *** （3. 156）	0. 142 *** （2. 938）
Infcon	—	—	0. 065 （1. 351）
Gov	—	—	0. 005 （0. 316）
常数项	0. 261 *** （4. 753）	0. 108 ** （2. 198）	0. 104 ** （2. 207）
年份固定效应	不控制	控制	控制
地区固定效应	不控制	控制	控制
R^2	0. 695	0. 827	0. 829
Adj. R^2	0. 679	0. 784	0. 790
观测值	406	406	406

注：*、**、***分别表示10%、5%、1%统计意义上的显著。括号内为 t 值，以下各表相同。

研究结果一致显示，在所有三个模型中，金融科技对区域创新绩效具有显著的正向作用。具体来看，模型Ⅰ和模型Ⅲ的回归系数分别为 0. 027 和 0. 056，对应的 t 值分别为 12. 380 和 12. 389，均在 1% 的统计水平上显著；模型Ⅱ的回归系数为 0. 028，对应的 t 值为 2. 413，在 10% 的统计水平上显著。这表明金融科技的发展能够显著提升区域创新绩效。随着控制变量和固定效应的纳入，模型的拟合优度（R^2）显著提升，从 0. 695 增长

至 0.827 和 0.829。这一变化表明，控制变量对区域创新绩效的解释能力
得到了加强。在控制变量中，人均 GDP（*Gdppc*）在模型 Ⅱ 和模型 Ⅲ 中均
呈现出显著的正向影响，说明经济水平的提升对区域创新绩效具有积极作
用。第二产业占 GDP 比重（*Secind*）在加入控制变量后，其正向影响也显
著，表明第二产业的发展有助于提升区域创新绩效。此外，开放水平
（*Open*）在模型 Ⅲ 中显著为正，这表明提高地区的对外开放水平有利于促
进区域创新绩效的增长。然而，基础设施建设水平（*Infcon*）在模型 Ⅲ 中
的影响不显著，这可能意味着基础设施建设对区域创新绩效的作用需要进
一步研究。同样，政府财政支出（*Gov*）虽然系数为正，但在模型 Ⅲ 中的
统计意义不显著，这表明政府财政支出对区域创新绩效的影响尚不明确，
需要更多的研究来验证。综上所述，研究结果支持了假设 H_1 的成立，即
金融科技的发展对区域创新绩效具有显著的正面效应。

2. 不同维度影响效应

表 3 – 11 提供了一项深入的多元回归分析，该分析基于金融科技发展
的不同维度，探讨了其对区域创新绩效的影响。在此项分析框架下，区域
创新绩效（*Performance_inno*）被选为主要的因变量，以衡量创新活动在经
济、社会和技术层面的综合表现。自变量则包括两个关键指标：金融科技
业务水平（*Fintech_Level*）和金融科技业务程度（*Fintech_Degree*）。金融科
技业务水平反映了金融科技服务的深度和广度，而金融科技业务程度则衡
量了金融科技应用的普及率和渗透率。

表 3 – 11　　不同维度的金融科技发展对区域创新绩效的总体影响

因变量	（Ⅰ）		（Ⅱ）		（Ⅲ）	
	Performance_inno		*Performance_inno*		*Performance_inno*	
Fintech_Level	0.059 *** (16.358)	—	0.198 *** (4.336)	—	0.394 *** (5.401)	—
Fintech_Degree	—	0.063 *** (3.218)	—	0.159 * (10.853)	—	0.381 *** (6.079)

续表

因变量	（Ⅰ）		（Ⅱ）		（Ⅲ）	
	Performance_inno		*Performance_inno*		*Performance_inno*	
常数项 & 控制变量	不控制	不控制	控制	控制	控制	控制
年份固定效应	不控制	不控制	不控制	不控制	控制	控制
地区固定效应	不控制	不控制	不控制	不控制	控制	控制
Adj. R²	0.014	0.010	0.765	0.182	0.726	0.791
观测值	406	406	406	406	406	406

结果表明：（1）在未控制其他变量和固定效应的基本模型（模型Ⅰ）中，金融科技业务水平（Fintech_Level）对区域创新绩效的正向影响显著，其系数为 0.059，对应的 t 值为 16.358，表明影响在统计上高度显著。（2）当引入年份固定效应（模型Ⅱ）后，系数上升至 0.198，t 值为 4.336，依然显著，表明金融科技业务水平对区域创新绩效的正向效应在考虑时间趋势后依然稳健。（3）在进一步控制地区固定效应的模型（模型Ⅲ）中，系数增加至 0.394，t 值为 5.401，显著性水平进一步提升，这进一步强化了金融科技业务水平对区域创新绩效正向影响的结论。（4）在模型Ⅰ中，金融科技业务程度的系数为 0.063，t 值为 3.218，表明在未控制其他变量和固定效应时，金融科技业务程度（Fintech_Degree）对区域创新绩效具有显著的正向影响。（5）在模型Ⅱ中，控制年份固定效应后，系数增长至 0.159，t 值为 10.853，显著性水平显著提高，进一步证实了金融科技业务程度的正向作用。（6）在模型Ⅲ中，加入年份和地区固定效应后，系数达到 0.381，t 值为 6.079，显著性水平依然很高，这进一步确认了金融科技业务程度对区域创新绩效的正向影响。通过逐步引入控制变量和固定效应，本研究的多元回归分析结果一致地支持了金融科技对区域创新绩效具有显著正向影响的假设 H_1。这些结果不仅在统计上显著。

3. 营商环境与金融基础的调节效应检验

为了深化对金融科技发展赋能区域创新绩效的理解，并探讨发展环境中的营商环境（$Envir\_Institution$）和金融基础（$Envir\_Fina$）如何调节这一关系，本研究建立了以下计量模型：

$$Performance\_inno_{i,t} = \alpha_0 + \alpha_1 Fintech_{i,t} + \alpha_2 Envir_{i,t} + \alpha_3 Fintech_{i,t}$$
$$\times Envir_{i,t} + \alpha_i \sum Control_{i,t} + \varepsilon_{i,t} \qquad (3.9)$$

基于计量模型（3.9），对研究假设 H_{2a} 和 H_{2b} 进行检验。结果如表 3 – 12 所示。

表 3 – 12　　　　　　　　　　调节效应检验结果

因变量	（Ⅰ）Performance_inno	（Ⅱ）Performance_inno	（Ⅲ）Performance_inno	（Ⅳ）Performance_inno
$Envir\_Institution$	0.301 *** (5.361)	0.298 *** (5.137)	—	—
$Fintech\_Level$	0.192 * (1.938)	—	0.126 *** (3.294)	—
$Envir\_Institution \times Fintech\_Level$	0.013 *** (13.891)	—	—	—
$Fintech\_Degree$	—	0.207 * (1.990)	—	0.096 *** (3.425)
$Envir\_Institution \times Fintech\_Degree$	—	0.014 *** (12.846)	—	—
$Envir\_Fina$	—	—	0.160 *** (3.314)	0.074 *** (2.332)
$Envir\_Fina \times Fintech\_Level$	—	—	− 0.010 *** (− 4.086)	—
$Envir\_Fina \times Fintech\_Degree$	—	—	—	− 0.005 *** (− 3.461)
常数项 & 控制变量	控制	控制	控制	控制
年份固定效应	控制	控制	控制	控制

续表

因变量	（Ⅰ）	（Ⅱ）	（Ⅲ）	（Ⅳ）
	Performance_inno	*Performance_inno*	*Performance_inno*	*Performance_inno*
地区固定效应	控制	控制	控制	控制
R^2	0.653	0.656	0.658	0.656
Adj. R^2	0.647	0.648	0.653	0.651
观测值	406	406	406	406

本研究的实证分析结果揭示了营商环境和金融基础对金融科技与区域创新绩效关系的调节作用，具体如下：（1）营商环境与金融科技业务水平的调节作用（模型Ⅰ）：①营商环境（*Envir_Institution*）的回归系数为 0.301，在 1% 的显著性水平上显著；金融科技业务水平（*Fintech_Level*）的回归系数为 0.192，在 10% 的显著性水平上显著。②交互项（*Envir_Institution × Fintech_Level*）的回归系数为 0.013，同样在 1% 的水平上显著，说明营商环境正向调节了金融科技业务水平对区域创新绩效的正向效应。（2）营商环境与金融科技业务程度的调节作用（模型Ⅱ）：①营商环境（*Envir_Institution*）和金融科技业务程度（*Fintech_Degree*）的回归系数分别为 0.298 和 0.207，均显著，表明它们对区域创新绩效有正向的促进作用。②交互项（*Envir_Institution × Fintech_Degree*）的系数为 0.014，也在 1% 的水平上显著，进一步证实了营商环境对金融科技正向影响区域创新绩效的调节作用。（3）金融基础与金融科技业务水平的调节作用（模型Ⅲ）：①金融基础（*Envir_Fina*）和金融科技业务水平（*Fintech_Level*）的回归系数分别为 0.160 和 0.126，均显著，表明它们对区域创新绩效有正向影响。②交互项（*Envir_Fina × Fintech_Level*）的系数为 −0.010，在 1% 的水平上显著，表明金融基础和金融科技业务水平的同步提升对区域创新绩效的正向促进作用并非简单叠加。（4）金融基础与金融科技业务程度的调节作用（模型Ⅳ）：①金融基础（*Envir_Fina*）和金融科技业务程度（*Fintech_Degree*）的回归系数分别为 0.074 和 0.096，均显著，显示它们

对区域创新绩效有正向影响。②交互项（$Envir\_Fina \times Fintech\_Degree$）的系数为 -0.005，在 1% 的水平上显著，表明金融基础对金融科技影响区域创新绩效的作用存在复杂性。上述研究结果表明，营商环境对金融科技与区域创新绩效之间的关系具有正向调节作用，而金融基础的调节作用则更为复杂，并不总是简单的正向调节。这些发现部分支持了研究假设 H_{2a} 和 H_{2b}，揭示了不同因素在金融科技发展和区域创新绩效之间的相互作用。

4. 高技术产业集聚度的中介效应检验

为了深入探讨高技术产业集聚度是否在金融科技的发展与区域创新绩效之间起到了桥梁作用，本研究构建了以下计量模型：

$$Fintech_{i,t} = \alpha_0 + \alpha_1 High\_tech_{i,t} + \alpha_i \sum Control_{i,t} + \varepsilon_{i,t} \quad (3.10)$$

$$Performance\_inno_{i,t} = \alpha_0 + \alpha_1 Fintech_{i,t} + \alpha_2 High\_tech_{i,t}$$
$$+ \alpha_i \sum Control_{i,t} + \varepsilon_{i,t} \quad (3.11)$$

采用中介效应依次检验法，基于模型（3.10）和模型（3.11）来检验研究假说 H_3。结果如表 3－13 所示。

表 3－13　　　　　　高技术产业集聚度的中介效应检验结果

因变量	（Ⅰ）	（Ⅱ）	（Ⅲ）	（Ⅳ）
	High_tech	High_tech	Performance_inno	Performance_inno
Fintech_Level	0.227 *** (4.288)	—	0.197 *** (3.780)	—
Fintech_Degree	—	0.321 *** (6.447)	—	0.243 *** (4.598)
High_tech	—	—	0.496 *** (13.129)	0.465 *** (12.045)
常数项 & 控制变量	控制	控制	控制	控制
年份固定效应	控制	控制	控制	控制
地区固定效应	控制	控制	控制	控制

续表

因变量	（Ⅰ）	（Ⅱ）	（Ⅲ）	（Ⅳ）
	High_tech	*High_tech*	*Performance_inno*	*Performance_inno*
R^2	0.721	0.756	0.794	0.786
Adj. R^2	0.709	0.751	0.787	0.779
观测值	406	406	406	406

分析结果突出了高技术产业集聚度在金融科技与区域创新绩效之间的中介作用，具体发现如下：（1）高技术产业集聚度的正向影响（模型Ⅰ和模型Ⅱ）。高技术产业集聚度（*High_tech*）对金融科技业务水平（*Fintech_Level*）和金融科技业务程度（*Fintech_Degree*）均产生了显著的正向影响。这一发现表明，高技术产业的集聚可能为金融科技的发展提供了有利的环境和条件，揭示了两者之间可能存在的协同效应。（2）中介作用的体现（模型Ⅲ和模型Ⅳ）。当引入高技术产业集聚度作为中介变量后，金融科技业务水平的系数从模型Ⅰ和模型Ⅱ的显著正值降至模型Ⅲ的0.197，金融科技业务程度的系数降至0.243。这种系数的减少表明，高技术产业集聚度在金融科技对区域创新绩效（*Performance_inno*）的正向影响中发挥了部分中介作用。综上所述，金融科技的发展不仅直接提升了区域创新绩效，而且通过促进高技术产业的集聚，间接增强了区域的创新能力。这种间接效应表明，金融科技与高技术产业集聚之间存在相互作用，共同促进了区域创新绩效的提升。研究结果支持了高技术产业集聚度作为金融科技与区域创新绩效之间中介变量的假设 H_3。

5. 地方政府政策支持的中介效应检验

为了验证地方政府政策支持对金融科技与区域创新绩效关系的影响，即假设 H_4，本研究构建了以下两个计量模型：

$$Fintech_{i,t} = \alpha_0 + \alpha_1 Policy_j \times After_{t-1} + \alpha_i \sum Control_{i,t} + \varepsilon_{i,t} \quad (3.12)$$

$$Performance\_inno_{i,t} = \alpha_0 + \alpha_1 Fintech_{i,t} + \alpha_2 Policy_j \times After_{t-1} + \alpha_3 Fintech_{i,t}$$
$$\times Policy_j \times After_{t-1} + \alpha_i \sum Control_{i,t} + \varepsilon_{i,t} \quad (3.13)$$

其中，$Fintech_{i,t}$ 代表了地区金融科技发展水平，$Fintech_{i,t} \times Policy_j \times After_{t-1}$ 检验该地区企业当年是否既开展了金融科技业务，又受到了当地政府政策支持金融科技政策的影响。为了进一步区分不同地方政府政策支持金融科技发展不同力度的异质性影响，本节还计算了当地政府政策支持金融科技政策累计总数 +1 的对数（$PolicyNum_j$），通过观察交乘项 $Fintech_{i,t} \times PolicyNum_j \times After_{t-1}$ 的系数[①]，可以判断是否地方政府政策支持金融科技政策的文件数目越多，对地方金融科技业务的开展促进作用以及作用于区域创新绩效的影响越大。

表 3 - 14 展示了地方政府政策支持对金融科技与区域创新绩效关系中介效应的实证检验结果。模型中，因变量在列（Ⅰ）和列（Ⅱ）中设定为金融科技（$Fintech$），而在列（Ⅲ）和列（Ⅳ）中变更为区域创新绩效（$Performance\_inno$）。模型考察了地方政府政策（$Policy_j$）及其与金融科技的交互项（$Fintech \times Policy_j \times After_{t-1}$）对区域创新绩效的潜在影响，并控制了常数项、相关控制变量、年份固定效应以及地区固定效应。

表 3 - 14　　　　　　　　　地方政府政策支持的中介效应检验结果

因变量	（Ⅰ）	（Ⅱ）	（Ⅲ）	（Ⅳ）
	$Fintech$	$Fintech$	$Performance\_inno$	$Performance\_inno$
$Fintech$	—	—	0. 236 *** (2. 371)	0. 117 *** (4. 598)

① 变量 $PolicyNum_j$ 表示企业所在地方政府关于金融科技支持政策的数量，而 $After_{t-1}$ 则表示企业所在地方政府在上一时期（$t-1$）是否出台了金融科技支持政策的虚拟变量。变量 $PolicyNum_j$ 可以提供一个地方政府出台金融科技支持政策的总体度量。而将 $After_{t-1}$ 与 $PolicyNum_j$ 相乘，目的是筛选出仅有一个或少量政策变化的市或省，从而更准确地估计政策对企业绩效的影响。当 $After_{t-1}$ 为 1 时，企业所在地方政府在上一时期出台了一项金融科技支持政策，因此 $PolicyNum_j \times After_{t-1}$ 的值为 $PolicyNum_j$；当 $After_{t-1}$ 为 0 时，企业所在地方政府在上一时期没有出台金融科技支持政策，因此 $PolicyNum_j \times After_{t-1}$ 的值为 0。这样的解释也可以解释为什么使用虚拟变量而不是直接使用数值变量。采用这种方法主要是可以避免多重共线性问题，即如果同时使用 $PolicyNum_j$ 和 $After_{t-1}$，可能会发生它们之间的高度相关性，从而干扰统计分析的准确性和解释性。

续表

因变量	（Ⅰ）	（Ⅱ）	（Ⅲ）	（Ⅳ）
	Fintech	*Fintech*	*Performance_inno*	*Performance_inno*
$Policy_j \times After_{t-1}$	0.458 *** (4.621)	—	0.175 (1.012)	—
$Fintech \times Policy_j \times After_{t-1}$	—	—	0.106 ** (2.556)	—
$PolicyNum_j \times After_{t-1}$	—	0.323 *** (3.254)	—	0.123 (1.534)
$Fintech \times PolicyNum_j \times After_{t-1}$	—	—	—	0.137 ** (2.458)
常数项 & 控制变量	控制	控制	控制	控制
年份固定效应	控制	控制	控制	控制
地区固定效应	控制	控制	控制	控制
R^2	0.548	0.674	0.516	0.678
$Adj. R^2$	0.530	0.654	0.508	0.660
观测值	406	406	406	406

实证表明：（1）金融科技的正向作用。在列（Ⅲ）和列（Ⅳ）的分析中，金融科技的系数均显著为正，分别为 0.236 和 0.117，对应的 t 值分别为 2.371 和 4.598。这些统计显著的系数表明，金融科技的发展显著促进了区域创新绩效。（2）地方政府政策支持的积极作用。在列（Ⅰ）中，地方政府政策支持（$Policy_j \times After_{t-1}$）的系数为 0.458，$t$ 值为 4.621，显著为正。这一结果表明，地方政府的政策支持对金融科技的发展起到了显著的推动作用。（3）政策支持的中介效应。在列（Ⅲ）中，金融科技与地方政府政策支持的交互项（$Fintech \times Policy_j \times After_{t-1}$）的系数为 0.106，$t$ 值为 2.556，显著为正。这表明地方政府的政策支持在金融科技与区域创新绩效之间起到了正向的中介作用。（4）政策支持力度的正向影响。在列（Ⅳ）中，使用连续型变量（$PolicyNum_j \times After_{t-1}$）替代原先的

虚拟变量后，其系数为 0.323，t 值为 3.254，显著为正。这一结果进一步证实了地方政府政策支持力度的增加对金融科技与区域创新绩效关系的正向影响。综上所述，本研究提出的假设 H_4 得到了充分的实证支持。金融科技的发展不仅直接促进了区域创新绩效，而且地方政府的政策支持在这一过程中起到了关键的中介作用。地方政府通过出台和实施有效的政策措施，能够显著提升金融科技对区域创新绩效的正向影响。

3.2.4　稳健性检验、异质性与门槛效应分析

1. 内生性处理

表 3-15 展示了本研究采用工具变量法处理金融科技业务水平（*Fintech_Level*）和金融科技业务程度（*Fintech_Degree*）与区域创新绩效（*Performance_inno*）之间潜在内生性问题的分析结果。内生性问题通常源于自变量和因变量之间的相互依赖，这可能引起估计偏误。本节采纳了任娇等学者（任娇等，2023）的研究方法，选择了互联网普及率（*Internet*）作为工具变量。互联网普及率被认为与金融科技业务水平和程度相关，但与区域创新绩效的误差项不相关，满足工具变量的有效性条件。随后，本节运用两阶段最小二乘法（2SLS）进行估计，以纠正可能的内生性偏误①。

表 3-15　　　　　　　　　　工具变量法的内生性检验

因变量	（Ⅰ）	（Ⅱ）	（Ⅲ）	（Ⅳ）
	Fintech_Level	*Fintech_Degree*	*Performance_inno*	*Performance_inno*
Internet	0.049*** (16.876)	0.057*** (22.817)	—	—

① 第一阶段，使用工具变量估计内生解释变量的预测值；第二阶段，将预测值作为自变量放入原回归模型中，以得到一致性估计结果。这种方法有助于提供更为准确的估计，确保研究结果的可信度。

续表

因变量	（Ⅰ）	（Ⅱ）	（Ⅲ）	（Ⅳ）
	Fintech_Level	*Fintech_Degree*	*Performance_inno*	*Performance_inno*
Fintech_Level	—	—	0.031 *** (8.849)	—
Fintech_Degree	—	—	—	0.025 *** (9.245)
Kleibergen – PaaprkLM （*statisticP – val*）	7.812 [0.457]	5.243 [0.274]	12.312 [0.725]	3.946 [0.141]
HansenJ （*statisticP – val*）	6.532 [0.612]	5.023 [0.424]	8.125 [0.821]	4.346 [0.232]
常数项 & 控制变量	控制	控制	控制	控制
年份固定效应	控制	控制	控制	控制
地区固定效应	控制	控制	控制	控制
Adj. R^2	0.483	0.590	0.356	0.438
观测值	406	406	406	406

注：括号内为 *t* 值或 *z* 值；[ ] 内为 *p* 值；下同。

结果表明：（1）互联网普及率作为工具变量的影响。在模型（Ⅰ）和模型（Ⅱ）中，使用互联网普及率（*Internet*）作为工具变量，对金融科技业务水平和程度的影响显著为正。具体地，*Internet* 的系数分别为 0.049 和 0.057，对应的 *t* 值分别为 16.876 和 22.817，均在 1% 的显著性水平上显著，表明互联网普及率正向促进了金融科技业务的发展。（2）金融科技对区域创新绩效的正向影响。在模型（Ⅲ）和模型（Ⅳ）中，控制内生性问题后，金融科技业务水平和程度对区域创新绩效的影响系数分别为 0.031 和 0.025，对应的 *t* 值分别为 8.849 和 9.245，均在 1% 的显著性水平上显著，这证实了金融科技对区域创新绩效具有显著的正向作用。（3）工具变量有效性的检验。利用 Kleibergen – Paap rk LM 统计量检验了工具变量的过度识别约束的稳健性。表中显示的 *P* 值分别为 0.457、

0.274、0.725 和 0.141，均大于 0.05，表明没有足够的证据拒绝工具变量与扰动项无关的原假设，从而支持了工具变量的有效性。(4) 工具变量外生性的检验。Hansen J 统计量用于检验工具变量的外生性。表中显示的 P 值分别为 0.612、0.424、0.821 和 0.232，均大于 0.05，表明不能拒绝工具变量是外生的原假设。这些结果进一步证实了研究假设 H_1 的成立。

2. 稳健性检验

(1) 金融科技发展水平的衡量与模型稳健性分析。

金融科技作为金融服务领域的一项创新，覆盖了区块链、大数据金融、供应链金融和数字金融等多个技术子领域。本研究借鉴了尹希果等学者（尹希果等，2023）的方法，采用了北京大学提出的"数字普惠金融发展指数"作为衡量金融科技水平的工具。该指数综合了各子领域的数据、指标和权重，并通过科学的模型构建方法，全面评价了地区数字普惠金融的发展状况[1]。在实证分析中，将模型（1）的解释变量替换为"数字普惠金融发展指数"，结果表明模型的稳健性得到了保持，这证实了该指数作为衡量工具的有效性。此外，为了补充衡量金融科技发展的全面性，本研究还引入了赛迪智库发布的新基建发展潜力白皮书中的中国各省新基建打分指标。这些指标反映了金融科技发展所依赖的新型基础设施建设水平，为金融科技发展的衡量提供了另一维度的视角。回归分析的结果显示，即使加入了新基建打分指标，模型的稳健性依然得到保持，这进一步验证了模型的可靠性和金融科技发展指标的综合性。

(2) 政府补贴变量的引入及其对模型结果的影响。

为了更全面地控制可能影响区域创新绩效的因素，本研究在模型中引入了两个新的控制变量：政府补贴的对数以及政府补贴占总资产的比例。这些变量的加入旨在评估政府补贴对区域创新绩效的潜在影响。通过实证分析，我们发现即使在考虑了政府补贴这两个新的控制变量后，金融科技

---

[1] "数字普惠金融发展指数"由三个子维度构成：覆盖广度、使用深度和数字化程度，它们共同反映了一个地区金融科技发展的全貌，包括基础设施、应用领域和科技效率等关键指标。与单一金融科技指标相比，此指数提供了更为全面和综合的评估。

相关业务的发展在各地区对提升区域技术创新绩效的正面作用依然显著。具体来说，金融科技业务水平和程度的正面效应在纳入政府补贴变量后仍然稳健，这表明金融科技对创新绩效的积极影响是独立于政府补贴效应的。这一发现强调了金融科技在推动区域创新中的独立贡献，即使在存在政府补贴的情况下。这为政策制定者提供了重要见解，即在设计创新促进政策时，应同时考虑金融科技的发展和政府补贴策略，以实现对区域创新绩效的最大化影响。

3. 异质性分析

本研究首先对地区差异的概念进行了细致的划分，确定了四个关键维度：经济发展水平、金融基础实力、金融科技发展的历程，以及地理位置特性。这四个维度共同构成了地区差异的多维框架。为了深入探究金融科技对区域创新绩效横向差异的作用机制，本研究构建了以下计量模型：

$$Performance\_inno_{i,t+1} = \rho_0 + \rho_1 Fintech_{i,t} \times Hetero_{i,t} + \rho_2 Hetero_{i,t} + \rho_3 Fintech_{i,t}$$
$$+ \gamma Control_{i,t} + \eta_j + \lambda_t + \varepsilon_{i,t} \tag{3.14}$$

本研究将地区差异的概念细化为四个关键维度：经济发展水平、金融基础实力、金融科技发展阶段和地理位置特性，并以此构建了相应的虚拟变量 $Hetero_{i,t}$。基于这些维度，构建了相应的虚拟变量，用以量化地区间的异质性，并分析其对金融科技与区域创新绩效关系的影响。具体如下：（1）经济发展差异（Re_eco）：根据综合经济指标的评价，本研究将国内地区划分为发达和欠发达两类，其中发达地区的虚拟变量取值为 1，欠发达地区为 0。（2）金融基础差异（Fin_Infras）：借鉴聂秀华等学者的研究（聂秀华等，2021），基于各地区传统金融发展的平均水平，将地区划分为金融基础强组和弱组，金融基础强的地区虚拟变量取值为 1，弱的为 0。（3）金融科技发展历程（Fin_DEPRO）：将金融科技的发展分为两个阶段：2009 年至 2013 年和 2014 至 2022 年，分别用虚拟变量 0 和 1 表示。（4）地理位置差异（$Coastal$）：根据地理位置，将地区划分为沿海地区和非沿海地区，沿海地区的虚拟变量取值为 1，非沿海地区为 0。进一步地，本研究构建了金融科技与这些虚拟变量的交互项，即 $FinTech \times Re\_eco$、

$FinTech \times Fin\_Infras$、$FinTech \times Fin\_DEPRO$ 和 $FinTech \times Coastal$，以探究金融科技在不同地区特征下的异质性影响。回归分析结果如表 3 – 16 所示。

表 3 – 16　　　　　　　　　　　异质性分析结果

因变量	（Ⅰ）	（Ⅱ）	（Ⅲ）	（Ⅳ）
	$Performance\_inno$	$Performance\_inno$	$Performance\_inno$	$Performance\_inno$
$FinTech \times Re\_eco$	0. 595 *** (6. 042)	—	—	—
$FinTech \times Fin\_Infras$	—	0. 328 *** (5. 916)	—	—
$FinTech \times Fin\_deve$	—	—	0. 312 *** (4. 883)	—
$FinTech \times Coastal$	—	—	—	0. 534 *** (6. 253)
常数项 & 控制变量	控制	控制	控制	控制
年份固定效应	控制	控制	控制	控制
行业固定效应	控制	控制	控制	控制
拟合优度	0. 726	0. 646	0. 674	0. 707
观测值	406	406	406	406

实证分析结果揭示了地区差异对金融科技与区域创新绩效关系的重要影响：（1）经济发展水平的调节作用列（Ⅰ）：金融科技与地区经济发展水平（Re_eco）的交互项系数为 0. 595，对应的 t 值为 6. 042，达到 1% 的显著性水平。这一结果表明，在经济发展较为成熟的地区，金融科技对区域创新绩效的正向影响更为显著。（2）金融基础的调节作用列（Ⅱ）：金融科技与地区金融基础（Fin_Infras）的交互项系数为 0. 328，t 值为 5. 916，同样显著性水平为 1%。这说明在金融基础较为坚实的地区，金融科技对提升区域创新绩效的作用更为明显。（3）金融科技发展历程的调节作用列（Ⅲ）：金融科技与金融科技发展历程（Fin_DEPRO）的交互项系

数为 0.312，t 值为 4.883，显著性水平为 1%。这表明在金融科技发展历程较长的地区，金融科技对区域创新绩效的正向作用更为显著。（4）地理位置的调节作用列（Ⅳ）：金融科技与地理位置（$Coastal$）的交互项系数为 0.534，t 值为 6.253，显著性水平为 1%。这一结果表明沿海地区的金融科技对区域创新绩效的正向影响相较于非沿海地区更为显著。

4. 门槛效应分析

（1）门限效应的统计检验方法与结果。

为了探究区域创新绩效与金融科技之间可能的非线性关系，本研究采用了 Stata 16.0 软件，并运用自抽样法执行了 Bootstrap Wald 统计检验。本研究选定了三个潜在的门限变量：研发人员投入（$R\&D\_human$）、研发经费投入（$R\&D\_capital$）和金融市场发展水平（$Financial\_mar$），以检验它们对金融科技影响区域创新绩效的门限效应①。检验结果显示，所有门限变量的 P 值均低于 0.01，这一结果在统计学上验证了研究结果的稳健性。此外，为了增强门限效应检验的可靠性，本研究采用了 Bootstrap 方法进行自抽样检验，其中重复抽样次数设定为 500，以确保样本量的充足性和估计的准确性。自抽样检验的结果进一步证实了门限效应的存在，具体结果见表 3－17。

表 3－17　　　　　　　　　　　动态门限效果自抽样检验

变量		门槛 1	门槛 2	F 统计量	P 值	10%临界值	5%临界值	1%临界值	BS 次数
研发人员投入	单门槛	1.256		18.567	0.012	2.356	3.045	4.567	500
	双门槛	—							
研发经费投入	单门槛	2.567		45.023	0.027	3.456	4.567	5.678	500
	双门槛	—							

---

① 门限变量的定义如下：研发人员投入（$R\&D\_human$）是指研究与试验发展（R&D）人员全时当量；研发经费投入（$R\&D\_capital$）是指研究与试验发展（R&D）经费内部支出占 GDP 比重；金融市场发展水平（$Financial\_mar$）是指金融机构存款贷款余额之和与 GDP 的比值。

续表

变量	门槛1	门槛2	F统计量	P值	10%临界值	5%临界值	1%临界值	BS次数
金融市场发展水平	单门槛 1.934		21.789	0.005	3.098	4.567	6.789	500
	双门槛 2.123				3.532	4.891	5.185	

分析结果表明，无论是单门槛模型还是双门槛模型，研发人员投入、研发经费投入以及金融市场发展水平都显示出对区域创新绩效具有显著的门限效应，具体为：①在单门槛模型中，研发人员投入的门限值估计为1.256，对应的 F 统计量为18.567，P 值为0.012。由于 P 值远低于0.01，这表明研发人员投入对区域创新绩效具有统计学上显著的门限效应，显著性水平达到1%。进一步分析得到的临界值分别为2.356（10%）、3.045（5%）和4.567（1%）。②对于研发经费投入，单门槛模型中的门限值估计为2.567，F 统计量为45.023，P 值为0.027，小于0.05。这表明在5%的显著性水平下，研发经费投入对区域创新绩效的影响存在显著的门限效应。其临界值分别为3.456（10%）、4.567（5%）和5.678（1%）。③在金融市场发展水平的单门槛模型中，门限值估计为1.934，F 统计量为21.789，P 值为0.005，远低于0.01。这一结果证实了金融市场发展水平对区域创新绩效影响的门限效应的存在。10%、5%和1%的临界值分别为3.098、4.567和6.789。④对于双门槛模型，估计得到的门限值分别为1.934和2.123，F 统计量为3.532，P 值为0.005。这一结果进一步确认了金融市场发展水平对区域创新绩效影响的门限效应，并且揭示了存在两个显著的门限值。相应的临界值分别为3.532（10%）、4.891（5%）和5.185（1%）。

（2）GMM 门限模型参数估计与结果分析。

动态门限回归分析可判断检验金融科技对区域创新绩效的影响是否存在阈值效应，即在达到特定水平之前和之后，金融科技的影响是否会发生变化。表3-18为动态门限回归分析结果，这些结果深入探讨了金融科技

（*Fintech*）对区域创新绩效（*Performance_inno*）的影响，并考虑了研发人员投入（*R&D_human*）、研发经费投入（*R&D_capital*）以及金融市场发展水平（*Financial_mar*）作为门限变量。

表 3 – 18　　　　　　　　　　动态门限回归结果

门限变量	*R&D_human*	*R&D_capital*	*Financial_mar*
Fintech	0. 226 *** （4. 714）	0. 183 *** （4. 426）	0. 228 *** （103. 145）
Gdppc	0. 009 *** （3. 425）	0. 011 *** （3. 630）	0. 789 *** （28. 924）
Secind	0. 013 （0. 943）	0. 023 * （1. 839）	0. 143 *** （2. 451）
Open	0. 007 （0. 673）	0. 003 （0. 276）	0. 041 ** （2. 386）
Infcon	0. 011 （1. 602）	0. 004 （0. 568）	0. 671 *** （17. 620）
Fintech $\times i$（$q \leqslant c$）	0. 389 ** （4. 576）	0. 187 *** （3. 685）	—
Fintech $\times i$（$q > c$）	0. 105 （1. 231）	0. 068 （1. 226）	0. 350 *** （19. 059）
Fintech $\times i$（$b < q \leqslant c$）	—	—	0. 295 *** （10. 287）
Fintech $\times i$（$q \leqslant b$）	—	—	0. 124 *** （12. 136）
cons	− 2. 238 *** （− 4. 088）	− 1. 541 *** （− 4. 415）	− 3. 357 *** （− 26. 680）
控制变量	控制	控制	控制
年份固定效应	控制	控制	控制
行业固定效应	控制	控制	控制

续表

门限变量	R&D_human	R&D_capital	Financial_mar
AR（2）	1.322 [0.186]	1.307 [0.191]	1.467 [0.142]
HansenTest	19.711 [0.027]	26.491 [0.005]	27.743 [0.002]
WaldTest	2 880.919 [0.000]	1 776.787 [0.000]	1 909.322 [0.000]

注：i 代表门限变量，b、q、c 则分别为各门限变量的门限值。

实证结果为金融科技对区域创新绩效正向影响的有力证据，并揭示了这种影响在不同经济发展水平、研发投入和金融市场发展阶段的非线性特征，具体为：①在所有门限模型中，金融科技的系数均显著为正，分别为0.226、0.183 和 0.228，对应的 t 值分别为 4.714、4.426 和 103.145。这些结果一致表明金融科技普遍促进了区域创新绩效。②人均 GDP（Gdp-pc）的系数在所有模型中均显著为正，t 值分别为 3.425、3.630 和28.924，表明经济发展水平的提升有助于增强区域创新绩效。③在涉及研发人员投入和金融市场发展水平的门限模型中，第二产业比重（Secind）的系数显著为正，t 值分别为 1.839 和 2.451，说明第二产业的增长对区域创新绩效有积极作用。④在金融市场发展水平的门限模型中，对外开放水平（Open）的系数显著为正，t 值为 2.386，表明提高地区的对外开放程度有利于促进区域创新绩效。⑤基础设施建设水平（Infcon）的系数在金融市场发展水平的门限模型中显著为正，t 值为 17.620，显示基础设施的完善对区域创新绩效有显著的正面影响。⑥金融科技与门限变量的交互项（Fintech × i）显示，在不同门限值下金融科技对区域创新绩效的影响存在差异。例如，研发人员投入低于门限值时金融科技的系数为 0.389，t 值为 4.576；而研发经费投入超过门限值时系数为 0.187，t 值为 3.685，揭示了金融科技在不同研发投入水平下的激励创新作用存在边际效应的变化。⑦AR（2）项下的数值显示二阶序列相关性检验结果，P 值均大于 0.1，表明模型的随机误差项不存在显著的二阶序列相关性。Hansen 检验的 P 值分别为 0.027、0.005 和 0.002，表明模型工具变量的选择有效。Wald 检验结果进一步证实了整体模型的高度显著性，P 值均为 0.000。

3.3　数智化赋能、颠覆式创新与产业国际竞争力

3.3.1　理论分析与研究假设

1. 数智化赋能与产业国际竞争力

（1）数智化赋能作为提升产业国际竞争力的关键动力。

数字化赋能通过数字技术和信息化手段为传统产业提供智能化、数据化及自动化支持，旨在提升生产效率、降低成本、优化产品质量，并扩大市场份额。在波特（Porter，1990）的著作《国家竞争优势》中，明确指出技术创新和信息化是增强产业国际竞争力的关键因素（Porter，1990）。目前，随着数字化技术的普及，无论是数据处理、业务流程还是客户体验，各行业均经历了显著的提升（Brynjolfsson et al.，2014；Tambe et al.，2014；Schwab，2017）。奥马霍尼和维奇（O'Mahony & Vecchi，2005）的实证研究揭示了信息技术的使用与生产力提升之间存在显著的正相关性（O Mahony et al.，2005）。在全球化背景下，企业通过整合前沿技术提升生产效率和创新能力，从而构建竞争优势并影响全球产业结构的重塑（Mudambi，2008）。人工智能、大数据和云计算等数字化技术在提高产业运作效率、产品质量和服务创新方面发挥重要作用，进而增强产业的国际竞争力。数字化能力的提升已成为企业赢得国际竞争先机的关键因素（Brynjolfsson et al.，2000；Fichman et al.，2014；Westerman et al.，2014）。具体而言，数字化赋能首先提升了产业的生产效率。企业利用智能化设备和

数据分析技术优化生产流程、提高设备利用率、减少浪费和损耗、降低成本，从而提升生产效率。因此，实现数字化赋能的企业能够在国际市场中以更具竞争力的价格和更高的产量吸引客户。其次，数字化赋能改善了产品质量和服务水平。通过数据分析和智能控制技术，企业能够更有效地监控产品质量和生产过程，及时发现并解决问题，降低产品质量波动性，提高产品的稳定性和可靠性。再次，智能化的客户服务系统和物流管理为企业提供了更快捷、精准的服务体验，增强了客户满意度和忠诚度。最后，数字化赋能促进了产业的创新能力。借助大数据分析、人工智能等技术，企业能更深入地理解市场需求、产品趋势和竞争对手动态，优化产品设计、市场定位和营销策略。同时，数字化赋能提供了便捷的研发和生产工具，降低了创新成本，加快了产品更新迭代速度。基于此，本节提出以下假设：

假设 H_1：数智化赋能水平对产业国际竞争力有正向影响，并促进其提升。

（2）固定资产、人力资源与创新投入的中介作用。

信息技术正日益被认知为对提升企业固定资产投资效率至关重要的因素（Tambe et al.，2014）。固定资产投资不仅增强了企业的物质资本基础，而且为数字化和智能化应用的发展提供了必要的前提条件（Hall et al.，2010）。通过数字化设备和智能化技术的应用，数字化和智能化赋能显著提高了生产设备的利用率和效率，这不仅降低了生产成本，还提升了产能和产品质量，从而使企业能够以更具竞争力的价格和品质参与国际市场竞争。因此，固定资产投资的现代化和数字化对于显著提升企业效率至关重要，它们作为中介因素，增强了产业的国际竞争力（Bresnahan et al.，2002）。同时，数字化和智能化赋能还为固定资产带来了更高的灵活性和智能化管理能力，使产业在多变的国际市场竞争中展现出更强的适应性和竞争优势。

数智化赋能对员工素质和组织架构提出了新的挑战与机遇。人力资源成为数智化转型和提升国际竞争力的关键中介因素，发挥着至关重要的作用（Triplett，1999）。拥有优质人力资源的企业能够更有效地吸收新技术，从而提升企业的竞争力（Cohen et al.，1990a）。因此，企业需要建立一支能够熟练掌握数智化技术的高素质人才队伍，这些人才能够熟练处理数据分析、人工智能、物联网等领域的工作。同时，数智化赋能也催生了新的组织架构和工作模式，如具备强大数据分析和决策能力的团队。高素质的人才能够更有效地应对技术变革（Turban，2001），并提升组织的内在创新能力（Pfeffer，1994）。这种高效灵活的组织结构和素质优良的员工队伍将为企业在全球市场上提供有力的支持，增强其竞争力。

借助大数据分析和人工智能算法，企业能够更准确地洞察市场需求、产品趋势和竞争态势，实现更精准的创新投入和决策。同时，数智化赋能还为企业提供了丰富的创新工具和平台，降低了创新成本，提高了创新效率，加快了企业创新的步伐。在国际市场上，企业因此能够推出更具竞争力的创新产品和服务。因此，创新投入作为推动产业升级和技术进步的核心，对提升产业的国际竞争力具有显著影响（Griliches，1990）。在数智化转型中，强劲的创新投入是一个不可忽视的环节（Cohen et al.，1990b），企业通过数智化吸收和应用新知识，加快创新步伐（Romer，1990）。简言之，固定资产投资、地区人力资源素质以及持续的创新投入，都在增强数智化能力和提升产业国际竞争力方面发挥了中介作用。基于以上分析，本节提出以下假设：

假设 H_{2a}：固定资产投资在数智化赋能与产业国际竞争力之间具有中介效应，影响数智化赋能对产业国际竞争力作用的进一步提升。

假设 H_{2b}：地区人力资源水平在数智化赋能与产业国际竞争力之间具有中介效应，影响数智化赋能对产业国际竞争力作用的进一步提升。

假设 H_{2c}：创新投入在数智化赋能与产业国际竞争力之间具有中介效应，影响数智化赋能对产业国际竞争力作用的进一步提升。

（3）营商环境与金融基础的调节作用。

优化营商环境和加强金融基础对数智化转型具有重要的促进作用。世界银行的报告强调，一个良好的营商环境能够有效降低交易成本，促进企业增长，从而显著提升企业的效率和竞争力（Worldbank，2019）。营商环境的改善能够减少企业面临的官僚障碍、法律不确定性和腐败等问题，使企业能够更专注于核心业务的发展。同时，一个良好的营商环境也能吸引更多的投资和人才，进一步推动企业的创新和发展。金融市场的成熟度和深度对于数智化赋能同样至关重要（Levine，2005）。金融市场为数智化转型提供必要的资金支持和市场反馈，帮助企业优化资源配置和风险管理。此外，金融市场的发展还能促进企业的创新和技术升级，为产业竞争力的提升提供强有力的支持（King et al.，1993）。稳固的金融基础为企业的创新和技术升级提供必要的资金保障，对产业竞争力的提升起到关键作用。创新和技术升级通常需要大量资金投入，而一个稳固的金融基础能够提供可靠的资金来源和风险管理服务，使企业能够更专注于创新和技术升级的发展。这些因素共同作用于产业竞争力的提升，良好的营商环境和成熟的金融基础均能正向调节数智化赋能与产业国际竞争力之间的关系，使数智化赋能更高效地影响产业的国际地位。因此，政府和企业应共同努力，致力于打造一个良好的营商环境和稳固的金融基础，以促进数智化转型和产业升级，进而提升产业的国际竞争力。基于此，本节提出以下假设：

假设 H_{3a}：营商环境的改善对数智化赋能水平与产业国际竞争力关系具有正向调节作用。

假设 H_{3b}：金融基础对数智化赋能水平与产业国际竞争力关系具有正向调节作用。

2. 颠覆式创新的中介作用

颠覆式创新是指那些无法通过现有商业模式评估或利用的创新，这类创新通常能够创造新市场，并颠覆或重塑现有市场（Christensen，1997）。克里斯滕森（1997）在其颠覆式创新理论中强调了颠覆性技术的重要性，认为此类创新能够打破现有市场格局，为企业带来竞争优势。他还指出，颠覆性技术能够引领市场新趋势，重塑行业结构（Christensen，1997）。与此相比，颠覆式商业模式创新更侧重于企业创新的商业逻辑和市场规则

（Amit et al.，2001）。颠覆式创新能够提升产业的国际竞争力，助其在全球产业链中占据有利位置（Gilbert，2005）。这种创新在削弱现有竞争者和开拓新市场空间方面具有显著优势，从而增强产业的国际竞争力（Teece，2010）。对于产业国际竞争力的提升而言，颠覆式技术和商业模式创新的作用越发重要，它们通过创新驱动产业竞争力的提升。施密特和德吕尔（Schmidt & Druehl，2008）的实证研究支持了这一观点，认为颠覆式创新已成为推动产业竞争力提升的关键因素（Schmidt et al.，2008）。

颠覆式技术和商业模式创新对市场具有决定性影响。企业通过实施这些创新，能够开拓新市场，并导致行业格局的重塑。数智化为这类创新提供了必要的工具和平台。数字化赋能是基于高新信息技术的手段和方式，以新的逻辑、模式、架构对传统产业进行改造，创造新的生产力和产业价值（Walsh et al.，2001）。数智化赋能通过提升企业的创新能力来推动颠覆式创新，这不仅建立了新的竞争优势，还推动了全球产业链的重构。数智化赋能通过增强企业的创新能力，促进颠覆式创新的形成，进而构建新的竞争优势（Bughin et al.，2017）。而颠覆式创新在构建独特竞争优势以及打破和重构全球产业链方面具有重要的驱动作用（Jacobides et al.，2018）。两者结合可以驱动产业构建新的国际竞争优势，获取更高的市场份额，从而促进产业的持续发展（Mcdowell et al.，2018）。颠覆式创新需要数字化赋能的支持，同时，数字化赋能也是颠覆式创新产生和发展的驱动力（Zhu et al.，2016）。基于以上分析，本节提出以下假设：

假设 H_{4a}：颠覆式技术创新在数智化赋能与产业国际竞争力之间具有中介效应，影响数智化赋能对产业国际竞争力作用的进一步提升。

假设 H_{4b}：颠覆式商业模式创新在数智化赋能与产业国际竞争力之间具有中介效应，影响数智化赋能对产业国际竞争力作用的进一步提升。

3. 地方政府支持政策的促进作用

尽管数智化转型为行业发展带来了新的机遇，但我国的数智化进程仍处于初期阶段，其水平和基础相对薄弱，同时伴随着较大的风险与不确定性。因此，数智化的发展亟须外部力量的引导与支持。研究已经表明，政府在推动技术创新和数字经济的发展中扮演着至关重要的角色。特别是地方政府的支持政策，能够为企业提供更多的资源和机遇（Audretsch et al.，2004）。政府的政策支持被认为是提升地区产业国际竞争力的一个关键因素。波特和林德（Porter & van der Linde，1995）提出，合适的政府政策能够显著提升行业的国际竞争力（Porter et al.，1995）。近年来，随着数字政府和智能城市的兴起，公共政策在数智化赋能中的作用越发显著（Klievink et al.，2017）。这些政策为地区产业竞争力的提升提供了重要的支持。此外，地方政府的数智化支持政策对地区产业国际竞争力的增强起到了进一步的促进作用，这反映了政府在推动技术创新和数字经济发展中的核心角色。特别是地方政府的支持政策，为企业带来了丰富的资源和机遇。这些发现突出了数智化赋能在塑造产业国际竞争力方面的重要性，并为政府和企业提供了有价值的参考。基于此，本节提出以下假设：

假设 H_5：地方政府的数智化支持政策对地区产业国际竞争力的提升具有进一步的促进作用。

3.3.2　研究设计

1. 变量指标

（1）被解释变量。

产业国际竞争力的评估涵盖了两类关键指标：显示性指标和分析性指标。这些指标旨在全面反映产业的相对竞争优势与绝对竞争优势。波特（1990）在其著作《国家竞争优势》中强调，国家竞争力的核心在于产业的出口价值和对外直接投资。波特认为，隐含出口是衡量竞争力的最直接和最重要的指标。在其理论框架中，他引入了著名的钻石模型和产业集群概念，以此来确定产业的竞争力。在实证分析中，波特采用了出口数据作为计算的基础。其他学者也对竞争力指标进行了设计和改进。例如，沃华夫等（Vollrath et al.，1988）开发了显示性竞争优势指标（CA），而巴拉萨（Balassa，1989）则提出了一种改进的显示性比较优势指数，即"净出口显示性比较优势指数"（*NXRCA*）。在开放经济的背景下，一个国家或地区的国际贸易方式和产品结构直接体现了其在全球价值链中的分工地位和竞争力水平。因此，本研究构建的产业国际竞争力指数（*Competitive_inter*），主要围绕贸易方式和贸易产品结构两大类别进行评价，以全面反映产业的国际竞争力。

（2）解释变量。

目前，对数智赋能水平的一致性评价体系尚未形成。为填补这一研究空白，本研究借鉴了陈旭升等学者的方法（陈旭升等，2023），从技术、组织、环境和进程四个维度构建了数智赋能水平指数（*digital*）的测算体系，具体指标的确定见表 3 - 19。其中，营业收入和从业人员年均人数的相关数据，来源于信息产业细分行业的合并数据，包括从业人员年均人数和营业收入。

熵值法①作为一种客观的赋值方法，能够有效排除主观因素的干扰。在本研究中，对前述变量的相关数据执行了无量纲化处理。随后，依据各项指标值的变异程度，本节运用信息熵这一工具来计算各指标的权重。结果如表 3 - 19 所示。

表 3 - 19　　　　　　基于熵值法的核心变量评价指标体系

变量名（变量符号）	经济含义	单位	权重
产业国际竞争力（*Competitive_inter*）	一般贸易占比	%	0.145
	加工贸易增值率	%	0.287
	服务贸易与货物贸易比值	%	0.036
	高技术产品出口额占比	%	0.532
数智化水平（*digital*）	数字技术研发人员投入	万人	0.159
	数字技术研发经费投入	亿元	0.172

① 某项指标的指标值变异程度越大，信息熵越小，该指标提供的信息量越大，则该指标的权重也应越大；反之，某项指标的指标值变异程度越小，信息熵越大，该指标提供的信息量越小，该指标的权重也越小。

续表

变量名（变量符号）	经济含义	单位	权重
数智化水平（*digital*）	信息产业营业收入	万元	0.170
	信息产业从业人员数	万人	0.151
	移动电话基站数	万个	0.151
	互联网宽带接入端口数	万个	0.151
	企业拥有的网站数量	个	0.141
	有电子商务交易活动企业比重	%	0.105

（3）中介变量。

本节选取的中介变量涵盖固定资产投资、人力资本水平和创新投入等六个关键变量。在进一步的分析中，特别对颠覆式技术创新、商业创新和地方政府政策支持这三个中介变量进行了单独讨论。具体来说，本节采纳了孟凡生等（2022）的研究方法，将固定资产投资和创新投入作为中介变量纳入分析框架。至于人力资本水平的衡量，本文参考了赵宸宇（2021）的方法，通过计算教育水平人口数占总人口数的比重来评估各地区的人力资本水平。此外，本节也参考了贾卫峰等（2023）的研究，将颠覆式技术创新与颠覆式商业模式创新作为中介变量纳入实证检验。同时，借鉴成程等（2023）的研究方法，将地方政府政策支持同样纳入了中介变量的实证分析范畴。

（4）调节变量。

发展环境可依据地区营商环境和金融基础两个维度进行划分。具体而言，营商环境变量的测度参考了北京大学光华管理学院与武汉大学经济与管理学院联合发布的《中国省份营商环境评价报告》，据此构建了中国内地各省市自治区的营商环境评价指标体系。本研究测算了中国 29 个省（区/市）数据（不含西藏、新疆、海南及港澳台地区）的营商环境发展指数，相关数据已整理可供查阅。在数据处理阶段，本节对指数执行了归一化处理，以增强数据间的可比性。在回归分析环节，选定了省级层面的营商环境发展指数作为分析对象。

（5）控制变量。

数智化赋能过程需依赖大量资源、成本以及多方面的发展支持，故此过程的实施应建立在充足的资源与能力基础之上。基于此，本节选定经济发展水平、产业结构、开放水平、人口增长率、国际贸易水平、基础设施建设水平、环境规制以及政府财政等因素作为控制变量，以确保研究的全面性和准确性。本节主要变量定义如表 3 – 20 所示。

表 3 – 20　　　　　　　　　　变量定义与说明

变量类型	变量名称	变量符号	变量度量	单位
被解释变量	产业国际竞争力指数	$Competitive\_inter$	参见文内说明	—
解释变量	数智化水平指数	$Digital$	参见文内说明	—
中介变量	固定资产投资	$Fixed\_asset$	固定资产投资增长率	%
	地区人力资源水平	$Regional\_human$	高等教育人口占总人口比重	%
	创新投入	$R\&D$	R&D 经费占 GDP 比重	%
	颠覆式技术创新	$Dis\_innovation\_tech$	参见文内说明	—
	颠覆式商业模式创新	$Dis\_innovation\_busi$	参见文内说明	—
	地方政府政策支持	$Policy\_region$	参见文内说明	—
调节变量	营商环境	$Envir\_Institution$	参见文内说明	—
	金融基础	$Envir\_Fina$	金融机构存款贷款余额之和与 GDP 的比值	%
控制变量（省区层面）	经济发展水平	$Gdppc$	人均地区生产总值	万元/人
	产业结构	$Secind$	第二产业占 GDP 比重	%
	开放水平	$Open$	外商直接投资额/GDP	%
	人口增长率	$Poprate$	人口自然增长率	%
	国际贸易水平	$Inter$	进出口总额	亿美元

变量类型	变量名称	变量符号	变量度量	单位
控制变量（省区层面）	基础设施建设水平	*Infcon*	地区基础设施建设资金投入额/GDP	%
	环境规制	*Env*	环境污染治理投资额/GDP	%
	政府财政	*Gov*	财政一般预算支出占 GDP 的比例	%
控制变量（其他）	行业效应	*Industry*	行业虚拟变量，属于该行业时赋值为1，否则为0	—
	时间效应	*Year*	年度虚拟变量，属于该年度时赋值为1，否则为0	—

2. 数据来源

本节汇集了 2009~2022 年中国 29 个省区市（西藏、新疆、海南及港澳台地区除外）的面板数据。对于数据集中存在的缺失值，本节采用了插值法进行补全处理。数据来源主要包括《中国统计年鉴》《中国高技术产业统计年鉴》《中国电子信息产业统计年鉴》《中国科技统计年鉴》《中国工业统计年鉴》，以及 CSMAR 数据库和 EPS 数据库等。除此之外，数据收集还涵盖了如下渠道：首先，中国统计数据应用支持系统，可通过链接 http：//info. acmr. cn/和 http：//yearbook. acmr. cn/进行访问；其次，中国行业研究报告库，访问链接为 http：//firstreport. acmr. com. cn：8000；最后，中国统计年鉴数据库（挖掘版），其访问链接为 http：//19.16. 29. 12/csydkns/navi/NaviDefault. aspx。

3. 模型设定

设定模型Ⅰ~模型Ⅸ如下：

$$Competitive\_inter_{i,t} = \alpha_0 + \alpha_1 Digital_{i,t} + \alpha_i \sum Control_{i,t} + \varepsilon_{i,t}$$

（模型 Ⅰ）

$$Fixed\_asset(Regional\_human, R\&D)_{i,t} = \alpha_0 + \alpha_1 Digital_{i,t} + \alpha_i \sum Control_{i,t} + \varepsilon_{i,t}$$

（模型 Ⅱ）

$$Competitive\_inter_{i,t} = \alpha_0 + \alpha_1 Digital_{i,t} + \alpha_2 Fixed\_asset(Regional\_human, R\&D)_{i,t}$$

$$+ \alpha_i \sum Control_{i,t} + \varepsilon_{i,t} \qquad （模型 Ⅲ）$$

$$Competitive\_inter_{i,t} = \alpha_0 + \alpha_1 Digital_{i,t} + \alpha_2 Envir_{i,t} + \alpha_3 Digital_{i,t} \times Envir_{i,t}$$

$$+ \alpha_i \sum Control_{i,t} + \varepsilon_{i,t} \qquad （模型 Ⅳ）$$

$$Competitive\_inter_{i,t+1} = \rho_0 + \rho_1 Digital_{i,t} \times Hetero_{i,t} + \rho_2 Hetero_{i,t} + \rho_3 Digital_{i,t}$$

$$+ \gamma Control_{i,t} + \eta_j + \lambda_t + \varepsilon_{i,t} \qquad （模型 Ⅴ）$$

$$Dis\_innovation\_tech(Dis\_innovation\_busi)_{i,t} = \alpha_0 + \alpha_1 Digital_{i,t}$$

$$+ \alpha_i \sum Control_{i,t} + \varepsilon_{i,t}$$

（模型 Ⅵ）

$$Competitive\_inter_{i,t} = \alpha_0 + \alpha_1 Digital_{i,t} + \alpha_2 Dis\_innovation\_tech$$

$$(Dis\_innovation\_busi)_{i,t} + \alpha_i \sum Control_{i,t} + \varepsilon_{i,t}$$

（模型 Ⅶ）

$$Competitive\_inter_{i,t} = \alpha_0 + \alpha_1 Policy\_region_j \times After_{t-1} + \alpha_i \sum Control_{i,t} + \varepsilon_{i,t}$$

（模型 Ⅷ）

$$Competitive\_inter_{i,t} = \alpha_0 + \alpha_1 Digital_{i,t} + \alpha_2 Policy\_region_j \times After_{t-1}$$

$$+ \alpha_3 Fintech_{i,t} \times Policy\_region_j \times After_{t-1}$$

$$+ \alpha_i \sum Control_{i,t} + \varepsilon_{i,t} \qquad （模型 Ⅸ）$$

模型如下：（1）模型Ⅰ：以产业国际竞争力指数作为因变量，数智化水平作为自变量，旨在验证研究假说 H_1，即数智化水平对产业国际竞争力的直接影响。（2）模型Ⅱ：将数智化水平设为因变量，固定资产投资、地区人力资源水平和创新投入作为自变量，以检验这些因素如何共同促进数智化水平的提升。（3）模型Ⅲ：产业国际竞争力指数作为因变量，数智化水平作为自变量，同时引入固定资产投资、地区人力资源水平和创新投入作为中介变量，与模型Ⅱ联合，用以检验假设 H_{2a}、假设 H_{2b} 和假设

H_{2c}，探究这些中介变量在数智化水平与产业国际竞争力之间的关系中所扮演的角色。（4）模型Ⅳ：产业国际竞争力指数作为因变量，数智化水平作为自变量，并引入营商环境和金融基础作为环境因素，作为调节变量，旨在验证研究假设 H_{3a} 和假设 H_{3b}，即这些环境因素如何调节数智化水平与产业国际竞争力之间的关系。（5）模型Ⅴ：产业国际竞争力指数作为因变量，自变量包括数智化水平和代表地区差异的虚拟变量 $Hetero_{i,t}$（涵盖地区经济发展、金融基础、金融科技发展阶段、地理位置等方面及其交互项），进行异质性分析，以探究不同地区特征对数智化水平与产业国际竞争力关系的影响。（6）模型Ⅵ：颠覆式技术创新与颠覆式商业模式创新作为因变量，数智化水平作为自变量，用于检验假设 H_{4a}，即数智化水平如何促进颠覆式创新的发展。（7）模型Ⅶ：产业国际竞争力作为因变量，自变量包括数智化水平、颠覆式技术创新和颠覆式商业模式创新，旨在检验假设 H_{4b}，即颠覆式创新如何通过数智化水平影响产业国际竞争力。（8）模型Ⅷ：数实融合水平作为因变量，地方政府政策支持作为自变量，探究地方政府政策如何支持数智化与实体经济的融合。（9）模型Ⅸ：耦合深度作为因变量，自变量为数实融合水平，同时引入地方政府政策支持作为中介变量，进一步探究地方政府政策在数实融合与耦合深度关系中的作用，与模型Ⅷ共同验证假设 H_5。

4. 描述性统计与相关分析

在回归分析中，为消除量纲的影响并确保模型估计结果的一致性，所有涉及的变量均经过了标准化处理。变量的描述性统计分析结果见表 3-21 所展示的数据。此外，相关性分析显示，数智化赋能与产业国际竞争力之间的相关系数为 0.092，表明两者之间存在正相关关系，并且这种关系在 5% 的显著性水平上是显著的。这一发现支持了本节的预期研究假设。

表 3 – 21   描述性统计

变量	样本量	均值	标准差	最小值	25%分位数	中位数	75%分位数	最大值
Competitive_inter	406	0.451	0.103	0.220	0.374	0.447	0.531	0.747
Digital	406	0.551	0.071	0.383	0.503	0.552	0.597	0.726
Fixed_asset	406	0.114	0.063	− 0.059	0.066	0.119	0.154	0.278
Regional_human	406	0.119	0.042	0.040	0.091	0.125	0.137	0.215
R&D	406	0.023	0.006	0.009	0.020	0.022	0.027	0.036
Dis_innovation_tech	406	0.442	0.088	0.288	0.381	0.437	0.497	0.642
Dis_innovation_busi	406	0.478	0.087	0.302	0.422	0.475	0.529	0.688
Envir_Institution	406	0.426	0.048	0.323	0.392	0.426	0.459	0.516
Envir_Fina	406	0.435	0.055	0.328	0.396	0.435	0.475	0.538
Gdppc	406	8.042	2.026	4.886	6.624	7.880	9.214	15.333
Secind	406	0.415	0.034	0.338	0.391	0.415	0.438	0.465
Open	406	0.320	0.054	0.183	0.282	0.320	0.355	0.422
Inter	406	660.74	906.33	37.54	74.80	327.13	906.03	10 233.50
Poprate	406	0.006	0.001	0.004	0.005	0.006	0.007	0.009
Infcon	406	0.052	0.010	0.035	0.045	0.052	0.058	0.077
Env	406	0.489	0.054	0.384	0.454	0.475	0.531	0.616
Gov	406	0.046	0.008	0.033	0.040	0.046	0.051	0.064

3.3.3　实证分析

1. 数智化水平对产业国际竞争力的影响

参考王欣等学者的研究（王欣等，2023），本节将控制变量区分为统计变量与治理特征变量两大类。模型（Ⅰ）与模型（Ⅱ）未纳入控制变量，仅探讨了数智化水平与产业国际竞争力之间的关联。进一步地，模型（Ⅲ）与模型（Ⅳ）引入了统计特征的控制变量，以增强模型的解释力。模型（Ⅴ）与模型（Ⅵ）在前述基础上，又增加了治理特征的控制变量，旨在更全面地考察数智化对产业国际竞争力影响的机制（见表 3 – 22）。

表 3 – 22　　　　　数智化水平对产业国际竞争力的总体影响

因变量	（Ⅰ）	（Ⅱ）	（Ⅲ）
	Competitive_inter	Competitive_inter	Competitive_inter
Digital	0. 103 *** (7. 001)	0. 037 *** (8. 978)	0. 021 *** (9. 196)
Gdppc		0. 068 ** (2. 741)	0. 035 * (3. 493)
Secind		0. 148 *** (5. 034)	0. 130 *** (4. 107)
Open		0. 097 (0. 634)	0. 011 (0. 520)
Inter		– 0. 000 (– 0. 001)	0. 021 (0. 870)
Poprate		0. 041 *** (4. 602)	0. 069 *** (2. 798)
Infcon			– 0. 046 (– 1. 635)
Env			– 0. 029 (– 1. 388)
Gov			0. 021 *** (3. 986)
常数项	– 0. 092 (– 0. 604)	– 0. 086 (– 1. 435)	0. 075 ** (7. 188)
年份固定效应	控制	控制	控制
行业固定效应	控制	控制	控制
R^2	0. 568	0. 761	0. 771
Adj. R^2	0. 532	0. 726	0. 725
观测值	406	406	406

研究发现：（1）在模型（Ⅰ）中，当未对其他变量进行控制时，数智化水平对产业国际竞争力的影响表现出极高的显著性，其系数为0.103，对应的 t 值为7.001，这一结果在统计上具有1%的显著性水平。（2）在模型（Ⅱ）中，引入了经济发展水平（$Gdppc$）、产业结构（$Secind$）、开放水平（$Open$）、国际贸易水平（$Inter$）和人口增长率（$Poprate$）等控制变量。在这些控制变量的共同作用下，数智化水平的系数虽有所下降，但依然保持显著性，系数为0.037，t 值为8.978。这一结果进一步确认了数智化水平对产业国际竞争力具有正向影响。（3）当在模型（Ⅲ）中进一步纳入治理特征的控制变量，例如基础设施建设水平（$Infcon$）、环境规制（Env）和政府财政（Gov），数智化水平的系数轻微下降至0.021，t 值为9.196，仍旧显著。这表明即便在综合考虑了更广泛的经济社会因素后，数智化水平的提升依旧能够显著地促进产业国际竞争力的增强。（4）在其他控制变量中，人均地区生产总值（$Gdppc$）和第二产业占GDP比重（$Secind$）同样显示出对产业国际竞争力的显著影响，而人口增长率（$Poprate$）在模型（Ⅱ）和模型（Ⅲ）中均达到显著性水平。相反，国际贸易水平（$Inter$）和基础设施建设水平（$Infcon$）在某些模型中并未表现出显著性，环境规制（Env）对产业国际竞争力的影响也不显著。政府财政（Gov）在模型（Ⅲ）中显示出正向影响，并且在1%的显著性水平上显著。因此，本研究提出的研究假设 H_1 得到了充分的实证支持。

2. 中介效应检验

本节采纳了中介效应的依次检验法，通过模型Ⅱ和模型Ⅲ来验证研究假设 H_{2a} 和假设 H_{2b}。具体而言，本节旨在探究数智化赋能是否通过固定资产投资、地区人力资源水平以及创新投入这三个中介变量来增强产业的国际竞争力。中介效应检验的具体结果如表3-23所示。

表 3 - 23　　　　　　　　　　　中介效应检验结果

因变量	（Ⅰ）Fixed_asset	（Ⅱ）Regional_human	（Ⅲ）R&D	（Ⅳ）Competitive_inter	（Ⅴ）Competitive_inter	（Ⅵ）Competitive_inter
Digital	0.027 *** (8.108)	0.120 *** (5.328)	0.071 *** (3.947)	0.104 *** (6.063)	0.021 *** (4.776)	0.074 *** (3.914)
Fixed_asset				0.079 *** (8.391)		
Regional_human					0.049 *** (7.075)	
R&D						0.094 *** (5.760)
常数项 & 控制变量	控制	控制	控制	控制	控制	控制
地区与时间	控制	控制	控制	控制	控制	控制
R^2	0.763	0.339	0.497	0.722	0.529	0.543
Adj. R^2	0.733	0.292	0.461	0.680	0.476	0.491
观测值	406	406	406	406	406	406

　　研究发现：（1）在模型（Ⅰ）中，数智化水平（Digital）对固定资产投资（Fixed_asset）的正向影响是显著的，其系数为 0.027，对应的 t 值为 8.108。这一结果表明，数智化水平的提升显著促进了固定资产投资的增加。（2）模型（Ⅱ）的分析显示，数智化水平对地区人力资源水平（Regional_human）同样具有显著的正向影响，其系数为 0.120，t 值为 5.328。这说明数智化水平的提升有助于提高地区的人力资源水平。（3）在模型（Ⅲ）中，数智化水平对研发投入（R&D）的正向影响也是显著的，其系数为 0.071，t 值为 3.947。这表明数智化水平的增加会促进研发活动的投入。（4）进一步分析，在模型（Ⅳ）、模型（Ⅴ）和模型（Ⅵ）中，当产业国际竞争力（Competitive_inter）作为因变量时，数智化水平仍然显示出对其正向的显著影响，其系数分别为 0.104、0.021 和

0.074，t 值均达到 1% 的显著性水平。同时，作为中介变量的固定资产投资、地区人力资源水平和研发投入在数智化水平与产业国际竞争力之间的关系中起到了显著的中介作用，其系数分别为 0.079、0.049 和 0.094，均在 1% 的显著性水平上显著。综上所述，研究假设 H_{2a} 和假设 H_{2b} 中关于数智化赋能对产业国际竞争力的正向作用及其中介效应已经通过本节的实证检验得到了确认。

3. 营商环境与金融基础的调节效应检验

本节通过模型Ⅳ对研究假设 H_{3a} 和假设 H_{3b} 进行了检验，目的是探究营商环境和金融基础是否对数智化水平与产业国际竞争力之间的关系起到了调节作用。表 3-24 展示了检验的结果。

表 3-24　　　　　　调节效应检验结果

因变量	（Ⅰ）Competitive_inter	（Ⅱ）Competitive_inter
Envir_Institution	0.122 ** (2.671)	
Digital	0.358 *** (8.226)	0.321 *** (5.645)
Envir_Institution × Digital	0.039 *** (6.930)	
Envir_Fina		0.053 * (1.840)
Envir_Fina × Digital		0.023 *** (7.066)
常数项 & 控制变量	控制	控制
地区与时间	控制	控制
R^2	0.706	0.718
Adj. R^2	0.681	0.693
观测值	406	406

结果显示：（1）在模型（Ⅰ）中，营商环境的系数为 0.122，对应的 t 值为 2.671，其显著性水平为 5%，表明营商环境对产业国际竞争力具有正面影响。数智化水平的系数为 0.358，t 值为 8.226，显著性水平为 1%，这一结果表明数智化水平对产业国际竞争力有显著的正向影响。关键的调节效应变量，即营商环境与数智化水平的交互项（Envir_Institution × Digital）的系数为 0.039，t 值为 6.930，显著性水平为 1%，这表明营商环境显著增强了数智化水平对产业国际竞争力的正向作用。（2）在模型（Ⅱ）中，金融基础（Envir_Fina）的系数为 0.053，t 值为 1.840，显著性水平为 10%，显示金融基础对产业国际竞争力同样具有正面影响。数智化水平的系数为 0.321，t 值为 5.645，显著性水平为 1%，再次确认了其对产业国际竞争力的显著正向作用。金融基础与数智化水平的交互项（Envir_Fina × Digital）的系数为 0.023，t 值为 7.066，显著性水平为 1%，表明金融基础显著正向调节了数智化水平与产业国际竞争力之间的关系。因此，研究假设 H_{3a} 和假设 H_{3b} 得到了实证支持，证实了营商环境和金融基础在数智化提升产业国际竞争力过程中的重要作用。

4. 内生性处理

在开展实证研究的过程中，内生性问题是一个必须给予特别关注的问题，因为它可能导致自变量与因变量之间的相互影响，从而影响回归结果的准确性。为了解决这一挑战，本研究采纳了任娇等（2023）的方法，选择互联网普及率（以每万人宽带用户数衡量）作为工具变量，以检验可能存在的内生性问题。基于此，本研究采用了两阶段最小二乘法（2SLS）进行内生性检验。表 3 – 25 展示了检验的结果。

表 3 – 25	工具变量法的内生性检验	
因变量	（Ⅰ）	（Ⅱ）
	Digital	Competitive_inter
Internet	0.046 *** (4.235)	

续表

因变量	（Ⅰ）	（Ⅱ）
	Digital	*Competitive_inter*
Digital		0.058 *** （22.817）
Kleibergen – Paap rk LM statistic P – val	0.000	0.000
Hansen J statistic P – val	0.000	0.000
常数项 & 控制变量	控制	控制
年份固定效应	控制	控制
地区固定效应	控制	控制
Adj. R^2	0.876	0.857
观测值	406	406

研究发现：（1）在模型（Ⅰ）中，数智化水平（*Digital*）作为因变量，互联网普及率（*Internet*）作为自变量及工具变量，其系数为 0.046，对应的 *t* 值为 4.235，显著性水平达到 1%，表明互联网普及率对数智化水平具有显著的正向影响。（2）在模型（Ⅱ）中，产业国际竞争力（*Competitive_inter*）作为因变量，数智化水平（*Digital*）作为自变量，在控制了内生性问题之后，数智化水平对产业国际竞争力的系数为 0.058，*t* 值为 22.817，显著性水平为 1%，进一步确认了数智化水平对产业国际竞争力具有显著的正向影响。（3）为验证工具变量的有效性，表中提供了 Kleibergen – Paap rk LM 统计量及其 *P* 值，以及 Hansen J 统计量及其 *P* 值。两个统计量的 *P* 值均为 0.000，表明所选工具变量与内生解释变量相关，且与扰动项不相关，即验证了工具变量的有效性。这些结果支持了研究假设 H$_1$。通过采用适宜的工具变量和估计方法，本研究有效地克服了内生性问题，确保了回归结果的稳健性和可信度。

5. 稳健性检验

（1）更换因变量。

贸易竞争指数被选用作为代表产业国际竞争力的新变量，原因在于其作为一种全面且客观的度量手段，能够综合考量产业在国际市场上的市场份额、进口份额、相对价格等多个因素，从而反映产业在国际市场上的竞争实力。因此，采用贸易竞争指数来替代原有的产业国际竞争力水平作为被解释变量，是一种合理的检验方法。基于此，本节在模型（Ⅰ）中以贸易竞争指数替代原有解释变量，并确认实证结果的稳健性。

（2）考虑行业固定效应。

鉴于本节的解释变量横跨多个行业，为了排除那些不随行业变化的潜在因素对基准结论的干扰，本节在回归模型中加入了行业固定效应。在对基准模型进行重新估计后，所得结果与原结论保持一致。

（3）增加控制变量。

在控制变量中，本节新增了政府补贴的对数以及政府补贴占总资产比例的变量，以控制政府补贴对产业国际竞争力可能产生的影响。实证分析的结果表明，即便在加入了这些控制变量之后，各地区开展数智化相关业务对提升产业国际竞争力的正面效应依然显著。

6. 异质性分析

为了更准确地理解和揭示数智化对产业国际竞争力的影响，本研究将深入分析数智化在不同地区间的横向差异。这一分析不仅能够验证我们提出的理论机制的合理性，还能为制定更为精确和针对性的政策建议提供实证支持。本研究依据地区经济发展水平、金融基础、金融科技发展历程和地理位置四个关键维度进行异质性检验，并采用模型（Ⅴ）作为分析工具。具体而言：（1）经济发展差异。通过综合考量多个经济指标，本研究将全国的省区市划分为发达地区和欠发达地区。在此分类中，12 个省区市被归类为发达地区，其余 17 个为欠发达地区。在模型中，发达地区的取值被设定为 1，非发达地区则为 0。（2）金融基础差异。借鉴聂秀华等学者的研究（聂秀华等，2021），根据各地区传统金融发展的平均水平，本研究将省区市分为金融基础强和金融基础弱两组。在模型中，金融基础强的地区被赋予值为 1，而金融基础弱的地区则为 0。（3）金融科技发展历程。考虑到金融科技的历史里程碑，本研究将金融科技的发展分为两个阶段：2009～2013 年（区块链技术和比特币的开源时期）和 2014～2022 年（金融科技在中国的快速发展期）。在模型中，前一时间段的取值为 0，后一时间段为 1。（4）地理位置差异。地理位置也是一个重要的考量因素。在模型中，规定位于沿海地区的省区市取值为 1，内陆地区则为 0。检验结果见表 3-26。

表 3-26 异质性分析结果

因变量	（Ⅰ）	（Ⅱ）	（Ⅲ）	（Ⅳ）
	Competitive_inter	Competitive_inter	Competitive_inter	Competitive_inter
$Digital \times Re\_eco$	0.005 * (1.707)			
$Digital \times Fin\_Infras$		0.239 *** (4.354)		
$Digital \times Fin\_deve$			0.008 * (1.758)	
$Digital \times Coastal$				0.108 *** (3.006)
常数项 & 控制变量	控制	控制	控制	控制
年份固定效应	控制	控制	控制	控制
行业固定效应	控制	控制	控制	控制
拟合优度	0.726	0.646	0.674	0.707
观测值	406	406	406	406

结果显示：（1）在模型（Ⅰ）中，数智化水平与地区经济发展水平（Re_eco）的交互项系数为 0.005，对应的 t 值为 1.707，显著性水平为 10%。这一结果表明，在经济发展水平较高的地区，数智化水平对产业国

际竞争力的正向影响更加显著。（2）模型（Ⅱ）中的交互项系数为0.239，t值为4.354，显著性水平达到1%，该交互项为数智化水平与金融基础（Fin_Infras）的组合。这表明在金融基础较为完善的地区，数智化水平对产业国际竞争力的提升作用更加明显。（3）模型（Ⅲ）中数智化水平与金融科技发展阶段（Fin_deve）的交互项系数为0.008，t值为1.758，显著性水平为10%。这指出，在金融科技发展较为先进的地区，数智化对产业国际竞争力的正面影响同样得到了加强。（4）模型（Ⅳ）探讨了数智化水平与地理位置（$Coastal$）的交互效应，其交互项系数为0.108，t值为3.006，显著性水平为1%。这一结果显示，沿海地区的数智化水平对产业国际竞争力的正向作用比内陆地区更为显著。综合上述结论，均支持了研究假设H_1，并且这些作用在不同地区的经济发展水平、金融基础和地理位置等方面表现出了异质性。

3.3.4　颠覆式技术创新的中介效应检验

本节选取颠覆式技术创新和颠覆式商业模式创新作为中介变量，旨在探究其在数智化与产业国际竞争力关系中的作用。颠覆式创新的概念源于其对市场产生的深远影响。然而，由于直接衡量技术创新的复杂性，尤其是产业内的颠覆式创新在数量与质量上难以通过数据直接测量，因此需要采用间接方法来评估颠覆式创新的程度。这一过程类似于医学诊断，无须进行侵入性手术，而是通过监测一系列指标来评估健康状况。根据克里斯滕森（Christensen，2004）对颠覆式创新的理解，其核心体现在技术和市场两个关键维度上。因此，颠覆式创新能力（disruptive ability，DA）可以从颠覆式商业模式创新和颠覆式技术创新两个方面进行衡量。本研究借鉴了田红云等（2007）和贾卫峰（2023）的研究方法（贾卫峰等，2023；田红云，2007），如表3－27所示，对颠覆式技术创新进行了相应的测度。

表 3 – 27   颠覆式技术创新测度定义

变量名（变量符号）	经济含义	单位	权重
颠覆式技术创新指数（innovation_dis1）	研发经费支出占比	%	0.171
	高技术制造业强度	—	0.337
	高技术产品生产强度	—	0.226
	新产品销售收入强度	—	0.071
	专利产出率	%	0.172
	上市公司企业数量	个	0.023
颠覆式商业模式创新指数（innovation_dis2）	参见文内说明	—	—

颠覆式商业模式创新对企业的长期价值和核心竞争力产生显著影响，其复杂性要求进行多维度的评估。本节采用文本分析法（杨东等，2023），通过分析上市公司年报中的关键词频率，来衡量企业对创新的关注和投入。为此，研究构建了一个包含 29 个与数字化转型相关的关键词的专业词库，并运用 Python 进行关键词的识别与词频统计，以精确评估商业模式创新对企业竞争力提升的作用，从而为数字化时代企业维持领先地位提供实证支持。

为了衡量颠覆式商业模式创新的程度，考虑到关键词的绝对数量并不具备单独的参考价值，必须将其与全国同年度所有样本企业的关键词出现次数进行比较才具有意义。因此，本研究将某一样本地区上市公司当年年报中与颠覆式商业模式创新相关的关键词出现次数，与全国同年度所有样本公司中关键词出现的总次数之比，作为衡量该地区样本公司当年颠覆式商业模式创新程度的指标。具体的计算公式如下：

$$bs\_average_{i,t} = \frac{p_{i,t}}{\sum p_{i,t}}$$

其中，$p_{i,t}$ 表示关键词出现的次数，i 表示地区，t 表示年份，若 bs_av-

$erage_{i,t}$ 为 0，则表示 i 地区企业当年没有进行颠覆式商业模式创新，若 $bs\_$ $average$ 值越大，则表示该地区企业当年颠覆式商业模式创新的程度越高。

　　本节通过运用中介效应检验法，基于模型（Ⅵ）和模型（Ⅶ）来验证研究假设 H_{4a} 和假设 H_{4b}，探究数智化如何通过颠覆式创新来提升产业国际竞争力。分析结果如表 3 – 28 所示：

表 3 – 28　　　　　　　　　颠覆式创新的中介效应检验结果

因变量	（Ⅰ）	（Ⅱ）	（Ⅲ）	（Ⅳ）
	Dis_innovation_tech	*Dis_innovation_busi*	*Competitive_inter*	*Competitive_inter*
Digital	0. 172 *** (5. 758)	0. 301 *** (7. 802)	0. 283 *** (5. 888)	0. 313 *** (6. 431)
Dis_innovation_tech			0. 195 *** (7. 628)	
Dis_innovation_busi				0. 302 *** (7. 393)
常数项 & 控制变量	控制	控制	控制	控制
地区与时间	控制	控制	控制	控制
R^2	0. 621	0. 757	0. 764	0. 783
$Adj. R^2$	0. 593	0. 735	0. 742	0. 762
观测值	406	406	406	406

　　结果表明：（1）在模型（Ⅰ）中，数智化水平对颠覆式技术创新具有显著的正向影响，其系数为 0. 172，t 值为 5. 758，显著性水平达到 1%，这表明数智化水平的提升显著促进了颠覆式技术创新的发展。（2）模型（Ⅱ）的结果揭示，数智化水平对颠覆式商业模式创新也展现出显著的正向影响，其系数为 0. 301，t 值为 7. 802，显著性水平同样为 1%，说明数智化水平的提升同样显著推动了商业模式创新。（3）在模型（Ⅲ）中，当产业国际竞争力作为因变量时，数智化水平的系数为 0. 283，t 值为

5.888，显著性水平为 1%，再次确认了数智化水平对产业国际竞争力的正向作用。同时，颠覆式技术创新作为中介变量，其系数为 0.195，t 值为7.628，显著性水平为 1%，这表明颠覆式技术创新在数智化水平与产业国际竞争力之间起到了显著的中介作用。（4）模型（Ⅳ）中，数智化水平的系数为 0.313，t 值为 6.431，显著性水平为 1%，而作为中介变量的颠覆式商业模式创新，其系数为 0.302，t 值为 7.393，显著性水平为 1%，进一步证实了颠覆式商业模式创新在数智化水平与产业国际竞争力之间的中介效应。综上所述，研究假设 H_{4a} 和假设 H_{4b} 得到了实证支持。

3.3.5　进一步分析

1. 地方政府政策支持的中介效应检验

地方政府通过提供有利的政策环境和机会，出台相关政策以促进行业和企业的颠覆性创新及核心竞争力的提升，进而增强区域产业的国际竞争力。为了深入了解地方政府政策的影响，本节对 103.52 万篇地方政府政策文件进行了数据挖掘，筛选出具体的支持细则，并通过文本信息与数智化概念词典的比对，获取了各省区市支持本地数智化发展的政策文件。在研究地方政府政策对数智化与产业国际竞争力影响的过程中，本节采用了一阶滞后设置的方法，并引入了一个虚拟变量来表示是否有地方政府支持数智化的相关政策。参考成程等的研究方法（成程等，2023），该虚拟变量根据企业所在地的省级或市级政府是否出台了数智化支持政策进行了一阶滞后设置。如果上一年出台了数智化支持政策，则变量设为 1；未出台则为 0。

基于模型Ⅷ和模型Ⅸ，本项目采用依次检验法来验证假设 H_5，即数智化能否通过地方政府政策支持影响地区产业国际竞争力。模型中使用了代表地区智能化发展水平的指标（$Digital_{i,t}$）与模型（Ⅰ）相同，并通过 $Digital_{i,t} \times Policy_j \times After_{t-1}$ 检验了该地区当年智能化水平受到当地政府政策支持的影响。为了区分不同地方政府支持智能化发展力度的影响，本节计算了当地政府支持智能化政策的累计总数加一的对数（$PolicyNum_j$），并通过观察交乘项 $Digital_{i,t} \times PolicyNum_j \times After_{t-1}$ 的系数①，来判断政府政策文件的数量是否对地区数智化发展水平及产业国际竞争力的提升效果有显著影响。检验结果如表 3 - 29 所示：

表 3 - 29　　　　　　　　　地方政府政策支持的中介效应检验结果

因变量	（Ⅰ）	（Ⅱ）
	Competitive_inter	Competitive_inter
Digital	0. 137 *** （5. 461）	0. 176 *** （34. 628）
$Policy_j \times After_{t-1}$	0. 017 （0. 606）	
$Digital \times Policy_j \times After_{t-1}$	0. 101 *** （4. 986）	
$PolicyNum_j \times After_{t-1}$		0. 063 （0. 107）
$Digital \times PolicyNum_j \times After_{t-1}$		0. 138 *** （3. 907）
常数项 & 控制变量	控制	控制
年份固定效应	控制	控制
地区固定效应	控制	控制

---

① 变量 $PolicyNum_j$ 表示企业所在地方政府关于金融科技支持政策的数量，而 $After_{t-1}$ 则表示企业所在地方政府在上一时期（$t-1$）是否出台了金融科技支持政策的虚拟变量。变量 $PolicyNum_j$ 可以提供一个地方政府出台金融科技支持政策的总体度量。而将 $After_{t-1}$ 与 $PolicyNum_j$ 相乘，目的是筛选出仅有一个或少量政策变化的市或省，从而更准确地估计政策对企业绩效的影响。当 $After_{t-1}$ 为 1 时，企业所在地方政府在上一时期出台了一项金融科技支持政策，因此 $PolicyNum_j \times After_{t-1}$ 的值为 $PolicyNum_j$；当 $After_{t-1}$ 为 0 时，企业所在地方政府在上一时期没有出台金融科技支持政策，因此 $PolicyNum_j \times After_{t-1}$ 的值为 0。这样的解释也可以解释为什么使用虚拟变量而不是直接使用数值变量。采用这种方法主要是可以避免多重共线性问题，即如果同时使用 $PolicyNum_j$ 和 $After_{t-1}$，可能会发生它们之间的高度相关性，从而干扰统计分析的准确性和解释性。

续表

因变量	（Ⅰ）	（Ⅱ）
	Competitive_inter	*Competitive_inter*
R^2	0.482	0.775
Adj. R^2	0.430	0.771
观测值	406	406

结果表明：（1）列（Ⅰ）中，在控制其他变量的条件下，地方智能化水平对地区产业国际竞争力有显著的正向影响，且系数在1%的显著性水平上显著，验证了假设 H_2。在稳健性检验中，本节采用了连续型变量 *PolicyNum_j* 来反映地方政府出台的支持智能化发展的政策数量，以替换原来的虚拟变量。（2）列（Ⅱ）中，即使使用连续型变量进行替换，回归模型依然呈现出显著正的系数，这表明地方政府出台的智能化发展的支持政策文件越多、支持力度越大时，地区开展智能化转型也能获得更大的产业国际竞争力提升效果。综上所述，本项目的研究假设 H_5 得到了验证。

2. 门限效应分析

（1）门限效应检验与门限值确定。

本节采用了 Stata 16.0 软件和 Bootstrap Wald 检验法，选取研发人员投入（*R&D_human*）、研发经费投入（*R&D_capital*）以及金融市场发展水平（*Financial_mar*）作为门限变量，目的是探究金融科技与地区技术创新绩效之间的非线性关系。通过自助法（Bootstrap）和似然比（Likelihood Ratio，LR）统计量，本节检验了单门槛与双门槛模型，以确定门限值，并分析这些变量对产业国际竞争力的影响，进而揭示金融科技影响的非线性特征。在进行 Bootstrap 检验时，重复抽样的次数设定为500次。

结果表明（见表3-30）：（1）对于研发人员投入，存在单门槛效应，门限值为1.256。这意味着当研发人员投入低于1.256时，对产业国际竞争力的影响与高于1.256时不同。（2）对于研发经费投入，也存在单门槛效应，门限值为2.567。这意味着当研发经费投入低于2.567时，对产业国际竞争力的影响与高于 2.567 时不同。（3）对于金融市场发展水平，存在双门槛效应，门限值分别为 1.934 和 2.032。这意味着当金融市场发展水平低于 1.934 或高于 2.032 时，对产业国际竞争力的影响与处于 1.934 和 2.032 之间时不同。综上所述，研发人员投入、研发经费投入和金融市场发展水平对产业国际竞争力的影响存在非线性关系，并且这种关系受到门限值的影响。

表 3 – 30　　　　　　　　　　动态门限效果自抽样检验

变量	门槛 1	门槛 2	似然比统计量（LR）	P 值	10%临界值	5%临界值	1%临界值	BS 次数
研发人员投入	单门槛	1.256	18.567	0.012	2.356	3.045	4.567	500
	双门槛	—						
研发经费投入	单门槛	2.567	45.023	0.027	3.456	4.567	5.678	500
	双门槛	—						
金融市场发展水平	单门槛	1.934	21.789	0.005	3.098	4.567	6.789	500
	双门槛	2.032			2.846	3.154	4.076	

（2）GMM 门限模型参数估计与结果分析。

运用动态门限模型来分析产业国际竞争力与数智化之间的关系，并考察了研发人员投入、研发经费投入和金融市场发展水平等变量的门限效应。动态门限模型的回归分析结果如表 3 – 31 所示：

表 3 – 31　　　　　　　　　　动态门限回归结果

门限变量	R&D_human	R&D_capital	Financial_mar
Digital	0.191 *** (16.551)	0.276 *** (15.672)	0.317 *** (18.064)
Gdppc	0.121 *** (3.122)	0.037 *** (3.961)	0.029 *** (3.773)

门限变量	R&D_human	R&D_capital	Financial_mar
Secind	−0.092 ** (−2.680)	−0.112 *** (−3.137)	−0.126 *** (−3.550)
Open	0.031 *** (13.512)	0.094 ** (1.561)	0.103 ** (1.327)
Inter	−0.088 *** (−2.948)	−0.178 *** (−3.523)	−0.176 *** (−3.543)
Poprate	0.070 *** (4.328)	0.062 *** (12.813)	0.083 *** (10.891)
Infcon	0.083 *** (3.601)	0.082 ** (2.016)	0.085 *** (2.321)
Env	−0.234 *** (−3.374)	−0.307 *** (−3.279)	−0.406 *** (−3.388)
Gov	0.006 *** (3.144)	0.026 *** (6.183)	0.019 *** (5.986)
$Digital \times i$ ($q \leqslant c$)	−0.178 ** (−2.166)	−0.145 *** (−3.847)	
$Digital \times i$ ($q > c$)	0.461 *** (4.882)	0.385 *** (5.728)	−0.005 *** (−0.074)
$Digital \times i$ ($b < q \leqslant c$)	—	—	0.147 *** (3.049)
$Digital \times i$ ($q \leqslant b$)	—	—	−0.114 *** (−3.720)
常数项 & 控制变量	控制	控制	控制
年份固定效应	控制	控制	控制
行业固定效应	控制	控制	控制
AR（2）	0.826	1.099	1.126
Hansen Test	0.424	0.170	0.207

续表

门限变量	R&D_human	R&D_capital	Financial_mar
Wald Test	98.554 *** [0.000]	277.185 *** [0.000]	342.390 *** [0.000]

注：括号内为 t 值或 z 值；［］内为 p 值；***、**、* 分别表示在 $p < 0.01$、$p < 0.05$ 和 $p < 0.10$；i 代表门限变量，b、q、c 则分别为各门限变量的门限值。

研究发现：(1) 研发人员投入和研发经费投入的增加会显著提高数智化水平对产业国际竞争力的影响；金融市场发展水平的提高会显著提高数智化水平对产业国际竞争力的影响；数智化水平的增加会显著提高产业国际竞争力；研发人员投入和研发经费投入的增加会显著提高产业国际竞争力；金融市场发展水平的提高会显著提高产业国际竞争力。(2) 对于门限变量的交乘项（$Digital \times i$），当研发人员投入和研发经费投入低于门限值时（表示为 $q \leqslant c$ 和 $b < q \leqslant c$），数智化水平对产业国际竞争力的影响显著为负，系数分别为 -0.178 和 -0.145，t 值分别为 -2.166 和 -3.847。(3) 而当研发人员投入和研发经费投入高于门限值时（表示为 $q > c$），数智化水平的影响则显著为正，系数分别为 0.461 和 0.385，t 值分别为 4.882 和 5.728。(4) 对于金融市场发展水平，当其低于较低门限值（$q \leqslant b$）时，数智化水平的系数为 -0.114，t 值为 -3.720，显著为负；而当高于较高门限值时（未给出具体门限值），数智化水平的系数为 -0.005，t 值为 -0.074，也呈现负向影响，尽管影响较小。综上所述，在这两个门限值之内，金融科技对地区技术创新绩效有显著的正向影响。当超过这两个门限值时，金融市场发展水平的激励作用呈现边际递减效应。

3.4　小　　结

本章采用了 VAR 模型和面板数据分析方法，对 2009 ~ 2022 年中国的全国季度数据及 29 个省区市的面板数据进行了深入分析，以探讨数字资本对经济结构转型和全要素生产率（TFP）的影响。研究结果表明，工业增加值的增长与历史水平呈正相关，固定资产投资和研发投入显著促进了 GDP 增长。技术密集型工业和进出口的增长在优化经济结构中起到了关键作用，且这些结论均通过了严格的统计检验。进一步地，本研究分析了金融科技对区域创新绩效的显著正面影响，特别是在经济发达和金融基础坚实的地区。门槛效应的存在表明金融科技的影响存在一定的阈值。此外，良好的营商环境和金融基础的加强，以及地方政府的政策支持，对金融科技与区域创新绩效之间的关系起到了正向调节作用。本章还证实了数智化赋能对产业国际竞争力的正向影响。固定资产投资、人力资源水平和创新投入作为中介变量，营商环境和金融基础作为调节变量，以及颠覆性创新作为中介效应，都在提升产业国际竞争力方面发挥了重要作用。

第 4 章

智能制造转型的逻辑、
特征与机制探索

数字化变革成颠覆性变革，带来机遇与挑战，发展数字经济成为新一轮科技革命和产业变革的重要战略选择。智能制造来临时，制造业正发生业务模式等方面的根本变化。智能制造是指基于数字化技术等新型手段来构建现代制造系统。打造新增长极、形成区域产业创新生态系统已成为优化创新环境的重要举措。

4.1 数字化变革与新基建：智能制造
转型的内在逻辑与机理

4.1.1 制造业向智能制造转型的内在逻辑机理

数字技术革命正在深刻改变传统产业，其中智能制造是实现我国制造业提质增效升级的重要手段之一。智能制造技术，如人工智能、大数据、物联网、云计算、机器人等逐渐应用于制造业中，实现了制造业向数字化、智能化、网络化方向转型。智能制造的概念主要体现在产品全生命周期管理、企业间协同合作模式和产品服务系统三个方面。新兴的数字孪生技术是一种将多模型、大数据和跨学科知识充分利用的智能技术，为智能制造领域提供了新的途径。未来制造从特征上呈现出以顾客为导向、数据流充分自由流动、个性化定制、柔性生产等新特征，智能制造时代已经到来（Yisihak & Cai，2020）。智能制造具有集成化、数字化、智能化、可视化等特征，在推动制造业转型升级过程中具有重要意义。现代智能产品生产工厂采用人机协作的智能最优决策系统和智能自主控制系统，促进工业人工智能、工业互联网与流程产业深度融合，产生了流程产业智能制造的新模式（Tao et al.，2021）。随着消费者主权逐渐崛起、个性化需求不断提升，智能制造得到快速发展，它与传统制造业之间的差异主要表现在商业模式、动力与宗旨、技术基础、价值及大数据所扮演角色等存在着本质上的不同，如表4-1所示。智能制造工程是我国制造业发展的主阵地，以大湾区为代表的地区将智能制造作为提升先进制造业竞争实力的重要抓手，推动制造业向智能化转型升级。

表4-1 智能制造与传统制造的主要区别

项目	传统制造	智能制造
商业模式不同	在B2C（厂商主导）模式下，追求的是标准化、规模化、低成本	是C2B模式的一部分，追求个性和高价值，能够满足多品种、小批量、快速响应的生产要求
动力和目的不同	提高产能	致力于产销和谐
技术基础不一样	以自动化设备的流水线生产为主要特征	IOT是主要的技术基础，数据是主要的能源供给，灵活的智能制造是主要特点
价值不同	传统制造业与R&D、营销和服务相分离，位于价值链的低端	集R&D、营销、服务于一体，通过生产服务、产品智能、服务数据，提高制造业的价值含量，改变微笑曲线的形状
数字化赋能	主要由公共电源和自动化设备驱动	数据是主要驱动因素

资料来源：根据相关资料整理。

数字化赋能制造业向智造转型是一个非常复杂的系统问题，需要考虑微观的产业组织，产业创新生态系统，区域治理网络和数字化赋能网络等要素。这涵盖了主体企业、配套企业和相关利益主体等核心要素，并牵涉商业、产业、创新和创业生态系统的综合协调。从数字化赋能、制造链群耦合和数字治理三个维度出发，基于数字技术的融合，重新构建产业组织，探索制造向智造转型发展的路径选择。在数字化赋能方面，将消费者需求分析、创新数字化、开放式协同创新平台、产品/服务数字化等要素纳入数字化赋能框架，以进一步推进制造业的数字化转型。同时，我们还考虑了制造链群耦合和数字治理等因素，通过产业链、创新链、供应链与价值链的耦合，构建了一个制造业生态体系，以帮助企业更好地适应未来的市场需求和技术变革。制造业向智能制造转型的内在逻辑机理如图 4–1所示：

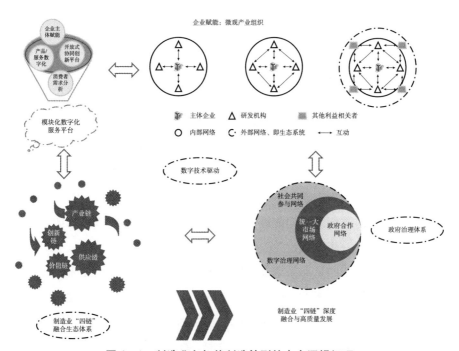

图 4–1　制造业向智能制造转型的内在逻辑机理

　　微观产业组织方式再造涉及企业通过内部资源重组、外部合作伙伴协调以及数字化技术应用来推动转型升级和创新。在这一过程中，政府、高校、企业和社会共同构成创新创业生态系统，各自承担不同责任，形成内在逻辑关系。企业作为生态系统的一部分，与系统中其他组织合作，共同完成创新成果。创新不仅是企业内部的单一活动，而是多样化和异质个体互动下的系统涌现现象。制造业的数字化转型以需求驱动的 C2B 模式为主，柔性制造和智能制造是其主攻方向，促进了从生产型向服务型的转变。企业间合作网络的动态性和生态系统的复杂性推动了智能化转型，而智造化标准的逐步形成则进一步促进了这一过程。创新生态系统的演化遵循技术创新的基本路径，但在实践中是一个多维度的过程，具有价值共创、互利共生的特点。高技术供给共同体和需求企业共同体的合作促进了产量增加，配套企业的产出水平也因此提升。在适度竞争的环境下，创新生态系统主体实现竞争共生，而协调多个服务主体之间的价值共创行为对生态系统的稳定运行至关重要。技术创新不仅包含技术层面的因素，还需要考虑辅助和服务要素以及环境要素的影响。这些因素互相影响、相互促进，推动着创新生态系统的演化。在技术不确定性、组织模式网络化、市场服务化和价值共创的趋势下，创新生态系统变得更加多样化、根植性更强、引领能力更强，更加注重开放式创新。产业创新生态系统的演化经历了漫长的历史阶段，但新兴技术和政府、市场力量的作用使其能够快速从萌芽到成熟。商业生态系统、产业生态系统和创新生态系统虽有不同特点和目标，但价值共创是它们的重要联系和核心。对创新生态系统的全面系统化研究还需进一步加强。

　　数字经济时代的生态系统及政府政策对智能制造的影响显著。互联网大数据时代知识和技术的快速迭代要求我们重新审视产品和行业生命周期理论。数字技术如大数据、人工智能、物联网、云计算等的应用，使得数据成为制造业高质量发展的重要战略资源，深刻影响和改变了传统产业的结构和经济体系。数字经济颠覆了现有的生活方式，改变了产业的生产主体、客体、工具和方式。科技发展与平台战略的交叉融合成为热门话题。

政府政策在引导和扶持制造企业向智能制造转型中扮演着重要角色，包括引导企业参与创新型产业生态建设，完善数字化发展政策。需要加强顶层设计、鼓励智能制造、加快数字基础设施和平台建设、增强自主创新能力。数字经济发展下的平台经济呈现出新的特征，数字平台经济是数字化赋能后的新变化。表4-2归纳了数字平台经济的五个主要特征及其主要内容。

表4-2   数字平台经济主要特征

特征	主要内容
规模经济	具有长尾效应的基本特点表现为：在平台成立之后，新增服务规模并没有显著提高平台的边际成本，因此高产量对应着低成本。长尾理论认为，在不确定条件下，一个产业中某一产品具有较大需求弹性和供给能力时，该产业就能够获得超额利润；反之，则将遭受失败。因此大企业生产效率将提高、竞争力增强
范围经济	生产多种商品的总成本小于单独生产各种商品的总成本总和，这种现象叫作范围经济。在边际收益递增的情况下，企业会有大量的投资用于新产品开发；而当边际收益下降时，企业将停止进行投资；这样，企业就可以节省资金。因此，企业容易从事多元化产品的生产，而伴随产品生产范围增多，企业效率反而提升，成本下降
网络外部性	需求规模经济是指消费者人数越多，其人均使用价值就越高
双（多）边市场	平台应同时为各参与方提供服务，而平台向各参与方提供的价格结构则直接关系到平台企业收益。如果双方都不知道自己在平台上的边际成本是多少，那么就无法制定合适的定价策略；而当双方均能确定各自的边际成本时，也会导致平台企业利润降低。因此，平台在给一方定价时，需考虑到给另一方带来的外在影响
数字化平台（大数据应用）	数字平台具有可将信息传递、分析、采集、利用等巨大的优越性。随着互联网技术的发展与应用，传统的制造模式正在发生着根本性改变。制造数字化将取代传统制造，成为主导方式，将是对传统制造形式的一种革命。此种制造模式规模，速度和数据决定了以大数据应用为主导的数字化平台可以打破时间、地点和行业等方面的局限，成为一个庞大的服务平台

资料来源：相关资料整理。

主要特征表现为：（1）数字平台经济具有长尾效应，即新增服务不会显著提高平台的边际成本。这使得大企业能够通过规模经济提高生产效率和竞争力，从而在不确定条件下获得超额利润。（2）生产多种商品的总成本低于单独生产各种商品的成本总和。在边际收益递增时，企业会投资新产品开发；边际收益下降时，则停止投资。这导致企业倾向于多元化生产，随着产品范围的扩大，企业效率提升，成本降低。（3）随着消费者人数的增加，平台的人均使用价值也随之增加，表现为需求规模经济。（4）数字平台需要为参与的各方提供服务，并根据各方的边际成本制定价格结构。定价策略需考虑对另一方的外在影响，以维持平台企业的收益。（5）数字平台具有信息传递、分析、采集和利用的优势。随着互联网技术的发展，数字化制造正在取代传统制造，成为主导方式。数字化平台利用大数据打破时间和空间限制，成为一个全面的服务平台。

4.1.2 数智化赋能制造业呈现的新特征

数字化赋能已经成为推动制造业转型升级的重要手段。通过数字化赋能，制造企业可以实现生产流程更加高效、客户服务更加贴近需求、供应链管理更加智能化的目标，进而提升企业核心竞争力。我国已经有多家企业成功地实现了数字化赋能，建立智能化工厂、数字化供应链管理体系和高效客户服务等新服务。如表4-3所示，这些企业通过引入新技术和数字化手段，重新构建了生产流程和组织架构，提高了生产效率和客户服务水平，为我国制造业的转型升级提供了宝贵的经验和示范。

综合来看，我国制造业数字化赋能的新服务已经成为企业创新发展和转型升级的重要策略。数字化赋能可以帮助企业构建智慧工厂、建立数字化管理平台和智能化的供应链管理体系等；这些新服务的引入可以帮助企业提高生产效率、优化产品品质，同时也能够更好地满足客户需求。通过实现更为高效的生产流程、更加智能化的供应链管理和更优质的客户服务，我国的制造业企业成功地提高了企业的整体竞争力，成为我国发展的重要推动力。未来，数字化赋能将继续推动我国制造业向更加智能化、更加高效、更加环保的方向发展。

表 4 - 3 大湾区数字化赋能制造呈现的新特征与典型案例

特征	提要	主要内容	典型案例	
			企业	主要做法
新制造方式	利用 IoT、移动互联网、机器人等技术，配合精益管理方式，实现智能制造、个性化定制、柔性化生产	1. 智能制造：通过数字化工艺设计、边缘计算，智能机器人等技术手段，实现智能制造的目标。企业不仅重视产业结构的变化和物联网等技术手段的发展，以此扩大制造业的业务领域，优化产品结构，提升产品质量 2. 智能化管理：通过数字化技术手段，使业务数据的收集、处理、分析等过程自动化，实现精细化管理，提高管理效率和质量，使制造企业更加高效和协同，从而迅速投入新的市场中 3. 智慧化生产：通过数字化技术手段，实现生产过程中的数字化控制和管理，实现智慧化生产目标。企业生产过程中可以发现每个生产环节出现的问题，并在生产环节中提前识别和处理，从而更好地保持产品的相对稳定的质量。此外，智慧化生产还能提高采购、库存、物流、供应等环节的效率和质量 4. 主动性生产：通过数字化技术手段，即预测性维护和预防性维护等。此外，数据分析和可视化还有助于企业更好地理解决各个环节的情况，从而实现合理决策和自我升级	华为	华为是全球知名的 IT 企业，将数字化赋能应用于自身制造管理与生产领域。公司的数字化制造平台可实现生产线的实时监控，制造过程的自动化，智能化控制和品质保证，并大量运用自动化设备和算法优化等技术手段提升人机合作的效率和质量
			珠海格力电器有限公司	格力是一家知名的中央空调生产企业，紧随智能制造风潮，通过数字化赋能实现了生产制造的优化升级。公司应用数字化技术可实现生产过程机器人控制，智能生产线的搭建和自动化生产数据分析，大幅提升了生产效率，品质保证和自动化降低生产成本
			广东顺德华盛包装机械有限公司	华盛公司是一家专注于定制化包装机生产制造的企业，用数字化赋能包装企业，华盛公司推出了可实现全自动生产线的智能包装机，尤其是在 ROI 生命周期成本控制方面具有重要价值
			施耐德电气股份有限公司	施耐德是全球知名的能源管理和自动化解决方案供应商，不仅在国际市场上有着很高的竞争力，还在数字化赋能的实践上积累了丰富的经验。数字化赋能可以帮助施耐德提高生产效率、生产质量和实现自动化生产办公，包括人机互动、机器学习和智能等创新技术，从而实现高效、协同、透明和智能的生产过程

续表

特征	提要	主要内容	典型案例	
			企业	主要做法
新产品（智能化的产品）	新型智能产品等嵌入传感器等数据采集设备，持续采集用户信息和设备运行数据至云端，实现对用户行为和设备运行的管理	1. 智能化控制和自动化生产：利用数字化技术对生产过程进行实时监控，通过先进的数据处理技术和机器学习等技术手段，实现对生产流程和产品的智能控制和自动化生产，提高生产效率和降低生产成本 2. 智能化产品推出：利用数字化赋能技术优化传统产品的生产，推出更加智能化的产品，并结合云计算和物联网等技术，实现产品生命周期管理，提高产品的竞争力 3. 利用物联网实现数字化生产：通过数字化赋能技术建立互联网络，实现机器人、设备之间的通信和协调，将不同机器、设备和生产工序进行紧密的衔接，从而实现数字化生产 4. 推出智能化解决方案：从业务流程到数据处理和产品设计，系统地集成数字化技术，为企业客户提供定制化的智能化解决方案，实现数字化赋能的全面应用	5G智能家居	粤港澳大湾区在数字化赋能方面已经走在了前列，智能家居也是其中的代表。通过5G技术和物联网技术，企业推出一系列智能化家居产品，如智能门锁、智能窗帘、智能照明等，这些智能化产品能够实现自动控制并通过App进行控制，使用户的生活变得更方便、舒适和高效
			LG化学电池	LG化学电池是一家引领电池科技的全球知名企业，其数字化赋能的产品引领了行业的发展。公司应用数字化技术，开发出一系列智能电池产品，如电动车电池、锂离子电池等。这些电池在性能量密度、寿命、安全性、成本等方面进行了重大优化，提升了电动汽车的竞争力
			拜尔智能制造	拜尔集团是具有高度专业制造经验和知名度的国际企业。通过数字化赋能，拜尔实现了智能化制造，推出了一系列智能化产品，包括自动化多工位耳机生产线、智能化柔性制造单元等，这些产品大大提高了制造效率和产品质量并降低了人力成本，还在工业4.0的实践中发挥了重要作用
			小鹿智能汽车	小鹿智能汽车是目前国内智能互联出行领域的领军者之一。公司通过数字化赋能，实现了车辆和用户管理的数据化，构建了全新的出行方式，车辆互联、电动化智能网联汽车等方面的创新，为用户提供更加便利、个性化和智能的出行服务

续表

特征	提要	主要内容	典型案例	
			企业	主要做法
新服务	新的制造模式催生了 R&D、设计和软件服务等生产性服务业；智能产业采集的数据会形成数据服务，包括远程设备管理和维护、用户数据服务等	1. 数据分析与运营管理智能化：通过数字化赋能技术，企业能够将大量的数据进行收集、整合，分析和挖掘，从而更加精准地预测市场需求并构建生产线的产能和产品规划，提高生产效率和市场反应速度 2. 供应链管理数字化：从设计、生产、物流到销售，数字化赋能技术实现供应链信息化、智能化，进度管控全程透明的供应链，提升企业供应链的整体效率和运营水平 3. 智能客户服务：数字化赋能技术可以辅助制造业企业构建智能客户服务平台，从而实现全天候、全方位的客户服务，包括订单跟踪、服务反馈、维修、保养等一系列服务，提升客户满意度和口碑 4. 运维管理数字化：制造业运维管理面临诸如设备故障、停产、备件管理、维修保养等问题，通过数字化赋能技术的运用，能够实现基于数据的故障分析，加速故障处理的速度和报告的准备，提高生产线的稳定性和可靠性	燕坊蜜蜂食品有限公司	广州市燕坊蜜蜂食品有限公司是一家专注于蜂蜜研发、生产、销售的企业，该企业通过数字化赋能，建立了整套数字化供应链管理体系，实现了对生产流程的远程控制和调度，从而提高生产效率和产品质量。同时，该企业还与 Alibaba Cloud 合作，利用大数据分析技术，对客户需求进行智能化分析和预测，提高了客户服务质量
			亚迪股份有限公司	深圳市比亚迪股份有限公司是一家全球领先的新能源汽车制造商，该企业通过数字化赋能，建立了智慧工厂的科技制造，实现了对生产流程、质量监控以及物流管理方面的数字化管理。与此同时，该企业还与华为合作，采用云计算技术和物联网技术，构建了智能供应链管理体系，实现了对各环节的实时监控和智能平衡，以此大幅提升了生产效率和品质
			珠海市投资控股股份有限公司	珠海市投资控股有限公司是一家综合性供应链管理公司，该企业通过数字化赋能，建立了数字化供应链管理平台，项目覆盖范围包括物流、仓储、采购、采购管理等方面。通过采取更为先进的数字化供应链工具，该企业更加精细地调度物料和生产环节，进而大幅提升了仓储设计交付效率，从而更好地满足客户的需求

资料来源：根据相关资料整理。

4.1.3　新基建视阈下产业链群融合与新质生产力

当今时代，新质生产力的发展具有重要意义。早在 2023 年 9 月，习近平总书记在黑龙江考察期间提出"加快形成新质生产力，增强发展新动能"，并在多次考察调研中强调整合科技创新资源，引领战略性新兴产业和未来产业的发展，以加快形成新质生产力①，并明确强调要"牢牢把握高质量发展这个首要任务，因地制宜发展新质生产力"，强调要避免一哄而上和泡沫化的问题②。2024 年 3 月，习近平在中央政治局第十一次集体学习时再次强调"发展新质生产力是推动高质量发展的内在要求和重要着力点③"。新质生产力的内涵丰富，其定义包括创新起主导作用、具有"高科技、高效能、高质量"特征等。它由技术革命性突破、生产要素创新性配置、产业深度转型升级催生，以劳动者、劳动资料、劳动对象及其优化组合的跃升为基本内涵，以全要素生产率大幅提升为核心标志。同时，"新质生产力"的形成需要不断调整生产关系。新质生产力具有重要意义，是新时代党领导下先进生产力的具体表现形式，是新时代我国经济社会高质量发展的必然产物，也是引领全球创新性可持续发展的关键驱动要素。新基建作为现代化进程中的关键力量，不仅推动了基础设施的现代化，而且加速了产业技术革新，成为提升区域竞争力的核心引擎。在当代中国发展的新阶段，新型基础设施建设（以下简称"新基建"）的兴起引发了对国家产业转型和区域竞争力提升的深刻探讨。在此背景下，国产设

① 人民网. 全国人大代表、黑龙江省委书记许勤：打造发展新质生产力实践地 ［EB/OL］. （2024 - 03 - 04）［2024 - 09 - 29］. http：//hlj. people. com. cn/n2/2024/0304/c220005 - 40763408. html.

② 光明网. 牢牢把握高质量发展首要任务　积极培育和发展新质生产力 ［EB/OL］. （2024 - 04 - 08）［2024 - 09 - 29］. https：//topics. gmw. cn/2024 - 04/08/content_37251788. htm.

③ 中国政府网. 习近平：发展新质生产力是推动高质量发展的内在要求和重要着力点 ［EB/OL］. （2024 - 05 - 31）［2024 - 09 - 29］. https：//www. gov. cn/yaowen/liebiao/202405/content_6954761. htm.

备与技术的崛起，尤其是在测绘仪器和盾构机行业的突破，突显了自主创新能力的重要性，并提出了如何在全球技术竞争中取得优势的问题。面对技术封锁和高成本引进国外产品的挑战，国内企业如何激发创新精神和突破意志，成为国家科技进步和产业升级的关键。华为等领军企业的案例展示了坚持自主创新的必要性，引发了关于如何进一步支持和促进自主创新的学术讨论。在全球经济加速数字化转型的背景下，新基建作为推动经济增长与社会进步的新动力，提出了促进产业融合、激发技术创新以及实现区域均衡发展的问题（Kesha，2021；赵剑波，2021）。新基建在区域发展上的不平衡、对硬件的过分侧重、资产的快速折旧以及网络安全问题，也在一定程度上制约了数字经济潜力的全面发挥（郭斌和杜曙光，2021）。在中国经济由高速增长向高质量增长的转型过程中，新型数字基础设施的建设被视为激活经济活力的有效策略，这引发了关于如何制定有效策略以应对经济结构调整和增长动力转换的挑战的学术探讨。

1. 我国推动新基建建设的发展现状与趋势

我国在新基建的部署方面取得了显著的成就，这些技术的发展对于推动数字经济和智能社会的建设具有重要意义。以新型数字基础设施建设为例，我国在 5G 基站建设、蜂窝物联网普及以及 IPv6 地址资源扩展方面的显著进展，如图 4-2 所示，2019~2023 年，中国的 5G 基站建设实现了从 1.3 万个至超 300 万个的飞跃，蜂窝物联网终端用户数的增长从 2019 年的 10 亿户至 2023 年的 33 亿户。根据光明网的报道，截至2024 年 5 月底，中国已申请 IPv6 地址资源总量达 67 462 块（/32），位居世界第二位，这不仅体现了我国在推动新一代信息技术发展上的战略远见，也为全球数字化转型和网络空间的可持续发展贡献了中国智慧和中国方案。

通过新基建建设，我国旨在进一步强化其数字经济和技术创新的发展基座。如图 4-3 所示，据锐观咨询预测，2020~2025 年，我国对新型基础设施的总投入将达到约 74 000 万亿元人民币的宏伟规模。该时期内，各领域的投资规模测算指出，城际高铁和轨道交通以及 5G 网络建设将排在前列，分别预计吸纳投资约 34 400 万亿元和 24 000 万亿元，凸显其在新型基础设施建设中的枢纽地位。紧随其后，工业互联网、特高压分别预计接受投资 6 815 万亿元、4 100 万亿元，它们分别是数字经济和工业制造智能化转型的关键支撑点。人工智能和大数据中心预计吸纳资金 2 136 万亿元和 1 416 万亿元，显示了对 AI 在行业智能化改革和战略创新中的高度重视。此外，新能源汽车充电桩预计投资约 1 177 万亿元，均体现了对清洁能源与可持续发展战略的投资决心。上述数据和计划展示了我国在新基建各领域投资方面的宏观战略布局，旨在通过科技和基础设施的创新及其与实体经济的融合，助力国家经济向高质量发展阶段迈进。

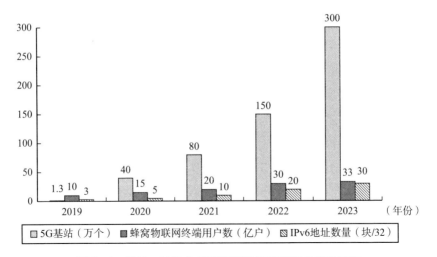

图 4 - 2　2019～2023 年我国新型数据基础设施建设情况

资料来源：工信部前瞻产业研究院。

我国 2019～2025 年 5G 基础设施建设的预测趋势及其投资规模如图 4 - 4 所示，从 2019～2021 年，新建 5G 基站的数量逐年显著增加，2019 年有 13 万个新建基站，而到 2021 年这个数字增长到了 90 万个，呈现快速的建设速度。对应的投资金额也同步增长，从 2019 年的 221 亿元增加到 2021 年的 1 323 亿元。然而，从 2022 年开始，新建 5G 基站的数量和相关投资似乎达到高峰后开始逐渐下降。2022年新建基站的数量为110万个，投资金额为1 504亿元，标志着这段时间内的建设高点。接着在2023年新建基站数减少至80万个，投资金额降至1 017亿元。随后，2024年和2025年新建的5G基站数量和投资进一步下降，2024年为55万个基站与650亿元投资，2025年则将降至42万个基站与462亿元投资。整体上，说明初期的密集建设后，5G网络基础设施的覆盖范围和密度已经达到了一定水平，进而导致新建基站数量和投资需求减少。上述结果揭示了我国对5G技术作为新型基础设施关键组成部分的战略重视，以及其在推动5G技术快速发展和广泛应用方面的坚定决心。随着5G网络建设的不断扩张和完善，预计将对多个行业产生深远影响，为数字经济和智能社会的发展注入新动力。

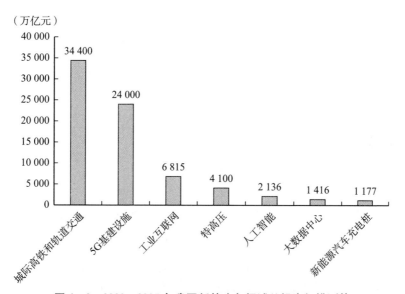

图4-3 2020～2025年我国新基建各领域总投资规模测算

资料来源：锐观咨询整理。

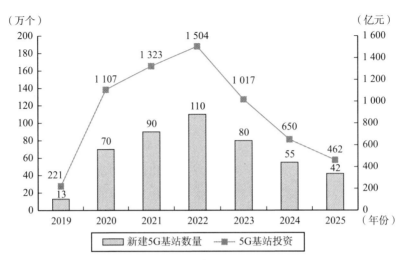

图 4 – 4　2019～2025 年新建 5G 基站数量和投资规模

资料来源：工信部前瞻产业研究院整理。

综上所述，新基建的部署和发展，特别是在 5G、工业互联网、人工智能等关键技术领域的投资，不仅加速了技术创新和产业升级，而且为我国经济的高质量发展提供了坚实的基础。这些投资和建设活动，通过促进产业链群的多链融合，推动了经济结构的优化和升级，为实现新质生产力的形成提供了有力支撑。

2. 新基建、产业链群融合与新质生产力

（1）新基建与产业链创新、数字化转型的驱动力。

在全球经济竞争格局不断演变的背景下，新型基础设施建设（新基建）已成为推动产业链创新与融合的关键驱动力。新基建涵盖 5G 网络、人工智能、工业互联网和大数据中心等前沿技术领域，其核心在于促进数字化、智能化和网络化的快速发展，为新型产业链的发展提供坚实的平台支持（He et al.，2020）。作为信息网络和技术创新的基础设施，新基建在中国经济发展新时代中扮演着至关重要的角色，覆盖信息、融合和创新三大领域，为应对短期经济波动和推动长期经济增长提供显著动力（王雨辰，2021）。

新基建的战略意义不仅体现在对中国经济稳定和复苏的推动作用，更在于其在构建现代化、智能化经济体系中的核心地位。新基建的"新"特性，不仅体现在目的、技术和投资主体上，更在于其对数字化、智能化的深度响应和经济社会转型需求的满足（沈坤荣和孙占，2021）。新基建项目的实施，如 5G 基站建设，不仅提升了通信服务水平，也促进了相关产业的发展（Wu & Zhang，2020）。新基建在信息领域的内容广泛，包括5G、物联网通信网络，人工智能、云计算、区块链等前沿技术，以及数据中心和智能计算中心等算力基础设施（葛焱和杨文辉，2021）。在融合领域，新基建着重智能交通和智慧能源项目，提升传统基础设施的智能化水平。创新领域关注科学技术和产品开发，包括重大科技突破和产业技术创新，成为推动经济增长的新动力（孙保学和李伦，2022）。

新基建对传统产业的改造升级发挥着关键作用，通过 5G、云计算和大数据技术的应用，促进产业链各环节的高效链接，加速信息流、资金流和物流的融合，推动产业链向更高层次整合发展（Li & Zhou，2019）。在新基建背景下，物联网、智能制造、智慧城市等重点领域对多链融合尤为重要，通过连接各产业节点，实现资源的高效配置和利用（Zhang & Zhao，2018）。新基建投资作为中国经济增长的重要组成部分，对经济的短期稳定和长期增长起到积极作用，在新常态下，数字经济成为推动中国高质量发展的新动能（姜卫民等，2020）。新基建通过在生产、消费、市场建设、国际合作等方面的积极作用，促进了数字经济的发展，优化了产业结构，提高了资源配置效率，提升了整体投资效率（沈坤荣和史梦昱，2021）。新基建还对填补经济发展中的短板、推动制造业升级、提升能源效率、改善市场发展环境以及促进区域城市形态的转型具有重要意义（尚文思，2020）。同时，新基建强调环境保护和绿色发展，推动能源互联网和电动汽车充电桩等绿色基建项目，实现产业的低碳转型（Zhou et al.，2019）。国际经验表明，发达国家如美国、德国等在新基建的推动下实现了产业链的快速升级，为中国新基建政策的制定与实施提供了重要借鉴（Brown & Mason，2017）。

（2）新基建与经济增长、产业转型的技术革新动力。

新基建与传统基础设施建设不同，其核心在于高度重视智能化和信息化。这一理念得到了内生经济增长模型的理论支持，该模型认为技术进步是经济增长的核心驱动力，能够提升经济增长的质量和效率。国内学者通过对 2010~2020 年 30 个省份的面板数据进行空间计量经济模型分析，发现新型数字基础设施与经济高质量发展之间存在显著的空间相关性和异质性（李海刚，2022）。这证实了新基建在经济增长中的重要作用。新基建的建立为中国经济发展提供了基础性支撑，注入了新动力，不仅短期内形成新的增长点，长期也推动经济高质量增长。通过根本性改变产业链、供应链、创新链、要素体系和价值链，新基建促进了价值链的升级，为经济高质量增长奠定了坚实基础。如图 4-5 所示，新基建的这一作用得到了直观展示。

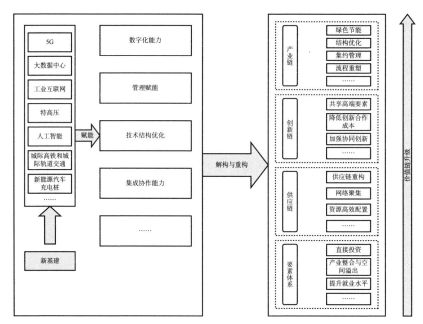

图 4-5　新基建促进产业链群多链融合机理

新基建正成为中国数字化转型和产业升级的重要驱动力（杨新洪，2022）。5G 技术作为新基建的核心组成部分，极大提升了产业的数字化能力，实现了数据处理的高速化、通信的实时化以及对智能决策的支持。新基建通过工业互联网等平台，促进了产业链的优化和重构，强化了产业链各环节的协同效应，提高了整体效率和价值创造能力。同时，新基建推动了管理方式的创新，智能化管理系统的应用提高了资源配置的效率和精准度，降低了运营成本。技术创新是新基建的另一大贡献，它为新技术的研究与应用提供了平台和环境，激发了人工智能、新能源、自动驾驶等领域的技术突破。新基建还推动了产业结构和技术结构的优化，促进了从传统产业向高新技术产业的转型，增强了产业的核心竞争力。此外，新基建强化了不同产业和企业间的集成协作能力，通过共享平台和网络，实现了资源和信息的互联互通。在供应链体系方面，新基建通过智能化供应链管理，提升了供应链的响应速度和灵活性，保障了供应链的稳定性和可靠性（伍先福和李欣宇，2022）。实证分析表明，每提升 1% 的数字基础设施水平，流通行业的全要素生产率就提升 0.327%（陈开江，2021），凸显了新基建对流通效率的贡献。新基建还支持了新能源的发展，例如新能源汽车充电基础设施的建设，推动了能源结构的转型和可持续发展。新基建本身作为一种基础设施，为社会经济发展提供了物质技术基础，促进了其他产业的发展和创新（Bhattacharyya & Hastak，2021；Hooper et al.，2021）。

在新基建的推动下，"解构与重构"代表了产业转型的双重过程，这一过程深刻地重塑了产业结构和组织形态。解构是对现有产业链的深入分析，它涉及识别并拆解产业链中的低效环节，为进一步的优化打下基础。而重构则是在解构基础上进行的创新实践，通过引入新技术和新模式，重新设计产业链的各个环节，构建一个更加高效、灵活的产业生态。新基建通过促进 5G、人工智能等先进技术与产业的深度融合，推动了产业流程和产品服务的创新。企业在这一影响下，进行组织结构和管理方式的创新，以提高对市场变化的适应性和响应速度。同时，价值链的重塑使得企业能够重新定位自己在产业链中的角色，专注于核心竞争力的构建。此外，新基建还促进了不同产业间的跨界合作，形成了一个更加开放和协同的产业生态系统。这一生态系统的构建不仅提升了产业链的整合能力，也为产业创新提供了更为广阔的空间。

（3）新基建与推动我国新质生产力形成的多维作用力。

新基建在中国经济的发展中扮演着核心角色，其深远的影响扩展至供给侧、需求侧以及市场渠道等多个方面（胡仙芝和刘海军，2022）。以5G网络为例，作为新基建的关键部分，预计到2025年，其投资总额将达到1.2万亿元人民币，而2020~2025年，5G商用将直接带动经济效应超过10.6万亿元人民币。这些预测数字不仅凸显了5G技术的潜力，也反映了新基建在促进经济增长中的巨大作用。通过激发市场要素的流动性，新基建为中国经济的稳定增长提供了坚实的支撑（刘凤芹和苏丛丛，2021）。在供给侧，新基建通过技术创新和基础设施的升级，推动了产业结构的优化和生产效率的提高。在需求侧，新基建通过供应链的重塑和流通管理的优化，促进了流通的数字化转型，提升了服务品质和效率，进一步激发了产业升级和市场需求的多样化。

如图4-6所示，新基建正成为中国经济全新驱动力的供给侧结构性改革的关键赋能者。其主要机制是促进工业与信息化的紧密结合，提高生产效率，并利用数字化技术实现产业结构的优化和升级（杨娜，2022）。新基建不仅加快了技术革新，还通过投资增加，为产业集群的发展注入了新的活力（蒋乐平，2022）。在催生新业态、推动产业经济和企业数字化转型方面，新基建的效果尤为突出，它在构建数字生态系统和促进产业链及价值链升级中发挥了关键作用（樊轶侠等，2021）。此外，新基建的融资模式有望缓解国家治理中的信贷分配问题（Jx et al.，2021），其投资的增长预计将提升私营部门的生产率，促进经济增长，并减少支出（Office，2021）。

新基建在需求侧的作用不容小觑，它通过反向优化供应链结构，提升了供需之间的协调性，有效地拓宽了居民的消费需求，促进了消费方式的转变，并显著增强了消费的满足度（付艳涛等，2021；朱毅轩，2022）。

新基建还进一步激发了社会对物质需求的追求，带动了消费层次的提升和消费模式与供给方式的革新（杨海朝，2022）。在国际贸易方面，新基建助力数字贸易和智能服务的和谐融合，推动了经济的高质量发展。新基建作为数字经济时代新经济和新业态发展的新引擎，为经济的高质量发展带来了新的增长机遇。然而，要充分发挥新基建的潜力，需要政策的有力支持和推动（王绍媛和杨础瑞，2022）。

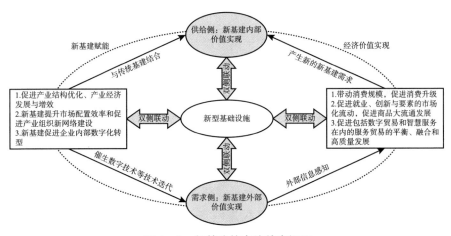

图 4 - 6　新基建的内外效应机理

在新基建的推进过程中，我们必须重视顶层设计和底层技术的双重关注，同时防范风险，发挥行业联盟的作用，考虑区域平衡，带动新业态发展，并配套融资和监管措施（王驰和曹劲松，2021）。政策设计应包含探索基础设施的新领域、互补区域优势、新途径和吸引产业资本投资等方面（龚新蜀等，2022；李海刚，2022；吕波和高婷婷，2021）。实施开发型PPP模式时，政府需进行前期研究，为不同项目制定合适的激励策略，以最大化政府的综合效益（钟韵和朱雨昕，2021）。面对新基建发展中的挑战，政策的精准干预和多角度的政策体系设计是必要的，包括支持新兴产业、集聚基础设施新领域、加强区域互补、完善保障体系、关注新主体和鼓励投资等方面（杨守德和杨倩，2022）。新基建不仅促进了企业数字化转型，提高了市场资源配置效率，还激发了就业市场和创新活力。技术的进步推动了服务贸易的高质量发展，促进了数字技术等领域的发展。新基建与传统基础设施的结合扩大了消费市场，提升了消费层次，加强了经济活动的内在联系，推动了市场网络和产业间互联互通的建设，为知识创新和决策支持提供了信息资源。新基建的深入发展将进一步推动中国经济结构的转型升级，为经济稳定增长和高质量发展提供新动力，其对社会进步和国家竞争力提升的作用将日益突出。

（4）数字经济新引擎与新基建政策支持。

中国政府在确保新型基础设施高效规划与布局方面，强调了顶层设计的重要性，并实施了技术提升、风险防范和区域平衡等措施，构建了一个全面的监管框架体系（刘启云，2021；周嘉和马世龙，2022）。政府还提供了一系列政策支持，以促进新基建与产业链群的融合，包括财税优惠、资金投入和政策引导，旨在降低企业创新风险，激励产业链上下游的协同发展（工业和信息化部，2020）。实现新基建与数字经济的协同发展，需要找到两者之间的平衡点，确保新基建在推动数字经济发展中发挥关键作用，为国家产业结构的调整和升级提供支持。互联网在资源配置中的关键作用，有助于深度挖掘信息化、数字化、网络化的发展红利，推动中国经济从高速增长向高质量发展转型（马青山等，2021）。政策支持、技术创新、市场需求和人才培养等多方面因素的协同配合，在这一过程中至关重要。中央及地方政府对新基建的建设给予了极大的关注与重视，这从表4-4所列的新基建相关政策文件中可以明显看出。

表4-4　　　　　　　　　全国新基建重要的框架性政策

时间	政策	内容
2018年12月	中央经济工作会议	第一次明确提出新基建，强调要加快5G、人工智能、工业互联网、物联网等新型基础设施建设
2019年3月	政府工作报告	加强新一代信息基础设施建设

续表

时间	政策	内容
2019 年 5 月	国务院常务会议	提出促进工业互联网等新基建与制造业技术创新的结合
2019 年 7 月	中共中央政治局会议	提出加快推进信息网络等新型基础设施建设，大力发展先进制造业等
2019 年 12 月	《关于促进"互联网 + 社会服务"发展的意见》	加快布局新型数字基础设施，加快支持大数据应用和人工智能等发展
2020 年 1 月	国务院常务会议	加大政策支持推进新基建建设，加快发展先进制造业，加速智能、绿色发展
2020 年 2 月	中央全面深化改革委员会第十二次会议	统筹传统与新型、存量与增量的关系，打造现代化的基础设施体系
2020 年 3 月	中共中央政治局常委会会议	提出鼓励民间资本的融入，加快 5G、数据中心等新基建
2020 年 3 月	工信部	提出加快 5G、数字中心等新基建
2020 年 4 月	国家发展改革委例行新闻发布会	明确提出新基建的定义，并指出其范畴和外延是可以变换与增加的
2020 年 5 月	政府工作报告	从需求端提出，以发展 5G、充电桩、新能源等进一步激发消费需求，促进产业升级
2021 年 3 月	国务院发布《中华人民共和国国民经济和社会发展第十四个五年规划和 2035 年远景目标纲要》	指出具体将出台新型基础设施建设"十四五"规划，进一步大力发展数字经济，拓展 5G 应用，加快工业互联网、数据中心等建设
2021 年 12 月	《加强信用信息共享应用促进中小微企业融资实施方案》	提出构建全国一体化融资信用服务平台
2022 年 1 月	国务院发布《"十四五"数字经济发展规划》	强调加快构建高速泛在、天地一体、云网融合、智能敏捷和绿色低碳、安全可控的信息网络基础设施建设
2022 年 2 月	《关于促进工业经济平稳增长的若干政策》	提出加大大型风电光伏基地、5G、"东数西算"、北斗产业化等新型基础设施建设

续表

时间	政策	内容
2022 年 5 月	《扎实稳住经济的一揽子政策措施》	提出加快推进一批论证成熟的水利工程项目、加快推动交通基础设施投资、因地制宜继续推进城市地下综合管廊建设、稳定和扩大民间投资等
2023 年 5 月	《关于进一步深化电信基础设施共建共享促进"双千兆"网络高质量发展的实施意见》	通过深化电信基础设施的共建共享机制，推动"双千兆"网络（即 5G 移动网络和千兆宽带网络）的高质量发展。政策内容可能包括促进资源共享，降低重复建设，提高网络建设效率，加快新一代信息技术在经济社会各领域的深度融合和创新应用，以及提升网络服务能力和安全保障水平
2023 年 10 月	《算力基础设施高质量发展行动计划》	通过技术创新和政策支持，推动算力基础设施的高质量发展。计划包括加强算力资源的统筹规划，优化全国算力网络布局，提升数据中心能效，促进算力资源的共享与高效利用，以及支持算力基础设施关键技术的研发和应用

资料来源：根据相关资料整理。

新基建在中国经济发展策略中占据核心地位，旨在推动经济和社会的数字化转型，打造新质生产力。自 2018 年 12 月中央经济工作会议首次提出新基建理念以来，中国已在国家层面制定并实施了一系列协调一致的新基建发展计划。这些政策早期重点关注 5G、人工智能、工业互联网和物联网等关键技术领域的基础设施建设，并随着《关于促进"互联网 + 社会服务"发展的意见》等文件的发布，进一步扩展到加速数字基础设施的构建，推进大数据和人工智能技术的发展。随着"十四五"规划的实施，中国对数字经济和新基建未来发展的坚定决心得以体现。《"十四五"数字经济发展规划》的发布，为新基建的政策导向提供了清晰的路线图。《关于进一步深化电信基础设施共建共享促进"双千兆"网络高质量发展的实施意见》和《算力基础设施高质量发展行动计划》进一步彰显了中国政府推动电信和算力基础设施高质量发展的决心。国家发展和改革委员会在 2020 年对新基建的定义进行了明确，强调了其定义的动态性和适应性。

新基建作为一个多方面因素的复杂系统工程，需要一个全面精细的政策体系支撑。虽然国家已经构建了一系列政策框架，地方政府也响应制定了相应的政策文件，但现有政策设计仍需进一步细化，以确保其符合实际情况并具有可操作性。面向未来，政策制定应着重于顶层设计，强化基础与底层技术的研发，并深化在区域协调、行业联盟构建、资金筹集、风险控制以及监督管理等方面的政策落实。人才的培养与引进对于推动新基建及其对新质生产力的形成的贡献至关重要。

4.2　数字化赋能制造向智造转型影响因素的实证分析

4.2.1　理论分析与研究假设

1. 数字化驱动制造业转型与挑战

数字化赋能，即利用大数据、云计算、物联网等尖端信息技术，旨在提升制造业企业的工作效率、资源利用效率，降低运营成本，并最终增强市场竞争力与盈利能力（Alaybeyi F. S. R.，2018）。在智能制造的大背景下，数字化赋能的作用不容忽视。它不仅是实现生产和管理的智能化、网络化、数字化和集成化的关键，而且通过构建一个全面的数字化生产和管理环境，企业能够更有效地收集、分析和利用生产数据。这一过程不仅优化了生产流程，提升了产品质量，而且为企业提供了实现智能制造愿景的坚实基础（Wang W. H. Y.，2020）。然而，这一转型并非没有挑战。技术应用的复杂性、内部转型的阻力、文化转变的难题以及政策法规的限制，都是企业在转型过程中必须面对的问题。本研究将探讨这些挑战，并提出相应的解决策略。在当前科技迅猛发展的背景下，数字化赋能不仅成为制造业转型升级的核心驱动力，而且其多维度的影响和潜在挑战也日益受到学术界和业界的关注。然而，现有研究往往集中于数字化技术对制造业效率提升的积极作用，而忽视了转型过程中可能出现的复杂性和不确定性。本研究旨在填补这一空白，通过深入分析数字化技术在制造业中的应用，探讨其如何影响企业的智能化转型路径，以及这一过程中可能遇到的挑战和应对策略。然而，数字化转型是一个复杂且多维的过程，它不仅受到企业所处行业特点、规模大小、资源多寡以及技术水平高低等因素的影响，还涉及企业文化、员工技能、组织结构等多个层面（Adler J. K. J.，2018）。在这一转型过程中，企业必须面对技术应用的复杂性、内部转型的难度、文化的转变以及政策法规的限制等多重挑战（Tang K.，2020）。现有文献往往将这些因素视为独立的变量，而忽视了它们之间的相互作用和协同效应。本研究将采用系统的方法，构建一个综合考虑这些因素的模型，以揭示数字化转型的内在机理和关键驱动力。尽管数字化转型面临着重重挑战，如技术接受度、数据安全、员工培训等问题，但其作为推动制造业向智能化转型的关键途径，其趋势是不可逆转的。技术的持续进步、应用的智能化、转型的加速推进，以及跨界融合的趋势，共同描绘出未来数字化转型的蓝图。本研究将通过实证分析，探讨数字化转型如何通过提升企业的创新能力、增强市场竞争力和提高生产效率，推动制造业的智能化转型。

2. 数字技术在制造业转型中的多维赋能机理

在数字化技术的浪潮中，制造业正经历一场深刻且多维的转型。数字技术的应用极大地增强了企业对外部环境复杂性的适应能力，助力企业实现业务目标，并激发了网络化合作与协同研发的活力（Ruiz N.，2014）。此外，数字化赋能深入激发了消费者的参与热情，促进了研发与生产过程的紧密结合，推动了消费者与企业之间的协同演化，共同迈向价值共创的新阶段（黎传熙，2023）。数字技术还成功满足了市场对个性化需求的增长，通过定制化生产为社会创造了更多价值（王玉香等，2021）。同时，数字化转型通过精准营销和个性化定制，为制造业的智能化改造提供了强劲动力（焦云霞，2023）。然而，这一转型过程并非无风险，伴随着个人信息泄露和数据失真等挑战，这要求政府加强监管，构建有效的数字治理网络，以保障区域治理的协同和有效性。在数字化技术的浪潮中，制造业的转型不仅是技术的革新，更是一场涉及企业运营、创新模式、消费趋势、服务流程和政府治理的全方位变革。表 4 - 5 详细地探讨数字技术多维度赋能制造业的具体机制和成效。

表 4 - 5　　　　　　　数字技术在制造业转型中的多维赋能作用

赋能企业主体	制造企业通过采用数字技术，实现了规模化经济效应，推动了产品升级和生产流程的优化。数据驱动的决策制定使得企业能够构建出能够快速适应市场变化的供应链、订单管理和跨部门协作工具，从而显著提升生产效率和可靠性，并构建出更加灵活的生产制造和供应链架构
赋能创新过程	数字技术在制造业创新方面发挥了至关重要的作用。利用人工智能、云计算和大数据分析，企业能够更有效地设计产品，优化生产流程，提升产品质量，并加速新产品的创新和商业化。同时，数字技术还有助于减少设计和生产过程中的错误和缺陷，推动开放式协作和自主创新，通过不断迭代学习优化创新过程
赋能消费 与流通过程	数字技术的快速发展正在改变人们对消费品的期望和需求。制造商利用数字技术实现了高效、低成本的生产，并推动了产品的智能化，这不仅降低了成本，提高了性能，而且满足了消费者日益增长的需求。物联网技术和数据分析技术的应用提高了供应链的效率和透明度，进一步提升了客户满意度和忠诚度
赋能产品 服务流程	数字技术打破了传统制造业与服务业之间的界限，为制造企业带来了更灵活的销售模式和服务方式。企业能够以更低的成本提供更直接的服务，显著提升了产品竞争力、市场壁垒和服务能力。在数字技术的支持下，生产和服务过程之间的互联和互动变得更加紧密，使企业能够更准确地获取客户反馈，进而不断优化产品和服务
赋能政府 数字治理	数字技术还为政府提供了跨部门合作、透明度和信息共享的新框架，使得政府能够更有效地监管制造业和整个经济体系，并提供协作决策的平台。政府在数字治理方面的政策支持对推动制造业的转型和升级至关重要，有助于实现经济的可持续增长和社会的互惠发展

资料来源：根据相关资料整理。

如表 4 - 5 所揭示的，数字技术正以其深远的影响力，重塑制造业的智能化转型。这一转型涉及多个核心维度：企业主体的强化、创新过程的催化、消费与流通的革新、产品服务流程的优化，以及政府数字治理的增强。首先，数字技术的嵌入显著提升了企业主体的市场适应性和生产效率，成为推动制造业规模化经济效应的关键动力。企业通过采纳先进的数字技术，构建了灵活的供应链和订单管理系统，实现了跨部门的高效协作，确保在激烈的市场竞争中保持领先（Wang H. C. B. L.，2018）。其次，人工智能、云计算和大数据分析等数字技术在创新领域发挥着至关重要的作用，它们不仅提高了产品设计和生产的效率，还加速了新产品的研发和市场推广，减少了生产过程中的错误（Fang F.，2020）。再次，数字技术的发展促进了开放式协作和自主创新的理念，成为制造业持续创新和改进的重要驱动力。进一步，数字技术改变了消费者对产品的期望和需求，制造商通过高效的生产流程和智能化产品来满足这些需求（马亮等，2023）。物联网技术和数据分析的应用不仅提高了供应链的效率和透明度，还降低了成本，同时增强了消费者满意度和忠诚度，为企业带来了长期的市场竞争力。此外数字技术的应用模糊了传统制造业和服务业之间的界限，为制造企业提供了多样化的销售模式和服务方式。生产和服务过程的紧密互联互动，使企业能够更准确地获取客户反馈，进而优化产品与服务，提升市场响应速度和服务质量。最后，数字技术为政府提供了强有力的监管工具，促进了跨部门合作和信息共享，增强了对制造业及经济体系的监管能力。政府通过数字治理提供的政策支持，对制造业的转型和升级起到了推动作用，这对经济的可持续增长和社会的互惠发展具有深远的意义。

3. 假设归纳

数字化技术的快速发展已经成为推动制造业转型的关键力量。学者们从多个角度探讨了这一现象，包括生产效率的提升（Bresnahan T. F. et al.，2002）、组织结构的变革（Davenport T. H. et al.，2018）以及供应链管理的创新（Lee J. et al.，2014）。然而，尽管数字化技术为制造业带来了显著的积极影响，但关于其对企业智能化转型路径的具体作用机制，现有文献尚未给出一致的解释。一些研究强调了数字化技术在提高生产自动化和数据分析能力方面的作用（Schwab K.，2017），而其他研究则关注了数字化在促进企业创新和市场适应性方面的重要性（Chesbrough H.，2010）。

本研究旨在通过综合这些观点，提供一个更为全面的视角来理解数字化如何赋能制造业的智能转型。基于上述论述，本节从如下 6 个方面进行假设归纳，如表 4 - 6 所示：

表 4 - 6　　　　　　　　　　　　假设汇总

假设	描述
H_1	企业数字化水平与企业智能化转型水平之间存在显著的正向关系
H_2	数字技术对企业主体的赋能水平与企业智能化转型水平之间存在显著的正向关系
H_3	数字技术对创新过程的赋能水平与企业智能化转型水平之间存在显著的正向关系
H_4	数字技术对消费与流动过程的赋能水平与企业智能化转型水平之间存在显著的正向关系
H_5	数字技术对产品服务流程的赋能水平与企业智能化转型水平之间存在显著的正向关系
H_6	数字技术对政府治理的赋能水平与企业智能化转型水平之间存在显著的正向关系

4.2.2　关键指标设计与数据描述性统计

1. 指标选择与量化

在深入探究制造业数字化转型的实证研究中，我们集中关注了技术革新、组织与管理、创新活动及市场环境等核心领域。关键变量如研发周期、创新产品销售收入比例、信息化投资占比、员工数字化技能水平等，已被广泛研究并证实对企业转型具有显著影响。特别是，研发周期作为衡量技术创新和研发效率的重要指标，其缩短得益于数字化技术的应用（马亮等）。国际研究也证实了这一点（Bonnet，2020）。创新产品销售收入比例，即创新销售比例（ISR），被国内研究视为数字化转型的关键，与数字化技术应用紧密相关（陈彪等，2023）。信息化投资占比体现了企业在转型中的投资力度，与企业绩效的正相关性已被研究确认（Jia，2020）。员工的数字化技能水平，作为成功转型的另一关键，对转型进程的影响深远（Khan，2020）。网络零售渗透率揭示了数字化技术在促进在线销售方面的作用（Godina，2020）。交易平台的客户满意度评分、服务效率和客户满意度，是评估数字化营销和销售服务成效的重要指标。国内研究通过分析高效协同制造系统架构和智能化服务系统，评估了数字化转型的影响（张鹏杨等，2023）。国际研究则探讨了数字化技术在生产制造和销售服务方面的价值（Mahto，2020）。数字化公共服务通过率和数据开放级别，反映了政府的数字化能力和信息共享的开放性，对制造业数字化转型的推动作用受到关注（Sironen，2020）。综合来看，数字化技术对制造业的技术创新、研发速度、销售收入比例、信息化投资、员工技能、销售渠道拓展和客户满意度等方面均有显著促进作用。实证研究中变量的选择应基于企业特点和研究背景，以确保分析的准确性。综上所述，数字化技术在推动制造业转型的多方面发挥了核心作用，而为了进一步深化对这一转型过程的理解，本研究综合了国内外的研究成果，从赋能创新过程、企业主体、消费与流通、产品服务流程以及政府数字治理五个维度，各选取两个量化指标，共计十个指标，全面评估数字化转型的影响。

2. 多维度量化指标分析

数字化技术已成为推动制造业转型的核心力量，对企业技术创新、研发效率、销售结构、信息化建设、员工能力、销售渠道和客户满意度等方面产生了显著的正面影响。在进行实证研究时，选择与企业特性和研究背景相匹配的变量至关重要。本研究从五个关键维度"创新过程赋能、企业主体赋能、消费与流通过程赋能、产品服务流程赋能以及政府数字治理赋能"出发，选取了十个代表性的量化指标进行深入分析，以全面评估数字化转型的综合影响。企业开展数字化程度需要投入大量的资源和成本，制造业企业实施颠覆性创新也需要在一定的资源和能力的基础上，因此，本节选择企业层面控制变量为：企业规模、企业年龄、资产负债率、企业成长性、董事会规模、股权集中度、企业股权性质等；省区层面控制变量为：经济发展水平、产业结构、开放水平、金融发展、基础设施建设、政府财政支出等。本节所用企业层面数据除企业公报外，还来源于国泰安数据库（CSMAR）和 WIND 数据库，省区层面的控制变量数据来自 EPS 数据库，具体详细情况留存备索。具体如表 4 - 7 所示：

表 4 - 7　　　　　　　　　　　变量定义

变量类型		变量名称	变量符号	变量度量	变量单位
自变量	制造向智造转型	机器人普及率	Rpr	每万从业人数使用机器人的数量	台/人
因变量	赋能创新过程	研发周期	Rc	研发项目从立项到实施完毕所需的时间	周
		创新产品销售收入比例	$Isrp$	创新产品销售收入在总销售收入中的占比	%
	赋能企业主体	信息化投资占比	Iir	企业信息化投资在总投资中的占比	%
		员工数字化技能水平	$Dsdl$	企业员工掌握数字技术的比例	%
	赋能消费与流通过程	网络零售渗透率	Ers	企业网络零售销售额在总销售额中的占比	%
		交易平台客户满意度	Tcs	企业交易平台客户满意度的评分（以 1~10 的分数表示）	—
	赋能产品服务流程	服务效率	Se	反映服务流程的处理速度和效率，如平均处理时间	分钟
		客户满意度	Cs	反映客户对服务流程的满意度，如客户满意度评分（以 1~10 的分数表示）	—
控制变量	企业层面	企业规模	$Size$	样本企业所在地的市民或企业使用数字化公共服务的普及程度[1]	—
		企业年龄	Age	样本企业所在地区的政府部门数据对外开放的级别	年
		资产负债率	Dar	总负债/总资产	%
		企业成长性	$Growth$	企业的营业收入增长率	%

续表

变量类型		变量名称	变量符号	变量度量	变量单位
控制变量	企业层面	董事会规模	*Board*	企业的董事会人数的自然对数	—
		股权集中度	*Concen*	第一大股东持股比例	—
		企业股权性质	*Soe*	该变量为 1 表明是国有企业，为 0 则为民营企业	—
	省区层面	经济发展水平	*Gdppc*	人均地区生产总值	万元/人
		产业结构	*Secind*	第二产业占 GDP 比重	%
		开放水平	*Open*	外商直接投资额/GDP	%
		金融发展	*Fina*	金融机构存款贷款余额之和与 GDP 的比值	%
		基础设施建设水平	*Infcon*	地区基础设施建设资金投入额/GDP	%
		政府财政支出	*Gov*	财政一般预算支出占 GDP 的比例	%
	其他	企业固定效应	*Industry*	企业虚拟变量，属于该行业时赋值为 1，否则为 0	—
		时间固定效应	*Year*	年度虚拟变量，属于该年度时赋值为 1，否则为 0	—
其他变量	赋能政府数字治理	数字化公共服务	*Dsppr*	样本企业所在地的市民或企业使用数字化公共服务的普及程度[2]	—
		数据开放	*Dol*	样本企业所在地区的政府部门数据对外开放的级别	

注：①这个指标衡量的是确定上市企业所在城市的数字化公共服务的总数，例如在线税务申报、电子医疗记录访问、在线教育平台等。统计在一定时间内（1 年）使用这些服务的市民或企业数量。将使用数字化服务的数量除以服务区域内的总人口或企业数，再乘以 100 得到通过率。

②这个指标衡量的是确定上市企业所在城市的数字化公共服务的总数，例如在线税务申报、电子医疗记录访问、在线教育平台等。统计在一定时间内（1 年）使用这些服务的市民或企业数量。将使用数字化服务的数量除以服务区域内的总人口或企业数，再乘以 100 得到通过率。

研究中的"机器人普及率"直接反映了制造业自动化和智能化的水

平，其提升表明企业在智能制造领域的积极进展，也作为自变量企业智能化转型（$Transformation_i$）的指标项。而从赋能创新过程至赋能产品服务流程，通过加权计算，量化测度因变量企业数字化水平（$Digitalization_i$）。具体评价体系及权重如表4-8所示：

表4-8　　　　　　　　企业数字化水平指数评价体系及权重

指标类别	指标名称	权重
赋能创新过程	研发周期/周	0.10
	创新产品销售收入比例/%	0.15
赋能企业主体	信息化投资占比/%	0.20
	员工数字化技能水平/%	0.20
赋能消费与流通过程	网络零售渗透率/%	0.15
	交易平台客户满意度（1~10分）	0.10
赋能产品服务流程	服务效率/分钟	0.05
	客户满意度（1~10分）	0.05

此外，各子变量的定义为："研发周期"的缩短和"创新产品销售收入比例"的增加，分别体现了企业研发效率的提升和市场对创新成果的认可。在"信息化投资占比"和"员工数字化技能水平"方面，两者的提升是企业数字化战略成功实施的关键。此外，"网络零售渗透率"的增长和"交易平台客户满意度"的评分，揭示了企业在网络销售和服务质量方面的潜力与挑战。服务效率和客户满意度的指标进一步提供了企业服务流程改进的依据。最后，"数字化公共服务通过率"和"数据开放级别"两个指标，不仅衡量了数字化公共服务的普及程度和政府数据开放的情况，也对促进社会创新和透明度起到了重要作用。

3. 数据描述性统计

本研究选取了2018~2023年在上海和深圳证券交易所上市的316家

高技术产业企业作为研究样本①。特别地，赋能政府数字治理的两项指标，即"数字化公共服务通过率"和"数据开放级别"，是针对每个上市企业所在的具体城市或区域进行细致评估的。这意味着，涉及政府方面的样本量同样为316，与企业样本量保持一致。为了深入挖掘并理解这些高技术企业在数字化转型过程中的关键特征和趋势，采用了统计分析软件，对整合自企业内部调研和第三方权威调查机构的相关数据进行了全面的描述性统计分析。这一分析过程严谨且系统，旨在揭示企业数字化转型的多维度影响因素。分析结果如表4-9所示。

表4-9 各变量的描述性统计分析

变量名称	样本量	平均数	标准差	最小值	最大值	第一四分位数	中位数	第三四分位数	类别数①
Rc	1 264	4.356	1.239	0.234	7.543	3.598	4.135	4.987	—
$Isrp$	1 264	0.315	0.083	0.123	0.576	0.252	0.315	0.374	—
Iir	1 264	0.187	0.072	0.021	0.423	0.132	0.182	0.238	—
$Dsdl$	1 264	4.567	1.234	1.234	7.987	3.578	4.333	5.457	—
Ers	1 264	0.467	0.109	0.125	0.812	0.389	0.465	0.542	—
Tcs	1 264	3.245	0.789	1.234	5.456	2.756	3.267	3.795	—
Se	1 264	0.678	0.097	0.423	0.912	0.599	0.681	0.757	—
Cs	1 264	3.456	0.789	1.234	5.678	2.983	3.465	3.917	—
$Dsppr$	1 264	0.678	0.097	0.423	0.912	0.599	0.681	0.757	—
Dol	1 264	—							5

注：①数据开放级别（以1~5的分数表示）：这个指标衡量的是政府数据开放的广泛性和开放数据的可用性。量化方法：数据可用性（以1~5的分数表示）：评估数据的可获取性，如是否容易下载、是否为机读格式、是否有清晰的使用指南。数据范围（以1~5的分数表示）：评估开放数据的种类和覆盖范围，如是否包括关键领域如交通、教育、健康等。数据更新频率（以1~5的分数表示）：评估数据集的更新频率，频繁更新的数据集可以获得更高的分数。数据质量（以1~5的分数表示）：评估数据的准确性、完整性和一致性。法律和政策支持（以1~5的分数表示）：评估是否有支持数据开放的法律和政策，以及这些政策的执行情况。综合评分：将上述各项分数相加，得到一个总分，然后除以5得到平均分，这个平均分即为数据开放级别。

① 行业类别划分参照中国证监会的行业分类标准，样本数据均来源于锐思（RESSET）金融研究数据库和企业公开披露的2018~2023年度财务报告。

表 4 - 9 的统计结果显示，研发周期较长，创新产品销售收入比例波动大，信息化投资占比较低，这些都是企业数字化转型中需关注的重点。员工数字化技能水平较高，但企业间差异显著，指出了数字化人才培养的不均衡性。网络零售渗透率和交易平台客户满意度的分析结果则揭示了企业在网络销售和服务提升方面的潜力与挑战。服务效率和客户满意度的指标表明，尽管企业间效率差异不大，但在提升服务质量方面仍有共同的进步空间。此外，数字化公共服务通过率的分析结果提示了数字化服务普及和应用的广泛提升空间。这些发现为企业管理层提供了宝贵的信息，帮助他们识别数字化转型中的关键领域，并制定相应的策略。同时，也为政策制定者提供了数据支持，有助于优化政府数字治理，推动整个行业的均衡和持续发展。

4.2.3　实证分析

1. 基准回归

在进行线性回归分析之前，对数据执行了一系列关键的预处理步骤。首先，为了解决变量单位不一致的问题，对数据进行了单位转换和标准化处理，确保了数据的一致性。其次，针对自变量和因变量的非正态分布特性及其较大的变量跨度，我们采用了对数转换方法，以期望使变量分布更加接近正态分布，满足线性回归模型的基本假设。最后，为了提升数据质量，对数据集进行了彻底的检查，排除了缺失值和异常值，并对数据进行了清洗。同时，为了确保模型结果的准确性，还对自变量间的共线性问题进行了严格的检验。经过这些数据处理步骤后，本节首先进行了基准回归分析，以评估数字化技术对企业智能化转型的直接影响。基准回归模型如下：

$$Transformtion_{i,t} = \alpha_0 + \alpha_1 Digitalization_{i,t} + \alpha_i \sum Control_{i,t} + \varepsilon_{i,t}$$

其中，$Transformation_{i,t}$ 表示 t 年企业 i 的智能化转型水平，$Digitaliza$-

$tion_{i,t}$ 表示 t 年企业 i 数字化水平，$Control_{i,t}$ 表示 t 年度的一系列控制变量。本节在回归模型中加入企业固定效应 η_j 和时间固定效应 λ_t，$\varepsilon_{i,t}$ 为随机扰动项（见表 4 – 10）。

表 4 – 10　　　　　　　　　　　基准回归结果

因变量	（Ⅰ）	（Ⅱ）	（Ⅲ）
	Transformtion	*Transformtion*	*Transformtion*
Digitalization	0.076 *** (18.537)	0.072 * (12.414)	0.075 *** (16.667)
常数项 & 控制变量	不控制	控制	控制
企业固定效应	不控制	不控制	控制
时间固定效应	不控制	不控制	控制
R^2	0.850	0.842	0.876
Adj. R^2	0.847	0.839	0.874
观测值	1 896	1 896	1 896

结果显示，数字化水平的提高对企业转型具有显著的正向促进作用。在模型（Ⅰ）、模型（Ⅱ）、模型（Ⅲ）中，数字化的系数分别为 0.076、0.072 和 0.075，且均在 1% 的水平上显著（t 值分别为 18.537、12.414 和 16.667），这表明数字化技术的应用是推动企业转型的关键因素。进一步地，在模型（Ⅱ）和模型（Ⅲ）中，引入了控制变量，但数字化的显著正效应并未受到影响，这增强了研究结果的可信度。此外，模型（Ⅲ）中加入了企业固定效应和时间固定效应，以控制不随时间变化的企业特有因素和所有企业共同经历的时间特定因素，结果显示，加入固定效应后，数字化的系数略有下降，但依然显著，R 平方（R^2）和调整 R 平方（*Adj. R^2*）均有所提高，分别从 0.850 增至 0.876 和从 0.847 增至 0.874，表明模型的解释能力得到了增强。由此，本项目研究假设 H_1 得到验证。

2. 稳健性检验

（1）更换解释变量。

为验证企业数字化水平对企业智能化转型水平影响的稳健性，本节实施了变量替换法的稳健性检验。通过将企业数字化水平的衡量指标替换为数字化技术无形资产总额的对数形式（ln_Dig_as）以及该总额占企业总资产的比重（Dig_as），本节对这些指标与企业智能化转型（Transformtion）之间的关系进行了深入分析（见表 4 – 11）。

表 4 – 11　　　　　　　　　变量替换法的稳健性检验

变量	（Ⅰ） _Transformtion_	（Ⅱ） _Transformtion_
ln_Dig_as	0. 062 *** (15. 116)	
Dig_as		0. 068 *** (16. 667)
常数项 & 控制变量	控制	控制
年份固定效应	控制	控制
企业固定效应	控制	控制
R^2	0. 835	0. 837
Adj. R^2	0. 832	0. 834
观测值	1 896	1 896

实证结果表明，无论是 ln_Dig_as 还是 Dig_as，它们对企业智能化转型水平的正向影响均在 1% 的显著性水平上显著。具体而言，ln_Dig_as 的影响系数分别为 0. 062，对应的 t 值为 15. 116；Dig_as 的影响系数分别为 0. 068，对应的 t 值为 16. 667。这些结果进一步证实了企业数字化技术资产的规模和比重对于提升企业智能化转型水平具有重要的正向作用。因

此，同样验证假设 H_1 稳健。

（2）更换自变量。

仅采用熵值化后得到的数字化水平指数作为企业数字化水平发展的代理指标并不稳健。考虑到数字化转型发展依赖于新基建，地区新基建发展水平在一定程度上可以反映当地数字化转型发展水平，为此本节采用赛迪智库新基建发展潜力白皮书对中国各省新基建打分指标作为数字化转型发展的代理变量。采用新基建发展指数来衡量地区的数字化转型发展程度。回归结果仍然稳健。

3. 联立方程模型

采用联立方程模型（SEM）主要是能克服传统线性回归模型在处理变量间复杂相互作用时的局限性。SEM 不仅能够综合分析多个变量间的相互影响，还能评估模型整体的拟合优度，为智能制造转型提供了一个更为全面的分析视角。在基准回归分析的基础上，本研究进一步构建了联立方程模型，以测试数字化通过不同路径对企业智能化转型的影响。构建联立方程模型，旨在深入评估数字赋能对智能制造转型的具体影响，并揭示不同因素在制造业智能化进程中的协同作用。模型如下，其中包括了各个方程的截距项、路径系数以及随机误差项。

$$\begin{cases} Dsdl = \gamma_0 + \gamma_1 Iir + \varepsilon_1 \\ Dol = \omega_0 + \omega_1 Iir + \varepsilon_2 \\ Rpr = \beta_0 + \beta_1 Rc + \beta_2 Isrp + \beta_3 Iir + \beta_4 Dsdl + \beta_5 Ers + \beta_6 Cs + \beta_7 Dol + \varepsilon_3 \end{cases}$$

其中，γ_0、ω_0 和 β_0 是各个方程的截距项；γ_1、ω_1、β_1、β_2、β_3、β_4、β_5、β_6 和 β_7 是各个效应的路径系数；ε_1、ε_2、ε_3 是方程中的随机误差项。为了验证模型结果的稳定性和可靠性，采用自主重取样（bootstrapping）方法进行稳健性检验。目标变量（因变量）和自变量（解释变量）之间的路径系数、标准误、t 值、P 值以及稳健性检验如表 4 - 12 所示。

表 4 - 12　　　　　　　　　　　　联立方程路径系数与稳健性检验

目标变量	自变量	路径系数	标准误	t 值	p 值	稳健 SE	t 值（稳健 SE）	p 值（稳健 SE）
Dsdl	Iir	0.593	0.045	13.237	0.000	0.042	14.093	0.000
Dol	Iir	-0.348	0.056	6.187	0.000	0.050	6.943	0.000
Rpr	Rc	0.215	0.030	7.172	0.000	0.029	7.310	0.000
Rpr	Isrp	0.150	0.025	6.000	0.000	0.024	6.225	0.000
Rpr	Iir	0.178	0.040	4.492	0.000	0.037	4.782	0.000
Rpr	Dsdl	0.367	0.057	6.378	0.000	0.052	7.011	0.000
Rpr	Ers	0.287	0.068	4.219	0.000	0.085	3.367	0.001
Rpr	Cs	0.251	0.070	3.584	0.000	0.081	3.105	0.002
Rpr	Dol	0.230	0.052	4.454	0.000	0.038	5.973	0.000

　　如上表所示，结果表明，信息化投资比例（Iir）对员工的数字化技能水平（$Dsdl$）具有显著的正向影响，路径系数为 0.593，表明每增加一个单位的信息化投资，员工的数字化技能水平平均提高 0.593 个单位。该影响在统计上是显著的（t 值为 13.237，P 值为 0.000），并且在稳健性检验中得到了验证（稳健性 t 值为 14.093）。信息化投资比例（Iir）对数据开放级别（Dol）呈现显著的负向影响，路径系数为 -0.348，意味着信息化投资的增加与数据开放程度的降低相关联。此结果在 1% 的显著性水平上成立（t 值为 6.187，P 值为 0.000），稳健性检验结果进一步确认了这一发现（稳健性 t 值为 6.943）。研发周期（Rc）对机器人普及率（Rpr）的影响显著为正，路径系数为 0.215，表明研发周期的缩短与机器人普及率的提升显著相关。该结论在统计上高度显著（t 值为 7.172，P 值为 0.000），并且在稳健性检验中保持稳定（稳健性 t 值为 7.310）。创新产品销售收入比例（$Isrp$）对机器人普及率（Rpr）同样展现出显著的正向关系，路径系数为 0.150，说明市场对创新产品的接受度越高，机器人普及率越高。这一结果在统计测试中极为显著（t 值为 6.000，P 值为 0.000），

并在稳健性检验中得到了证实（稳健性 t 值为 6.225）。信息化投资比例（Iir）、员工的数字化技能水平（$Dsdl$）、网络零售渗透率（Ers）、客户满意度（Cs）以及数据开放级别（Dol）均对机器人普及率（Rpr）有正向影响，其中员工的数字化技能水平对机器人普及率的影响最为显著（路径系数为 0.367），其次是数据开放级别（路径系数为 0.230）。综上所述，研究结果为假设 H_2 和假设 H_3 提供了较为直接的支持，假设 H_4 得到了间接支持，而假设 H_5 和假设 H_6 的支持情况不明显，需要更多的分析或数据来进一步验证。

中介效应和直接效应的系数和标准误如表 4 – 13 所示，其中，"$Iir \rightarrow Dsdl \rightarrow Rpr$" 表示信息化投资占比通过员工数字化技能水平这一中介变量影响到机器人普及率，"$Iir \rightarrow Rpr$" 表示信息化投资占比对机器人普及率的直接影响。同理，"$Iir \rightarrow Dol \rightarrow Rpr$" 表示信息化投资占比通过数据开放级别这一中介变量影响到机器人普及率。CI 下限和上限则表示置信区间的下限和上限。

表 4 – 13　　　　　　　　　　　　**中介效应和直接效应**

中介效应	直接效应	间接效应系数	标准误	95% CI 下限	95% CI 上限
$Iir \rightarrow Dsdl \rightarrow Rpr$	$Iir \rightarrow Rpr$	0.348	0.056	0.241	0.455
$Iir \rightarrow Dol \rightarrow Rpr$	$Iir \rightarrow Rpr$	0.230	0.052	0.132	0.337

研究发现，信息化投资比例（Iir）通过员工的数字化技能水平（$Dsdl$）对机器人普及率（Rpr）具有显著的中介效应。该中介效应的系数为 0.348，标准误为 0.056，表明在考虑中介变量的情况下，信息化投资对机器人普及率的影响部分通过提升员工技能实现。即使在控制了中介变量之后，信息化投资比例（Iir）对机器人普及率（Rpr）的直接影响依然显著。直接效应的系数为 0.241，标准误为 0.455，95% 置信区间的下限和上限分别为 0.132 和 0.455，均不包含零，从而证实了直接影响的统计显著性。数据开放级别（Dol）作为另一中介变量，其对信息化投资比例（Iir）与

机器人普及率（Rpr）关系的中介效应系数为 0.230，标准误为 0.052。95% 置信区间的估计结果（从 0.132 ～ 0.337）同样不包含零，进一步确认了数据开放在数字化转型中的中介作用。间接效应的系数及其 95% 置信区间的估计结果表明，数字化技术通过中介变量对制造业智能化转型的影响是稳健的。这为政策制定者和企业管理层提供了明确的指导，即在推动数字化转型的过程中，应重视员工技能提升和数据开放政策的制定与执行。

4.3　数实融合对创新链产业链耦合的影响

4.3.1　理论分析与研究假设

1. 数实融合与双链耦合深度的理论分析

（1）数实融合的视角。

2023 年 9 月，习近平总书记强调了推进新型工业化的重要性，提出要适应科技革命和产业变革，整合数字经济与实体经济，为中国现代化打下物质技术基础。李强总理也指出，要适应时代变化，强化产业链供应链、提升创新能力，推动产业升级和工业绿色发展。这表明数实融合是新型工业化的关键任务，它正引领工业技术、模式和治理的根本变革，促进传统产业数字化转型，推动区域经济和产业生态的创新发展①。在数字化时代的背景下，数字技术与实体经济的深度融合—称为数实融合—已成为学术研究的重点领域。数实融合涉及数字技术与实体经济间的互动、产业结构和运营模式的革新、新兴商业形态的产生以及新经济动力的孕育等多个方面。此融合过程不仅是产业高质量发展的关键推动力，也是实现特定国家

---

① 中国政府网. 习近平总书记在推进新型工业化座谈会上的讲话［EB/OL］.（2023 - 09 - 23）［2024 - 09 - 29］. https：//www. gov. cn/yaowen/liebiao/202309/content_6905885. htm.

式现代化的核心动力。特别是在数字制造领域，需打破固有的思维模式并积极采纳创新的理念以推进数实融合向更深层次发展（Ye et al.，2018）。例如，数字孪生技术的应用可有效提升企业数字化转型的速度和质量，进而促进生产过程的优化及智能化。数实融合的形态主要分为要素型融入和技术型融入两类，均能促进实体经济的发展。然而，技术型融入的边际效应呈现递减趋势（余东华和王爱爱，2023a）。因此，企业在进行数字化转型时，必须深度融合数字技术与实体经济，以加速新型工业化进程，并提升实体经济的转型和升级能力（Li & Liu，2021）。

数实融合与产业链创新链深度耦合密切相关，数字技术在实体经济中的广泛应用促进了两者的深度耦合（Pillania，2020）。这种耦合带动了产业链和创新链的深度融合和同步优化，对协同创新有重要作用，推动了新的经济增长。尽管国内文献对此两方面的研究较少，但国外学者对此话题进行了活跃的讨论。从资源配置的角度，一方面，数字化转型可以促进资源整合和分配，提高企业的创新能力和绩效（Liu & Huang，2020）。另一方面，企业的数字化转型和物联网技术应用有助于优化供应链、降低库存和减少生产时延，从而提高企业的耦合深度（Liu et al.，2019）。也有学者应用大数据技术探讨制造业中与质量相关的问题，并提出数字化技术对提高实体产业创新的重要作用。学者们还发现数字化转型可以促进企业的商业模式创新，提高企业的竞争力和创新能力（Xu et al.，2019）。产业4.0挑战下，数字化技术改善实体产业的生产过程，提高企业的灵活性和创新能力（Lonkwic et al.，2020）。同时，数字化转型提高供应链透明度和协同效应，促进实体产业创新和绩效提高（Miesing et al.，2020）。数字技术和实体制造的融合提高生产效率和质量，同时促进产品和服务的创新（Zhou et al.，2018）。此融合通过实时收集和分析生产过程数据（Yang et al.，2019），并利用数字孪生技术在产品设计和开发中的应用，提高企业的创新能力和市场竞争力（Pidun et al.，2020）。另有学者指出，新兴技术如物联网和工业4.0提供了更多创新机会（Chen et al.，2018），为数字化转型提供了新的方向和思路，进一步推动双链耦合深度延展

（Wang et al.，2019）。基于此，本研究提出如下假设：

假设 H_1：数实融合水平影响双链耦合深度，并有正向促进作用。

（2）技术创新与数字化人才的视角。

技术创新作为推动制造业升级的关键动力，与产业链和创新链的耦合紧密相关，研究发现，跨界技术创新网络加深了产业链与创新链之间的紧密耦合（Chesbrough et al.，2014）。随着信息技术的飞速发展，数字化技术和实体制造之间的融合已成为转型升级和提高创新能力的重要手段。在新技术和新工艺领域，数实融合将是未来企业提高核心竞争力、实现转型升级的关键所在（Gao et al.，2021）。首先，数实融合水平对于技术创新投入具有积极的影响。阿哈加吉和尼利（Alhajjaj & Neely，2021）通过对英国制造业企业的调研发现，数实融合水平提高会促进企业在技术、设备和人力资源方面的更多投入，为技术创新的开展提供了更多的资源和保障（Alhajjaj et al.，2021）。另外，阿斯佑夫（Alsyouf，2016）也认为数字技术和实体制造之间的融合可以鼓励企业增加技术创新投入，促进企业的创新能力提升与转型升级（Alsyouf，2016）。其次，数实融合对于技术创新产出也有着显著的促进作用。金和黄（Kim & Hwang，2018）研究了工业互联网技术在韩国制造业中的应用，发现这一技术的推广应用能够提高企业的生产效率和质量，降低维护和运营成本，并提高产品和服务的创新能力（Kim et al.，2018）。皮拉尼亚和哈利姆（Pillania & Haleem，2020）研究了数字孪生技术在印度制造业中的应用，认为其有助于提高企业生产过程的可视化程度和仿真效果，使企业在新产品研发、生产优化和定制化方面实现技术创新（Pillania et al.，2020）。此外，数字化人才与企业数字化转型间关系密切，对于数实融合显得十分关键。在数字化环境下，企业需要明确搜寻方向的同时，也要加强数字化技术的获取和数字化人才的培养，以便充分准备并顺利启动数字化转型（王永贵等，2023）。基于此，本研究提出如下假设：

假设 H_{2a}：创新投入可以影响数实融合对双链耦合深度作用的进一步提升，即创新投入在数实融合与双链耦合深度之间具有中介效应。

假设 H_{2b}：创新产出可以影响数实融合对双链耦合深度作用的进一步提升，即创新产出在数实融合与双链耦合深度之间具有中介效应。

假设 H_{2c}：数字化人才效应可以影响数实融合对双链耦合深度作用的进一步提升，即数字化人才效应在数实融合与双链耦合深度之间具有中介效应。

2. 营商环境与金融基础作用的理论分析

数实融合是指将数字世界和实体经济有机结合起来，促进各行业间的互通和发展，以提高经济效益和社会价值。在经济全球化的背景下，优质的营商环境和充分的金融支持对企业的存续和发展至关重要，进而对产业链与创新链的紧密耦合产生影响。金融基础在数字化时代的作用日益凸显，成为推动各行业发展实现经济高质量发展的关键推手。而营商环境则是企业选择、发展和经营的重要因素之一，对于吸引投资、促进创新、提升企业公信力和竞争力至关重要。这些要素之间的关系日益复杂，逐渐成为当前研究重要趋势。近年来，许多学者都进行了相关研究。一些学者提到了在大数据时代下，金融基础和实物资本投资之间的耦合机制，并通过实证研究揭示了大数据对该耦合机制的影响（Zhang et al.，2019）。同时，其他学者利用大数据和机器学习技术研究了企业总部选址，分析了消费者和市场需求对金融基础和实体经济的影响（Shi et al.，2020），为企业数字化转型和营商环境的塑造提供了新思路。此外，还有学者阐述了数字化转型的意义以及其对中小企业和金融生态系统的影响，探讨数字化转型如何促进企业的发展并打造优秀的营商环境（Ghani & Goswami，2020）。同时，有学者从信息安全和网络环境中探讨了金融生态系统的发展，阐明了信息安全对于金融生态系统运作的至关重要性，提醒企业注意网络安全和风险管理的重要性（Yevgenyeva et al.，2019）。此外，还有学者关注数字化转型对企业财务管理的影响，重点探讨数字化转型如何提高财务管理的效率，推动金融创新，奠定企业未来发展的坚实基础，以适应数实融合的发展需求（Li & Song，2020）。基于此，本研究提出如下假设：

假设 H_{3a}：营商环境的改善正向调节数实融合水平与双链耦合深度的

关系。

假设 H~3b~：金融基础正向调节数实融合水平与双链耦合深度的关系。

3. 政府政策支持的理论分析

数字经济与实体经济的深度融合已经形成了一个"双循环"发展框架，不仅推动了业务模式、组织形态和价值观模式的变革，而且为实体经济带来的传统问题提供了新的解决途径（刘慧和王曰影，2023）。然而，在这一过程中，面临诸如数据的准确性、可靠性和技术创新滞后等挑战。有学者研究指出，政府对数字化转型提出切实可行的政策措施，包括资源和资金支持、人才培养和产业合作等，有助于加速数字技术在生产和制造中的应用和普及，推动制造业向智能化、敏捷化、个性化方向转型（Ferreira，2018）。在此背景下，政府的作用至关重要，其需要引导产业的数字转型，构建和健全数字技术人才培养体系，并灵活调配和应用数据资源，以加速实体经济的全面发展（杨秀云和从振楠，2023）。同时，国外有学者探究中国数字和创意产业的发展趋势和发展方向（Yan & Du J.，2020），提出要构建跨地区创新生态系统、加强区域链协调、推进协同创新等策略（Chen et al.，2019；张贵和赵一帆，2023），类似研究结果在其他国家也得到了反复证实，如美国、德国、韩国等（Ko et al.，2017）。进一步，在推动新型工业化发展过程中，数实深度融合被视为关键因素，也需要依赖政策创新等多方面因素（任保平和张嘉悦，2023），政府的积极支持也对双链耦合发挥着重要推动作用（Mazzucato，2015）。研究显示，政府对企业数实融合和升级改造提供资金和技术支持可以促进供应链内部的紧密合作和协同，提高供应链的风险应变能力，进一步提高产业和技术水平。有学者认为政府的政策制定和投资策略对数字化技术在供应链中的推广和应用至关重要，能够激发企业参与数字化技术的研发和创新，不断提高耦合深度和整体协同效率（Burke，2019）。在数字经济新发展阶段，政策重点是提高实体经济的产业能力与现代化水平。政府在这一过程中需要加大投入，探索融合创新的利益分配机制（史宇鹏和曹爱家，2023）。基于此，本研究提出如下假设：

假设 H_4：地方政府的数实融合支持政策可以对地区双链耦合深度的提升产生进一步的促进作用。

产业链和创新链是企业及其上下游企业之间完整的产业关系，涵盖新产品和服务的研发、制造和销售全过程。深度耦合的产业链和创新链对推动产业升级和创新发展具有重要作用。国内外研究者已开始研究产业链和创新链的耦合关系，探索产业升级和创新发展的路径和策略。研究发现，我国双链耦合协调仍处于调整阶段，不同地区的耦合协调水平存在差异，经济发展水平、交通基础设施水平和人口聚集程度被确定为主要影响因素（梁树广等，2022；梁树广等，2023）。因此，不同地区之间可能存在着影响关系的异质性。在经济发达地区，其经济发展水平、基础设施建设和技术创新能力的不同可能更为突出，教育水平、科研实力和科技创新能力通常也更高。此外，产业结构的变化、对外开放程度和政府财政支出的不同往往对数实融合与双链耦合深度的影响存在差异性。因此，上述提出的假设需要经过深入研究和数据验证，特别是需要深入理解数实融合对双链耦合深度的影响机制，并考虑到区域间的差异性和各种限制条件。

4.3.2　实证研究设计

1. 数据来源

本节分析了 2010～2021 年数实融合对我国双链耦合协调发展的演变格局及其主要影响因素，研究对象为中国内地 29 个省区市（不含西藏、新疆、海南及港澳台地区）。数据来源包括 2011～2022 年的《中国统计年鉴》《中国科技统计年鉴》《中国工业统计年鉴》《中国高技术产业统计年鉴》以及各省份的统计年鉴和 2010～2022 年的统计公报，对极少数指标缺失的数据采用指数平滑法加以补齐。

2. 变量选取

（1）因变量。本节以制造业作为实体经济的核心部分展开实证研究（黄群慧等，2019）。鉴于科学性、客观性和数据可得性，双链耦合深度评价参考余东华等（余东华和王爱爱，2023b）以及梁树广等（梁树广等，2022；梁树广等，2023）的做法，构建"双链"系统的评价指标体系。选取各省产业链系统的长度、宽度、关联度、厚度以及创新链系统的创新投入、实施、产出、环境 4 个层面的指标，使用主成分分析法构建得到，详细过程略，相关数据备索。

（2）自变量。数字技术与实体经济充分融合的程度是一个复杂的问题，无法给出精确的具体数据。不同的地区，在数实融合方面的成熟度和发展程度不同，因此衡量其充分融合的程度也是具有差异性的。在过去的研究中，往往通过简单地观察数字化技术的普及程度来衡量数实融合赋能水平，但这种方法容易忽略数字化技术的应用效果和整合能力。因此，数字技术与实体经济充分融合的具体数据很难给出，需要从多个角度进行综合评估和观察。有鉴于此，考虑科学性、客观性和数据可得性，采用统计角度和文本挖掘关键词词频等方法进行测度。借鉴刘淑春（刘淑春等，2021）、肖红军等（肖红军等，2021）的做法，基于文本挖掘的视角测度。具体方法为：首先，依据各省区市 2010～2022 年关于"数字技术与实体经济融合"相关政策方针文件，基于文本内容归纳梳理相关词源，确定数实融合的关键词检索库，包括 142 个关键词；其次，基于上述检索库，基于文本分类方法创建检索使用的关键词；然后使用 Python 软件的数据爬取技术，对各省区市政府的政策文件以及各地区上市公司年报相关关键词进行挖掘，并对数据进行清洗；最后，以 ln（"数实融合"关键词的披露次数 +1）的方式对各省区市的数实融合水平进行衡量得到数实融合水平 1（$Data\_Level1$），本研究进一步将关键词范围缩小至 65 个，重复上述做法形成数实融合水平 2（$Data\_Level2$）。

（3）调节变量与中介变量。地区经济发展支撑环境可以从地区营商环境发展和金融基础水平两个维度进行划分。其中，营商环境变量测度借鉴了北京大学光华管理学院与武汉大学经济与管理学院联合发布的《中国省份营商环境评价报告》构建出中国内地各省区市营商环境评价指标体系①，测算中国内地 29 个省区市（不含西藏、新疆、海南及港澳台地区）的营商环境发展指数，相关数据备索。采用的数据时间区间为 2010 ~ 2021 年。在处理数据时，对指数进行了归一化处理以提高数据的可比性。在主要的回归分析部分，选取了省级层面的营商环境发展指数作为主要的研究对象。进一步，在进行稳健性检验时，本节引入了城市层面的营商环境发展指数，以增强研究的鲁棒性和全面性。此外，以创新投入和创新产出、数字化人才水平和地方政府政策支持为中介变量，前三个变量的具体定义及度量见表 4 - 14，地方政府政策支持的具体定义详见后文。

（4）控制变量。数实融合需要投入大量的资源和成本，"双链"深度融合也需要在一定的资源和能力的基础上，因此，本节选取经济发展水平、产业结构、开放水平、行业差异、基础设施建设水平、环境规制、人口增长率、国际贸易水平等为控制变量。其中，劳动生产率是衡量生产效率的一个非常重要的指标，在产业发展中特别重要，它反映了企业在生产过程中的效率并能支持企业财务和市场营销决策。因此，行业差异采用我国国民经济行业分类标准中对行业的细分类各行业的劳动生产率来表征。行业劳动生产率为各行业增加值与劳动力数量的比值。

本节主要变量定义如表 4 - 14 所示。

表 4 - 14 变量定义与说明

变量类型	变量名称	变量符号	变量度量	单位
被解释变量	耦合深度	*Depth_Coupling*	参见文内说明	—

---

① 该体系的一级指标由《"十三五"规划纲要》中营商环境建设的四个方面：市场环境、政务环境、法治环境和人文环境组成。二级指标参照《优化营商环境条例》并吸纳多个国内外主流评价体系的相关指标，细分为 13 个子类，包括市场环境下的融资、创新、竞争公平、资源获取和市场中介；政务环境下的政府效率、政府廉洁和政府关怀；法治环境下的产权保护、社会治安和司法服务；人文环境下的对外开放和社会信用等。这些二级指标的权重根据其在《优化营商环境条例》中出现的次数确定，这样便生成了一级指标的权重。综合考量参照指标体系和数据可获得性，选定了 22 项三级指标。这样，就形成了一个具体的、对中国内地城市营商环境有全面评估能力的指标体系。

续表

变量类型	变量名称	变量符号	变量度量	单位
解释变量	数实融合水平 1	*Data_Level*1	参见文内说明	—
	数实融合水平 2	*Data_Level*2	参见文内说明	—
	数实融合水平 3	*Data_Level*3	参见文内说明	—
	数实融合水平 4	*Data_Level*4	参见文内说明	—
中介变量	创新投入	*R&D*	R&D 经费占 GDP 比重	%
	创新产出	*Innova*	ln（当地发明专利授权总数）+1	—
	数字化人才	*Digital_talent*	从事数字经济相关劳动人口/年末从业人员总数	%
	地方政府政策支持	*Policy_region*	参见文内说明	—
调节变量	营商环境	*Envir_Institution*	参见文内说明	—
	金融基础	*Envir_Fina*	金融机构存款贷款余额之和与 GDP 的比值	%
控制变量	经济发展水平	*Gdppc*	人均地区生产总值	万元/人
	产业结构	*Secind*	第二产业占 GDP 比重	%
	开放水平	*Open*	外商直接投资额/GDP	%
	行业差异	*Indudi*	参见文内说明	万元/人
	基础设施建设水平	*Infcon*	地区基础设施建设资金投入额/GDP	%
	环境规制	*Env*	环境污染治理投资额/GDP	%
	政府财政支出	*Gov*	财政一般预算支出占 GDP 的比例	%
	人口增长率	*Poprate*	人口自然增长率	%
	国际贸易水平	*Inter*	进出口总额	亿美元

3. 描述性统计与相关性分析

回归中所有变量均经过了标准化处理，变量的描述性统计如表 4 - 15 所示。根据变量描述性统计分析结果来看，各地区各个变量均存在着较大的差异和不平衡，其中部分变量的均值和标准差甚至表现出偏态分布的特征并且在不同方面有不同程度的表现集中或差异大的特点。其中，耦合深度、数字化和实体化融合、经济发展水平、开放水平、基础设施建设水平等方面在样本中的整体表现较好，而政府财政支出、产业结构、环境规制和国际贸易水平等方面则整体表现一般。在行业差异方面，样本中的企业表现相对集中。这些指标表明，在样本中不同地区和企业在各个方面都存在不同的优劣势和差异，但相对来说，样本中的企业整体在数字化、实体化融合、创新投入和产出等方面表现较好，而地区整体在经济发展、基础设施建设和开放水平等方面表现较好。从整体上看，样本中的企业和地区的发展整体上处于较为积极的态势，但也存在一些需要改进和加强的方面，如政府财政支出、环境规制和产业转型等。此外，在相关性分析中发现，数实融合与双链耦合深度之间的相关系数为 0.083，在 1% 的显著性水平上具有显著性。这表明，数实融合水平越高，双链耦合深度也越深，符合预期的研究假设。

表 4 – 15　　　　　　　　　　　描述性统计

变量	N	均值	标准差	最小值	25%分位数	中位数	75%分位数	最大值
Depth_Coupling	348	0.367	0.061	0.247	0.323	0.370	0.416	0.465
Data_Level1	348	0.336	0.064	0.216	0.292	0.335	0.380	0.475
Data_Level2	348	0.288	0.054	0.190	0.245	0.295	0.322	0.398
Data_Level3	348	0.280	0.062	0.166	0.234	0.277	0.316	0.406
Data_Level4	348	0.261	0.054	0.181	0.221	0.259	0.300	0.350
Envir_Institution	348	0.693	0.037	0.631	0.668	0.698	0.720	0.758
Envir_Fina	348	2.513	0.844	1.212	1.935	2.300	3.088	4.316
R&D	348	1.766	0.687	0.552	1.218	1.697	2.218	3.664
Innova	348	6.911	6.161	5.796	6.303	6.732	7.080	7.635
Gdppc	348	9.496	4.261	3.583	6.656	8.531	11.220	19.517
Secind	348	0.450	0.055	0.337	0.410	0.436	0.487	0.575
Open	348	0.490	0.197	0.114	0.352	0.497	0.621	0.829

续表

变量	N	均值	标准差	最小值	25%分位数	中位数	75%分位数	最大值
$Indudi$	348	107.246	22.198	59.836	96.415	105.701	121.989	152.165
$Infcon$	348	0.040	0.026	0.008	0.022	0.033	0.053	0.095
Env	348	0.019	0.012	0.006	0.010	0.015	0.026	0.042
$Poprate$	348	0.006	0.001	0.004	0.005	0.006	0.007	0.009
$Inter$	348	1858.707	766.924	521.585	1354.605	1734.446	2275.383	3461.143
Gov	348	0.118	0.029	0.076	0.097	0.111	0.137	0.179

4. 模型设定

设定模型（4.1）~模型（4.7）如下：

$$Depth\_coupling_{i,t} = \alpha_0 + \alpha_1 Data\_level_{i,t} + \alpha_i \sum Control_{i,t} + \varepsilon_{i,t} \quad (4.1)$$

$$R\&D(Innova)_{i,t} = \alpha_0 + \alpha_1 Data\_level_{i,t} + \alpha_i \sum Control_{i,t} + \varepsilon_{i,t} \quad (4.2)$$

$$Data\_level_{i,t} = \alpha_0 + \alpha_1 Digital\_talent_{i,t} + \alpha_i \sum Control_{i,t} + \varepsilon_{i,t} \quad (4.3)$$

$$Depth\_coupling_{i,t} = \alpha_0 + \alpha_1 Data\_level_{i,t} + \alpha_2 R\&D(Innova; Digital\_talent)_{i,t}$$
$$+ \alpha_i \sum Control_{i,t} + \varepsilon_{i,t} \quad (4.4)$$

$$Depth\_coupling_{i,t} = \alpha_0 + \alpha_1 Data\_level_{i,t} + \alpha_2 Envir_{i,t} + \alpha_3 Data\_level_{i,t}$$
$$\times Envir_{i,t} + \alpha_i \sum Control_{i,t} + \varepsilon_{i,t} \quad (4.5)$$

$$Depth\_coupling_{i,t} = \alpha_0 + \alpha_1 Policy\_region_j \times After_{t-1} + \alpha_i \sum Control_{i,t} + \varepsilon_{i,t}$$
$$(4.6)$$

$$Depth\_coupling_{i,t} = \alpha_0 + \alpha_1 Data\_level_{i,t} + \alpha_2 Policy\_region_j \times After_{t-1}$$
$$+ \alpha_3 Data\_level_{i,t} \times Policy\_region_j \times After_{t-1}$$
$$+ \alpha_i \sum Control_{i,t} + \varepsilon_{i,t} \quad (4.7)$$

模型（4.1）的因变量为耦合深度，自变量为数实融合水平，以验证研究假设 H_1。模型（4.2）的因变量为创新投入与创新产出，自变量包含数实融合水平；模型（4.3）的因变量为数实融合水平，自变量包含数字化人才，模型（4.4）的因变量为耦合深度，自变量为数实融合水平，同时中介变量为创新投入与创新产出以及数字化人才水平；模型（4.2）至模型（4.4）分别用于检验假设 H_{2a}、假设 H_{2b} 和假设 H_{2c}。在模型（4.5）中将环境因素，包括营商环境和金融基础，作为调节变量；以验证研究假设 H_{3a} 和假设 H_{3b}，因变量为耦合深度，自变量为数实融合水平。最后，在模型（4.6）中，因变量为数实融合水平，自变量为地方政策；模型（4.7）的因变量为耦合深度，自变量为数实融合水平，中介变量为地方政策；用于验证假设 H_4。

4.3.3 实证分析

1. 数实融合对双链耦合深度的影响

借鉴王欣等的研究（王欣和付雨蒙，2023），将控制变量分为统计变量与治理特征变量。模型（Ⅰ）与模型（Ⅱ）为不考虑控制变量的数实融合与耦合深度的关系。模型（Ⅲ）和模型（Ⅳ）为加入统计特征的控制变量模型，模型（Ⅴ）和模型（Ⅵ）为进一步加入治理特征控制变量后的模型。

实证结果如表 4-16 所示，结果表明：（1）$Data\_Level1$ 和 $Data\_Level2$ 对耦合深度的影响并不显著，其系数估计值显著性水平分别为 0.110 和 0.189［列（Ⅰ）、列（Ⅱ）中］。但是，在列（Ⅲ）、列（Ⅳ）、列（Ⅴ）和列（Ⅵ）中，$Data\_Level2$ 对耦合深度的影响是显著的，系数估计值依次为 0.328、0.267 和 0.189，显著性水平都是极高的。这表明对于衡量数实融合水平的指标而言，缩小关键词范围可以提高对耦合深度的预测效果。（2）经济发展水平、产业结构、开放水平、行业差异、人口增长率、国际贸易水平和基础设施建设水平都对耦合深度的影响具有显著性，系数估计值的显著性水平都是极高的。（3）环境规制的影响在列（Ⅴ）中表现得有些微弱，在模型（Ⅵ）中则已经不显著了。

表 4 – 16　　　　　　　　数实融合对双链耦合深度的总体影响

因变量	（ Ⅰ ）	（ Ⅱ ）	（ Ⅲ ）	（ Ⅳ ）	（ Ⅴ ）	（ Ⅵ ）
	Depth_ Coupling	Depth_ Coupling	Depth_ Coupling	Depth_ Coupling	Depth_ Coupling	Depth_ Coupling
Data_Level1	0. 110 *** (3. 411)		0. 347 ** (15. 998)		0. 303 *** (12. 284)	
Data_Level2		0. 189 *** (8. 881)		0. 328 *** (16. 178)		0. 267 *** (10. 765)
Gdppc			0. 153 *** (5. 616)	0. 167 *** (5. 803)	0. 178 *** (6. 749)	0. 148 *** (6. 188)
Secind			− 0. 107 *** (− 3. 828)	− 0. 121 *** (− 4. 122)	− 0. 119 *** (− 4. 317)	− 0. 091 *** (− 3. 547)
Open			0. 442 *** (12. 928)	0. 463 *** (14. 568)	0. 469 *** (14. 870)	0. 384 *** (11. 773)
Indudi			− 0. 441 *** (− 7. 145)	− 0. 460 *** (− 7. 369)	− 0. 405 *** (− 6. 227)	− 0. 344 *** (− 5. 392)
Poprate			− 0. 158 *** (− 5. 736)	− 0. 165 *** (− 6. 043)	− 0. 181 *** (− 6. 902)	− 0. 173 *** (− 6. 377)
Inter			0. 339 *** (10. 070)	0. 341 *** (9. 870)	0. 359 *** (10. 671)	0. 306 *** (8. 926)
Infcon					0. 169 *** (4. 872)	0. 143 *** (4. 121)
Env					0. 057 ** (2. 063)	0. 046 * (1. 670)
Gov					0. 097 *** (24. 250)	0. 102 *** (25. 050)
常数项	0. 635 *** (51. 977)	0. 440 *** (74. 585)	0. 619 *** (10. 559)	0. 741 *** (17. 340)	0. 141 *** (9. 782)	0. 086 *** (10. 285)
年份固定效应	控制	控制	控制	控制	控制	控制

续表

因变量	（Ⅰ）	（Ⅱ）	（Ⅲ）	（Ⅳ）	（Ⅴ）	（Ⅵ）
	Depth_ Coupling	Depth_ Coupling	Depth_ Coupling	Depth_ Coupling	Depth_ Coupling	Depth_ Coupling
地区固定效应	控制	控制	控制	控制	控制	控制
R^2	0.109	0.429	0.827	0.828	0.833	0.818
Adj. R^2	0.108	0.427	0.822	0.823	0.829	0.813
观测值	348	348	348	348	348	348

综上所述，可以看出，列（Ⅲ）、列（Ⅳ）、列（Ⅴ）和列（Ⅵ）对耦合深度的解释能力都很高。在考虑了经济、行业、开放、技术、环境和制度等因素对耦合深度的影响后，我们发现基础设施的建设、国际贸易水平的提高、人口增长率的降低和经济发展水平的提高都会对耦合深度产生显著的正向影响，而行业差异和环境规制对耦合深度的影响则不显著。在衡量数据实现融合水平的指标选取方面，缩小关键词范围以及用指标体系测度均可以提高对耦合深度的预测效果。因此，本项目研究假设 H_1 得到检验。

2. 中介效应检验

本项目采用中介效应依次检验法，基于模型（2）至模型（4）检验研究假设 H_{2a}、假设 H_{2b} 和假设 H_{2c}，即数实融合是否通过创新投入与产出以及数字化人才效应来促进双链耦合深度。首先，创新投入与产出的中介效应检验结果如表4－17所示，列（Ⅰ）至列（Ⅳ）表明，数实融合对创新投入与产出有显著的正向影响，其系数分别为0.078、0.185、0.075和0.062，且在1%或5%的水平上显著。列（Ⅶ）至列（Ⅹ）表明，创新投入与产出在数实融合与耦合深度间产生了显著的正向中介效应，其相关系数分别为0.198、0.215、0.127和0.120，且在1%的水平上显著。这说明：一方面，数实融合能够克服"双链"发展过程中创新投入方面的不足，降低因投入不足带来的不利影响，从而提高创新效率。另一方面，数

表 4-17　中介效应检验结果

因变量	（Ⅰ）R&D	（Ⅱ）R&D	（Ⅲ）Innova	（Ⅳ）Innova	（Ⅴ）Data_Level1	（Ⅵ）Data_Level2	（Ⅶ）Depth_Coupling	（Ⅷ）Depth_Coupling	（Ⅸ）Depth_Coupling	（Ⅹ）Depth_Coupling	（Ⅺ）Depth_Coupling	（Ⅻ）Depth_Coupling
$Data\_Level1$	0.078 ** (7.030)		0.075 ** (5.155)				0.152 *** (10.422)		0.042 ** (2.383)		0.004 * (1.634)	
$Data\_Level2$		0.185 *** (12.890)		0.062 *** (2.825)				0.164 *** (11.301)		0.039 *** (2.855)		0.002 * (1.527)
$R\&D$							0.198 *** (8.311)	0.215 *** (11.802)				
$Innova$									0.127 *** (3.033)	0.120 *** (3.105)		
$Digital\_talent$					0.016 * (1.514)	0.011 * (1.692)					0.031 *** (16.260)	0.026 *** (6.971)
常数项 & 控制变量	控制	控制	控制	控制	控制	控制	控制	控制	控制	控制	控制	控制
地区 与时间	控制	控制	控制	控制	控制	控制	控制	控制	控制	控制	控制	控制
R^2	0.426	0.665	0.556	0.407	0.447	0.441	0.455	0.576	0.352	0.288	0.340	0.302
$Adj. R^2$	0.424	0.664	0.552	0.401			0.453	0.515	0.344	0.281		
观测值	348	348	348	348	348	348	348	348	348	348	348	348

实融合能帮助企业在创新的同时，很快找到市场应用，帮助企业形成动态弹性的产业生态圈，从而促进创新产出，降低创新产出的成本，最终提升产业耦合深度。其次，考虑各省区市的数字化人才基础（$Digital\_talent$）是数实融合发展的基础，在基础模型中，在原控制变量的基础上，考虑到地区教育程度对数字人才基础也存在影响，因此我们增加了高等教育人口比例以及从事数字经济相关劳动人口等作为控制变量，并且采用自然对数形式。在数据处理方面，基础模型中，如果存在离群值，可能影响实证结果的稳健性，本项目采用 Winsorize 方法，将超出上下界的值替换为上下界的值。实证结果如表 4 – 17 所示，列（Ⅴ）、列（Ⅵ）表明，数字化人才水平对数实融合有显著的正向影响，其系数分别为 0.016 和 0.011，且在 10% 的水平上显著。列（Ⅺ）和列（Ⅻ）表明，数字化人才水平在数实融合与耦合深度间产生了显著的正向中介效应，其相关系数分别为 0.031 和 0.026，且在 1% 的水平上显著。值得注意的是，其影响系数远远小于创新投入与产出的系数，这表明，数字化人才效应相对较弱且不稳定。

综上所述，创新投入与产出、结果表明，数字化人才均与地区数实融合水平显著正相关，并促进双链耦合深度。因此，本项目研究假设 H_{2a}、假设 H_{2b} 和假设 H_{2c} 中的创新投入对数实融合正向作用以及中介作用得到检验。

3. 营商环境与金融基础的调节效应检验

基于模型（5）对研究假设 H_{4a} 和假设 H_{4b} 进行检验，即检验营商环境与金融基础在数实融合与双链耦合深度之间的调节效应。如表 4 – 18 所示，列（Ⅰ）中 $Envir\_Institution$ 和 $Data_Level$1 两个自变量的系数分别为 0.301 和 0.192，且在 1% 的水平上显著，这表明在控制其他因素的情况下，$Envir_Institution$ 和 $Data_Level$1 对提高双链耦合深度有显著的正向影响。列（Ⅰ）中的 $Envir_Institution \times Data_Level$1 交互项作为自变量，其系数为 0.120，且 P 值小于 0.01，这说明营商环境通过数实融合对提高耦合深度也具有显著性的正向影响。列（Ⅱ）中 $Envir\_Institution$ 和 $Data_Level$2 两个自变量的系数分别为 0.105 和 0.074，且仍然显著，这说明营商环境与数实融合均对耦合深度有显著的正向影响。列（Ⅱ）中的 $Envir\_Institution \times$

Data_Level2 交互项作为自变量，其系数为 0.080，且 P 值小于 0.01，这说明营商环境通过数实融合对提高耦合深度也具有显著的正向影响。进一步，上述结论表明，营商环境的改善可以加速数字化转型，提高数字化应用程度，进而又促进营商环境的发展，相互补充和相互促进。改善营商环境可以使各项政策和法规更加透明，促使商业实践更具有可预期性和稳定性，从而降低营商环境带来的经营风险，并对数字技术和实体融合产生更好的促进作用。列（Ⅲ）中 Envir_Fina 和 Data_Level1 两个自变量的系数分别为 0.023 和 0.085，这表明在控制其他因素的情况下，Envir_Institution 和 Data_Level1 对提高耦合深度有显著的正向影响。列（Ⅲ）中的 Envir_Fi-na × Data_Level1 交互项作为自变量，其系数为 0.087，且 P 值小于 0.01，显著正相关（P < 0.01）。这意味着当金融基础和金融科技业务水平同时提高时，能够进一步促进耦合深度的提高。列（Ⅳ）中 Envir_Fina 和 Da-ta_Level2 两个自变量的系数分别为 0.083 和 0。073，且仍然显著，这说明金融基础与数实融合均对耦合深度有显著的正向影响。列（Ⅳ）中的 En-vir_Fina × Data_Level2 交互项作为自变量，其系数为 0.020，且 P 值小于 0.01，这说明金融基础通过数实融合对提高耦合深度的影响具有显著的正向影响，能通过调节促进数实融合促进耦合深度的提高。进一步，上述结论表明，随着数实融合在金融领域的应用日益普及，金融基础可以通过这一融合过程对提高运营效率、质量和覆盖范围产生显著的正向影响，而更广泛的数据应用与实际应用场景的融合，则可以促进更深的耦合，更好地实现金融和实体经济的互利共赢。因此，本项目研究假设 H_{3a} 和假设 H_{3b} 得到检验。

表 4 – 18 调节效应检验结果

因变量	（Ⅰ）	（Ⅱ）	（Ⅲ）	（Ⅳ）
	Depth_Coupling	Depth_Coupling	Depth_Coupling	Depth_Coupling
Envir_Institution	0.111 *** (6.464)	0.105 *** (5.438)		

续表

因变量	（Ⅰ）	（Ⅱ）	（Ⅲ）	（Ⅳ）
	Depth_Coupling	*Depth_Coupling*	*Depth_Coupling*	*Depth_Coupling*
*Data_Level*1	0.110 *** （4.972）		0.085 *** （5.306）	
Envir_Institution × *Data_Level*1	0.120 *** （5.581）			
*Data_Level*2		0.074 *** （3.305）		0.073 *** （5.656）
Envir_Institution × *Data_Level*2		0.080 *** （3.782）		
Envir_Fina			0.023 *** （5.816）	0.083 *** （17.146）
Envir_Fina × *Data_Level*1			0.087 *** （16.998）	
Envir_Fina × *Data_Level*2				0.020 *** （4.951）
常数项 & 控制变量	控制	控制	控制	控制
地区与时间	控制	控制	控制	控制
R^2	0.653	0.656	0.658	0.656
Adj. R^2	0.647	0.648	0.653	0.651
观测值	348	348	348	348

4.3.4 稳健性检验与异质性分析

1. 稳健性检验

（1）更换被解释变量。为检验数实融合正向促进双链耦合深度的稳健性，本项目首先对耦合深度的测度方式进行替代。基于对"双链"深度耦合与产业高质量发展的内涵理解，参考赵卿等（赵卿和曾海舰，2020）以及向玲凛（向玲凛，2023）的研究，本文从经济实效、结构优化、创新能力、社会价值、国际影响和绿色发展 6 个方面构建评价体系，评测耦合深度（*Depth_Coupling*1）。基于回归模型（1）重新考察数实融合与耦合深度的影响，表 19 列（Ⅰ）、列（Ⅱ）的结果表明数实融合对耦合深度产生显著的正向影响，估计系数分别为 0.123 和 0.132，都在 1% 的水平上显著，因此，假设 H₁ 稳健。

（2）更换解释变量。参考刘永文等的研究（刘永文和李睿，2023），根据 2021 年国家统计局发布的《数字经济及其核心产业统计分类（2021）》，选取数字基础设施、数字制造、数字产品服务、数字金融服务和数据要素驱动等五个方面的指标，应用熵值法构建数字经济指标体系；同时，从农业、工业、建筑业、运输邮电业、批发零售业及住宿和餐饮业六个方面选取实体经济指标，并运用熵值法测度，得到数实融合水平 3（*Data_Level*3），详细过程略，相关数据备索。此外，在稳健性检验中，本文进一步借鉴余东华（余东华和王爱爱，2023a）、黄群慧（黄群慧等，2019）、蔡跃洲（蔡跃洲和张钧南，2015）等的研究成果，从固定资本形成额、数字技术应用强度、数字技术应用配套设施三个方面，构建综合评价指标体系，得到数实融合水平 4（*Data_Level*4），详细过程不详述，相关数据留存备索。本项目将数实融合（*Data_Level*2）替换为 *Data_Level*3 和 *Data_Level*4。表 4 - 19 中列（Ⅲ）和列（Ⅳ）的数实融合（*Data_Level*3 和 *Data_Level*4）对耦合深度（*Depth_Coupling*）的估计系数分别为 0.119 和 0.145，且均在 1% 的水平上显著。因此，同样验证假设 H₁ 稳健。

表 4 - 19　　　　　　　　　　变量替换法的稳健性检验

变量	（Ⅰ）	（Ⅱ）	（Ⅲ）	（Ⅳ）
	*Depth_Coupling*1	*Depth_Coupling*1	*Depth_Coupling*	*Depth_Coupling*
*Data_Level*1	0.123 *** (5.625)			

续表

变量	（Ⅰ）	（Ⅱ）	（Ⅲ）	（Ⅳ）
	*Depth_Coupling*1	*Depth_Coupling*1	*Depth_Coupling*	*Depth_Coupling*
*Data_Level*2		0.132 *** （16.789）		
*Data_Level*3			0.119 *** （4.986）	
*Data_Level*4				0.145 *** （5.625）
常数项 & 控制变量	控制	控制	控制	控制
地区与时间	控制	控制	控制	控制
R^2	0.066	0.068	0.067	0.084
Adj. R^2	0.065	0.067	0.066	0.083
观测值	348	348	348	348

（3）排除部分因素的影响。本节参考唐松等（2020）的做法，剔除了直辖市的样本（唐松等，2020）。进一步将省级层面的营商环境发展指数替换为市级层面的营商环境发展指数进行检验。所有稳健性检验结果显示，本节的基准结论依然成立。相关数据备索。

2. 内生性检验

考虑到数实融合与耦合深度互为因果导致的内生性问题，本项目进一步使用工具变量法对内生性问题进行检验。参考赵宸宇和王欣等的做法（王欣和付雨蒙，2023；赵宸宇等，2021），采用各省区市 2010～2021 年互联网宽带的接入用户数的对数作为工具变量，主要是因为互联网宽带接入用户数量对本地区的数字经济发展程度存在一定影响，但是在双链耦合过程中，它很难与其直接相关。基于此，本项目进一步采用两阶段最小二乘法（2SLS）进行内生性检验。检验结果如表 4-20 所示，在列（Ⅰ）、列（Ⅱ）满足相关性的基础上，列（Ⅲ）显示数实融合与耦合深度第二阶段回归系数为 0.047，在 1% 的水平上显著。将关键词缩小至 65 个，形成数实融合（*Data_Level*2）重复上述回归，结果表明，列（Ⅳ）显示数实融合与耦合深度第二阶段回归系数为 0.038，同样在 1% 的水平上显著，研究假设 H_1 成立。

表 4 - 20 　　　　　　　工具变量法的内生性检验

因变量	（Ⅰ）	（Ⅱ）	（Ⅲ）	（Ⅳ）
	*Data_Level*1	*Data_Level*2	*Depth_Coupling*	*Depth_Coupling*
internet	0.173 *** (17.353)	0.132 *** (7.746)		
*Data_Level*1			0.047 *** (14.846)	
*Data_Level*2				0.038 *** (7.853)
常数项 & 控制变量	控制	控制	控制	控制
地区与时间	控制	控制	控制	控制
R^2	0.647	0.441	0.540	0.602
Adj. R^2	0.638	0.434	0.532	0.593
观测值	348	348	348	348

3. 异质性分析

本项目从经济发展、新型基础设施建设水平和技术创新能力三个方面，分为欠发达地区和发达地区，从三个不同的角度再次对数实融合对耦合深度的影响效应的异质性进行分析，实证结果如表 4 - 21 所示。

表 4 - 21 　　　　　　　异质性检验

类别	因变量	Ⅰ（欠发达）	Ⅱ（发达）	Ⅲ（欠发达）	Ⅳ（发达）
		Depth_Coupling	*Depth_Coupling*	*Depth_Coupling*	*Depth_Coupling*
经济发展水平异质性检验	*Data_Level*1	0.010 (3.411)		- 0.153 (- 0.616)	

续表

类别	因变量	Ⅰ（欠发达）	Ⅱ（发达）	Ⅲ（欠发达）	Ⅳ（发达）
		Depth_Coupling	Depth_Coupling	Depth_Coupling	Depth_Coupling
经济发展水平异质性检验	Data_Level2		0.162 *** (2.270)		0.189 (0.881)
	常数项 & 控制变量	控制	控制	控制	控制
	地区与时间	控制	控制	控制	控制
	R^2	0.109	0.129	0.082	0.128
	$Adj. R^2$	0.108	0.127	0.080	0.123
	地区个数	17	12	17	12
	观测值	204	144	204	144
基础设施建设水平异质性检验	Data_Level1	0.005 (0.459)		0.067 (0.424)	
	Data_Level2		0.150 *** (2.769)		0.211 *** (10.327)
	常数项 & 控制变量	控制	控制	控制	控制
	地区与时间	控制	控制	控制	控制
	R^2	0.108	0.130	0.081	0.129
	$Adj. R^2$	0.107	0.128	0.078	0.125
	地区个数	23	6	23	6
	观测值	276	72	276	72
技术创新能力异质性检验	Data_Level1	0.101 *** (3.278)		0.061 *** (9.612)	
	Data_Level2		0.154 *** (2.178)		0.159 *** (6.152)
	常数项 & 控制变量	控制	控制	控制	控制
	地区与时间	控制	控制	控制	控制
	R^2	0.109	0.129	0.082	0.128
	$Adj. R^2$	0.107	0.127	0.079	0.124
	地区个数	19	10	19	10
	观测值	228	120	228	120

　　经济发展水平是影响数实融合对双链耦合深度影响的一个重要因素。根据多个经济指标的评价，可以将全国的省区市分为发达地区和欠发达地区①。实证结果表明：其一，发达地区的数实融合对双链耦合深度的影响存在显著的正向效应，而欠发达地区则不存在该效应。此外，基础设施建设水平也是影响数实融合对双链耦合深度影响的一个重要因素。其二，研究表明，基础设施建设，特别是数字新基建对于数实融合能力的提升十分关键，进而正向影响耦合深度。另外，根据 2020 年、2021 年赛迪智库新基建发展潜力白皮书，将中国各省的新基建打分与排名，区分欠发达地区和发达地区。进一步的实证结果表明，发达省区市的数实融合对耦合深度的影响存在显著的正向效应，而欠发达地区则不存在该效应。其三，技术创新能力也是影响数实融合对双链耦合深度影响的重要因素。进一步分析表明，在技术创新能力强的省份，数实融合对耦合深度的促进效应更强一些，而对于创新能力欠发达的省份而言，则其正向促进效应要小。

4.3.5　地方政府支持政策影响的进一步分析

　　地方政府对数实融合提供政策支持，通过出台政策为数实融合发展提供政策环境和发展机会，促进行业与企业的创新能力和核心竞争力提升，进而提高双链耦合深度。通过对 96.5 万篇地方政府政策文件进行数据挖掘，筛选出具体支持细则，再通过提取政策文件的文本信息和数实融合业务词典进行比对，获取了各省区市支持本地数实融合发展的政策文件。为了研究地方政府政策对数实融合与双链耦合深度的影响，本节采用是否有地方政府数实融合支持政策这一虚拟变量进行一阶滞后设置，以此来判断地方政府的政策对企业是否产生了影响。具体来说，参考成程等研究的做法（成程等，2023），本节采用省级或市级政府是否出台了数实融合支持政策进行了一阶滞后，设置了虚拟变量，如果地区 j 的地市政府或省级政

---

　　①　12 个省区市被列为发达地区，而余下的 17 个则被列为欠发达地区。

府上一年出台了数实融合的支持政策，则设为 1，否则为 0。

本项目基于模型（6）和模型（7）采用依次检验法，检验假设 H_3，即数实融合能通过地方政策影响耦合深度。其中，$Data\_Level_{i,t}$ 与模型（1）相同，代表了数实融合发展水平，$Data\_Level_{i,t} \times Policy_j \times After_{t-1}$ 检验该地区当年数实融合水平受到地方政策的影响。为了进一步区分地方政策支持数实融合发展不同力度的异质性影响，本节还计算了地方支持数实融合的政策累计总数 +1 的对数（$PolicyNum_j$），通过观察交乘项 $Data\_Level_{i,t} \times PolicyNum_j \times After_{t-1}$ 的系数①，可以判断是否地方政府支持数实融合政策的文件数目越多，对地区数实融合发展水平促进作用以及作用于耦合深度的力度是否越大。

结果如表 4 - 22 所示，可以观察到，列（Ⅰ）至列（Ⅳ）表明，控制其他变量的情况下，地方政策对数实融合水平有显著的正向影响。同时，列（Ⅴ）和列（Ⅶ）表明，系数 $Data\_Level1 \times Policy_j \times After_{t-1}$ 以及 $Data\_Level2 \times Policy_j \times After_{t-1}$ 正显著的方式呈现，其统计水平为 1%。这说明在地方政策支持数实融合政策的影响下，双链耦合深度能够显著地正向提升，验证了本文的假设 H_2。值得注意的是，在稳健性检验中，本节采用了连续型变量 $PolicyNum_j$，用以反映地方支持数实融合发展的政策数量，以替换原来的虚拟变量 $Digital \times Policy_j \times After_{t-1}$。列（Ⅵ）和列（（Ⅷ））结果表明，即使使用连续型变量进行替换，回归模型依然呈现出显著正的系数，说明地方政府出台的支持数实融合的政策文件越多，支持力度越大，该地区的双链耦合深度提升效果越强。因此，本项目研究假设 H_4 得到检验。

---

① 变量 $PolicyNum_j$ 表示企业所在地方政府关于金融科技支持政策的数量，而 $After_{t-1}$ 则表示企业所在地方政府在上一时期（$t-1$）是否出台了金融科技支持政策的虚拟变量。变量 $PolicyNum_j$ 可以提供一个地方政府出台金融科技支持政策的总体度量。而将 $After_{t-1}$ 与 $PolicyNum_j$ 相乘，目的是筛选出仅有一个或少量政策变化的市或省，从而更准确地估计政策对企业绩效的影响。当 $After_{t-1}$ 为 1 时，企业所在地方政府在上一时期出台了一项金融科技支持政策，因此 $PolicyNum_j \times After_{t-1}$ 的值为 $PolicyNum_j$；当 $After_{t-1}$ 为 0 时，企业所在地方政府在上一时期没有出台金融科技支持政策，因此 $PolicyNum_j \times After_{t-1}$ 的值为 0。这样的解释也可以解释为什么使用虚拟变量而不是直接使用数值变量。采用这种方法主要是可以避免多重共线性问题，即如果同时使用 $PolicyNum_j$ 和 $After_{t-1}$，可能会发生它们之间的高度相关，从而干扰统计分析的准确性和解释性。

表 4 - 22　地方政策的中介效应检验结果

因变量	（Ⅰ）	（Ⅱ）	（Ⅲ）	（Ⅳ）	（Ⅴ）	（Ⅵ）	（Ⅶ）	（Ⅷ）
	$Data\_Level1$	$Data\_Level2$	$Data\_Level1$	$Data\_Level2$	$Depth\_Coupling$	$Depth\_Coupling$	$Depth\_Coupling$	$Depth\_Coupling$
$Data\_Level1$					0.097*** (24.250)	0.130*** (43.330)		
$Data\_Level2$							0.078*** (3.283)	0.114*** (6.658)
$Policy_j \times After_{t-1}$	0.047*** (11.750)	0.042*** (14.012)			0.146*** (46.667)		0.134*** (4.824)	
$Digital1 \times Policy_j \times After_{t-1}$					0.107*** (3.690)			
$PolicyNum_j \times After_{t-1}$			0.174*** (9.234)	0.156*** (8.692)		0.102*** (25.050)		0.062*** (3.570)
$Digital1 \times PolicyNum_j \times After_{t-1}$						0.125*** (4.032)		
$Digital2 \times Policy_j \times After_{t-1}$							0.081*** (2.543)	
$Digital2 \times PolicyNum_j \times After_{t-1}$								0.110*** (3.181)

续表

因变量	（Ⅰ）Data_Level1	（Ⅱ）Data_Level2	（Ⅲ）Data_Level1	（Ⅳ）Data_Level2	（Ⅴ）Depth_Coupling	（Ⅵ）Depth_Coupling	（Ⅶ）Depth_Coupling	（Ⅷ）Depth_Coupling
常数项 & 控制变量	控制	控制	控制	控制	控制	控制	控制	控制
地区与时间	控制	控制	控制	控制	控制	控制	控制	控制
R^2	0.547	0.565	0.523	0.493	0.572	0.536	0.435	0.489
$Adj. R^2$	0.542	0.561	0.520	0.489	0.569	0.533	0.398	0.454
观测值	348	348	348	348	348	348	348	348

4.4　数实融合与制造业高质量发展：以粤港澳大湾区为例

4.4.1　文献综述与理论基础

1. 大数据与数字化转型的视角

首先，大数据分析能够深入挖掘数据价值，为决策者提供有力支持（Xia，2019）。通过对海量数据的分析，可以更准确地把握市场需求、优化资源配置，进而推动产业结构的升级调整（Luo，2020）。同时，大数据分析还能助力制定高质量发展策略，为政策制定者提供科学依据。其次，大数据分析方法对于优化区域产业结构也具有重要意义。在区域发展中，大数据技术可以协助发现产业发展短板，为政策制定者提供有针对性的解决方案（Huang，2019）。再次，大数据分析还能预测产业发展趋势，为区域产业结构调整提供前瞻性指导，从而促进区域经济的协调发展。最后，数字化转型是制造业实现高质量发展的关键路径（Wang，2020）。数字化转型可以提升制造业的生产效率、降低成本，实现生产过程的自动化和智能化。同时，数字化转型还可以帮助企业精准制定生产和库存计划，避免资源浪费。此外，企业可以利用信息技术收集和分析市场数据，支持决策。数字化转型还可以打破地域和时间限制，整合全球资源，提高创新能力。

2. 数字技术与实体经济融合的视角

数实融合，即数字经济与实体经济的深度融合，是指通过数字技术的广泛应用，推动实体经济的转型升级。数字化技术对制造业的发展起到了重要的推动作用（Huang，2019），它可以提高生产效率和产品质量（Zhang，2021），促进智能化和自动化的发展，增强行业的核心竞争力

（Li，2021），助力可持续发展（Fang，2020）。随着市场竞争的加剧，传统制造业需要不断创新和转型升级，借助数字化技术是重要的手段之一。工业 4.0 作为数字化技术在制造业中的应用典范，显著提高了生产效率和产品质量，有力推动了制造业的智能化、自动化和创新可持续发展（Li，2021；Liu，2020）。数实融合对制造业高质量发展的影响机制探究涉及多个角度，如信息集成机制及应用（余艳等，2023）、数实融合应用（张昆和张盼，2023）、制造业绿色化技术与数实融合（杨秀云和从振楠，2023）、数实融合的信息化模式（刘慧和王曰影，2023），以及在智能制造中推动工业转型升级等（杨瑾和李蕾，2022）。这些文献深入分析了数实融合的内在机理，全面介绍了数实融合在制造业中的应用场景、技术手段及其实践价值（史宇鹏和曹爱家，2023），为制造业的高质量发展提供了宝贵的参考。在粤港澳大湾区，数实融合的发展得益于该地区完善的产业基础、丰富的创新资源以及优越的地理位置。此外，政府的大力支持和市场的积极响应也为数实融合提供了良好的发展环境。

3. 制造业高质量发展的视角

第一，数字技术与制造业的融合为企业带来了显著的经济效益。通过引入数字化技术，企业能够实时监控生产流程，优化资源配置，减少浪费，从而降低生产成本。第二，数字化技术还有助于企业更精准地满足市场需求，提高产品附加值，进一步增强企业的经济效益。第三，数实融合推动了制造业从传统制造向智能制造的转型。数字化技术实现了生产线的自动化和智能化，提高了生产效率和产品质量。第四，数字化技术还支持个性化定制，满足消费者日益多样化的需求，推动制造业向更高层次发展。第五，数字技术与制造业的融合为制造业的创新提供了强大的支持。数字化技术帮助企业快速获取市场信息，准确把握消费者需求，从而加速产品研发和创新。这使企业在激烈的市场竞争中保持领先地位。第六，数实融合使制造业更好地满足社会需求，提高社会贡献度。数字化技术使企业能够更准确地了解社会需求，提供更优质的产品和服务。在全球化的背景下，数实融合还有助于制造业企业拓展国际市场和提高国际竞争力。通过数字化技术，企业能快速获取国际市场信息，了解国际竞争对手的情况，制定更科学的国际市场拓展策略。第七，数字化技术还有助于提高产品的国际影响力，推动我国制造业的品牌建设。第八，数实融合有利于制造业的绿色发展。数字化技术使企业能实现资源的合理配置和高效利用，降低能耗和排放。第九，数字化技术还支持废弃物的回收和再利用，推动制造业的可持续发展。

4.4.2　研究设计

1. 模型设定

本节构建的基准回归模型如下所示：

$$mhq_{it} = \beta_0 + \beta_1 mhq_{it-1} + \beta_2 de_{it} + \beta_n x_{it} + v_t + \mu_i + \varepsilon_{it}$$

式中，mhq_{it} 表示第 i 个地区第 t 年的制造业高质量发展水平，mhq_{it-1} 表示 mhq_{it} 滞后一期项，de_{it} 表示第 i 个地区第 t 年的数实赋能水平，x_{it} 为一系列的控制变量，包括区域技术创新、贸易开放水平、财政支持、市场化水平、产业结构。v_t 表示时间固定效应，μ_i 表示地区固定效应，ε_{it} 为随机误差项；β_0 与 β_1、β_2、β_n 分别表示常数项和待估参数。

基准线性回归模型只是简单讨论数实融合对制造业高质量发展的影响是否存在，考虑到粤港澳大湾区不同城市群的环境政策、产业基础和技术创新水平存在很大差异，数实融合对制造业的影响可能并非线性的。基于制造业高质量发展水平的研究中，考虑到科技投入占比（rsi）、制造业增加值年增长率（gma）、高技术制造业占比（phm）和固定资产投资年增长率（rfa）作为门限变量可能影响制造业高质量发展水平的非线性效应，建立动态门限面板模型，如下所示：

$$mhq_{it} = \beta_0 + \beta_1 mhq_{t-1} + \beta_2 de_{it} \times I(q \leq c) + \beta_3 de_{it} \times I(q > c) + \beta_n x_{it} + v_t + \mu_i + \varepsilon_{it}$$

式中，$I(\cdot)$ 表示指标函数，c 为具体的门限值，β_2 为门限变量小于门限值时的待估参数，β_3 为门限变量大于门限值时的待估参数。

2. 因变量选取

（1）制造业高质量发展水平（*mbq*）评价指标体系构建。

目前对制造业高质量发展水平的评估指标相对较少，评价指标体系研究存在不足，缺乏统一的评价指标和评价体系（安宏等，2023）。现有的评价指标和体系多样化、标准不一，使用起来难以比较和衡量，在实践中不易操作和监测，难以实现全面、准确地评估制造业高质量发展水平（王山等，2023）。此外，评价指标缺乏时效性和针对性。现有的评价指标多基于历史数据，对当前和未来的制造业高质量发展趋势缺乏预测性（向玲凛，2023）。而且，现有指标普遍缺乏与转型升级和科技创新等相关因素相匹配的指标（李晓钟，2022）。此外，计量方法和数据调查不严谨。针对某些指标的计量方法和数据调查存在误差和不足之处。同时，由于采集和整理数据的困难，不同数据来源和计量方法的偏差也会影响评价结果的准确性（郑耀群和邓羽洁，2022）。鉴于此，基于对制造业高质量发展的内涵理解，参考赵卿等（赵卿和曾海舰，2020）以及向玲凛（向玲凛，2023）的研究，本节从经营实效、结构优化、创新能力、社会价值、国际影响和绿色发展6个方面构建制造业高质量发展水平评价体系，综合衡量粤港澳大湾区制造业的发展水平。进一步统一评价指标和体系，引入新的评价方法和技术，构建复合评价指标体系如表4-23所示。

表4-23 　　　　粤港澳大湾区城市制造业高质量发展评价体系

类别	一级指标	二级指标
经营实效	规模	工业增加值（亿元）
		规模以上工业企业资产（亿元）
	效益	规模以上工业企业资产利润率（%）
		工业企业全员劳动生产率（万元/人）
		工业增加值率（%）
结构优化	地位	工业增加值占 GDP 比重（%）
		工业对 GDP 增长的贡献率（%）

续表

类别	一级指标	二级指标
结构优化	高端化	高新技术企业数（个）
		高新技术制造业增加值占规模以上工业增加值比重（%）
	集聚水平	区位熵（%）
创新能力	创新投入	规模以上 R&D 经费支出占工业增加值比重（%）
		规模以上工业 R&D 人员折合全时当量合计（人/年）
		规模以上工业企业 R&D 人员占规模以上工业从业人员的比重（%）
	融合发展	国家两化融合贯标企业数（个）
	创新效益	规模以上工业新产品产值率（%）
社会价值	社会效益	规模以上工业企业就业人数占全社会就业人数的比重（%）
		城镇非私营制造业在岗职工年平均工资（元）
	区域贡献	规模以上工业企业就业人员人均利税率（万元/人）
国际影响	对外贸易	机电产品进口占进口商品总额比重（%）
		规模以上工业企业出口交货值占规模以上工业销售产值的比重（%）
	对外效益	机电产品出口占出口商品总额比重（%）
		高新技术产品出口占出口商品总额比重（%）
绿色发展	能源消耗	单位增加值能耗（吨标准煤/万元）
		单位增加值电力消耗量（千瓦时/万元）
	资源节约	万元增加值用地（平方米/万元）
		万元增加值用水量（立方米/万元）
	环境保护	单位增加值废气排放指数（万标立方米/万元）
		单位增加值固体废弃物产生指数（吨/万元）
		单位增加值废水排放指数（吨/万元）

（2）计算方法与结果分析。

主成分分析（principal component analysis，PCA）是一种数据降维技术，它可以将高维数据转换为低维数据，减少数据维数并去除数据中的噪声和冗余信息。PCA 的目标在于，通过将原始数据的变量进行线性组合，得到最少数量的新变量，且新变量间互不相关，尽可能多地保留原数据的信息。具体如下：

假设有 n 个样本，每个样本包括 m 个变量（x_1，x_2，$\cdots$，x_m），对这些变量进行标准化处理，使得它们的均值为 0，标准差为 1。将标准化后的样本分别表示为 $x^{(1)}$，$x^{(2)}$，$\cdots$，$x^{(n)}$。

寻找一组新的变量 $y = (y_1$，y_2，$\cdots$，$y_k)$ 来表示原始数据，假设这组变量是原始变量的线性组合，即：

$$\begin{cases} y_1 = a_{11}x_1 + a_{12}x_2 + \cdots + a_{1m}x_m \\ y_2 = a_{21}x_1 + a_{22}x_2 + \cdots + a_{2m}x_m \\ y_k = a_{k1}x_1 + a_{k2}x_2 + \cdots + a_{km}x_m \end{cases}$$

其中，a_{i1}，a_{i2}，$\cdots$，a_{im} 是系数，可以用向量 $a_i = (a_{i1}$，a_{i2}，$\cdots$，$a_{im})$ 表示。新变量的数量 k 通常小于原始变量的数量 m。

我们希望通过适当选择系数 a_1，a_2，$\cdots$，a_k，使得新变量的方差尽可能大，且新变量之间互不相关。换句话说，我们需要最大化 $\text{var}(y_1)$，$\text{var}(y_2)$，$\cdots$，$\text{var}(y_k)$，并且 $\text{cov}(y_i$，$y_j) = 0$[$\text{var}(\cdot)$ 表示方差，$\text{cov}(\cdot)$ 表示协方差]。

设 a_i 是第 i 个新变量的系数向量，由于它们需要满足归一化条件即 $\| a_i \| = 1$，因此可以用拉格朗日乘数法求解。最终的优化目标是：

$$\max_{a_1, a_2, \cdots, a_k} \sum_{i=1}^{k} \text{var}(y_i)$$

$$s.t. \ \| a_i \| = 1, \ \text{cov}(y_i, y_j) = 0 (i \neq j)$$

从 PCA 的角度来看，这个问题等价于求解矩阵 X 的协方差矩阵 $\sum$ 的特征向量。具体地，将样本数据的矩阵 X 转换为 $m \times n$ 的矩阵（其中每一行表示一个样本），则 $\sum$ 的元素为：

$$\sum_{ij} = \frac{1}{n-1} \sum_{k=1}^{n} (x_{ik} - \bar{x}_i)(x_{jk} - \bar{x}_j)$$

其中，x_{ik} 表示第 i 个变量在第 k 个样本上的值，$\bar{x}_i$ 表示第 i 个变量的均值。求解 $\sum$ 的特征向量，即可得到新变量的系数向量 a_1，a_2，$\cdots$，a_k。将每个样本映射到新变量上，则得到降维后的数据。需要注意的是，主成分分析法的结果依赖于选取的主成分个数和标准化方法。在实际应用中，需要根据具体问题进行调整和选择，并进行合理的数据处理。

粤港澳大湾区是中国开放程度最高、经济活力最强的区域之一。2021年，粤港澳大湾区经济总量约 12.6 万亿元，大湾区以不到全国 1% 的国土面积创造出全国 12% 的经济总量。自《粤港澳大湾区发展规划纲要》实施以来，粤港澳大湾区高度重视工业发展，不断推动工业经济平稳较快增长和高质量发展。在粤港澳大湾区内，香港、澳门服务经济特征明显，制造业比重非常小。香港十多年来制造业净产值占 GDP 总量的比重一直低于 10%，自 2015 年后维持在 1% 左右；而澳门制造业自 2008 年后占本地生产总值的比重就低于 1%[①]。可以认为，当前大湾区制造业主要集中在珠三角 9 市（曾洪鑫等，2023）。鉴于此，本节将直接以大湾区内地 9 市作为粤港澳大湾区制造业发展的分析重点。此外，广佛肇、珠中江、深莞惠是按照珠江三角洲城市群规划区域划分的。珠江三角洲城市群是国家首批确定的城市群之一，包括珠海、佛山、肇庆、广州、中山、江门、惠州、东莞和深圳九个城市。为了促进珠三角地区的协调发展，以及推进粤港澳大湾区建设，将九个城市按照相对位置和经济联系程度分为三个组团，即广佛肇、珠中江和深莞惠三个规划区域。

计算结果如表 4-24 所示，综合来看，深圳以 0.897 的综合评价得分排名第 1，其次是东莞和佛山，排名分别为第 2 和第 3。各地区的平均综合评价得分从高到低依次为：深莞惠、广佛肇和珠中江。深圳的表现在各栏目下都表现较为优异，并在经营实效、结构优化和创新能力等栏目下垄断了前三名。广佛肇地区的表现在社会价值和绿色发展等栏目下相对较好，珠中江地区的表现比较平均，总体市场上较为中等。整体来看，大湾区的平均综合评价得分为 0.729，虽然略高于其他地区，但与深圳等城市

---

① 以上数据分别来自香港特别行政区政府统计处和澳门特别行政区统计暨普查局。

表4-24 2000~2022年粤港澳大湾区内地9市制造业高质量发展水平

地区	城市	综合评价		经营实效		结构优化		创新能力		社会价值		国际影响		绿色发展	
		综合指数	排名	年均指数	排名	年均指数	排名	年均指数	排名	年均指数	排名	年均指数	排名	年均指数	排名
广佛肇	广州	0.724	4	0.842	2	0.590	7	0.582	5	0.915	1	0.620	7	0.813	3
	佛山	0.781	3	0.761	3	0.725	4	0.525	7	0.833	2	0.513	8	0.856	2
	肇庆	0.588	9	0.618	7	0.528	9	0.355	9	0.767	5	0.486	9	0.461	8
深莞惠	深圳	0.897	1	0.957	1	0.989	1	0.845	1	0.788	4	0.992	1	0.966	1
	东莞	0.834	2	0.683	4	0.938	2	0.676	3	0.471	9	0.810	3	0.623	5
	惠州	0.705	6	0.638	6	0.743	3	0.656	4	0.706	6	0.855	2	0.535	7
珠中江	珠海	0.721	5	0.678	5	0.602	6	0.754	2	0.806	3	0.727	4	0.555	6
	中山	0.666	7	0.523	8	0.628	5	0.477	8	0.591	8	0.712	5	0.788	4
	江门	0.647	8	0.455	9	0.580	8	0.559	6	0.671	7	0.632	6	0.445	9
大湾区均值		0.729		0.684		0.703		0.603		0.728		0.705		0.671	

相比还有很大发展空间。具体来说：其一，经营实效。深圳以 0.957 的年均指数排名第一，其次是广州和佛山；各地区的平均年均指数从高到低依次为：深莞惠、珠中江和广佛肇。其二，结构优化。深圳以 0.989 的年均指数排名第一，其次是东莞和惠州；各地区的平均年均指数从高到低依次为：深莞惠、珠中江和广佛肇。其三，创新能力。深圳以 0.845 的年均指数排名第一，其次是珠海和东莞；各地区的平均年均指数从高到低依次为：深莞惠、珠中江和广佛肇。其四，社会价值。广州以 0.915 的年均指数排名第一，其次是佛山和珠海；各地区的平均年均指数从高到低依次为：广佛肇、珠中江和深莞惠。其五，国际影响。深圳以 0.788 的年均指数排名第一，其次是惠州和东莞；各地区的平均年均指数从高到低依次为：深莞惠、珠中江和广佛肇。其六，绿色发展。深圳以 0.966 的年均指数排名第一，其次是佛山和广州；各地区的平均年均指数从高到低依次为：深莞惠、珠中江和广佛肇。

3. 其他变量选取

（1）自变量：数实融合水平（*Digital_Eco*）。

本节以制造业作为实体经济的核心部分展开实证研究（黄群慧等，2019）。数字经济与实体经济充分融合的程度是一个复杂的问题，无法给出精确的具体数据。不同的地区，在数字经济与实体经济融合方面的成熟度和发展程度不同，因此衡量其充分融合的程度也是具有差异性的。在过去的研究中，往往通过简单地观察数字化技术的普及程度来衡量数实融合赋能水平，但这种方法容易忽略数字化技术的应用效果和整合能力。因此，数字经济与实体经济充分融合的具体数据很难给出，需要从多个角度进行综合评估和观察。有鉴于此，考虑科学性、客观性和数据可得性，参考余东华等（余东华和王爱爱，2023a），根据 2021 年国家统计局发布的《数字经济及其核心产业统计分类（2021）》，选取数字基础设施、数字制造、数字产品服务、数字金融服务和数据要素驱动等五个方面的指标，应用熵值法构建数字经济指标体系；同时，从农业、工业、建筑业、运输邮电业、批发零售业及住宿和餐饮业六个方面选取实体经济指标，并运用熵值法测度，得到数实融合水平（*Digital_Eco*），详细过程略，相关数据备索。

（2）门限变量。

考虑影响制造业高质量发展和数实融合赋能水平的重要因素，进而能通过对这些变量的阈值进行检验，探究不同条件下制造业高质量发展和数实融合赋能水平的变化情况。本项目门限变量选取如下：①科技投入占比。考虑到科技投入在提高制造业生产力、提升产品质量、推动产业转型升级方面的重要作用，本文将全社会研发投入占 GDP 比重作为门限变量之一，来探究其对数实融合赋能水平和制造业高质量发展的影响。在这一门限变量中，科技投入占比高于某一临界值时，可能会推动制造业向数字化、智能化和高科技化方向转型升级，提高制造业的创新能力和竞争力。②制造业增加值年增长率。制造业增加值是衡量制造业生产效率的一个重要指标，同样也能够反映出制造业发展的质量和效益。因此，我们将制造业增加值年增长率作为门限变量之一，通过选取合适的阈值，可以了解制造业增加值年增长率高于某一临界值时，可能会对制造业的数字化、智能化和高端化转型升级起到积极的促进作用，从而有效提高制造业的质量和效益。③高技术制造业占比。高技术制造业是指在生产和管理中广泛应用先进技术的制造业，其发展已成为制造业提质增效的重要方向之一。因此本节将高技术制造业占规模以上工业增加值的比重作为门限变量之一，通过设置合适的阈值来衡量高技术制造业占比超过某一临界值时，可能会推动制造业向高技术制造业转型发展，进而提高制造业的技术含量和附加值。④固定资产投资年增长率。固定资产投资是制造业发展的重要基础，这也是为什么本节将固定资产投资年增长率作为门限变量之一的原因。通过设置合适的阈值，能够了解固定资产投资年增长率高于某一临界值时，可能会推动制造业向数字化、智能化和高端化方向转型升级，从而促进制造业生产效率的提高，提升制造业质量和效益。

（3）控制变量。

参考相关文献，本项目考虑如下控制变量：①区域技术创新。区域技术创新能力对制造业高质量发展和数实融合赋能水平的影响具有重要意义。本节将区域技术创新能力用万人发明专利授权量作为衡量指标，是因为专利与技术密切相关，并且各地区的专利制度基本一致，减小了异质性带来的干扰。②贸易开放水平。贸易开放对外部环境和制造业的发展具有较大的影响。本节将贸易开放的开放程度用各地区进出口总额占 GDP 的比重来衡量，能够更加准确地反映出贸易开放对制造业的影响，同时根据实际汇率对进出口总额进行换价处理，避免了汇率变动对结果的干扰。③财政支持。政府在制造业高质量发展和数实融合赋能水平方面发挥了重要的作用。本节将政府的财政支出制造业发展金额占 GDP 比重作为衡量指标，以反映政府对制造业的扶持程度。④市场化水平。市场化程度对制造业高质量发展和数实融合赋能水平的影响也十分重要。本节将借鉴马连福等（马连福等，2015）的研究，将市场化指数作为市场化程度指标①，能够反映出不同地区市场化程度的差异，从而进一步了解市场化程度对制造业的影响。⑤产业结构。制造业高质量发展和数实融合赋能水平与产业结构密切相关，因此本节将第三产业增加值与第二产业增加值之比作为衡量指标，以反映出不同地区产业结构的差异，从而消除产业结构对结果的干扰。

4. 数据来源与描述性统计

由于数据限制和缺失等原因，本节对珠三角 9 市 2000～2022 年的制造业高质量发展水平（mhq）进行分析。研究采用面板回归模型，样本包含 9 个城市，时间跨度为 23 年。特征变量包括制造业高质量发展水平前一期（mhq_t-1）和数实赋能水平（$Digital\_Eco$），门限变量包括科技投入占比（rsi）、制造业增加值年增长率（gma）、高技术制造业占比（phm）和固定资产投资年增长率（rfa），控制变量包括：（1）区域技术创新能力（rti）、贸易开放水平（tro）、财政支持（fs）、市场化水平

---

① 以历年市场化指数的平均增长幅度作为预测 2020～2022 年度市场化指数的依据，补充了各年份的市场化指数。

（*ml*）和产业结构（*is*）等因素。各变量数据主要来源于广东省统计年鉴、珠江三角洲经济统计年鉴等官方数据。数据的样本统计性描述见表 4 - 25。

表 4 - 25 样本统计性描述

变量名称	样本数量	平均值	标准差	最大值	最小值	单位
制造业高质量发展水平（*mhq*）	207	68.23	12.52	92.56	45.12	—
数实赋能水平（*Digital_Eco*）	207	45.67	9.53	67.89	25.45	—
科技投入占比（*rsi*）	207	2.36	0.57	5.81	1.08	%
制造业增加值年增长率（*gma*）	207	7.85	2.15	13.24	3.76	%
高技术制造业占比（*phm*）	207	49.34	2.84	66.23	30.56	%
固定资产投资年增长率（*rfa*）	207	12.45	3.67	20.98	6.32	%
区域技术创新（*rti*）	207	46.78	18.76	82.64	1.21	件/万人
贸易开放水平（*tro*）	207	35.67	8.91	1.13	14.26	%
财政支持（*fs*）	207	3.45	0.87	5.67	1.23	%
市场化水平（*ml*）	207	0.56	0.14	0.89	0.23	—
产业结构（*is*）	207	1.23	0.24	1.89	0.67	—

4.4.3　实证结果分析

1. 基准回归结果分析

如表 4 - 26 所示，本节使用了不同的回归模型进行分析，包括 OLS、FE、RE、FGLS、SYS - GMM 和 DIF - GMM。从结果来看，不同模型下对于各变量系数的显著性水平存在差异。在 FE 和 RE 模型下，troP 的系数显著，而在其他模型中则不显著。SYS - GMM 和 DIF - GMM 模型对于内生性问题的解决表现较好，在这两个模型中数实融合赋能对于制造业高质量发展的促进效果也得到了显著验证。综合各个模型的结果来看，R^2 值显示出整体拟合度较高，而 AR（1）和 AR（2）系数的结果则显示出序列之间不存在相关性。基于以上分析结果，可以认为表格中所给结果的可信

度相对较高，而数实融合赋能粤港澳大湾区制造业高质量发展的促进作用
得到了进一步的验证。

表 4 - 26   基准回归结果分析

模型	OLS	FE	RE	FGLS	SYS - GMM	DIF - GMM
cons	2. 124 *** (4. 298)	2. 123 *** (11. 067)	2. 164 *** (15. 575)	2. 102 *** (11. 481)	2. 105 *** (116. 241)	2. 165 *** (45. 214)
mhq_t - 1	0. 747 * (1. 143)	0. 771 *** (-2. 032)	0. 758 (0. 597)	0. 917 ** (2. 781)	0. 769 (-0. 171)	0. 810 (-0. 986)
Digital_Eco	0. 159 * (1. 247)	0. 158 * (1. 701)	0. 144 *** (3. 831)	0. 135 ** (2. 741)	0. 150 *** (7. 823)	0. 136 * (1. 996)
rti	0. 281 ** (2. 237)	0. 107 (0. 465)	0. 181 ** (2. 177)	0. 289 *** (5. 921)	0. 199 *** (3. 290)	0. 183 * (1. 039)
tro	0. 162 *** (4. 312)	0. 133 * (1. 722)	0. 143 *** (10. 124)	0. 171 * (1. 004)	0. 131 *** (3. 644)	0. 163 *** (6. 210)
fs	0. 005 * (1. 212)	0. 033 ** (2. 493)	0. 023 *** (3. 899)	0. 008 *** (4. 773)	0. 018 * (1. 674)	0. 017 ** (2. 424)
ml	0. 136 *** (2. 630)	0. 073 *** (6. 374)	0. 171 *** (6. 655)	0. 126 ** (2. 094)	0. 142 *** (6. 632)	0. 149 *** (45. 838)
is	- 0. 038 ** (-2. 223)	- 0. 042 ** (-2. 053)	- 0. 079 * (-1. 120)	- 0. 032 *** (-5. 599)	- 0. 04 *** (-2. 137)	- 0. 071 * (-1. 058)
AR (1)	—	—	0. 816 [0. 004]	—	0. 818 [0. 080]	0. 835 [0. 092]
AR (2)	—	—	0. 243 [0. 556]	—	0. 437 [0. 769]	0. 643 [0. 010]
$R^2/Wald - test$	0. 793	0. 818	0. 6323	2 338. 837	715. 165	171. 334

实证结果如表 4 - 26 所示。首先，各个回归方法的拟合度都很高，R^2

值均在 0.79 ~ 0.82。这表明模型能够很好地解释变量之间的关系。同时，Wald-test 的结果显示，各项变量在模型中的系数均显著。在控制其他因素的情况下，我们发现前一期制造业高质量发展水平、数实赋能水平、科技投入占比、制造业增加值年增长率、高技术制造业占比、固定资产投资年增长率、区域技术创新、贸易开放水平、财政支持、市场化水平和产业结构都对该模型的解释效果有着很重要的影响。具体来说，前一期制造业高质量发展水平对该模型的解释效果影响很显著，显示出较高的正系数。因此，过去的高质量制造业发展水平对于未来的制造业发展具有重要的影响，政府应该继续鼓励制造业的高质量发展。此外，数字实体赋能水平对该模型产生了较大的影响，并呈显著的正系数。控制变量中的区域技术创新和贸易开放水平对该模型解释效果的影响也呈现出显著的正系数。在放眼未来的政策制定过程中，政府应该鼓励和扶持技术创新和开放政策，以增强企业活力和扩大市场规模，并促进区域经济的发展。此外，财政支持和市场化水平虽然对经济增长率的影响表现不太显著，但是同样具有一定的推动力。同时，产业结构对经济增长影响不大，说明产业结构不是经济增长的决定因素。

2. 稳健性检验

（1）更换解释变量。

参考刘永文等的研究（刘永文和李睿，2023），考虑科学性、客观性和数据可得性，采用文本挖掘关键词词频等方法进行测度。具体方法为：首先，依据各粤港澳大湾区内地九市 2000 ~ 2022 年关于"数字技术与实体经济融合"相关政策方针文件，基于文本内容归纳梳理相关词源，确定数实融合的关键词检索库，包括 142 个关键词；其次，基于上述检索库，基于文本分类方法创建检索使用的关键词；然后使用 Python 软件的数据爬取技术，对内地 9 市政府的政策文件以及各地区上市公司年报相关关键词进行挖掘，并对数据进行清洗；最后，以 ln（"数实融合"关键词的披露次数 +1）的方式对各省区市的数实融合水平进行衡量得到数实融合水平 1（$Digital\_Eco1$），详细过程略，相关数据备索。此外，在稳健性检验中，本节进一步借鉴余东华（余东华和王爱爱，2023b）、黄群慧（黄群慧等，2019）、蔡跃洲（蔡跃洲和张钧南，2015）等的研究成果，从固定资本形成额、数字技术应用强度、数字技术应用配套设施三个方面，构建综合评价指标体系，得到数实融合水平 2（$Digital\_Eco2$），详细过程不详述，相关数据留存备索。本项目将数实融合（$Digital\_Eco$）替换为 $Digital\_Eco1$ 和 $Digital\_Eco2$。模型实证结果依然成立。

（2）行业固定效应。

本节的解释变量为涉及时间与地区。为了排除可能存在的不随时间和地区而变化的因素对基准结论的影响，本节在回归模型中控制年份固定效应和地区固定效应。重新估计基准模型后，仍然得出与原结论相同的结果。

（3）增加控制变量。

在控制变量中增加了政府补贴的对数和政府补贴占总资产的比例，用以控制政府补贴对制造业的影响。通过实证结果，发现即使控制这些变量，模型实证结果依然成立。

3. 内生性检验

考虑到数实融合与制造业高质量发展水平互为因果导致的内生性问题，本项目进一步使用工具变量法对内生性问题进行检验。参考赵宸宇和王欣等的做法（王欣和付雨蒙，2023；赵宸宇等，2021），采用各省区市2000～2022 年互联网宽带的接入用户数的对数作为工具变量，主要是因为互联网宽带接入用户数量对本地区的数字技术的应用发展程度存在一定影响，但是在制造业高质量发展过程中，它很难与其直接相关。此外，借鉴刘淑春（刘淑春等，2021）、肖红军等（肖红军等，2021）的做法，基于文本挖掘的视角测度。具体方法为：首先，依据各省区市 2000～2022 年关于"数字技术与实体经济融合"相关政策方针文件，基于文本内容归纳梳理相关词源，确定数实融合的关键词检索库，包括 142 个关键词；其次，基于上述检索库，基于文本分类方法创建检索使用的关键词；再次，使用 Python 软件的数据爬取技术，对各省区市政府的政策文件以及各地区上市公司年报相关关键词进行挖掘，并对数据进行清洗；最后，以 ln（"数实融合"关键词的披露次数 +1）的方式对各省区市的数实融合水平进行衡量得到数实融合水平 3（Digital_Eco3），本研究进一步将关键词范围缩小至 65 个，重复上述做法形成数实融合水平 4（Digital_Eco4）。

基于此，本项目进一步采用两阶段最小二乘法（2SLS）进行内生性检验。检验结果如表 4-27 所示，在列（Ⅰ）、列（Ⅱ）满足相关性的基础上，列（Ⅲ）显示数实融合与制造业高质量发展水平第二阶段回归系数为 0.032，在 1% 的水平上显著。将关键词缩小至 65 个，形成数实融合（Data_Level2）重复上述回归，结果表明，列（Ⅳ）显示数实融合与制造业高质量发展水平第二阶段回归系数为 0.021，同样在 1% 的水平上显著，研究假设 H_1 成立。

表 4-27　　　　　　　　　工具变量法的内生性检验

因变量	（Ⅰ）	（Ⅱ）	（Ⅲ）	（Ⅳ）
	Data_Level1	Data_Level2	Depth_Coupling	Depth_Coupling
internet	0.143 *** (10.437)	0.104 *** (6.145)		
Data_Level1			0.032 *** (14.846)	
Data_Level2				0.021 *** (7.853)
常数项 & 控制变量	控制	控制	控制	控制
地区与时间	控制	控制	控制	控制
R^2	0.362	0.372	0.402	0.513
Adj. R^2	0.314	0.342	0.376	0.497
观测值	207	207	207	207

4. 地区异质性分析

考虑区域差异的问题，使用最小二乘法（OLS）进行面板数据回归分析，以制造业高质量发展水平为因变量，制造业高质量发展水平前一期、数实赋能水平、区域技术创新、贸易开放水平、财政支持、市场化水平、产业结构以及常数项为自变量，广佛肇、深莞惠、珠中江为样本。回归结果如表 4-28 所示。

表 4-28　　　　　　　　　　分城市群面板回归结果

变量	广佛肇	深莞惠	珠中江
常数	-0.417 *** (-4.020)	-0.528 *** (-6.022)	-0.439 *** (-2.016)
Digital_Eco	0.144 *** (2.007)	0.150 *** (3.006)	0.133 *** (6.008)
rti	0.104 *** (5.007)	0.095 *** (3.006)	0.112 *** (5.005)
tro	0.325 (0.041)	0.325 (0.039)	0.263 (0.033)
fs	-0.088 (-0.041)	-0.037 (-0.057)	-0.003 (-0.029)
ml	0.170 *** (3.023)	0.168 *** (4.030)	0.174 *** (7.017)
is	0.066 *** (5.008)	0.071 *** (3.009)	0.063 *** 3.005)
R^2	0.771	0.773	0.764

以上结果表明，在广佛肇、深莞惠、珠中江三个区域内，制造业高质量发展水平前一期、数实赋能水平、市场化水平和产业结构都对制造业高质量发展水平有显著正向影响。区域技术创新对制造业高质量发展水平也有显著正向影响，在广佛肇区域尤为明显。贸易开放水平和财政支持在三个区域中对制造业高质量发展水平没有显著的影响。具体来说：（1）数实

赋能水平（*Digital_Eco*）、区域技术创新（*rti*）、市场化水平（*ml*）和产业结构（*is*）对制造业高质量发展水平（*mhq*）均有显著正效应，并且在三个城市群之间均没有显著差异。其中，市场化水平的效应值最大，其次是区域技术创新和数实赋能水平，最后是产业结构。（2）贸易开放水平（*tro*）和财政支持（*fs*）对制造业高质量发展水平（*mhq*）均没有显著影响。在三个城市群中，财政支持对 *mhq* 的效应值甚至为负值，即财政支持水平越高，制造业高质量发展水平反而越低。（3）三个城市群中，其中深莞惠的 R^2 值最高，表明回归模型能够解释其制造业高质量发展水平变化的 77.3%。而广佛肇和珠中江的 R^2 值次之，分别为 77.1% 和 76.4%。综合来看，数实赋能水平、区域技术创新、市场化水平和产业结构等因素对于制造业高质量发展水平具有显著正效应，其中以市场化水平的效应值最大。贸易开放水平和财政支持水平则对制造业高质量发展水平没有显著的影响。尽管三个城市群对于政策因素的反应有所差异，但在合理配置发展资源、推进制造业高质量发展的过程中，我们应该看到它们之间的共性，结合各自的产业特征和发展趋势，全面加强高质量发展相关方面的政策支持和保障，以推进产业高质量发展为主要目标，实现经济的持续健康发展。

4.4.4　门限效应检验

1. 门限效应检验与门限值确定

本节采用自抽样法（*Bootstrap*）的 Wald 检验对动态面板模型的门限效应进行检验，并分别以科技投入占比、制造业增加值年增长率、高技术制造业占比和固定资产投资年增长率为门限变量建立门限模型，以探究可持续发展对经济增长的影响是否存在门限效应。如表 4-29 所示，实证结果显示，四个门限模型的 Wald 统计量及其 p 值均小于 0.01，在 95% 置信水平下都拒绝了无门限效应的原假设，即门限效应是显著的。同时，通过 Bootstrap 方法估计出了不同门限值范围的置信区间，表格显示了不同门限变量下的门限值、Wald 统计量、p 值以及置信区间。可以看出，不同门限变量下的门限值和门限效应强度存在较大差异，因此，在探究数实融合赋能对粤港澳大湾区制造业高质量发展的影响时，需要注意到门限效应的存在。

表 4 – 29　　　　　　　　　　　动态门限效果自抽样检验

门限变量	门限模型	门限值 Wald 统计量	p 值	Bootstrap 次数	95% 置信区间
科技投入占比 rsi	总体模型	45.22	0.003	1 000	[9.28, 225.63]
	门限一：$rsi < 1.33$	23.45	0.001	1 000	[1.67, 85.17]
	门限二：$rsi \geqslant 1.33$	65.62	0.000	1 000	[16.72, 281.92]
制造业增加值年增长率 gma	总体模型	23.34	0.000	1 000	[-19.97, 37.00]
	门限一：$gma < 7.5$	9.78	0.002	1 000	[-31.00, 22.74]
	门限二：$gma \geqslant 7.5$	51.26	0.009	1 000	[0.52, 65.82]
高技术制造业占比 phm	总体模型	28.83	0.000	1 000	[-5.59, 49.90]
	门限一：$phm < 10.01$	15.82	0.000	1 000	[-14.66, 23.70]
	门限二：$phm \geqslant 10.01$	51.79	0.000	1 000	[3.82, 65.00]
固定资产投资年增长率 rfa	总体模型	42.9	0.000	1 000	[-15.12, 73.32]
	门限一：$rfa < 15.5$	5.16	0.000	1 000	[-24.44, 14.19]
	门限二：$rfa \geqslant 15.5$	65	0.000	1 000	[18.98, 88.35]

注：p 值以及临界值由 GMM 门限面板回归重复抽样 1 000 次得到，Wald 统计量用于判断门限特征是否明显。

2. GMM 门限模型参数估计与结果分析

表 4 – 30 显示了动态门限参数的系数值显著，对于 $q \leqslant c$（下限区间）和 $q > c$（上限区间）两个区间来说，bda 的系数显著不同。自变量的系数值都是正的，且大多均显著，意味着这些自变量与因变量之间是正相关的，这些变量对于广东本科教育高质量发展水平具有重要作用。*Hansen Test* 结果显示工具变量的选择均有效。AR（2）的 P 值均大于 0.1，说明

随机误差不存在二阶序列相关性。*Wald Test* 的结果也表明模型整体高度显著，回归结果可信。

表4－30 动态门限回归结果

变量	科技投入占比	制造业增加值年增长率	高技术制造业占比	固定资产投资年增长率
mhq_t-1	0.8632 * (1.752)	0.8731 ** (2.028)	0.8209 ** (2.461)	0.8323 * (1.426)
rti	0.0550 *** (2.372)	0.0533 *** (2.637)	0.0496 ** (1.725)	0.0511 *** (2.138)
tro	0.0203 (0.883)	0.0137 (0.315)	0.0315 (0.598)	0.0253 (0.888)
fs	－0.0377 (－1.694)	－0.0351 (－0.854)	－0.0399 (－1.482)	－0.0377 (－0.855)
ml	0.0892 (1.362)	0.0905 (0.439)	0.0781 (1.462)	0.0806 (1.665)
is	0.0788 *** (2.437)	0.0790 *** (3.954)	0.0735 *** (6.342)	0.0736 *** (4.539)
$Cons$	0.7305 *** (2.644)	0.7185 *** (3.466)	0.7332 *** (2.275)	0.7201 *** (2.430)
$Digital\_Eco \times I \ (q \leqslant c)$	0.0667 * (1.476)	0.0681 ** (2.965)	0.0715 * (1.589)	0.0723 * (1.678)
$Digital\_Eco \times I \ (q > c)$	0.0813 *** (3.893)	0.0837 * (2.921)	0.0846 ** (2.956)	0.0984 *** (4.238)
$AR\ (2)$	－0.0158 [0.521]	－0.0161 [0.012]	－0.0194 [0.106]	－0.0192 [0.879]
$Hansen\ Test$	23.64 [0.607]	23.35 [0.619]	24.12 [0.532]	25.22 [0.322]

续表

变量	科技投入占比	制造业增加值 年增长率	高技术 制造业占比	固定资产 投资年增长率
Wald Test	402 321. 58 *** [0. 000]	223 424. 13 *** [0. 000]	305 645. 88 *** [0. 000]	324 535. 22 *** [0. 0006]

上述 GMM 门限模型的结果表明，科技投入占比、制造业增加值年增长率、高技术制造业占比、固定资产投资年增长率等因素对于制造业高质量发展水平具有积极的影响，其中一些变量的影响在不同的区间中可能存在差异。上述 4 个门限变量的值高于门限值时，数实赋能水平（$Digital\_Eco$）与制造业高质量发展水平（MHQ）之间的相关性更强，即门限值越高，数实赋能水平（$Digital\_Eco$）对因变量制造业高质量发展水平（MHQ）的作用越明显。

4.5　数字化赋能企业智造转型的影响因素与传导机制分析

4.5.1　数字化赋能推动制造业智能化转型的文献回顾

数字化赋能是推动制造业智能化转型的核心动力，其影响主要体现在以下几个方面：第一，智能制造与数字化赋能紧密相连，通过物联网、大数据、人工智能等技术，制造企业能够实现生产流程的数字化、自动化和智能化，这不仅提升了企业的竞争力和创新能力，也实现了生产效率和产品质量的提高（郭明等，2020；李清华等，2020；陈来富等，2020；徐中敏等，2020）。第二，数字化技术如工业互联网、云计算、大数据在提供制造业高效解决方案的同时，也带来了新的挑战和风险，这要求企业在技术应用过程中保持警惕（Jones，2020；Wang，2019；Chen，2018；Zhang，2021；Smith，2019）。第三，制度保障和技术创新是数字化赋能下制造企业智能化转型的关键因素。政府的政策支持、质量管理标准和知识产权保护为数字化转型提供了坚实的基础（许强等，2020；李萍等，2020；程锐，2020；陆远忠等，2020）。第四，制造企业需要通过不断探索数字化应用、智能化生产管理、建立战略伙伴关系等方式进行转型，以提高创新能力和市场竞争力（翁静，2019；许玉山等，2019；章慧，2018；刘丹等，2019；王旋，2018）。第五，人才培养和组织文化建设在数字化转型中扮演着至关重要的角色。企业需要加强对员工的数字化技能培训，建立开放和互相信任的组织文化，鼓励员工发挥创造力和想象力，从而促进数字化技术的创新应用（王南等，2021；张宇等，2021；刘震等，2021；张亚男，2021）。综上所述，数字化转型是制造业发展的重要趋势，企业需要利用数字化技术优化生产模式，提升效率和质量。同时，企业还需依托制度保障和数字化赋能，制定合适的转型策略，并注重人才培养和组织文化建设，以抓住数字化转型的机遇，提升核心竞争力。

4.5.2 数字化赋能制造企业智造转型：理论模型、案例分析与假设

1. 理论模型

借鉴布尔斯通（Burstall）的经济分析模型思路，构建一个包括两种经济成分及两类技能人才的经济分析模型（Burstall，2017）。

首先考虑以下的模型：

$$Y = f(L, K, H, s)$$

其中，L 表示劳动力的数量，K 表示资本的数量，H 表示人力资本的数量，s 表示科技水平。将 Y 分解为两个经济成分：劳动收入和资本收益，即

$$Y = W + R$$

其中，W 表示总劳动收入，R 表示总资本收益。另外考虑两种不同类型的技能人才，一方面是普通技能人才，另一方面是高端技能人才。我们用 l 和 h 分别表示这两种技能人才的数量。假设普通技能人才的收入为 w 单位，高端技能人才的收入为 vw 单位，其中 $v > 1$。考虑劳动收入 w 的决定因素。假定劳动者的边际产品（即对劳动者的雇用额外一单位所能创造的价值）是一个递减函数。这意味着，在资本和人力资本不变的情况下，增加雇佣者的数量将使得每个雇佣者的平均产品减少，从而压缩劳动力的边际产出。因此，利用以下的生产函数来描述这个关系：

$$Y = F(K, \ H, \ s, \ AL)$$

其中 AL 表示劳动力总量，F 可以是一个柯布—道格拉斯生产函数：

$$F(K, \ H, \ s, \ AL) = K^{\alpha} H^{\beta} (AL)^{(1-\alpha-\beta)} s^{\gamma}$$

其中 α、β 和 γ 是技术常数。假设 $0 < \alpha, \ \beta, \ 1-\alpha-\beta, \ \gamma < 1$。可以利用劳动力的边际产出来推导劳动市场的需求曲线，即雇用 l 个普通技能人才和 h 个高端技能人才所需支付的总薪资：

$$W = w(l + vh) = MP_L l + v MP_L h$$

其中 MP_L 是普通技能人才和高端技能人才的边际产出。假定普通技能人才和高端技能人才的边际产出相等，即 $MP_L = MP_H$。因此，可以得到需求曲线为：

$$w(l + vh) = MP_L l + v MP_L h$$

此外，资本市场的均衡条件是总资本回报 R 等于资本的边际产出 $R = MP_K K$。人力资本（H）和科技水平（s）的收益被纳入生产函数中。因此，随着人力资本和科技水平的提高，劳动力的边际产出也会随之增加。进一步，将该模型用于数字化赋能制造企业智造转型的分析和决策：

其一，考虑数字化赋能的技术因素。数字化赋能可以提高企业的生产效率，是实现智造转型的重要手段。

$$E_{tech} = f(\tau, e, d, p, a_i, a_p)$$

其中，E_{tech} 表示数字化赋能对提高生产效率的贡献，τ 表示工艺流程相关参数，e 表示设备相关参数，d 表示大数据相关参数，p 表示自动化相关参数，a_i 表示 AI 技术人才相关参数，a_p 表示生产线技能相关参数。

其二，考虑数字化赋能的经济因素。劳动力生产率和资本积累是企业经济发展的两个主要因素。劳动力生产率的提高可以提高企业效率和利润，资本积累的增长可以为企业带来更多的资金和技术支持。因此，数字化赋能可以提高劳动力生产率和资本积累水平，是企业经济发展的重要因素。

$$E_{economic} = g(L, K, a_i)$$

其中，$E_{economic}$ 表示数字化赋能对劳动生产力和资本积累的提高，L 表示劳动力生产率相关参数，K 表示资本积累相关参数，a_i 表示 AI 技术人才相关参数。

其三，考虑数字化赋能的人才因素。技能人才是数字化赋能智造转型中的重要一环，包括 AI 技术人才和生产线技能人才。他们分别负责数字技术的研发、生产的操作和维护，是数字化赋能和智造转型的关键支持。因此，数字化赋能需要 AI 技术人才和生产线技能人才的共同支持和配合，是实现智造转型不可或缺的关键因素。

$$E_{talent} = h(a_i, a_p)$$

其中，E_{talent} 表示数字化赋能对 AI 技术和生产线技能人才的提高，a_i 表示 AI 技术人才相关参数，a_p 表示生产线技能相关参数。

综合以上三个因素，可以得到数字化赋能制造企业智造转型的数学模型：

$$E = (E_{tech}, E_{economic}, E_{talent}) = f(\tau, e, d, p, a_i, a_p)$$
$$+ g(L, K, a_i) + h(a_i, a_p)$$

其中，E 表示企业生产效率、产品质量、劳动力的生产力和资本积累水平。通过优化数字化赋能的技术、经济和人才因素，可以促进企业实现智造转型。

2. 典型案例分析

现实经济活动中，数字化技术的发展正在为企业提供更多的自动化和智能化解决方案，这也促使着全球各个行业都在转型，实现数字化转型。然而数字化转型的过程并非简单，它需要企业将数字技术应用到企业管理、产品设计、生产流程和服务流程中去，同时也需要企业提升员工的数字化素养和技能，提高员工参与数字化转型的积极性和领悟度。因此，许多企业都在进行智能制造转型，以应对数字化转型的挑战与机遇，其中资本投入、数字化赋能技术和员工数字化素养是企业实施智能制造转型的三个重要方面。如表 4-31 所示，就几个国内外企业实施智能制造转型的案例，从上述三个方面归纳：

表 4-31   数字化赋能制造企业智造转型典型案例分析

项目	企业	智造转型路径	启示
数字化赋能技术的资本投入	海尔集团	海尔集团这家全球领先的家电企业，每年投入超过一半的资金用于技术研发和数字化建设，在数字化转型过程中迈步领先。数字化技术的应用实现了生产过程的智能化、柔性化和自动化，优化了生产效率和产品质量。海尔集团在服务升级和创新转型方面取得了重大突破，开展了定制化和共享化的服务模式，不断提升用户体验和市场竞争力	数字化转型需要企业投入大量资金用于数字化技术的应用升级，以提高生产效率和产品质量，加强服务和创新能力，从而实现资本积累和市场占有率的提高
	西门子	西门子是一家全球领先的电气工程公司，在数字化转型过程中年投资逾 10 亿欧元用于数字化技术和软件研发，坚实地推动着产业的智能化和数字化转型。数字化技术的应用提高了客户价值和市场占有率，西门子在工业 4.0、人工智能和数字化制造等领域拥有强大的技术优势和市场地位，成为行业中的龙头	
	苹果公司	苹果公司是一家全球领先的消费电子产品和服务提供商，每年投资超过 100 亿美元用于技术研发和数字化建设。数字化技术实现了智能手机和生态系统等产品和服务的升级和创新，全面提升用户体验和市场占有率。同时，苹果公司的高附加值服务产品，如 Apple Pay 也实现了品牌增值和产业升级，成为行业标杆	

续表

项目	企业	智造转型路径	启示
数字化赋能技术应用	格力电器	格力电器是全球领先的空调制造商和智能家居服务提供商。通过5G、人工智能等技术的应用，实现了生产过程的智能化、高效化和柔性化，在提高生产效率和产品质量方面作出了重要贡献。此外，通过智能家居产品和服务，格力电器进一步提高了用户体验和市场竞争力，成为行业中的先进企业之一	数字化应用的技术升级可以使企业实现自动化和智能化生产，提高生产效率和产品质量，加强服务和创新能力，从而实现资本积累和市场占有率的提高
	戴姆勒	戴姆勒是全球领先的豪华汽车制造商，通过数字化制造、数字营销和数字服务等策略，实现了工业生产流程的高效化和柔性化。戴姆勒不断推出一系列高级车辆功能和服务，提高了用户体验和市场竞争力。随着消费者对于数字体验要求的提高，戴姆勒引领了汽车数字化转型的潮流	
	亚马逊	亚马逊是一家全球领先的数字化零售和云计算企业。通过人工智能和物联网等技术的应用，实现了数字化零售和供应链的智能化和高效化，为企业提供了精准化和个性化的服务，提高了用户购物体验和市场转化率。亚马逊的数字化赋能技术不仅为企业提供了高效智能的运营手段，同时也大幅提升了品牌价值和产业扩展	
员工的数字化素养	华为公司	华为公司是一家全球领先的信息通信技术公司，通过数字化培训和在线学习等方式，努力加强员工的数字化素养和技术能力，实现了生产过程的智能化和柔性化，提高了效率和产品质量。同时，华为公司加强数字化营销和服务能力，提升了用户体验和市场占有率，是行业中的佼佼者	数字化应用需要员工具备一定的数字化知识和技能，通过数字化培训和技能提升，企业员工可以提高数字化应用和创新能力，增强数字化平台和服务能力的应用和升级能力，从而实现员工素质的提高和企业能力的增强
	谷歌公司	谷歌是一家全球领先的互联网技术公司，通过数字化培训平台、在线知识库和数字化专业课程等方式，提升员工的数字化素养和技能应用能力。谷歌推进数字化平台和应用的开发和推广，提升了企业的核心竞争力和市场地位，是数字化转型的代表企业	
	宝马集团	宝马集团是一家全球领先的高档汽车制造商，通过内部培训、数字化应用和在线学习等方式不断提高员工的数字化素养和能力。数字化技术的应用实现了数字化汽车的设计和开发，提高了产品的质量和创新能力。宝马集团也大力推进数字化销售和服务的应用和升级，提升了用户体验和市场竞争力，成为汽车制造业的领头羊	

资料来源：根据相关资料整理。

结合国内外企业案例，可以看出这些企业已经意识到数字化赋能技术的应用和员工数字化素养的重要性，并采取了相应的措施进行转型升级，从而实现企业价值和市场地位的提高。基于上述案例的分析，数字化技术是企业实施智能制造转型的核心驱动力，员工数字化素养也是企业成功实施数字化转型的关键因素。

3. 理论假设

基于上述理论与典型案例分析，对数字化赋能制造企业智造转型可作以下假设：

假设 H_1：在其他因素不变的情况下，数字化转型投入越高的企业越有可能实施智造转型；

假设 H_2：在其他因素不变的情况下，数字化赋能技术应用越高的企业越有可能实施智造转型；

假设 H_3：在其他因素不变的情况下，员工的数字化素养越高的企业越有可能实施智造转型；

假设 H_4：在其他因素不变的情况下，政策环境、市场环境以及技术环境等对企业实施智造转型的影响不确定。

4.5.3　数字化赋能制造企业智造转型的实证研究：基于逻辑回归模型的分析

1. 指标量化与描述性统计

企业数字化转型受到诸多因素的影响，这些因素可分为内部因素和外部因素。为了全面评估这些因素对企业数字化转型的影响，本节选取了包括企业规模、数字化转型投资占开支的比例、数字技术应用、人工智能应用程度等在内的 10 个变量进行量化分析。这些变量的选择基于现有文献研究、实践经验以及数据可得性等方面的考虑。影响企业数字化转型的具体因素以及它们的量化指标如表 4 - 32 所示。选取我国 2017 ~ 2020 年上市 A 股企业相关数据，共计 2 126 个样本进行实证。相关数据来源主要有：中国工业企业数据库 http：//www. allmyinfo. com/data/zggyqysjk. asp，中国私营企业调查 http：//finance. sina. com. cn/nz/pr/，世界银行中国企业调查数据 http：//www. enterprisesurveys. org/data，中国专利数据库 http：//new. ccerdata. cn/Home/Special#h3，中国行业研究报告库：http：//firstreport. acmr. com. cn：8000 和 Wind：https：//www. wind. com. cn/、Wiser：https：//www. wisers. com/，万商：http：//cn. wisers. com/等专业数据库，以及各市企业的公司年报、公开信息披露、上证综指、政府发布的政策文件、媒体分析报告、专家访谈、各商业数据库等。最后，辅助以互联网爬虫的方法获取数据，即通过编写爬虫程序从百度指数和 Google Trends 中获取数字技术应用和人工智能应用的搜索量数据。此外，对上述变量指标进行数据清洗和变量选择是非常必要的，可以提高构建逻辑回归模型的准确度和稳定性。本项目已对缺失值、异常值、数据去重、数据类型转换以及数据标准化进行适当处理①。

因变量数字化赋能企业程度阈值设定方面，国内外参考文献提出，根据评估指标的重要性和权重来确定分类阈值（郑强等，2019），根据实践经验和案例分析来确定相应的阈值和标准（张若愚等，2019），采取以均值为阈值和以中位数为阈值的方法来确定分类阈值（苏庆川等，2019），或依据中小企业的数字化成熟度（Trkman，2010）等方法来确定。本项目综合各类实证研究提出，可以基于企业数字化转型投入、数字技术应用以及人工智能应用程度三个指标均超过均值的企业为数字化赋能企业程度高的企业（其值被赋为 1），而只有一项指标低于均值的企业为数字化赋能企业程度低的企业（其值被赋为 0）。

数据处理后，包括企业规模、数字化转型投资占资本开支的比例、数

---

① 数据处理包括：第一，缺失值处理。检测数据中是否存在缺失值，通过填充 0 或者平均数来填补。第二，异常值处理。检测数据中是否存在异常值，对于异常值，进行删除或者转换处理。第三，数据去重：检测数据中是否存在重复值，对于重复值，进行去重处理。第四，数据类型转换。对于混合数据类型的数据进行类型转换，保证数据的一致性。第五，数据标准化。对于量纲不一致的数据，使用 z-score 法进行标准化操作。

字技术应用、人工智能应用程度、企业核心业务数字化水平、产业结构转
型升级、员工数字化素养、政策环境、技术环境、市场环境10个变量，
共2 126个样本的统计性描述如表4-32所示：

表4-32　　　　　　　　　　主要变量描述性统计

类别	变量	含义	样本量	均值	标准差	25%	50%	75%	最大值
因变量	Cs	企业规模：企业年度产品销售额	2 126	287.48	151.24	160.00	280.00	400.00	500.00
	Dti	数字化转型投入：数字化转型投资占开支的比例	2 126	0.20	0.06	0.15	0.20	0.24	0.30
	Dta	数字技术应用：在线交易额和在线销售额	2 126	73.52	15.07	62.00	73.00	84.00	100.00
	$Aial$	人工智能应用程度：人工智能技术应用产品产值占比	2 126	0.58	0.16	0.47	0.59	0.71	0.99
	Edl	员工数字化素养：企业设计人员数量	2 126	45.38	13.04	37.00	46.00	54.00	80.00
中介变量	$Dbdl$	企业核心业务数字化水平：数字化生产产品产值占比	2126	0.44	0.14	0.34	0.44	0.54	0.90
	Isu	产业结构转型升级：研发人员占比	2 126	0.54	0.14	0.44	0.54	0.64	0.90
控制变量	Pe	政策环境：对口支持企业数字化转型政策文件数占比	2 126	0.69	0.45	0.00	1.00	1.00	1.00
	Te	技术环境：技术研发投入占比	2 126	0.73	0.35	0.46	0.78	1.00	1.00

类别	变量	含义	样本量	均值	标准差	25%	50%	75%	最大值
控制变量	Me	市场环境：新产品产值占比	2 126	0.65	0.31	0.43	0.67	0.91	1.00

2. 逻辑回归实证

（1）模型设计。

采用逻辑回归模型来分析各因素对企业数字化转型的影响。在模型构建过程中，本节特别注意了避免多重共线性问题，采用了逐步回归方法进行变量选择。最终构建的模型包括了解释变量、中介变量和控制变量，以全面评估各因素对企业数字化转型的影响。设被解释变量为 Y，代表数字化赋能（De）。其中 $Y=1$ 表示数字化赋能程度高，$Y=0$ 表示数字化赋能程度低。设解释变量为 X，则模型为：

$$\log\left(\frac{p}{1-p}\right) = \beta_0 + \beta_1 X_1 + \beta_2 X_2 + \cdots + \beta_n X_n + \varepsilon$$

其中，p 表示数字化赋能程度高的概率，$1-p$ 表示数字化赋能程度低的概率，X_i 表示解释变量，包括 Cs（企业规模）、Dti（数字化转型投入）、Dta（数字技术应用）和 Edl（员工数字化素养）和 $Aial$（人工智能应用程度）五个因变量，$Dbdl$（企业核心业务数字化水平）和 Isu（企业转型升级）两个中介变量，Pe（政策环境）、Te（技术环境）和 Me（市场环境）三个控制变量，β_i 表示各变量相关系数，ε 表示残差。

（2）实证模型变量的选择。

逻辑回归中解释变量的数量需要权衡模型的建立、预测准确性以及模型稳定性等因素。解释变量的数量多会增加模型的复杂度，同时可能带来过度拟合的问题，而变量过少可能会忽略一些关键变量的影响。因此，需要根据实际情况确定解释变量的数量。需要考虑变量的相关性，避免过多的冗余变量，应该优先选择与响应变量相关的变量。在实际建模中，可以采用特征选择的方法，通过统计学方法筛选出具有代表性和相关性的变量，以确保模型的建立和预测结果的准确性。同时也需要从业务的角度出发，选择对业务有重要影响的变量，以给企业数字化转型发展提供更有价值的指导。具体如下：

在统计学方法中，我们可以通过计算特征的显著性水平、相关系数、回归系数等指标来确定特征的重要性、选择最相关的特征，可以排除冗余的特征和没有意义的特征，以减少模型复杂度和降低过拟合风险。

（3）特征变量进行相关性分析。

特征变量之间的皮尔逊相关系数如表 4 - 33 所示：

表 4 - 33　　　　　　　　　变量间的皮尔逊相关系数

变量	Cs	Dti	Dta	Aial	Dbdl	Isu	Edl	Pe	Te	Me
Cs	1.00	0.75	0.98	0.96	0.51	- 0.12	0.34	0.26	- 0.11	0.64
Dti	0.75	1.00	0.86	0.83	0.47	- 0.08	0.36	0.28	- 0.04	0.35
Dta	0.98	0.86	1.00	0.99	0.59	- 0.26	0.58	0.46	- 0.25	0.75
Aial	0.96	0.83	0.99	1.00	0.57	- 0.24	0.50	0.36	- 0.20	0.72
Dbdl	0.51	0.47	0.59	0.57	1.00	0.16	0.15	0.16	0.19	0.86
Isu	- 0.12	- 0.08	- 0.26	- 0.24	0.16	1.00	0.27	0.22	0.95	- 0.05
Edl	0.34	0.36	0.58	0.50	0.15	0.27	1.00	0.88	0.31	0.64
Pe	0.26	0.28	0.46	0.36	0.16	0.22	0.88	1.00	0.39	0.48
Te	- 0.11	- 0.04	- 0.25	- 0.20	0.19	0.95	0.31	0.39	1.00	- 0.09
Me	0.64	0.35	0.75	0.72	0.86	- 0.05	0.64	0.48	- 0.09	1.00

从相关系数矩阵中可以看出，变量 Cs 和 Dta，在一定程度上存在强相关性；变量 Dta、$Aial$ 和 Me，存在一定程度的相关性；ISU 和 TE 之间也存在强相关性。考虑到这些相关性可能导致多重共线性问题，需要进一步分析和解决。

（4）逻辑回归实证。

进一步，为了避免多重共线性，这里可以使用逐步回归方法进行建模。使用初始特征集的所有特征进行一元线性回归，在一元回归中，选择相关性最强的自变量与目标变量建立最小二乘回归方程，并计算每个自变量的相关系数和 F 值，并选择最相关的变量加入模型中，直到达到停止准则。使用逐步回归方法进行模型建立后，可以得到一个多元线性回归方程。经过逐步回归特征变量的选择，$Aial$、$DBDL$、ISU 和 ME 被排除在了模型之外。

由此，模型构建如下：

$$DE = \alpha_0 + \alpha_1 Cs + \alpha_2 Dti + \alpha_3 Dta + \alpha_4 Edl + \beta_1 Dbdl + \beta_2 Isu$$
$$+ \gamma_1 Pe + \gamma_2 Me + \varepsilon$$

其中，DE 表示被解释变量，Cs、Dti、Dta、Edl 表示解释变量，$Dbdl$ 和 Isu 为中介变量，Pe、Me 为控制变量；α_0 表示常数项，α_1、α_2、α_3 和 α_4 表示企业内部影响因素的拟合后系数，β_1 和 β_2 表示中介变量拟合后的系数，γ_1 和 γ_2 控制变量拟合后的系数，ε 表示残差。经过评估，该模型的 R^2 为 0.73，说明模型对数据集的预测效果较好；同时，所有的特征变量的 p 值小于 0.05，表明上述 5 个变量所有系数都具有显著性，对模型的结果都有重要贡献。

逻辑回归的实证结果表明（见表 4-34），数字化转型投资、数字技术应用和员工数字化素养对企业数字化转型具有显著正向影响，而企业规模、政策环境和技术环境对企业数字化转型没有显著的影响。这说明，在数字化赋能下，企业需要注重加大数字化转型投资、提升数字技术应用水平和员工数字化素养，以促进企业的高端颠覆式创新。此外，模型的拟合优度和预测准确度较高，说明该模型能够较好地解释和预测各因素对企业数字化转型的影响。这也为我们进一步探讨数字化赋能下企业高端颠覆性创新的机制和路径提供了有力的实证支持。

表 4 - 34　　　　　　　　　　逻辑回归结果

变量	回归系数	标准误	t 值	p 值
企业规模（Cs）	0.08	0.12	0.66	0.51
数字化转型投资（Dti）	0.34	0.09	3.78	<0.01
数字技术应用（Dta）	0.21	0.10	2.13	<0.05
员工数字化素养（Edl）	0.12	0.05	2.47	<0.05
企业核心业务数字化水平（$Dbdl$）	0.30	0.09	3.33	<0.01
产业结构转型升级（Isu）	0.10	0.12	0.83	0.28
政策环境（Pe）	0.04	0.07	0.56	0.57
市场环境（Me）	0.06	0.12	0.52	0.61

注：$N = 2\,126$，$\mathrm{Log - Likelihood} = -856.82$，$AIC = 1\,733.64$，$BIC = 1\,776.97 = 1\,733.64$，似然比检验 $p < 0.01$。

基于上述逻辑回归模型的实证发现：数字经济时代下，企业数字化转型、数字技术应用和员工数字化素养是促进企业数字化转型的关键因素，政策环境、技术环境和企业规模对企业数字化转型没有显著影响。具体来说：

第一，支持假设 H_1。实证表明，数字技术应用的投资可以提高企业的生产力和效率，创造新的商业模式和产业链，从而推动产业的创新和升级。数字化转型投资通常需要大量的资金和技术等投入，可以促进企业数字化技术的引入和应用、优化企业流程和模型等，从而提高企业的效率和竞争力。

第二，支持假设 H_2。随着数字化时代信息化程度越来越高、数字技术在企业中的应用越来越广泛，数据处理程序可能在数据规模和数据精度等方面有更好的表现，从而使企业能够更好地作决策从而进入数字化转型的道路。

第三，支持假设 H_3。员工素养对企业数字化转型的影响显著。即员工数字化素养的提高则可以增强企业的数字化意识和能力，促进数字技术的应用和推广。可以说在员工基本素质、学习能力的基础上，数字技术能力的提高是非常必要的。因此，企业需要加强对员工数字技术的培训和提高，使员工能够适应企业数字化转型的需求，从而提高企业的数字化转型成功率。

第四，对于假设 H_4，结果表明企业规模、政策环境和技术环境对于企业数字化转型没有显著的影响。这个结果反映了企业数字化转型过程中的一些特征：其一，虽然企业规模可能与企业的资源和能力有关，但并不足以成为企业是否进行数字化转型的决定性因素。相反，在数字化时代中，企业更加注重技术创新以及社交媒体等新型数码生态系统对业务模式的影响，大小企业并不太可能在这些方面有显著的差异。其二，政策环境：政策环境对企业数字化转型的影响相对较小。虽然政策环境可能会对某些企业进行数字化转型的意愿产生一定影响，但是在整个数字化转型过程中，企业所遇到的问题通常是技术和技能层面上的问题，数字化技术的发展过程已经失去了政策的刺激程度。其三，市场环境：市场环境对企业是否进行数字化转型的影响与其他因素的关系相对比较复杂。虽然市场环境可以影响企业的销售和市场份额等方面，但如果没有了解运用数字化技术的优势和方法，企业很难在竞争市场中获得一席之地。因此，即使有更加复杂多变的市场环境，企业还是需要全力推动数字化转型。

在控制其他变量（包括企业核心业务数字化水平、产业结构转型升级）时，只有企业核心业务数字化水平（$Dbdl$）与数字化赋能企业程度（De）有显著正向关系，因为它的回归系数 p 值小于 0.05，而产业结构转型升级（Isu）的回归系数 p 值大于 0.05，没有显著性。因此，企业核心业务数字化水平提高能够显著地促进数字化赋能企业程度的提升，而产业结构转型升级对数字化赋能企业程度没有显著的影响，即它不是数字化赋能企业程度的重要影响因素。

3. 稳定性检验

上述实证结果还需进行稳定性检验，以确定实证结果是否偏离于观察样本的特定数据。采用两种方式进行稳定性检验：①使用 *Breusch – Pagan*

检验来检验模型是否存在异方差性；②采用"自助法"进行稳定性检验。经过 $Breusch - Pagan$ 检验，模型的 LLR（对数似然比）的 p 值为 0.2013，大于 0.05 的显著性水平，因此我们可以接受原假设，即此模型中不存在异方差性。另一方面，因前面实证模型在构建时已排除高相关性变量的干扰，且设置抽样次数为 $21\,260$ 次，相对较充足，自助法检验的输出结果可以看出，实证方程中 DTI、DTA、EDL 和 $DBDL$ 等变量系数的模拟平均值和标准误与原始估计值相比较，系数的符号和显著性相同，同时标准误的变化范围也在合理的范围内，因此可以认定此模型是稳健的。

4. 中介效应

前面理论部分有分析企业数字化应用对于数字化赋能企业智能转型的影响，考虑上面实证结果以及这一变量在解释变量与被解释变量之间的关键中介作用，以及核心业务与技术环境之间的关联性，因此，在基准模型的基础上，进一步，对企业核心业务数字化水平（$DBDL$）、技术环境（TE）与数字化赋能企业程度（DE）作用机理进行检验。

如表 $4-35$ 所示，企业核心业务数字化水平与数字化赋能企业程度有显著正向关系，因为它的回归系数 p 值小于 0.05，而技术环境的回归系数 p 值大于 0.05，没有显著性。因此，企业核心业务数字化水平提高能够显著地促进数字化赋能企业程度的提升，而技术环境对数字化赋能企业程度没有显著的影响，即它不是数字化赋能企业程度的重要影响因素。最后，常数项为 0.14，其 p 值小于 0.01，因此整个模型显著。

表 4 – 35　　　　　　　　　中介效应的回归结果

变量	回归系数	标准误	t 值	p 值
$DBDL$	0.55	0.08	6.88	< 0.001
TE	0.06	0.04	1.53	> 0.05
常数项	0.14	0.05	2.95	< 0.01

上述中介效应的检验结果表明，企业核心业务数字化水平是一个重要

的中介变量，它们分别对解释变量（数字化赋能企业程度）和自变量
（数字化转型投资）之间的关系具有传导、解释或调节作用。企业核心业
务数字化水平指企业在核心业务领域采用数字化技术的能力和程度。它是
企业数字化转型的重要组成部分，包括了企业的数字化技术应用程度、数
字化服务等方面。企业核心业务数字化水平越高，则数字化转型投资对数
字化赋能企业程度的正向影响可能就越强。这是因为企业数字化转型投资
的真正价值不仅仅是投资本身，还在于其如何被整合、应用和运营。如果
企业缺乏核心业务数字化水平的支持，数字化转型投资很可能无法充分实
现预期效果。

4.6 小 结

在数字经济蓬勃发展的背景下，制造业正面临由 5G 等新兴信息技术
引发的深刻变革与挑战。例如，"互联网＋"、大数据服务、云计算、人工
智能以及"区块链＋"等新兴业态不断涌现，对传统制造业模式产生重大
影响。以粤港澳大湾区为例，该地区正致力于构建智能制造的新生态系
统，尽管部分核心城市已具备较为成熟的产业基础，但智能制造在大湾区
整体上仍处于初期阶段，迫切需要数字化赋能来推动制造生态的优化与提
升。本章系统探讨了智能制造转型的逻辑、特征及其推动机制，分析了数
字化变革如何促进制造业的升级换代，并强调新基建的发展为数字经济提
供了内在机制。通过内外双循环系统模型，新基建有效促进数字经济发
展，促进资源流动与高效配置，并激发更多新需求和新业态，从而促进经
济转型升级。数字化变革作为新一轮科技革命和产业变革的关键策略，对
制造业的业务模式、创新路径和生产方式产生了根本性的影响。智能制
造，依托于数字化技术和人工智能等前沿技术，旨在构建一个灵活、高
效、智能、绿色和安全的现代制造体系，成为制造业提升质量和效率的关
键途径。通过案例分析，展示了企业如何实现数字化转型，并探讨了新型

基础设施建设对经济发展的促进作用，以及如何通过内外双循环系统模型激发新需求和新业态，推动经济的转型升级。实证分析部分构建了理论模型，并通过关键指标的量化，研究了数字技术在制造业转型中的核心作用，特别是在优化生产流程、提升产品质量和实现个性化定制方面的贡献。研究结果显示，数字化转型投资、数字技术的有效应用以及员工的数字化素养是推动企业数字化转型的关键因素。最后，提出了政策建议，强调政府和企业应增加对数字化转型的投资，提升员工的数字化技能，并加强数据共享与交流。本章还指出了数字化赋能制造企业智造转型的影响因素与传导机制，并通过实证研究验证了一系列理论假设。综上所述，本章为制造业数字化转型提供了深入的理论分析和实证研究，揭示了智能制造转型的内在逻辑和实现路径，为制造业的数字化转型提供了宝贵的理论指导和实践参考。

第 5 章

数字化与创新：企业绩效
与生产率提升的双引擎

在数字化浪潮的推动下，企业正在经历一场深刻的转型。数智化赋能和颠覆性创新正重塑企业的生产率和绩效。本章深入探讨了人工智能在企业决策、生产优化和客户服务中的应用，并分析了金融科技如何促进企业融资和风险管理的转型。进一步地，揭示了数字化技术与颠覆性创新如何相互作用，推动制造业生产效率的提升。同时，本书评估了金融科技对企业绩效的多维度影响，包括资金获取、成本控制和市场竞争力等方面，并探讨了地方政府政策支持在推动企业数字化转型中的关键作用。通过理论分析、实证研究和案例探讨，本书提供了洞见，指导企业如何利用数字化转型和创新战略来提升竞争力。综合运用理论框架、实证分析和案例研究方法，本章为企业在数字化时代的转型和创新提供了全面而深入的视角。这些分析揭示了数字化转型的关键成功因素，并为制定相应战略提供了指导，帮助企业在快速变化的市场中保持领先地位。

5.1 数智化赋能与颠覆性创新、制造生产率提升

5.1.1 人工智能应用、金融科技、企业数字化与数智化赋能

1. 人工智能应用与数智化赋能

人工智能（AI）作为一种模拟和模人类智能的技术，在其生产中的应

用已经开始发挥重要作用。人工智能可以通过机器学习、深度学习和自然语言处理等技术，对大数据进行分析和挖掘，从中发现隐藏的规律和趋势，帮助企业作出更准确的决策。在制造业中，人工智能可以应用于生产过程的优化和智能化。通过对生产数据的分析，人工智能可以优化生产计划，提高生产效率和产品质量。同时，人工智能还可以应用于设备故障预测和维护，实现设备的智能监控和预警，降低故障率和生产停机时间，提高生产线的稳定性和可靠性。在企业管理中，人工智能可以应用于销售预测、供应链管理和客户服务等领域。通过对市场数据和客户行为的分析，人工智能可以提供准确的销售预测和需求预测，帮助企业合理安排生产和库存，降低库存成本和滞销风险。同时，人工智能还可以应用于客户服务，通过自然语言处理和智能机器人等技术，实现智能化的客户咨询和问题解答，提升客户满意度和品牌形象。总之，人工智能的应用可以帮助企业提高生产效率、降低成本、优化资源配置，实现数字化转型和智能化发展，从而赋能企业的数智化转型和生产力提升。

2. 金融科技与数智化赋能

金融科技（FinTech）作为金融服务与科技的结合，对企业绩效也具有多维度的影响。金融科技的发展提供了更多创新的金融产品和服务，帮助企业更好地管理资金、融资和风险，推动企业的数字化转型和创新发展。首先，在企业融资方面，金融科技发挥了重要作用。传统的融资方式往往存在信息不对称、手续烦琐和风险高等问题，而金融科技通过线上平台和大数据分析等技术手段，使得融资变得更加便捷和高效。企业可以通过互联网金融平台实现快速融资，提高融资的灵活性和效率。同时，金融科技还为企业提供了更多新型的融资方式，如众筹、供应链金融和区块链融资等，满足了不同企业的融资需求。其次，在企业支付和结算方面，金融科技也发挥了重要作用。传统的支付和结算方式往往需要耗费大量时间和人力成本，而金融科技的发展使得支付和结算过程变得更加便捷和安全。通过移动支付、电子货币和区块链等技术，企业可以实现实时支付和结算，降低运营成本和交易风险。再次，金融科技还为企业提供了更多的金融产品和服务，如电子发票、电子合同和供应链金融等，进一步提升了企业的便利性和效率性。最后，在风险管理和监测方面，金融科技起到了重要作用。金融科技通过大数据分析和人工智能等技术手段，可以对企业的风险进行实时监测和评估。通过对交易数据和市场信息的分析，金融科技可以帮助企业发现潜在的风险和机会，制定合理的风险管理策略。同时，金融科技还为企业提供了更多的风险管理工具，如保险和衍生品等，帮助企业规避和转移风险，提高企业的抗风险能力。综上所述，金融科技的发展为企业提供了更多创新的金融产品和服务，帮助企业更好地管理资金、融资和风险，推动企业的数字化转型和创新发展，实现数智化赋能。

3. 企业数字化与数智化赋能

企业数字化是指将企业的生产、运营和管理等方面的活动数字化，并通过信息技术实现数据的收集、分析和利用，从而提高企业的效率和竞争力。企业数字化是实现数智化赋能的重要基础和手段，通过数字化技术的应用，企业可以实现生产方式的转型和创新，提高生产效率和质量。首先，在生产过程方面，企业数字化可以实现生产过程的可视化和智能化。通过物联网、传感器和云计算等技术，企业可以实时监测和控制生产过程中的各个环节，对生产数据进行采集和分析。通过数据分析和挖掘，企业可以了解生产过程中存在的问题和瓶颈，并及时采取措施进行优化和改进。同时，通过数字化技术，企业可以实现生产过程的自动化和智能化，降低人力成本和错误率，提高生产效率和产品质量。其次，在资源配置和供应链管理方面，企业数字化发挥了重要作用。通过数字化技术，企业可以实时了解市场需求和供应链状况，根据需求和资源的变化进行灵活调整。通过供应链管理系统和大数据分析，企业可以优化供应链中各个环节的配送、库存和库存周转，降低库存成本和滞销风险，提高供应链的响应速度和效率。同时，企业数字化还可以实现企业内外部信息流畅的对接，提高信息交流和协同效率，进一步优化资源配置和供应链管理。最后，在市场竞争力和创新能力方面，企业数字化发挥了重要作用。通过数字化技术，企业可以收集和分析大量的市场数据和消费者反馈信息，了解市场需求和趋势，为产品研发和营销提供有力支持。同时，通过数字化平台和社交媒体等渠道，企业可以与消费者建立更紧密的联系，了解消费者需求和偏好，并及时调整产品和服务策略。此外，企业数字化还可以推动企业内部的创新和协同合作，通过数字化平台实现多部门间的协同创新，提高企业的创新能力和竞争力。综上所述，企业数字化是实现数智化赋能的重要基础和手段，通过数字化技术的应用，企业实现生产方式的转型和创新，提高生产效率和质量，优化资源配置和供应链管理，提升企业的市场竞争力和创新能力。

4. 各要素间关系和相互作用

在探讨人工智能（AI）、金融科技（FinTech）、企业数字化与数智化赋能之间的关系和相互作用时，我们可以观察到它们如何相互促进并共同推动企业生产率的提升。首先，AI 技术通过机器学习、深度学习和自然语言处理等核心能力，对大数据进行深入分析，揭示市场趋势和生产优化的机会。这不仅直接提升了制造业的生产效率和产品质量，还通过预测性维护减少了停机时间，增强了生产线的稳定性和可靠性。金融科技作为金融服务与科技结合的产物，为企业提供了创新的金融产品和服务。它通过线上平台和大数据分析简化了融资流程，提高了支付和结算的效率，从而为企业的数字化转型提供了资金支持和风险管理工具。这些金融服务的创新，特别是在企业融资、支付结算和风险管理方面，为企业提供了更高效和安全的金融环境。企业数字化则涉及将企业的生产、运营和管理活动转化为数字形式，利用信息技术提高数据的收集、分析和应用能力。这促进了生产过程的自动化和智能化，优化了资源配置和供应链管理，提升了企业的市场竞争力和创新能力。这三者之间的相互作用形成了协同效应。AI技术的发展增强了金融科技的风险管理能力，金融科技的创新服务又为企业数字化转型提供了资金和技术支持。同时，企业数字化的深入实施为AI应用提供了更丰富的数据资源和应用场景，进一步推动了 AI 技术的发展和应用。

综合来看，人工智能、金融科技和企业数字化在推动企业生产率提升方面发挥了重要作用。AI 直接提高了生产效率，金融科技通过改善金融服务提高了企业运营效率，而企业数字化则通过优化管理和生产流程，提高了整体的生产和运营效率。这些技术的综合应用不仅促进了企业生产率的短期提升，还为企业的长期发展和市场竞争力的增强奠定了基础。总结而言，数智化赋能通过人工智能应用、金融科技和企业数字化等手段，为企业提供了更高效、智能的生产方式和创新能力。人工智能应用通过优化生产计划和资源配置，提高了生产效率和产品质量；金融科技通过便捷的融资和支付方式，推动了企业的数字化转型和创新发展；企业数字化则是实现数智化赋能的重要基础和手段，通过数字化技术的应用，企业可以实现生产方式的转型和创新，提高生产效率和质量，优化资源配置和供应链管理，提升企业的市场竞争力和创新能力。这三个方面共同推动了企业的数字化转型和创新发展，实现了企业生产率的提升和颠覆式创新的战略路径。数智化赋能，特别是在人工智能和大数据分析方面的应用，赋予了企业和行业更多的智能化能力，使其能够更高效地应对市场挑战，提高竞争力。

5.1.2 数智化赋能、颠覆性创新与制造生产率

1. 数智化赋能与颠覆性创新

在数字经济时代，数智化技术为制造业带来了前所未有的变革机遇。数智化赋能，即通过数字技术和智能化手段提升制造业的信息化、智能化水平，已经成为推动制造业转型升级的核心动力。这种赋能不仅改变了制造业的生产方式和管理模式，更激发了颠覆性创新的涌现。首先，数智化技术为制造业提供了海量的数据资源和分析能力。通过实时采集生产过程中的各种数据，并利用大数据、云计算等技术进行分析处理，企业能够更加精准地掌握市场需求、生产状况和资源配置情况。这种数据驱动的决策模式为企业进行颠覆性创新提供了有力支持，因为它们可以基于数据洞察来发现新的市场机会、开发新的产品或服务。其次，数智化技术促进了制

造业的智能化升级。通过引入智能机器人、自动化生产线等智能化设备，企业可以实现生产过程的自动化和智能化，从而大幅提高生产效率和产品质量。这种智能化升级不仅降低了企业的生产成本，还为颠覆性创新提供了技术基础。例如，基于智能化技术的柔性生产线可以快速适应不同产品的生产需求，为企业推出新产品或提供定制化服务创造了条件。最后，数智化技术推动了制造业的商业模式创新。通过利用互联网、物联网等技术，企业可以打破传统的产业链界限，实现与上下游企业的紧密协作和信息共享。这种新型商业模式不仅提高了整个产业链的运作效率，还为企业探索新的盈利模式提供了可能。例如，基于工业互联网平台的共享经济模式，企业可以将闲置的生产能力进行共享，从而实现资源的最大化利用和价值的共创。

2. 颠覆性创新与制造生产率

颠覆性创新是一种通过引入新技术、新模式对传统产业进行根本性变革的创新方式。在制造业中，颠覆性创新不仅能够为企业带来新的竞争优势和增长点，还能够显著提升制造生产率。首先，颠覆性创新通过引入新技术提高了制造过程的效率。例如，数字化和智能化技术的广泛应用使得生产过程更加精准、高效和灵活。这种技术创新不仅减少了生产过程中的浪费和错误，还提高了产品的质量和一致性。因此，颠覆性创新为企业实现高效、高质量的生产提供了有力支持。其次，颠覆性创新通过改变生产模式提升了制造生产率。传统的生产模式往往以大规模、批量化生产为主，但随着市场需求的多样化和个性化发展，这种模式已经难以适应市场的变化。而颠覆性创新则通过引入柔性生产、定制化生产等新型生产模式，使得企业能够更加灵活地满足市场需求。这种生产模式的转变不仅提高了企业的市场响应速度，还提升了制造生产率的整体水平。最后，颠覆性创新通过优化资源配置提高了制造生产率。在传统的制造业中，资源配置往往受到信息不对称和供需不匹配等因素的制约。而颠覆性创新则通过利用互联网、大数据等技术手段，实现了资源的优化配置和高效利用。例如，基于云计算的资源共享平台可以使得企业能够更加便捷地获取所需资源，并降低资源获取的成本和时间。这种资源配置的优化不仅提高了企业的运营效率，还为提升制造生产率创造了有利条件。

3. 数智化赋能、颠覆性创新与制造生产率

数智化赋能和颠覆性创新之间存在紧密的互动关系，它们共同推动着制造生产率的提升。首先，数智化赋能为颠覆性创新提供了技术基础和数据支持。通过数字技术和智能化手段的应用，企业能够更加精准地洞察市场需求和技术发展趋势，从而为颠覆性创新提供有力支撑。同时，数智化技术还为颠覆性创新的实施提供了技术保障和效率保障，使得创新成果能够更快地转化为实际生产力。其次，颠覆性创新反过来又推动了数智化技术的进一步发展和应用。在颠覆性创新的过程中，企业往往需要引入新的技术、新的模式来打破现有的市场格局和技术瓶颈。这种创新需求不仅促进了数智化技术的不断创新和升级，还为数智化技术在制造业中的广泛应用创造了有利条件。最后，数智化赋能和颠覆性创新共同推动着制造生产率的提升。数智化技术通过优化生产流程、提高管理效率等方式直接提升了制造生产率；而颠覆性创新则通过引入新技术、新模式等方式间接提升了制造生产率。同时，数智化技术和颠覆性创新还存在相互促进的关系，它们共同构成了提升制造生产率的强大动力。

最终，数智化赋能和颠覆性创新共同构成了提升制造生产率的强大动力。数智化技术通过优化生产流程、提高管理效率等方式直接提升了制造生产率；而颠覆性创新则通过引入新技术、新模式等方式间接提升了制造生产率。这种相互促进的关系，不仅提高了企业的运营效率，还为提升制造生产率创造了有利条件。综上所述，数智化赋能、颠覆性创新与制造生产率之间存在着紧密的关系。在数字经济快速发展的背景下，制造业企业应积极拥抱数智化转型和颠覆性创新，不断提升自身的技术水平和创新能力，以应对日益激烈的市场竞争和不断升级的消费需求。同时，政府和社会各界也应加大对制造业数智化转型和颠覆性创新的支持力度，为制造业的高质量发展创造良好环境。

5.2　人工智能应用与企业生产绩效

5.2.1　问题提出

到了 21 世纪初，数字经济成为主导，其关键技术包括大数据、云计算、人工智能和智能化。这一阶段的技术特征为数字化和智能化，推动了经济的数字化转型和智能化升级。这些经济形态的演变不仅反映了技术的进步，也体现了经济和社会的发展需求，展示了从机械化到数字化、智能化的连续发展过程。人工智能技术正在成为新质生产力发展重要引擎，新一代信息技术推动全球数字化进程加速演进，人工智能作为具有重要牵引和统领作用的创新性技术，特别是以大模型为代表的生成式人工智能的爆发，为人工智能赋能千行百业注入强大动能。2024 年是大模型应用落地元年，其于 2023 年爆发，2024 年迎来百家争鸣的应用浪潮。

如图 5-1 所示，从 2020～2028 年，全球大模型市场预计将实现显著增长。2020 年市场规模为 25 亿美元，而到了 2022 年，这一数字几乎翻倍，达到 108 亿美元。随后，市场规模持续扩大，2023 年增至 210 亿美元。到 2024 年，市场规模将达到 280 亿美元，2026 年将增长至 624 亿美元。进入 2027 年，市场规模预计将突破 800 亿美元，在 2028 年，全球大模型市场规模预计将首次达到 1 000 亿美元以上。这一连续增长的趋势不仅反映了大模型技术在各个领域应用的不断扩展和深化，也体现了市场对这些技术日益增长的需求。截至 2024 年，全球人工智能大模型市场展现出显著的发展态势，对区域配套支撑提出了更高的要求。目前，全球共有 1 328 个 AI 大模型，其中美国在高性能算力供给方面占据 34% 的市场份额，而中国则在高质量数据资源流方面占据 36% 的市场份额。全球 AI 企业数量接近 3 万家，显示出这一领域的广泛参与和激烈竞争。在商业化落地和垂直赛道方面，百度、阿里巴巴等大型企业已经进入通用大模型市场，专注于构建生态系统，并利用其成熟的应用场景优势。这些企业通过整合资源和推动技术创新，力图在市场中占据有利地位。与此同时，创业企业在通用大模型领域的机会相对较少，但它们在私域数据和业务逻辑方面具有独特的优势。通过专注于特定领域和利用自身的数据资源，这些企业有机会在垂直赛道上实现快速突破。

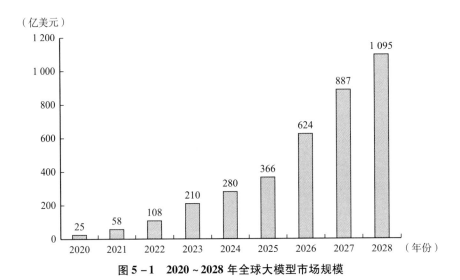

图 5 - 1　2020 ～ 2028 年全球大模型市场规模

资料来源：大模型之家。

人工智能（AI）技术的突破性进展正在引发计算机科学乃至整个技术领域的根本性变革。AI 技术的广泛应用已经渗透到多个行业，极大地推动了工作效率的提升和服务质量的改进。在自然语言处理、图像识别、机器翻译、语音识别和智能搜索等关键技术领域，AI 的应用不仅优化了用户体验，也成了产业创新的重要引擎。这些技术的飞速发展得益于计算能力的显著增强和数据科学的革命性进展，它们赋予了 AI 系统处理和分析大规模数据集的能力，实现了在特征提取和模式识别方面的巨大飞跃。深度学习与神经网络的结合，为解决复杂问题提供了创新的解决方案，显著提高了 AI 执行复杂任务时的效率和准确性。AI 技术的兴起正在重塑全球经济的竞争格局，被众多国家视为提升国家竞争力的战略重点，并被视为推动产业升级和经济增长的新引擎。对企业而言，AI 技术的应用不仅极大提升了生产效率和降低了运营成本，还通过深入的市场分析和对客户需求的精准洞察，显著增强了市场竞争力。同时，AI 技术还提升了产品和服务的质量，改善了消费者的体验，并促进了企业的创新能力，满足了市场的多样化需求。然而，要充分发挥 AI 技术的潜力，企业需要制定战略规划，紧跟 AI 技术的发展步伐，评估其对业务的潜在影响，并制定相应的战略计划。这包括投资研发、员工培训和业务模式的调整。同时，企业还必须关注 AI 技术带来的风险，如数据安全和隐私保护，并采取相应的措施。随着人工智能技术的飞速发展，它已成为现代社会进步的主要推动力，尤其在提升企业工作效率和市场竞争力方面发挥着至关重要的作用。

5.2.2　模型与命题

1. 博弈模型

基于双层规划的博弈模型进行了初步分析。在此模型中，存在两类主体：民营企业与人工智能企业。民营企业需要不断增强自身的生产绩效，以确保在市场上获得更高的收益。而人工智能企业则利用其技术为民营企业提供更好的服务，从而获得更多的收益。因此，双方之间既存在合作，也存在竞争的关系。

对民营企业而言，在利润最大化和企业生产绩效提升之间存在一定的折中关系。因此，可以将其策略表示为：

$$x^* = \arg \max_{x \in X} \{ f(x, p) \} \tag{5.1}$$

在式（5.1）中，x 是民营企业的属性变量，表示企业在一定条件下的决策；p 是模型中的感性参数，用于表示外部因素对企业决策的影响；

X 是民营企业决策的可行域；$f(x, p)$ 表示民营企业在决策 x、外部因素 p 的条件下所能获得的最高利润。

对于人工智能企业而言，其需要根据民营企业的具体情况来提供相应的应用服务，并且需要在竞争中保持竞争优势。因此，可以将其策略表示为：

$$y^* = \arg \max_{y \in X} \{g(y, x^*)\} \tag{5.2}$$

式（5.2）中，y 为人工智能的属性变量，表示人工智能企业在一定条件下的策略；x^* 为民营企业的最优策略，即民营企业在一定条件下能够获得的最高利润；Y 为人工智能企业策略的可行域；$g(y, x^*)$ 则表示人工智能企业在决策 y 的条件下，能够为民营企业提供的最优服务。基于这个双层规划博弈模型，可以构建一个民营企业和人工智能企业之间在寻求合作与利益最大化中的博弈关系。这样，可以更好地研究人工智能与民营企业生产绩效提升的关系，并为它们提供科学依据和决策支持。在这个双层规划博弈模型中，民营企业和人工智能企业是相互依存、相互合作的，但同时也存在一定的竞争关系。在此基础上，可以进一步分析民营企业和人工智能之间的博弈模型。

首先，为了分析民营企业在决策中的影响因素，可以对 $f(x, p)$ 进行拆分，得到：

$$f(x, p) = h(x) + g(p, x) \tag{5.3}$$

式（5.3）中，$h(x)$ 表示民营企业自身的策略对决策结果的影响，即生产绩效的提升；而 $g(p, x)$ 表示外部因素 p 对民营企业决策的影响，例如市场供求条件、政策环境等。

对于人工智能企业而言，其决策策略是向民营企业提供最优化服务。因此，人工智能企业的策略可以进一步分解为：

$$g(y, x^*) = f(y, x^*) + c(y) \tag{5.4}$$

式（5.4）中，$f(y, x^*)$ 表示基于民营企业最优解 x^* 和人工智能企业决策 y 获得的收益，即服务的价值；$c(y)$ 则表示人工智能自身的策略对服务质量的影响。

通过该模型，我们可以更好地理解人工智能在提升民营企业生产绩效方面的作用。在实际决策中，人工智能企业的服务价值受到其自身策略的影响。因此，实践中需要优化人工智能技术以提高服务价值。总体而言，这个博弈模型中，民营企业需要提升生产绩效以获得更大利润；而人工智能企业需要根据民营企业的决策提供最优化服务以获得更大收益。在实际应用中，需要对两者之间的合作与竞争关系进行科学分析和决策支持。在此基础上，政府可以根据情况采取一系列措施，推动各方积极参与，提高经济效益。各方的最终决策将满足以下条件：上层规划者（人工智能企业）选择一种研发成本、生产能力和产品价格的决策方案，使其利润达到最大值；下层规划者（民营企业）选择一种生产和销售的决策方案，使利润达到最高。政府需要监管和调整市场价格和市场规则，使市场处于有利于整个社会的平衡状态。

2. 理论命题

基于上述博弈模型，我们进一步得出关于人工智能与民营企业生产绩效的理论命题：（1）人工智能企业的独特优势在于利用技术来降低生产成本和提高经济效益。通过其服务，民营企业可能获得更高的生产效率和经营绩效。（2）民营企业在生产和销售方面具有灵活性优势，能迅速调整策略适应市场需求，从而在竞争中获得优势。但相对而言，其生产效率可能略低。（3）发展人工智能技术能为整个产业带来更多机遇和创新空间，吸引更多资源和投资，提高产业整体生产效率和创新绩效。（4）人工智能企业和民营企业在市场竞争中通过创新和优化相互促进，共同提升产品创新和成本绩效。缺乏竞争可能导致人工智能企业失去创新动力，影响经营绩效。（5）政府的税收、产业和知识产权政策等可能对双方的生产绩效产生积极或消极影响。

5.2.3　文献综述与研究假设

1. 人工智能与企业生产绩效的理论分析

（1）企业核心竞争力的视角。

企业的核心竞争力，是其在市场上获得持续优势的关键所在。这一概念最早由波特提出，他强调企业的核心竞争力来源于其独特的资源和能力（Porter M. E.，1985）。而巴尔尼（Barney）在后续研究中引入了"VRIO"框架，即企业的资源需具备价值性、稀缺性、不易被模仿性以及适当的组织能力，才称得上是核心竞争力（Barney J. B.，1991）。普拉哈拉德和哈梅尔（Prahalad & Hamel）持有相似观点，他们认为企业核心竞争力需要从内部寻找，涵盖了长期性、内在性、全面性以及跨越产品与市场领域的各种能力和资源（Prahalad，1990）。此外，提斯等（Teece et al.）强调，企业核心竞争力是企业动态能力的结果，具体表现在现有产品的改进、新产品的开发以及新市场的探索等多个方面（Teece，1997）。除了上述观点，崔和勒纳（Cui & Lerner）提出，企业的核心竞争力不仅仅取决于经营绩效和创新绩效，还与社会责任、员工专业技能和公司文化等密切相关（Cui，2015）。此外，也有研究指出，成本控制同样是提升企业创新与竞争力的关键所在（Gong L.，2020）。为更好地评估企业的竞争力，需要建立一个多角度的评估体系，进而提升其市场竞争力（Zhou，2014）。同时，企业在不同文化和经济环境下的运营中，应重视通过人力资源管理激发员工的创新潜力，进而提升企业的经营绩效和核心竞争力（Li，2019；McCarthy，2018）。综上所述，企业核心竞争力来自企业绩效的全面提升，而要全面评估企业的生产绩效，需综合考虑其经营绩效、创新绩效和成本绩效等多个方面。

（2）企业经营绩效、创新绩效与成本绩效的视角。

人工智能应用通过多种方式显著提升企业的经营绩效。一方面，它可以运用数据分析和机器学习等技术，有效优化业务流程、提高生产效率、减少浪费，从而降低成本（Moore T.，2018）。同时，人工智能与大数据技术能够精准预测销售，为企业带来更高的销售额和净利润。相比传统预测模型，人工智能预测的准确度更高，为企业提供更可靠的决策依据。此外，通过自动化生产线，企业能实现连续生产，同时减少人力成本和操作失误。另一方面，人工智能应用对企业的创新绩效也有积极影响。它能通过自然语言处理和机器学习等技术，实现项目进展和消费者行为的自动化分析，提高项目管理效率，推动项目创新（Basole，2018）。研究显示，人工智能应用不仅能提高企业的科技创新能力和节省创新成本，还能推动企业的创新绩效（Calantone，2002）。在实践领域，许多企业已开始利用人工智能增强业务流程、改善产品质量、增强产品创新性以及推动业务成长。因此，人工智能应用被视为企业创新绩效的重要影响因素之一（Datta，2015）。另外，企业创新绩效对企业经营绩效的影响也十分显著。通过提高生产效率、创造经济价值等创新活动，企业能进一步提升经营绩效（Fagerberg J.，2006）。此外，人工智能技术还能显著降低企业成本开支。例如，通过应用机器学习技术进行数据分析和优化，降低运输任务成本；或应用人工智能技术进行预测性维护，减少设备失效率和维护费用。这些措施都能提高企业的生产制造效率和降低成本，从而提高企业成本绩效（Lee，2017）。

2. 企业规模与人力资本的理论分析

企业规模与经营绩效之间的关系一直是学者们研究的焦点。企业规模越大，其资源配置能力和议价能力通常越强，更容易实现规模经济。此外，规模较大的企业往往具备更高的人力资本和技术创新水平，可以通过提高生产效率，实现更高的经营绩效（Kim，2017；Nishimura，2018）。然而，在人工智能技术的应用方面，大型企业可能会面临一些短期内的问题，如惯性思维和复杂的操作模式等，这些问题可能会对人工智能技术的广泛应用产生负面影响。缺乏优秀的管理、流程和信息化体系等因素也使得大型企业的运营更为复杂，费用开支也会随之扩大，从而影响成本绩效（Rejeb，2013；胡子航等，2023）。尽管短期内，企业规模可能会对人工智能应用产生一定的负面影响，但从长期来看，大型企业可以利用其资源和能力优势，加速人工智能技术的应用（Lu，2018）。此外，较大规模的企业由于拥有更多资源和实力来支持其创新活动，更容易提高创新绩效。而较小规模的企业也可以通过采用新技术、新模式等方式提高资源利用效率，从而获得更大的竞争优势（Fang，2019）。值得注意的是，虽然人力资本是企业创新活动的重要组成部分，但其对企业创新绩效的影响并不十分显著（Chesbrough H.，2007；Klapper，2011）。同样地，企业成本绩效对经营绩效的影响也不大。因此，合理利用人工智能技术并提高企业经营绩效是一种全面而有效的策略。在人工智能技术的应用过程中，需要关注其对员工的影响。虽然它可以提高工作效率和减轻员工负担（Kavadias，2016），但也可能导致一些岗位的消失（Lee，2017）。因此，在合理利用人工智能技术的前提下，企业应降低对人力资本的负面影响，并不断推动人力资本的发展。同时，人工智能应用为人力资源管理提供了新的方法，例如通过数据分析和预测等实现更加精准的人力资源管理，使员工可以更专注于高层次的创新工作（Foss N. J.，2018）。因此，提高人力资本可以增强企业的创新能力、推动技术进步和自主创新，从而促进企业的创新绩效（郑烨和刘遥，2021）。综上所述，企业规模、人工智能应用和经营绩效之间存在密切的关系。通过合理利用人工智能技术并发挥不同规模企业的优势，可以提高企业的经营绩效和创新绩效。

3. 政府政策支持的理论分析

政府在推动人工智能技术发展中的角色至关重要。政府可以通过制定相关政策，为人工智能技术的研究和应用提供指引。这些政策可以包括优化创新环境、鼓励企业投入人工智能领域等。此外，政府还可以提供资金支持，以激励企业加大人工智能技术的研究力度和应用广度（Cohen，2015）。政府在资金支持方面可以采取多种形式。一方面，政府可以设立专项基金，支持具有创新能力的企业开展人工智能技术研究。另一方面，政府还可以通过税收减免、优惠券发放等手段，降低企业的运营成本，使企业有更多的资金投入到人工智能技术的研发和应用中（Geroski，1995；Liu，2017）。除了资金支持外，政府还可以通过政策指导、经济补贴、经济政策、产业政策和扶持政策等措施，为企业提供良好的发展环境。这些措施有助于提高企业的创新绩效和经营绩效，使企业在市场竞争中具备更强的竞争力。在此基础上，政府还可以鼓励企业加大人才培养力度，为人工智能技术的研究和应用提供充足的人才储备（Brynjolfsson，2003）。政府在推动人工智能技术应用的过程中，还需关注产业链的完善。政府可以支持产业链上下游企业加强合作，实现产学研一体化发展。此外，政府还应关注国际合作，引进国外先进的人工智能技术，推动国内企业技术创新，促进我国人工智能技术在全球市场的竞争力。总之，政府在推动人工智能技术应用方面具有重要作用。政府应通过制定政策、提供资金支持、加强产业链建设等多方面举措，积极引导和推动企业开展人工智能技术的研究和应用。这将有助于提高我国人工智能技术的整体水平，为国家经济发展和社会进步注入新的动力。

相关文献从企业经营绩效、创新绩效、成本绩效、企业规模、人力资本和政府政策支持等方面解释了人工智能应用与企业生产绩效之间的关系，并进行了论证。综上所述，本节提出了如下理论模型（见图 5-2）。

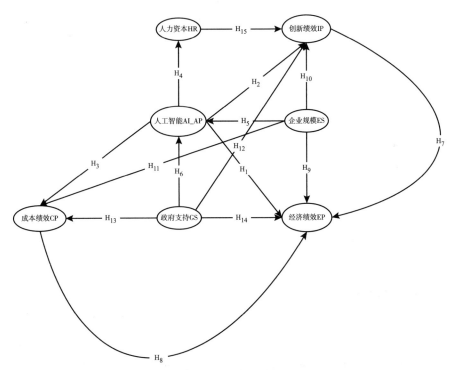

图 5-2　人工智能应用对民营企业生产绩效影响的假设模型

为了更直观地展示假设关系和相关数据，方便地展现各个假设之间的关联和差异，以及便于进行对比分析和更全面地理解假设之间的内在逻辑关系，将上述假设模型以表5-1的方式呈现。

表5-1 人工智能应用对企业生产绩效影响的假设汇总

假设	描述
H_1	人工智能应用对企业经营绩效产生显著正向影响
H_2	人工智能应用对企业创新绩效产生显著正向影响
H_3	人工智能应用对企业成本绩效产生显著正向影响
H_4	人工智能应用对人力资本产生显著正向影响
H_5	企业规模对人工智能应用产生显著正向影响
H_6	政府支持对人工智能应用产生显著正向影响
H_7	企业创新绩效对企业经营绩效产生显著正向影响
H_8	企业成本绩效对企业经营绩效产生显著正向影响
H_9	企业规模对企业经营绩效产生显著正向影响
H_{10}	企业规模对企业创新绩效产生显著正向影响
H_{11}	企业规模对企业成本绩效产生显著负向影响
H_{12}	政府支持对企业创新绩效产生显著正向影响
H_{13}	政府支持对企业成本绩效产生显著正向影响
H_{14}	政府支持对企业经营绩效产生显著正向影响
H_{15}	人力资本对企业创新绩效产生显著正向影响

5.2.4 研究方法

1. 数据收集

截至2021年8月，粤港澳大湾区已有约250家民营企业在深沪A股市场上市。其中，深圳的"硅谷中国"园区吸引了大量科技型民营企业如华为、中兴、腾讯等世界知名企业以及背后的创新型企业。此外，上海证券交易所也有不少来自粤港澳大湾区的民营企业上市，如华润深国投、广宇发展等。需要指出的是，深沪A股市场上粤港澳大湾区民营企业数量和情况可能会不断变化，创新队伍崛起和湾区建设的加速也将为市场上的民营企业带来越来越多的投资机会。人工智能的推广应用与民营企业的发展会受到多种变量的影响，本节结合文献综述和机理分析，选取的变量指标如表 5 - 2 所示。

表 5 - 2　　　　　　　　　　　　　变量定义

潜变量	观察变量	变量名
人工智能应用（ai_ap）	人工智能技术相关专利申请量/项	ai_pa
	与人工智能技术相关新产品销售占比/%	ai_npsr
	人工智能技术资金投入占比	ai_ip
企业经营绩效（ep）	净利润/%	np
	资产收益率/%	roa
	市场份额/%	ms
企业创新绩效（ip）	研发投入/%	r&d
	新产品（服务）开发/万元	npd
	发明专利数/项	ipq
企业成本绩效（cp）	成本费用占比/%	cer
	经营成本率/%	ocr
	单位生产成本/%	upc
人力资本（hr）	员工学历水平/%	eel
	专业技能水平/%	epl
	知识产权数量/项	ipq
	科研合作项目数量/项	srcpq
企业规模（es）	员工数量/人	en
	总资产规模/万元	ta
	销售收入/万元	re
政府支持/gs	政策支持/项	pcs
	税收补贴/万元	ts
	新基建投入/亿元	nii

以深沪 A 股市场粤港澳大湾区 195 家企业作为研究样本，相关数据主要从样本公司公开的公司财务报表、专利数据库①、公司内部财务数据和公司内部人力资源记录②以及大数据平台③等。

2. 样本的描述性统计

如表 5 - 3 所示，人工智能技术相关专利申请量的标准差 16.345，说明该样本中的企业在人工智能技术相关专利申请量上的差异性较大。企业的净利润平均值约为 594.327 万元，标准差约为 2 195.123 万元，说明这些企业在净利润上也存在较大的差异。销售收入的平均值约为 7 536.580 万元，标准差为 38 471.402 万元，同样说明这些企业在销售收入上同样存在较大的差异。而资产收益率的平均值为 0.077，标准差约为 0.165，说明这批企业的资产收益率整体较低。研发投入的标准差约为 685.131 万元，而新产品（服务）开发的标准差只有 4.315 个，说明企业在研发投入上的差异性较大，而在新产品（服务）开发上的差异较小。

表 5 - 3   样本的描述性统计

变量	样本均值	标准差	最小值	最大值
人工智能技术相关专利申请量	34.236	16.345	12.000	75.000
与人工智能技术相关 新产品销售占比	0.264	0.089	0.120	0.530
人工智能技术资金投入占比	0.103	0.050	0.035	0.236
净利润	594.327	2 195.123	- 6 018.5	16 735.475
销售收入	7 536.580	38 471.402	8.513	435 425.724
资产收益率	0.077	0.165	- 0.399	0.395

---

① 使用国内外的专利数据库，如中国专利查询网站、WIPO（World Intellectual Property Organization）、USPTO（United States Patent and Trademark Office）、European Patent Office 等，搜索特定公司的专利申请数量、发明专利数量等信息。

② 采用了 CSMAR 数据库、WIND 数据库，从各个上市公司的年度报告或半年度报告中获取。

③ 大数据平台如万德等可以提供深沪 A 股市场上市公司的财务数据、股价变动、交易量等数据的查询和分析。

续表

变量	样本均值	标准差	最小值	最大值
研发投入	127.082	685.131	0.000	5 835.295
新产品（服务）开发	2.276	4.315	0.000	28.140
发明专利数	4.719	14.701	0.000	122.000
成本费用占比	0.745	0.034	0.655	0.836
经营成本率	0.875	0.067	0.678	1.031
单位生产成本	0.276	0.075	0.120	0.494
员工学历水平	2.064	0.536	1.000	3.000
专业技能水平	3.672	0.830	1.000	5.000
知识产权数量	5.040	21.192	0.000	210.000
科研合作项目数量	0.368	1.330	0.000	15.000
员工数量	411.128	2 364.709	27.000	31 853.000
总资产规模	37 177.671	182 721.719	299.975	1 718 555.53
政策支持	0.653	0.079	0.550	0.780
税收补贴	0.214	0.038	0.115	0.305
新基建投入	0.072	0.029	0.020	0.160

3. 数据分析

（1）信度检验。

对于信度分析，通常需要计算克伦巴赫（Cronbach's α）和复合可靠性（Composite Reliability）。Cronbach's α 用于衡量一组测量项目的一致性（也称为信度），是一种统计量。它反映了问卷中各项指标间的内部一致性。通常，当 Cronbach's α 系数大于 0.7 时，表示问卷的内部信度较好，即各项指标间高度相关且操作性良好。

从表 5-4 中我们可以看到，所有因子内部的克伦巴赫（α）均超过0.7，这表明这些因子具有较好的内在一致性。同时，所有因子的复合可靠性也都在 0.8 以上，说明多个观察指标对整个因子的测量具有较好的一致性。至于平均方差萃取（AVE），它是衡量测量因子有效性的指标。具体来说，AVE 值越高，说明测量工具的质量越好。所有因子的 AVE 都在 0.5 以上，这说明各个因子在测量时是相对有效的。综上所述，各个因子内部的测量工具具有较好的一致性，而且信度检验的结果也进一步证实了这一结论的可靠性。

表 5 - 4　　　　　　　　　　信度分析结果

变量		Cronbach's α	Composite Reliability	AVE	观察变量项数
人工智能应用（ai_ap）	ai_pa	0.810	0.861	0.619	3
	ai_npsr			0.653	
	ai_ip			0.598	
企业经营绩效（ep）	np	0.864	0.890	0.593	3
	roa			0.279	
	ms			0.303	
企业创新绩效（ip）	r&d	0.814	0.868	0.574	3
	npd			0.556	
	ipq			0.513	
企业成本绩效（cp）	cer	0.870	0.890	0.600	3
	ocr			0.675	
	upc			0.675	
人力资本（hr）	eel	0.865	0.893	0.596	4
	epl			0.537	
	ipq			0.590	
	srcpq			0.539	
企业规模（es）	en	0.808	0.813	0.593	3
	ta			0.744	
	re			0.714	

续表

变量		Cronbach's α	Composite Reliability	AVE	观察变量项数
政府支持（*gs*）	*pcs*	0.886	0.902	0.678	3
	ts			0.498	
	nii			0.332	

（2）效度检验。

对于效度分析，通常采用因子载荷、KMO 取样适切性检验和 Bartlett 球形度检验。因子载荷通常用于评价测量工具的效度。在因子分析或结构方程模型中，因子载荷表示了观测变量与潜在因素之间的相关性程度，这种相关性程度对于测量工具的有效性至关重要。通常来说，如果一个观测变量对应的因子载荷绝对值较大（一般认为大于 0.4 或 0.5），并且在统计上显著，那么可以说明这个观测变量与潜在因素之间的相关性较高，从而支持测量工具的有效性。如表 5 - 5 所示，各观察变量的因子载荷系数均在 0.6 以上，显示出较好的相关性。此外，为了进行效度分析，需要先进行 KMO 取样适切性检验和 Bartlett 球形度检验。KMO 适切度检验用于检验数据的适合性，主要检测变量之间的相关性是否足够强大，取值范围在 0 和 1 之间，越接近于 1 表示变量之间的相关性越强。Bartlett 的球形度检验用于检验观测变量之间是否存在相关性，如果相关性不显著，则因素分析没有意义。使用 SPSS 软件进行操作，结果见表 5 - 5。

表 5 - 5　　　　　　　　　　**效度分析结果**

变量		*Factor loading*
人工智能应用（*ai_ap*）	*ai_pa*	0.850
	ai_npsr	0.904
	ai_ip	0.874

续表

变量		Factor loading
企业经营绩效（ep）	np	0.906
	roa	0.692
	ms	0.511
企业创新绩效（ip）	r&d	0.854
	npd	0.775
	ipq	0.682
企业成本绩效（cp）	cer	0.908
	ocr	0.897
	upc	0.742
人力资本（hr）	eel	0.904
	epl	0.795
	ipq	0.487
	srcpq	0.727
企业规模（es）	en	0.768
	ta	0.876
	re	0.838
政府支持（gs）	pcs	0.916
	ts	0.772
	nii	0.609
KMO 取样适切性量数/检验统计量		0.832
Bartlett 的球形度检验	近似卡方 χ^2 值	4 797.237
	自由度 df	276
	显著性 p 值	0.000

如表 5 - 5 所示，KMO 量数用于评估数据的取样适宜性，值的范围在 0 和 1 之间，值越大表示数据适合因子分析的程度越高，通常理想值为大于 0.6，本节 KMO 取样适切性量数为 0.832，表明数据适合结构方程模型

的分析。Bartlett 球形度检验用于检验数据间是否存在相关性。当 p 值小于 0.05 时，表明数据间具有显著的相关性。本节 Bartlett 球形度检验结果的 p 值为 0.000，表示数据间存在显著的相关性。总体来说，取样适切性量数和 Bartlett 球形度检验表明，数据适合用于结构方程模型分析，并显示出很好的效度。

5.2.5 实证结果

1. 探索性因子分析

使用 SPSS 软件进行探索性因子分析。探索性因子分析可以分析变量之间的内部关系、测量维度，确定主要的构成角度和模型。分析过程中，我使用了主成分法，对于每个变量的因子载荷需要保留 0.5 以上才能被认为是明确的系数，这样才能解释变量的多少。结果见表 5 - 6。

表 5 - 6　　　　　　　　　　　总方差解释

变量	初始特征值	提取因子载荷	总方差解释率	旋转因子载荷	旋转公因子载荷	交叉载荷
ai_pa	3.503	2.314	77.140%	0.907	0.867	0.876
ai_npsr	1.269	2.044	68.130%	0.891	0.857	0.874
ai_ip	1.368	2.049	68.300%	0.841	0.810	0.821
ep_np	3.276	2.357	78.570%	0.908	0.886	0.898
ep_roa	1.076	1.962	65.400%	0.909	0.878	0.888
ep_ms	1.112	1.326	44.200%	0.708	0.652	0.668
$ip\_r\&d$	3.237	2.416	80.520%	0.865	0.848	0.861
ip_npd	1.303	1.978	65.930%	0.832	0.800	0.832
ip_ipq	1.408	2.134	71.140%	0.834	0.807	0.819
cp_cer	2.602	2.106	70.200%	0.853	0.828	0.842
cp_ocr	1.052	1.793	59.780%	0.894	0.853	0.871

续表

变量	初始特征值	提取因子载荷	总方差解释率	旋转因子载荷	旋转公因子载荷	交叉载荷
cp_upc	1.277	1.707	57.080%	0.716	0.661	0.674
hr_eel	1.988	1.667	55.570%	0.752	0.693	0.710
hr_epl	1.314	1.785	59.500%	0.827	0.789	0.803
hr_ipq	1.170	1.679	55.960%	0.726	0.665	0.695
hr_srcpq	1.350	1.764	58.800%	0.775	0.722	0.747
es_en	2.671	2.114	70.480%	0.866	0.845	0.865
es_ta	3.005	2.367	78.890%	0.906	0.881	0.896
es_re	2.482	2.001	66.700%	0.814	0.766	0.787
gs_pcs	2.156	1.689	56.310%	0.903	0.882	0.891
gs_ts	1.356	1.901	63.380%	0.733	0.690	0.713
gs_nii	1.410	1.762	58.740%	0.870	0.822	0.840

如表5-6所示，上述结果表明：其一，四个因子共解释了75.6%的总方差，表明所构建的结构方程模型的元素之间存在有效的变异性。其二，旋转因子载荷的提取值较高，因此，模型的因子解释性较好。其三，所有变量的交叉载荷都大于0.3。总的来说，探索性因子分析结果显示出该模型提供了对其对应标准的观察变量的适当解释。整理因子载荷矩阵如表5-7所示：

表5-7 旋转成分矩阵

变量	因子1	因子2	因子3	因子4	因子5	因子6	因子7
ai_pa	0.833						
ai_npsr	0.870						
ai_ip	0.725						
np		0.904					

续表

变量	因子1	因子2	因子3	因子4	因子5	因子6	因子7
roa		0.784					
ms		0.745					
r&d			0.864				
npd			0.724				
ipq			0.693				
cer				0.890			
ocr				0.674			
upc				0.532			
eel					0.897		
epl					0.831		
ipq					0.615		
srcpq					0.527		
en						0.884	
ta						0.918	
re						0.808	
pcs							0.891
ts							0.661
nii							0.467

根据表 5 - 7 的结果，更深入地解读每个因子与对应变量之间的关系：首先，在因子载荷矩阵分析中，每个变量与每个因子之间都有一个因子载荷，它表示它们之间的相关性强度。如果一个变量可能归因于给定的因子，那么它在该因子上的载荷就越高。从表 5 - 7 中可以看出，每个变量与其所属的潜在因子之间的关系强度都很高。其次，一些变量的因子载荷高度集中在一个因子上，表明它们归因于对应的潜在因子。例如，*ep_np*、*cp_cer*、*hr_eel* 和 *gs_pcs* 都具有很高的因子载荷与第一因子相关。同样，*ep_roa*、*ep_ms* 和 *es_en* 都具有很高的因子载荷，表明它们与第二因

子相关联。这些结果表明，这些变量是由不同的潜在因子所解释的。总的来说，因子载荷矩阵分析结果表明，所构建的结构方程模型中的元素之间具有较高的相关性，并且证实了潜在变量结构预测模型的有效性。基于以上探索性因子分析结果，综合得出结论，无须对测量模型进行修正。

2. 结构方程模型构建和适配度检验

利用 Lisrel8.70 来分析这 28 个观测变量和 7 个潜在变量之间的结构方程模型，得到该模型的参数估计结果及拟合度。

结构方程模型（SEM）的拟合结果如表 5−8 所示，结论如下：（1）样本与理论模型拟合的卡方值（Chi−Square）为 123.139，p 值小于 0.001，表明样本与理论模型之间存在显著差异，即模型与数据拟合良好；（2）CMIN/DF 比率 0.707：CMIN/DF 比率为 0.707，GFI（Goodness of Fit Index）值为 0.956，AGFI（Adjusted Goodness of Fit Index）值为 0.880，模型符合拟合数据的程度。TLI（Tucker−Lewis Index）值为 0.936，NFI（Normed Fit Index）值为 0.913，模型符合度较好。（3）IP 变量的 R^2 值为 0.514，其他变量的 R^2 值均在 0.25 以上，意味着这些变量对观察变量的解释程度都较高。人工智能应用对企业经营绩效、企业创新绩效、企业成本绩效影响的结构方程模型结果见图 5−3。

表 5−8　　　　　　　　　　结构方程模型适配度检验

Chi − Square	123.139	df	221
p-value	< 0.001	CMIN/DF 比率	0.707
GFI	0.956		
TLI	0.936		
AGFI	0.880	NFI	0.913
变量	R^2		
ai_ap	0.267		
ep	0.384		
ip	0.514		

续表

变量	R^2
cp	0.405
hr	0.252
es	0.247
gs	0.456

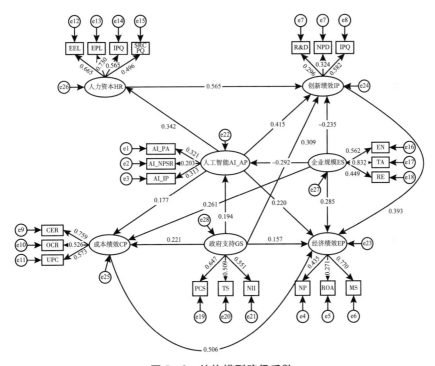

图 5 - 3 结构模型路径系数

根据 Lisrel8. 70 软件输出结果，将潜变量和相关观察变量的标准和非标准化系数、标准误差、T 值、P 值以及假设是否成立汇总为表 5 - 9：

表 5 - 9   路径系数与检验结果

类别	假设	路径	标准化系数	非标准化系数	标准误差	T 值	P 值	假设是否成立
各潜变量间关系	H1	ai_ap - > ep	0.220	3.649	0.871	4.200	n.s.	否
	H2	ai_ap - > ip	0.415	4.891	0.778	6.279	***	是
	H3	ai_ap - > cp	0.177	2.103	0.663	3.181	**	是
	H4	ai_ap - > hr	0.342	6.120	1.092	5.610	***	是
	H5	es - > ai_ap	-0.292	-1.106	0.378	-2.930	n.s.	否
	H6	gs - > ai_ap	0.194	1.872	0.563	3.320	n.s.	否
	H7	ip - > ep	0.393	5.011	0.855	5.845	***	是
	H8	cp - > ep	0.506	6.884	0.987	6.970	***	是
	H9	es - > ep	0.285	2.603	0.472	5.517	***	是
	H10	es - > ip	-0.235	-0.988	0.311	-3.182	**	是
	H11	es - > cp	-0.261	-1.817	0.544	-3.339	n.s.	否
	H12	gs - > ip	0.309	2.617	0.551	4.753	***	是
	H13	gs - > cp	0.221	1.835	0.524	4.101	***	是
	H14	gs - > ep	0.157	1.375	0.424	3.241	n.s.	否
	H15	hr - > ip	0.565	3.555	0.514	10.97	n.s.	否
各观察变量与潜变量间关系		ai_ap - > ai_pa	0.321	6.630	1.569	4.220	n.s.	否
		ai_ap - > ai_npsr	0.203	2.802	0.598	4.684	***	是
		ai_ap - > ai_ip	0.313	4.834	1.236	3.911	n.s.	否
		ep - > np	0.435	4.160	0.861	4.827	***	是
		ep - > roa	0.271	8.835	2.026	4.361	**	是
		ep - > ms	0.770	30.252	2.636	11.480	n.s.	否
		ip - > r&d	0.296	3.832	0.731	5.243	***	是
		ip - > npd	0.324	7.708	2.188	3.522	**	是
		ip - > ipq	0.582	3.885	0.637	9.650	***	是
		cp - > cer	0.759	383.341	50.441	7.585	**	是
		cp - > ocr	0.526	341.082	78.631	4.340	*	是

续表

类别	假设	路径	标准化系数	非标准化系数	标准误差	T 值	P 值	假设是否成立
各观察变量与潜变量间关系		cp – > upc	− 0. 573	− 217. 508	45. 910	− 4. 729	***	是
		hr – > eel	0. 665	6. 882	1. 795	3. 838	**	是
		hr – > epl	0. 730	20. 517	4. 600	4. 459	***	是
		hr – > ipq	0. 565	3. 555	0. 514	10. 977	n. s.	否
		hr – > srcpq	0. 496	12. 353	3. 212	3. 847	n. s.	否
		es – > en	0. 562	2. 073	0. 481	7. 668	n. s.	否
		es – > ta	0. 832	20. 530	2. 464	9. 553	**	是
		es – > re	0. 449	3. 604	0. 503	8. 996	***	是
		gs – > pcs	0. 647	2. 543	0. 479	9. 452	n. s.	否
		gs – > ts	0. 509	105. 424	21. 814	4. 831	*	是
		gs – > nii	0. 551	5. 152	1. 339	4. 077	n. s.	否

注：*** 表示 $p < 0.01$；** 表示 $p < 0.05$；* 表示 $p < 0.1$；n. s. = 表示不显著。

资料来源：通过 Lisrel8. 0 软件生成的结果。

汇总表 5 – 9 并结合图 5 – 3，可以得出以下结论：首先，实证结果表明，假设 $H_2 \sim H_4$、假设 $H_7 \sim H_{10}$、假设 H_{12}、假设 H_{13} 得到验证，表明人工智能技术应用对企业的经营绩效、创新绩效和成本绩效等方面产生显著正向影响。其标准化系数分别为 0. 220、0. 415、0. 177，均通过了 t 检验（P 值 < 0.001）。同时，企业规模对经营和创新绩效同样产生显著正向影响，标准化系数分别为 0. 285 和 0. 235，同样通过了 t 检验（P 值 < 0.001）。然而，企业规模对成本绩效产生了负向影响，其标准化系数为 − 0. 261，也通过了 t 检验（P 值 < 0.001）。政府的支持对企业的创新和成本绩效有积极作用，但人力资本对企业创新绩效的影响不显著。另外，研究还表明假设 H_1、假设 H_5、假设 H_6、假设 H_{11}、假设 H_{14}、假设 H_{15} 未能得到验证。研究发现，企业规模对人工智能应用的使用产生了显著负向影响，但该系数未通过 P 值检验。政府支持对人工智能应用的使用产生了

正向影响，但该系数同样未通过 P 值检验。此外，企业创新绩效对企业的经营绩效影响不显著，成本绩效对经营绩效的影响也不显著。

5.3　金融科技发展对我国企业绩效多维度影响

5.3.1　理论分析与研究假设

1. 金融科技与企业绩效的理论分析

（1）企业绩效的测度视角。

学术界一直对企业绩效进行相关研究，将企业绩效视为在一定时期内衡量企业在经济、社会和环境等方面表现的重要指标，是评判企业成功与否的关键工具。评估企业绩效的方法涉及广泛，主要包括财务和非财务方面。财务指标比如营业收入、利润、回报率和市场活动等，反映了企业的财务状况。过去，许多研究者主要着眼于财务性绩效指标，例如利润、营收增长、股票回报率等，以衡量企业表现。根据格罗诺斯（Grönroos）的观点，这些财务性指标揭示了企业经营的真实情况和能力，为企业经营决策提供了深刻启示（Grönroos，2020）。然而，这些财务性绩效指标虽然具有确定性，却无法全面反映企业的整体状况，特别是未来成长潜力的表现被认为不足。因此，学者们开始转向非财务性绩效指标，如客户满意度、员工满意度、市场份额、品牌知名度以及环境影响等，这些指标可以更全面、准确地反映企业的整体表现（Harrison et al.，2020）。一些研究者还提出了基于贝叶斯网络的企业绩效测量模型，通过为不同指标分配权重，提高了评估的准确性和可靠性（Tseng et al.，2021）。然而，这些测量方法在实际操作和数据获取方面仍然面临挑战，并没有被完全系统化和完善。因此，越来越多的研究者从企业经营绩效、企业创新绩效和企业成本绩效三个角度进行企业绩效的评估（Wang et al.，2020）。企业经营绩效关注企业的经济运营、财务管理和投资效率，财务报表中的各项指标能够有效地评估企业的经营表现（Chou，2020）。与此同时，创新在企业绩效考量中变得越来越重要。研究表明，创新能力是影响企业绩效的关键驱动力，吸收新技术、创新产品或服务、研发投入等丰富的创新活动，成为评估企业绩效的重要指标（Chen et al.，2020）。企业创新绩效关注企业在新产品开发、技术创新和知识产权等方面的成果。企业的研发投入、专利申请数量以及新产品上市率等指标能直观评估创新绩效（Yu et al.，2020）。最后，企业成本绩效主要评估企业在成本控制、生产效率和资源使用效率等方面的表现（Yin et al.，2020）。分析企业成本结构、生产效率和资源使用情况等指标便能对成本绩效进行评价（Barros et al.，2020）。同时，优化企业内部管理、降低成本、提升生产效率等也是提高企业成本绩效的关键因素。

（2）金融科技的视角。

金融科技（FinTech）是一个涵盖范围广泛的领域，其定义为利用信息技术提供高效的金融服务，包括移动支付、大数据分析、区块链、云计算和人工智能等领域。金融科技的本质是一种融合了金融业和科技的创新模式，随着信息技术的发展和金融服务的普及，金融科技成为当前备受关注的热门话题。许多学者对金融科技进行了广泛而深入的研究，涉及支付、结算方式、风险管理以及金融服务的创新等方面。一些研究指出，金融科技为金融服务带来了机遇和挑战，包括创新的支付和结算方式、智能的风险管理，以及更为精细和定制化的金融服务（Lim et al.，2019）。另有学者强调了其在重新塑造传统金融领域的作用，比如，阿纳等（Arner et al.，2015）认为，金融科技正在颠覆传统的支付方式、货币交易、融资渠道等，这一变革严重冲击了传统的商业模式，仿佛在金融领域掀起了一场革命（Arner et al.，2016）。同时，金融科技对包容型金融和金融中介业务产生了影响，并且金融科技初创企业在竞争市场份额方面与传统金融企业形成动态变化，传统金融企业应通过创新和转型保持市场领先地位（Groh et al.，2019）。

（3）金融科技影响企业绩效的作用视角。

在企业经营绩效方面，数字化和智能化等金融科技助力企业实现精细化管理和高效运营，从而提高经营效率，降低运营成本，同时为企业创新提供便利（Schwab，2016）。同时，金融科技的融资便利和降低资金成本等优势，也增强了企业的经营稳定性（Holmstrom，2015）。有学者通过问卷调查和数据模型分析证实，金融科技的应用具有显著的正向影响，特别是对小型企业而言的推动作用更为明显（Li et al.，2020；Liu et al.，2020）。菲利庞（Philippon，2016）指出，金融科技通过减少信息不对称和交易成本有助于提高企业的运营效率。同样，金融科技可以通过提高支付系统的效率和安全性来直接影响企业的财务表现（Arner et al.，2015）。根据研究，金融科技能够提供个性化金融产品和服务，有助于企业更好地管理风险和资金，从而提升经营绩效（Thakor，2020）。在金融科技的发展和应用过程中，也有研究表明，金融科技在企业层面的应用能够提高效率、优化服务和产品，更好地与客户互动，并提高决策质量，从而增强经营绩效（Philippon，2016）。

在企业创新绩效方面，金融科技通过金融市场的深化和改进，为企业提供更加便利、有效的融资渠道（Acharya et al.，2017），同时通过数据驱动等新型技术，为企业提供个性化、定制化的金融服务，从而提升企业创新能力（Jiang et al.，2018）。研究还表明，金融科技的应用对企业融资创新和业务创新具有重要的促进作用（Gao，2016；Mollick，2020）。同时，金融科技有力地促进了企业内部的创新活动。这些创新行为不仅包括新产品的开发，还涉及新商业模式的创造（Liao et al.，2017）。金融科技解决方案如大数据分析、人工智能和区块链等，能够帮助企业更好地理解市场和消费者需求，并对产品和服务进行创新（Bukht et al.，2018）。研究还发现，金融科技促进了企业与其他组织之间的合作，加速了技术知识的共享，从而提高了企业的创新绩效（Zavolokina et al.，2016）。

在企业成本绩效方面，金融科技利用新型数据获取与分析技术，为企业精细化管理提供数据支持，助力企业有效降低成本（Gao et al.，

2017）。同时，通过一站式服务平台等创新方式，优化流程，节约时间，降低企业的交易成本（Morse，2019）。研究结果还指出，金融科技的应用可以显著促进供应链金融的发展，并对企业成本绩效产生积极影响（Yuan et al.，2019）。另外，一些研究指出，数字化技术在金融领域的应用可以通过提高生产效率和优化生产布局，降低企业的成本负担（Piva et al.，2019）。此外，通过引入金融科技，企业能够更高效地管理其财务流程，例如在支付、账户管理和资金融通等方面（Boot et al.，2021），减少冗余的财务操作和人力成本（Ko et al.，2004），这些改进通常会导致显著的成本节约，并提高整体的成本效率（Frame et al.，2018）。基于此，本研究提出如下假设：

假设 H_{1a}：企业开展金融科技相关业务影响企业经营绩效，并有正向促进作用。

假设 H_{1b}：企业开展金融科技相关业务影响企业创新绩效，并有正向促进作用。

假设 H_{1c}：企业开展金融科技相关业务影响企业成本绩效，并有正向促进作用。

2. 市场化、融资优化与合作研发作用的理论分析

从市场化与竞争化的角度来看，金融科技的创新为企业提供了更高效、便捷的金融服务，提升了企业的运营效率，从而增强了竞争力。研究指出，金融市场的市场化和竞争化程度提升有助于提高企业的资本密集型创新发展绩效（Demirgüç‐Kunt et al.，2020）。另外，一些学者认为，当金融机构降低市场化和竞争化限制，拓宽小型企业的融资渠道时，小企业的创新和经营绩效会得到显著提升（Berger et al.，2018）。金融科技的精确客户数据分析、交易流程优化和市场透明度提升等方式促进了市场化和竞争化，进而影响了企业的绩效（Chava et al.，2013）。此外，金融科技还能增强企业的市场定位和品牌价值，提升竞争中的优势（Puschmann，2017）。企业在金融科技领域的投资进一步提高了市场竞争力和客户满意度，也提高了企业的整体绩效（Bhattacharya et al.，2017）。

从融资优化的角度来看，金融科技的发展对企业的经营绩效和创新绩效也有着积极的影响。金融科技可以帮助企业更好地满足融资需求、提高融资效率，增加资本投入，从而提高企业的经营绩效和创新绩效。除传统融资方式外，P2P借贷和众筹等新型融资方式也能够满足创新型企业的小额融资需求，从而提高企业绩效（Breznitz et al.，2019）。此外，科技创新如数字货币的应用也可以提高企业的创新成本效率，并提升企业的经营绩效和创新绩效（Böhme et al.，2019）。金融科技帮助企业优化融资结构，提高融资效率，并减少融资成本（Cumming et al.，2018），同时提供了更多融资渠道（Morse，2015），有助于更好地匹配资金需求与供给，成为促进企业绩效的关键中介机制（Zhang et al.，2020）。

从合作研发的角度来看，金融科技的发展对企业的创新性和市场竞争力有积极影响。金融科技能打破传统银行机构对小企业融资的限制，促进企业间合作研发，增强了合作可能性。研究者提出了基于数字技术的非金融融资模式，通过企业间的互助合作增加融资渠道，提高企业的经营绩效和创新绩效（Verdi et al.，2020）。然而，企业在应用金融科技时需关注风险控制，避免潜在的负面影响（Romer，1994）。因此，管理者和政策制定者需要权衡金融科技带来的收益和代价，并对其进行审慎引导和调控，以充分释放潜力，推动企业绩效的全面提升（Vives，2016）。金融科技不仅增强了企业自身的研发能力，还促进了企业间的合作与合作研发（Huang et al.，2017）。通过高效的数据共享和通信技术，金融科技允许企业更紧密地合作，提高研发成果的质量和速度（Demirguc - Kunt et al.，2018），成为企业通过金融科技增强绩效的重要渠道。基于此，本研究提出如下假设：

假设 H_{2a}：企业开展金融科技业务通过加强市场化与竞争化影响企业绩效，即加强市场化与竞争化在企业开展金融科技业务与企业绩效之间具有中介效应。

假设 H_{2b}：企业开展金融科技业务通过融资优化影响企业绩效，即促进融资优化在企业开展金融科技业务与企业绩效之间具有中介效应。

假设 H_{2c}：企业开展金融科技业务通过增进合作研发影响企业绩效，即增进合作研发在企业开展金融科技业务与企业绩效之间具有中介效应。

3. 地方政府政策支持的理论分析

金融科技的发展既带来了诸多便利和机遇，也引发了新的挑战，特别是在数据安全和隐私问题上（Chen et al.，2020）。针对金融科技的发展，学者们提出了保障信息安全和隐私保护的需求，并强调加强监管和管理以提高消费者的使用体验和满意度（Su et al.，2020）。此外，他们强调创新技术和安全制度的同时发展，以确保金融科技的便利性与避免可能带来的风险（Durisin et al.，2018）。面对上述问题以及金融科技日益发展的背景，政府和金融机构需要加强监管，促进金融科技的可持续发展，并制定相关政策对其进行有效监管（Barros et al.，2020）；甚至一些学者主张制定全面的金融科技法规进行引导和调控（Zavolokina et al.，2016）。同时，有学者也指出，地方政府的金融科技支持政策也已成为金融科技产业发展的重要力量。各地方政府出台了一系列政策措施，包括设立金融科技创新中心、提供财政补贴等方式来支持金融科技产业的发展（张露子等，2023）。相关研究发现，科技金融政策对科技型中小企业的高质量发展十分重要，促进了企业创新能力的提升、地方金融资金的支持以及企业信贷能力的提高（Pan et al.，2020；周少甫等，2023）。这些政策措施旨在促进金融科技产业的发展，提高金融产业的效率和服务水平，以推动实体经济发展（Liu et al.，2020）。地方政府通过实施针对性的政策和提供支持措施能够显著提高金融科技在企业中的应用和效率（Ondrus et al.，2015），同时政策支持也被视为推动企业金融科技创新和绩效提升的关键因素（Gao et al.，2019；Lv，2019）。因此，地方政府在金融科技领域的政策支持对金融科技产业的发展至关重要（Lee et al.，2018），应当继续推动金融科技产业的成果在各领域的应用，以引领未来的金融产业发展（Hsu et al.，2019）。基于此，本研究提出如下假设：

假设 H_3：地方政府的金融科技支持政策可以对企业金融科技的效率提升产生进一步的促进作用。

值得注意的是，企业规模、企业年龄、资产负债率、企业成长性、董事会规模、股权集中度和企业股权性质等也对金融科技与企业绩效的关系产生影响。同时，经济发展水平、产业结构、开放水平、行业差异、金融发展、基础设施建设、环境规制、人口增长率、国际贸易水平、营商环境等省区层面的因素也会对上述关系造成一定的影响。此外，不同企业权属、行业类别和地理位置可能存在着影响关系的异质性。在经济发达地区，技术创新投入和产出可能更为突出，教育水平、科研实力和科技创新能力通常也更高。因此，上述提出的假设需要经过深入研究和数据验证，特别是需要深入理解金融科技对技术创新绩效的影响机制，并考虑到区域间的差异性和各种限制条件。

5.3.2 研究设计

1. 实证模型

借鉴蔡卫星（2019）、陈中飞等（2021）以及唐松等（2020）等学者研究的做法，根据实际情况，应考虑企业绩效滞后金融科技发展水平一期为合理，本节构建以下基准模型，以考察地区金融科技发展如何影响上市企业的绩效水平：

$$Corporate_{i,t+1} = \beta_0 + \beta_1 Fintech_{i,t} + \gamma Control_{i,t} + \eta_j + \lambda_t + \varepsilon_{i,t} \quad (5.5)$$

其中，$Corporate_{i,t+1}$ 表示 $t+1$ 年度企业 i 的绩效水平，$Fintech_{i,t}$ 表示 t 年度企业 i 所属地区的金融科技发展水平，$Control_{i,t}$ 表示 t 年度的一系列企业层面和省区层面的控制变量。本文在回归模型中加入企业固定效应 η_j 和年份固定效应 λ_t，$\varepsilon_{i,t}$ 为随机扰动项。若金融科技发展有助于推动各省区企业绩效水平提升，则估计系数 β_1 应统计显著为正。

2. 数据来源

本文选取 2006~2021 年中国 A 股上市公司 2 182 家作为初始样本，参考王欣等（2023）、王墨林等（2022）以及肖红军等（2021）等学者的做法，考虑到数据可能存在缺失或异常值等情况，需要在数据处理阶段进行相应的数据清洗和筛选，以确保计算结果的准确性和可靠性。最终，样本企业确定为 1 202 家。本节旨在通过实证检验，探究金融科技发展与企业绩效之间的关系。金融科技业务的开展情况是通过手工整理搜集上市公司年报，并基于 Python 文本挖掘构建金融科技相关语义特征词库等方法获取的。同时，本节所使用的企业层面数据来源于 CSMAR 数据库、WIND 数据库等多种数据信息源，以获取企业财务、公司治理等相关变量信息。在数据处理方面，本文按照以下标准对数据进行筛选：首先，剔除曾经被标记为 ST、PT 的异常企业样本，以及资不抵债和存在相关变量缺失的样本；其次，剔除金融保险行业的样本。为了避免极端值的影响，本节对所有连续型变量均进行了双侧 1% 的缩尾处理。最终，本节得到了 11 539 组公司 – 年度样本观测值的面板数据。省区层面的控制变量数据来自 EPS 数据库。

3. 变量选择

考虑科学性、客观性和数据可得性，参考成程等（2023a）以及陈中飞等（2021）的研究，根据上市公司开展区块链金融等金融科技业务的相关公告文本分析结果，本节设置了企业是否从事金融科技业务的虚拟变量 *Fintech*。该变量为 1 说明上市公司当年开展了金融科技业务，为 0 则说明上市公司该年度没有开展金融科技业务。除此之外，金融科技主要涵盖了区块链技术、大数据技术、人工智能技术、无现金支付技术、云计算技术、金融风控技术和物联网技术等多方面的技术应用和发展。本节对不同公司开展金融科技业务的程度也进行了进一步测度，分别是公司在上述金融科技业务类型中开展相关业务的种类数的对数（加 2 作为底数调整，记作 *Fintech_level*）①，以及企业当年全部公告中提到与金融科技相关词语次数的对数（同样加 2 作为底数调整，记作 *Fintech_degree*）。

对上市公司行业分类，本节严格按照国家统计局 2011 年颁布的《国

---

① 在贝叶斯平滑算法中，我们通常给样本值加上 1 平滑处理，而在多项式分布的情况下，我们将样本值加上 2 进行平滑操作通常会更有效果。根据实际情况和经验知识来判断，本节对变量进行 +2 处理。

民经济行业分类》的门类、大类目录进行分类。劳动生产率是衡量生产效率的一个非常重要的指标，在制造业中尤为重要。它反映了企业在生产过程中的效率，并能支持企业的财务和市场营销决策。因此，我们用我国国民经济行业分类标准中对制造业细分类的各行业的劳动生产率来表征行业差异，具体以企业所在行业的劳动生产率为测度。该行业的劳动生产率计算为各行业增加值与劳动力数量的比值。

企业层面的控制变量包括企业年龄（观测值所在年份减去成立年份的差值）、企业规模（总资产的自然对数）、资产负债率、企业成长性（营业收入增长率）、净资产收益率、营业毛利率、股权集中度（第一大股东持股比例）等。省级层面的控制变量包括金融发展、基础设施建设、环境规制、人口增长率、国际贸易水平、营商环境等因素，较为全面地控制了可能存在的地区因素对企业绩效的影响。其中，营商环境变量的测度借鉴了北京大学光华管理学院与武汉大学经济与管理学院联合发布的《中国省份营商环境评价报告》，构建出中国内地各省区市营商环境评价指标体系①，测算中国内地各省区市的营商环境发展指数，相关数据备索。在处理数据时，对指数进行了归一化处理以提高数据的可比性。本节所用企业层面数据除企业公报外，还来源于国泰安数据库（CSMAR）和 Wind 数据库。省区层面的控制变量数据来自 EPS 数据库，具体详细情况留存备索。本节主要变量定义如表 5 - 10 所示。

---

① 该体系的一级指标由《"十三五"规划纲要》中营商环境建设的四个方面：市场环境、政务环境、法治环境和人文环境组成。二级指标参照《优化营商环境条例》并吸纳多个国内外主流评价体系的相关指标，细分为 13 个子类，包括市场环境下的融资、创新、竞争公平、资源获取和市场中介；政务环境下的政府效率、政府廉洁和政府关怀；法治环境下的产权保护、社会治安和司法服务；人文环境下的对外开放和社会信用等。这些二级指标的权重根据其在《优化营商环境条例》中出现的次数确定，这样便生成了一级指标的权重。综合考量参照指标体系和数据可获得性，选定了 22 项三级指标。这样，就形成了一个具体的、对中国内地城市营商环境有全面评估能力的指标体系。

表 5 - 10　　　　　　　　　　　变量定义与说明

变量类型	变量名称	变量符号	变量度量	单位
被解释变量	企业经营绩效	Corporate_Opera	企业营业总收入	亿元
	企业创新绩效	Corporate_Innova	新产品销售额/产业销售总额	%
	企业成本绩效	Corporate_Cost	企业的总成本/总收益	%
解释变量	金融科技	Fintech	参见文内说明	—
	金融科技业务水平	Fintech_Level	参见文内说明	—
	金融科技业务程度	Fintech_Degree	参见文内说明	—
控制变量（企业层面）	企业规模	Size	总资产的自然对数	—
	企业年龄	Age	观测值所在年份减去成立年份的差值	年
	资产负债率	Dar	总负债/总资产	%
	企业成长性	Growth	企业的营业收入增长率	%
	董事会规模	Board	企业的董事会人数的自然对数	—
	股权集中度	Concen	第一大股东持股比例	—
	企业股权性质	Soe	该变量为 1 表明是国有企业，为 0 则为民营企业	—
控制变量（省区层面）	经济发展水平	Gdppc	人均地区生产总值	万元/人
	产业结构	Secind	第二产业占 GDP 比重	%
	开放水平	Open	外商直接投资额/GDP	%
	行业差异	Indudi	参见文内说明	—
	金融发展	Fina	金融机构存款贷款余额之和与 GDP 的比值	%
	基础设施建设	Infcon	地区基础设施建设资金投入额/GDP	%
	环境规制	Env	环境污染治理投资额/GDP	%
	人口增长率	Poprate	人口自然增长率	%
	国际贸易水平	Inter	进出口总额	亿美元
	营商环境	Institution	参见文内说明	—

4. 描述性统计与相关性分析

回归中所有变量均经过了标准化处理，变量的描述性统计如表 5 − 11 所示。根据变量描述性统计分析结果来看，它们的均值和标准差的差距较大，说明这些变量的取值范围较广，数据分布较分散。此外，在相关性分析中发现，金融科技与企业绩效之间的相关系数为 0.056，且在 1% 的显著性水平上显著。这表明，企业金融科技业务水平越高，企业绩效也越高，符合预期的研究假设。

表 5 −11　　　　　　　　　　　　描述性统计

变量	N	均值	标准差	最小值	25% 分位数	中位数	75% 分位数	最大值
Corporate_Opera	11 539	74.16	205.70	0.01	5.65	18.21	58.61	3 247.10
Corporate_Innova	11 539	4.201	7.485	0.004	0.422	1.523	4.194	72.765
Corporate_Cost	11 539	76.281	8.103	60.082	67.563	75.534	81.521	90.091
Fintech	11 539	0.420	0.234	0	0	0	1	1
Fintech_Level	11 539	0.243	0.172	0.012	0.115	0.223	0.341	0.683
Fintech_Degree	11 539	0.092	0.223	0.013	0.019	0.026	0.098	2.332
Size	11 539	5.962	1.473	2.000	4.97	5.919	7.01	10.00
Age	11 539	9.29	5.00	1.002	5.68	8.003	12.12	23.000
Dar	11 539	0.489	0.146	0.114	0.393	0.476	0.574	0.986
Growth	11 539	3.74	2.50	− 100.00	− 3.06	3.30	11.74	67.10
Board	11 539	1.80	0.87	0.00	1.21	1.81	2.33	4.77
Concen	11 539	0.369	0.22	0.00	0.19	0.34	0.57	1.00
Soe	11 539	0.39	0.49	0	0	0	1	1
Gdppc	464	6.65	1.45	2.08	5.57	6.70	7.61	10.17
Secind	464	0.485	0.190	0.079	0.345	0.479	0.618	0.940
Open	464	11.62	7.85	0.00	7.21	10.50	14.70	50.34
Indudi	464	0.34	0.07	0.16	0.29	0.34	0.39	0.55
Fina	464	272.62	165.51	24.25	159.03	236.14	352.84	766.15

续表

变量	N	均值	标准差	最小值	25% 分位数	中位数	75% 分位数	最大值
Infcon	464	5.26	1.19	3.22	4.36	5.08	5.76	9.27
Env	464	0.45	0.22	0.10	0.30	0.42	0.57	1.08
Poprate	464	0.40	0.11	0.20	0.32	0.38	0.45	0.68
Inter	464	660.74	906.33	37.54	74.80	327.13	906.03	10 233.50
Institution	464	0.534	0.201	0.124	0.394	0.529	0.690	0.986

5.3.3　实证分析

1. 基准回归结果

将控制变量分别纳入实证模型，其中，模型（Ⅰ）为不考虑控制变量、年份与企业固定效应的金融科技与企业绩效的关系模型；模型（Ⅱ）为加入控制变量的模型；模型（Ⅲ）为进一步加入年份与企业固定效应后的模型。实证结果如表 5－12 所示：金融科技对企业绩效整体上具有显著的正向影响，其中前两个指标（经营绩效和创新绩效）的回归系数达到了统计上显著的水平（$p < 0.01$），而金融科技发展对企业成本绩效的影响不显著。值得注意的是，当控制了其他变量以及年份和企业固定效应后，拟合优度得到了显著的提高，说明这些控制变量对企业绩效的解释能力较强，同时也进一步证实了金融科技对企业绩效的正向影响。

表 5－12　　　　　　金融科技发展对企业绩效的影响

因变量	（Ⅰ）			（Ⅱ）			（Ⅲ）		
	Corporate_ Opera	*Corporate_ Innova*	*Corporate_ Cost*	*Corporate_ Opera*	*Corporate_ Innova*	*Corporate_ Cost*	*Corporate_ Opera*	*Corporate_ Innova*	*Corporate_ Cost*
金融科技	0.299 *** (4.743)	0.285 *** (5.317)	0.197 ** (2.096)	0.116 ** (2.062)	0.175 *** (5.370)	− 0.027 (2.191)	0.377 *** (8.421)	0.223 ** (2.497)	0.126 (1.082)

续表

因变量	（Ⅰ）			（Ⅱ）			（Ⅲ）		
	Corporate_Opera	Corporate_Innova	Corporate_Cost	Corporate_Opera	Corporate_Innova	Corporate_Cost	Corporate_Opera	Corporate_Innova	Corporate_Cost
控制变量	不控制	不控制	不控制	控制	控制	控制	控制	控制	控制
年份固定效应	不控制	不控制	不控制	不控制	不控制	不控制	控制	控制	控制
企业固定效应	不控制	不控制	不控制	不控制	不控制	不控制	控制	控制	控制
拟合优度	0.043	0.035	0.022	0.237	0.042	0.027	0.559	0.412	0.103
观测值	11 539	11 539	11 539	11 539	11 539	11 539	11 539	11 539	11 539

注：*、**、***分别表示10%、5%、1%统计意义上的显著。括号内为 t 值，标准误均经过公司层面聚类调整，以下各表相同。

进一步，使用三个模型（Ⅰ、Ⅱ、Ⅲ），分别控制不同数量的变量，基于三个因变量（Corporate_Opera，Corporate_Innova，Corporate_Cost）对金融科技业务水平和金融科技业务程度的影响进行多元回归分析。实证分析结果如表5-13所示。实证结果表明：金融科技业务水平和金融科技业务程度对三个因变量都具有显著的正向影响。具体来说，研究发现，金融科技业务水平和金融科技业务程度对企业经营绩效和企业创新绩效的影响显著，其中金融科技业务水平的影响略高于金融科技业务程度。而对于企业成本绩效，金融科技业务水平和金融科技业务程度产生了负向影响，但只有金融科技业务水平的影响达到了显著水平。整个模型对样本的拟合效果一般，$Adj. R^2$ 的值都不是很高，说明还有其他因素可能影响企业绩效。总体来说，金融科技的发展对企业的经营和创新绩效具有积极作用。

表 5 – 13　　　　　　　　不同维度的金融科技发展对企业绩效的影响

因变量	（Ⅰ）		（Ⅱ）		（Ⅲ）	
	Corporate_Opera		*Corporate_Innova*		*Corporate_Cost*	
金融科技业务水平	0. 036 *** (6. 333)		0. 027 *** (6. 050)		– 0. 015 ** (7. 215)	
金融科技业务程度		0. 038 *** (3. 995)		0. 018 *** (3. 293)		– 0. 004 ** (2. 145)
常数项 & 控制变量	控制	控制	控制	控制	控制	控制
年份固定效应	控制	控制	控制	控制	控制	控制
企业固定效应	控制	控制	控制	控制	控制	控制
拟合优度	0. 299	0. 301	0. 231	0. 234	0. 106	0. 104
观测值	11 539	11 539	11 539	11 539	11 539	11 539

2. 内生性处理

（1）工具变量法。

互联网普及率（以每万人宽带用户数衡量）常被用作一个工具变量，以缓解内生性问题。其作为工具变量的意义在于，互联网普及率是一个外部变量，它并不直接影响金融科技业务的发展。相反，它通过间接方式引入外部影响，从而对金融科技发展产生作用，进而有助于缓解内生性问题。因此，在实证研究中，若存在内生性问题，利用互联网普及率作为有效的工具变量，可以在一定程度上缓解这一问题，从而提高模型结果的准确性和可靠性。

实证结果如表 5 – 14 所示。研究发现，金融科技对企业运营和创新都有显著影响，而对企业成本的影响则不显著。F 值分别为 6. 785、1. 798 和 1. 216。其中，金融科技对企业运营和创新的影响具有高度的统计显著性，P 值均小于 0. 10。在进行过度识别检验时，本节将 F 值的阈值设定在 10 以上，若 P 值小于 0. 05，则认为可以接受。在此模型中，F 值为 28. 04，P 值小于 0. 05，结果符合要求。这说明使用互联网普及率作为工具变量的修正是具有较高可靠性的。同时，这也进一步证实了金融科技对企业运营和创新的影响是显著的。

表 5 – 14 工具变量法的回归结果

因变量	（Ⅰ）	（Ⅱ）	（Ⅲ）	（Ⅳ）
	Fintech	Corporate_Opera	Corporate_Innova	Corporate_Cost
Internet	0.190 *** (5.558)			
金融科技		0.276 *** (6.785)	0.170 * (1.798)	0.149 (1.216)
常数项 & 控制变量	控制	控制	控制	控制
年份固定效应	控制	控制	控制	控制
企业固定效应	控制	控制	控制	控制
一阶段回归 F 值	26.667	6.785	1.798	1.216
过度识别检验 P 值	0.000			
拟合优度	0.103	0.564	0.423	0.120
观测值	11 539	11 539	11 539	11 539

（2）双重差分法。

大多数人认可的是 2008 年左右。在 2008 年的金融危机后，传统的金融模式遭到了沉重打击，一些创新型公司开始尝试运用科技手段，通过创新的业态和技术手段构建新型的金融模式，于是"金融科技"开始被广泛认知和应用。因此，可以认为 2008 年左右是金融科技的元年。据此，本项目构建双重差分模型，进一步检验金融科技对企业绩效的影响，模型如下：

$$Corporate_{i,t+1} = \alpha_0 + \alpha_1 Cross\_var_{i,t} + \alpha_2 Treat_{i,t} + \gamma Control_{i,t} + \eta_j + \lambda_t + \varepsilon_{i,t}$$

$$(5.6)$$

其中，$Treat_{i,t}$ 表示组别变量，结合上文，可依据各省区市所具备的基础条件来划分。鉴于数据的可得性，本项目将从 EPS 数据库获取各省区市 2008 年每万人总光缆线路长度、每万人长途光缆线路长度、每百人移动电话数。如果企业所在地区的三个指标数值均高于同年样本中位数，则将该企业归为处理组，其中 i 取值为 1。否则将该企业归为控制组，其中 i 取值为 0。$Cross\_var_{i,t}$ 为组别变量和时间变量的交乘项，其他设计与模型（Ⅰ）一致。此外，本文仍将核心解释变量的时间区间限定为 2006 ~ 2020 年，被解释变量的时间区间限定为 2007 ~ 2021 年，以保持政策发生前后样本时间长度的对称性。回归结果如表 5 - 15 所示：

表 5 - 15　　　　　　　　　　双重差分法的回归结果

变量	（Ⅰ） *Corporate_Opera*	（Ⅱ） *Corporate_Innova*	（Ⅲ） *Corporate_Cost*
组别变量 × 时间变量	0. 190 *** (24. 45)	0. 082 *** (4. 37)	0. 352 *** (6. 02)
组别变量	− 0. 148 (− 1. 17)	− 0. 027 (− 0. 19)	0. 012 (0. 07)
常数项 & 控制变量	控制	控制	控制
年份固定效应	控制	控制	控制
企业固定效应	控制	控制	控制
拟合优度	0. 754	0. 741	0. 182
观测值	11 539	11 539	11 539

从 *Corporate_Opera* 变量来看，组别变量与时间变量的交互作用对企业运营的影响呈正向显著，且系数为 0. 190；而组别变量单独对企业运营的影响不显著，且系数为 − 0. 148。在 *Corporate_Innova* 变量中，组别变量与时间变量的交互作用对企业创新的影响呈正向显著，且系数为 0. 082；组别变量单独对企业创新的影响不显著，且系数为 − 0. 027。至于 *Corporate_Cost* 变量，组别变量与时间变量的交互作用对企业成本的影响呈正向显

著，且系数为 0.352；而组别变量单独对企业成本的影响不显著，且系数为 0.012。从这些结果可以看出，金融科技对企业运营、创新和成本均有显著影响。值得注意的是，组别变量与时间变量的交互作用对企业创新和运营的影响较为显著，而对企业成本的影响相对较小。同时，通过控制常数项和观测变量、固定年份和企业效应，实证结果的可靠性得到了增强。拟合优度较高，表明这些变量能够较好地解释实验数据。总的来说，这个实证结果表明金融科技对企业的影响应该在实践中得到充分的重视。

金融科技指数的组别差异如表 5-16 所示。结果显示，在 2006~2008 年和 2009~2020 年两个时期，组别变量为 1 的分位数均高于组别变量为 0 的分位数，即组别变量对企业绩效分位数有显著影响。同时，因为在两个时期内，指数差值均为正数。相对于 2006~2008 年，2009~2021 年组别变量对企业绩效分位数的影响略有减弱，这也可以从指数差值的变化上得到印证，即指数差值从第一个时期的 0.036 变为了第二个时期的 0.033。综上所述，这个实证结果表明，倾向得分匹配方法可以对双重差分法的内生性问题进行有效处理，同时也说明了随时间的推移，组别变量对收入分位数的影响有所减弱。

表 5-16　　　　　　　　　　金融科技指数的组别差异

变量	2006~2008 年			2009~2020 年		
	30%	50%	75%	30%	50%	75%
组别变量 = 1	0.315	0.537	0.809	0.671	1.042	1.542
组别变量 = 0	0.279	0.431	0.671	0.638	1.014	1.365
指数差值	0.036	0.106	0.138	0.033	0.028	0.177

双重差分分析需要进行平行趋势检验和安慰剂检验，回归模型如下：

$$Corporate_{i,t+1} = \alpha_0 + \beta_t \sum_{i=2006}^{2011} D_t \times Treat_{i,t} + \gamma Control_{i,t} + \eta_j + \lambda_t + \varepsilon_{i,t}$$

$$(5.7)$$

其中，D_t 是相对于金融科技的元年（2008 年）的年份虚拟变量。如果当年相对于 2008 年相差 t 个年度，那么 D_t 取值为 1，否则为 0。模型（3）的被解释变量为企业绩效，其回归结果留存备索。本节绘制了平行趋势假设检验图（见图 5 - 4），即绘制了年份虚拟变量与组别变量的交互项的系数的估计结果。从图中可以发现，在金融科技元年的前 2 期中，金融科技对企业绩效的影响不显著，说明在金融科技相关业务开展前，处理组和对照组企业的绩效不存在明显的差异，具有相同的变化趋势。在数字金融元年的后 2 ~ 3 年，金融科技对企业绩效的影响为正向显著，表明本节的双重差分模型通过平行趋势检验。

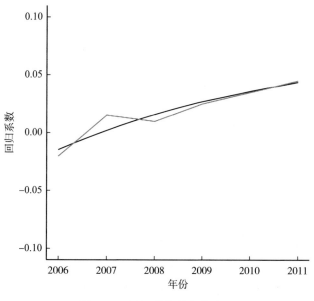

图 5 - 4 平行趋势假设检验图

接下来，本节将进行安慰剂检验，以排除未观测到的遗漏变量的影响。为此，我们随机构造了伪处理组，并随机选取 A 股市场 615 家上市公司的相关数据重新估计模型（2）。该过程被重复操作了 1 000 次。图 5 - 5 展示了针对 1 000 次随机分配后的时间变量和组别变量的交互项的估计系数的分布及其相关的 p 值。可以发现，估计系数的均值接近于 0，大部分估计值的 p 值大于 0.1，并且这些估计值的分布呈正态分布。这表明，本节采用的双重差分分析通过了安慰剂检验，从而可以排除未观测到的遗漏变量的影响。

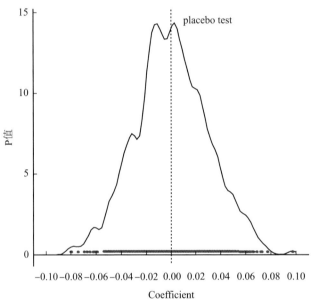

图 5 - 5　安慰剂检验图

本节通过运用工具变量法和双重差分法，成功地解决了基准结论中可能存在的内生性问题。通过对核心变量进行的实证结果分析，发现即便引入了这两种方法，核心变量的显著性和符号也没有发生明显的变化。这表明，模型中的内生性问题并不严重。因此，本节可以得出结论：前述的回归结果是稳健可靠的。

3. 稳健性检验

为检验模型的鲁棒性、识别异常值，确保估计量的精度与效率，并提高模型的适应性，本节开展了如下稳健性检验[①]：

（1）更换解释变量。金融科技是一种新型的金融服务方式，涵盖不同的技术领域。区块链技术、大数据金融、供应链金融、数字金融等，均隶属于金融科技的范畴内，它们各自利用独特的技术手段服务于金融业，推动金融服务行业的创新与发展。单一采用金融科技发展指数作为金融科技发展的代理指标可能不够稳健。鉴于金融科技的发展依赖于新基建，地区新基建的发展水平在一定程度上能够映射出当地金融科技的发展水平。因此，本节决定采用赛迪智库新基建发展潜力白皮书对中国各省新基建的评分指标，作为衡量金融科技发展的新代理变量。具体地，我们通过新基建发展指数来评估各地区的金融科技发展程度。经过验证，回归结果依旧稳健。

（2）考量信息披露质量。本节已将信息披露质量纳入考量范围，并排除了存在不实披露行为的公司样本，以及会计稳健性低于 2% 分位数的样本。验证结果表明，即使经过这样的筛选，实证结果依然保持一致。此外，为了缓解特征变量的内生性问题，本节将解释变量进行了一阶滞后处理，处理后结果同样没有发生变化。

（3）增添控制变量。在控制变量中，我们新增了政府补贴的对数以及政府补贴占总资产的比例，旨在更精准地控制政府补贴对企业绩效的潜在影响。通过实证分析，我们发现即便加入这些新的控制变量，企业开展金融科技业务对企业绩效产生的正效应依然显著。

4. 异质性分析

进一步研究金融科技对企业绩效横向差异的影响，这有助于验证本节理论机制的合理性，并为制定更加精细化的政策建议提供实证依据。本节将从所有权、生命周期、行业属性以及地区差异四个方面进行异质性分

[①]　本书中相关稳健性检验的结果备索，因篇幅问题，不再赘述。

析，并建立以下计量模型：

$$Corporate_{i,t+1} = \rho_0 + \rho_1 Fintech_{i,t} \times Hetero_{i,t} + \rho_2 Hetero_{i,t}$$
$$+ \rho_3 Fintech_{i,t} + \gamma Control_{i,t} + \eta_j + \lambda_t + \varepsilon_{i,t} \quad (5.8)$$

其中，企业虚拟变量 $Hetero_{i,t}$ 包括所有权（SOE）、创业板市场（GEM）、行业异质（IPC）以及地区差异（$Coastal$）四个方面，这些方面的具体表示为 $FinTech \times SOE$、$FinTech \times GEM$、$FinTech \times IPC$ 和 $FinTech \times Coastal$。本节对企业类型进行如下划分：若企业为国有企业，则取值为 1，否则为 0；若企业为创业板市场上市企业，则取值为 1，否则为 0；若企业为生产型制造业企业，则取值为 1，若为生活型制造业企业，则取值为 0；若企业位于沿海地区，则取值为 1，否则为 0。表 5-17 汇总了模型（4）的回归结果。

异质性的实证结果如表 5-17 所示。首先，可以看到 $FinTech$ 在四个异质性分析的维度中都对企业绩效产生了显著的正向影响。其中，列（Ⅰ）$FinTech$ 与国有企业的交互项对企业经营绩效的影响最为显著，系数为 0.123，且在统计意义上显著。这表明，金融科技在与国有企业的合作中能够显著地提高企业的经营绩效。同时，列（Ⅳ）与列（Ⅶ）中的 $FinTech$ 分别与创业板市场企业（GEM）和生产型制造业企业的交互项对企业创新绩效和成本绩效都产生了显著的正向影响。其次，不同类型的企业对金融科技的影响也存在差异。在列（Ⅶ）至列（Ⅸ）的比较中，我们发现 $FinTech$ 与 IPC（生产型制造业企业）的交互项对企业经营绩效的影响最为显著。而在列（Ⅹ）至列（Ⅻ）的比较中，$FinTech$ 与 $Coastal$（沿海企业）的交互项对企业创新绩效和成本绩效的影响则最为显著。

5.3.4 金融科技影响企业绩效的机制识别

1. 市场化与竞争化效应

金融科技的出现和发展，对于提高行业市场的透明度、促进竞争、推

表 5-17　异质性分析结果

因变量	（Ⅰ）Corporate_Opera	（Ⅱ）Corporate_Innova	（Ⅲ）Corporate_Cost	（Ⅳ）Corporate_Opera	（Ⅴ）Corporate_Innova	（Ⅵ）Corporate_Cost	（Ⅶ）Corporate_Opera	（Ⅷ）Corporate_Innova	（Ⅸ）Corporate_Cost	（Ⅹ）Corporate_Opera	（Ⅺ）Corporate_Innova	（Ⅻ）Corporate_Cost
FinTech × SOE	0.123 *** (0.012)	0.041 ** (0.017)	-0.054 *** (0.021)									
FinTech × GEM				0.194 *** (0.022)	0.073 *** (0.019)	-0.088 *** (0.028)						
FinTech × IPC							0.086 *** (0.015)	0.035 ** (0.013)	-0.041 *** (0.018)			
FinTech × Coastal										0.159 *** (0.018)	0.062 *** (0.014)	-0.071 *** (0.023)
常数项 & 控制变量	控制	控制	控制	控制	控制	控制	控制	控制	控制	控制	控制	控制
年份固定效应	控制	控制	控制	控制	控制	控制	控制	控制	控制	控制	控制	控制
企业固定效应	控制	控制	控制	控制	控制	控制	控制	控制	控制	控制	控制	控制
拟合优度	0.499	0.405	0.306	0.319	0.231	0.417	0.576	0.312	0.688	0.524	0.178	0.452
观测值	11 539	11 539	11 539	11 539	11 539	11 539	11 539	11 539	11 539	11 539	11 539	11 539

动创新以及降低成本和提高效率等方面都产生了积极的促进作用，推动了行业市场化与竞争激烈化的进程。HHI（Herfindahl – Hirschman Index）作为衡量同行业企业主营业务收入的赫芬达尔指数，反映了企业所处行业的竞争强度。因此，本节以 HHI 作为竞争强度的代表指标。本节构建以下计量模型：

$$Corporate_{i,t+1} = \delta_0 + \delta_1 Fintech_{i,t} \times HHI_{i,t} + \delta_2 Fintech_{i,t} + \delta_3 HHI_{i,t}$$
$$+ \gamma Control_{i,t} + \eta_j + \lambda_t + \varepsilon_{i,t} \tag{5.9}$$

表 5 – 18 中的实证结果表明：（1）列（Ⅰ）中，金融科技与行业集中度交互作用显著地影响企业经营绩效、企业创新绩效和企业成本绩效。其中，企业经营绩效的回归系数为 0.208，标准误为 0.035，显著性水平达到了 1%。这个结果说明金融科技和行业集中度的交互作用对企业经营绩效有显著影响。同样地，企业创新绩效和企业成本绩效的回归系数分别为 0.046 和 0.160，标准误分别为 0.043 和 0.025，且 P 值小于 0.01，说明金融科技和行业集中度的交互作用对企业创新绩效和成本绩效的解释都具有显著性。（2）列（Ⅱ）中，只考虑单一的金融科技作为解释变量，结果显示，金融科技对企业经营绩效、企业创新绩效和企业成本绩效都有显著的影响。具体地，企业经营绩效的回归系数为 0.207，标准误为 0.029，显著性水平达到了 1%。这个结果表明，金融科技对企业经营绩效有显著影响。同时，企业创新绩效和企业成本绩效的回归系数分别为 0.315 和 0.129，标准误分别为 0.035 和 0.022，且 P 值小于 0.01，进一步证实了金融科技对企业创新绩效和成本绩效的显著影响。（3）列（Ⅲ）中，考虑竞争强度作为解释变量，结果显示，竞争强度对企业经营绩效、企业创新绩效和企业成本绩效都具有显著的负向影响。具体地，企业经营绩效的回归系数为 – 0.110，标准误为 0.031，P 值小于 0.01，这说明竞争强度对企业经营绩效的影响具有显著性。同时，企业创新绩效和企业成本绩效的回归系数分别为 – 0.136 和 – 0.109，标准误分别为 0.038 和 0.023，且 P 值小于 0.01，这些结果进一步证实了竞争强度对企业创新绩效和成本绩效的负向影响具有显著性。

表 5 - 18　金融科技的行业市场化与竞争化效应

变量	（Ⅰ）			（Ⅱ）			（Ⅲ）		
	Corporate_Opera	Corporate_Innova	Corporate_Cost	Corporate_Opera	Corporate_Innova	Corporate_Cost	Corporate_Opera	Corporate_Innova	Corporate_Cost
金融科技 × HHI	0.208*** (26.312)	0.046*** (23.392)	0.160*** (6.960)						
金融科技				0.207*** (28.241)	0.315*** (27.031)	0.129*** (5.829)			
竞争强度							-0.110*** (-18.455)	-0.136*** (-20.894)	-0.109*** (-4.809)
常数项 & 控制变量	控制	控制	控制	控制	控制	控制	控制	控制	控制
年份固定效应	控制	控制	控制	控制	控制	控制	控制	控制	控制
企业固定效应	控制	控制	控制	控制	控制	控制	控制	控制	控制
拟合优度	控制	控制	控制	控制	控制	控制	控制	控制	控制
观测值	11 539	11 539	11 539	11 539	11 539	11 539	11 539	11 539	11 539

从上述实证结果来看，本节可以初步得出金融科技对企业绩效具有显著正向影响的结论。这表明金融科技能够提升企业的市场化和竞争水平。特别是在列（Ⅰ）中，当考虑金融科技与行业集中度的交互作用时，我们发现不仅金融科技本身对企业绩效有正向影响，而且这一影响还与行业集中度相关。这进一步说明，金融科技的发展能够通过改变行业竞争格局，加剧市场竞争，推动企业的创新和成本效益提升，从而提高企业的市场化程度和竞争优势。

2. 融资优化效应

金融科技能够通过融资优化效应来提升企业的资金回报率、降低融资成本和风险，进而提高企业的融资效率和市场竞争力，从而推动企业的发展并提升企业的绩效表现。因此，本节采用企业新增银行贷款占总资产的比例（*LoanRate*）、政府补贴占总资产的比例（*SubsidyRate*）以及新增外部融资现金（包括取得借款收到的现金、吸收权益性投资收到的现金和收到其他与筹资活动有关的现金）占总资产的比例（*ExfinRate*）等指标，来检验企业发展金融科技业务对企业融资水平的影响。

如表 5 – 19 的实证结果所示，在控制了其他变量的情况下，金融科技对企业新增银行贷款占总资产的比例（*LoanRate*）、政府补贴占总资产的比例（*SubsidyRate*）以及新增外部融资现金占总资产的比例（*ExfinRate*）均有显著的正向影响。换句话说，金融科技的进步能够帮助企业获得更多的银行贷款、政府补贴以及外部融资，从而有效提升企业的财务状况和整体表现。

表 5 –19 　　　　　　　　　　　金融科技的融资优化效应

变量	*LoanRate*	*SubsidyRate*	*ExfinRate*
FinTech	0. 345 *** （6. 231）	0. 123 *** （2. 876）	0. 198 *** （4. 732）
常数项 & 控制变量	控制	控制	控制

续表

变量	*LoanRate*	*SubsidyRate*	*ExfinRate*
年份固定效应	控制	控制	控制
企业固定效应	控制	控制	控制
拟合优度	0. 264	0. 326	0. 643
观测值	11 539	11 539	11 539

3. 合作研发效应

考虑金融科技通过合作研发效应对企业绩效产生的积极影响，这种影响有助于提高企业的技术含量、创新能力，降低研发成本，并拓展业务范围和市场渠道。这对于企业的长期发展和竞争优势具有重要意义。本节使用研发支出占营业收入的比例（*RDshare*）、当年联合申请的发明专利数量的对数（*CoPatent*）以及当年联合申请的发明专利和实用新型专利数量的对数（*SumCoPatent*）来衡量企业开展金融科技业务对企业联合研发与技术进步的影响。

结果如表 5 - 20 所示，金融科技对研发支出占营业收入的比例（*RDshare*）、当年联合申请的发明专利数量的对数（*CoPatent*）以及当年联合申请的发明专利和实用新型专利数量的对数（*SumCoPatent*）均具有显著的正向影响。这一结果在统计上是高度显著的（系数的 t 值均显著大于 2）。这说明企业通过开展金融科技业务，能够与更多的企业共享创新资源，创造出更多的研发成果。

表 5 - 20　　　　　　　金融科技的合作研发效应

变量	*RDshare*	*CoPatent*	*SumCoPatent*
FinTech	0. 045 *** (6. 231)	0. 098 *** (5. 643)	0. 015 *** (5. 232)
常数项 & 控制变量	控制	控制	控制

续表

变量	*RDshare*	*CoPatent*	*SumCoPatent*
年份固定效应	控制	控制	控制
企业固定效应	控制	控制	控制
拟合优度	0.228	0.362	0.404
观测值	11 539	11 539	11 539

综上所述，本节的假设 H_{2a}、假设 H_{2b}、假设 H_{2c} 得到了全面验证：企业开展金融科技业务可以通过改变行业竞争格局、突破信贷配给以及增进合作研发的方式，显著提升企业效率。

4. 地方政府政策支持

地方政府的政策支持在企业开展金融科技业务方面发挥了重要的作用。地方政府通过出台支持金融科技发展的政策，为企业提供了良好的政策环境和发展机遇。地方政府金融科技支持政策的落实，为企业开展金融科技业务创造了有利条件，增强了企业的市场竞争力，拓展了企业的商业机遇，提升了企业的创新能力和核心竞争力，进而提高了企业的绩效和市场地位。本节通过数据挖掘技术，收集整理了全国地方政府 2006～2021 年 96.5 万篇地方政府政策文件，并从中提取了标题中含有"金融科技"或"科技金融"这一关键词的所有政策文件。通过人工确认，本节筛选出了包含具体的政策支持细则的地方政策文件，这些支持细则包括补贴、减免税费、资金奖励等措施。同时，本节依据提前整理的金融科技业务词典，对各级政府支持某项金融科技业务的政策文本信息进行了系统梳理和提取。最终，本节获取了各省市支持本地金融科技发展的政策文件。许多省市也已经出台了具体的分工落实方案，以推动这一领域的发展。具体而言，参考成程等研究的做法（成程等，2023b），本节采用企业所在地的省级或市级政府是否出台了金融科技支持政策作为依据，并进行了一阶滞后处理，设置了虚拟变量 $Policy_j \times After_{t-1}$[①]。如果企业所在地的 j 市市级政府或省级政府上一年度出台了金融科技的支持政策，则设为 1，否则设为 0。基于以上设定，本节建立了以下计量模型：

$$Corporate_{i,t+1} = \xi_0 + \xi_1 Fintech_{i,t} + \xi_2 Policy_j \times After_{t-1} + \xi_3 Fintech_{i,t}$$
$$\times Policy_j \times After_{t-1} + \gamma Control_{i,t} + \sigma_j + \eta_j + \lambda_t + \varepsilon_{i,t}$$

其中，$Fintech_{i,t}$ 与模型（1）相同，该变量代表了企业当年是否开展了金融科技业务。检验上市公司在当年是否既开展了金融科技业务，又受到了当地政府金融科技政策支持的影响。σ_j 表示城市的固定效应，其余的设置与模型（1）相同。为了进一步区分不同地方政府支持金融科技发展力度的异质性影响，本节还计算了当地政府支持金融科技政策的累计总数加 1 的对数（$PolicyNum_j$）。通过观察交乘项的系数，可以判断地方政府支持金融科技政策的文件数目是否越多，当地企业开展金融科技业务获得的 $Fintech_{i,t} \times Policy_j \times After_{t-1}$ 效率提升水平是否越大。

如表 5-21 所示，实证结果表明：首先，在模型（Ⅰ）中，本节使用虚拟变量 $Policy_j \times After_{t-1}$ 进行实证研究，发现金融科技支持和企业绩效在统计上呈现显著正相关关系。考虑政策支持和金融科技的交互作用后，交互项也呈现显著正相关，这说明政策支持与金融科技的复合作用能够促进企业运营绩效的提高。其次，在模型（Ⅱ）中，本节用新的变量 $Fintech_{i,t} \times PolicyNum_j \times After_{t-1}$ 替代了原先的虚拟变量后，金融科技支持和

① 变量 $PolicyNum_j$ 表示企业所在地方政府关于金融科技支持政策的数量，而 $After_{t-1}$ 则表示企业所在地方政府在上一时期（$t-1$）是否出台了金融科技支持政策的虚拟变量。变量 $PolicyNum_j$ 可以提供一个地方政府出台金融科技支持政策的总体度量。而将 $After_{t-1}$ 与 $PolicyNum_j$ 相乘，目的是筛选出仅有一个或少量政策变化的市或省，从而更准确地估计政策对企业绩效的影响。当 $After_{t-1}$ 为 1 时，企业所在地方政府在上一时期出台了一项金融科技支持政策，因此 $PolicyNum_j \times After_{t-1}$ 的值为 $PolicyNum_j$；当 $After_{t-1}$ 为 0 时，企业所在地方政府在上一时期没有出台金融科技支持政策，因此 $PolicyNum_j \times After_{t-1}$ 的值为 0。这样的解释也可以解释为什么使用虚拟变量而不是直接使用数值变量。采用这种方法主要是可以避免多重共线性问题，即如果同时使用 $PolicyNum_j$ 和 $After_{t-1}$，可能会发生它们之间的高度相关性，从而干扰统计分析的准确性和解释性。

企业绩效在统计上依然呈现显著正相关关系。再次考虑政策支持和金融科技的交互作用后，交互项依然显著正相关，进一步印证了政策支持与金融科技的复合作用对企业运营绩效的积极促进作用。总体来看，以上分析表明金融科技对企业绩效的影响是明显正向的，同时政策支持及其与金融科技的复合作用对企业绩效也有显著的正向影响。这一结论验证了假设 H_3。

表 5-21　　地方政府金融科技支持政策对企业绩效影响的实证检验

变量	（Ⅰ）			（Ⅱ）		
	Corporate_Opera	Corporate_Innova	Corporate_Cost	Corporate_Opera	Corporate_Innova	Corporate_Cost
Fintech	0.047 *** (3.386)	0.007 *** (2.401)	0.035 *** (3.463)	0.283 *** (14.723)	0.196 *** (9.282)	0.029 *** (2.571)
$Policy_j \times After_{t-1}$	-0.015 (-0.991)	-0.009 (-0.670)	0.002 (0.117)			
$Fintech \times Policy_j \times After_{t-1}$	0.008 ** (4.592)	0.004 *** (2.262)	0.044 ** (3.046)			
$PolicyNum_j \times After_{t-1}$				-0.133 ** (-2.098)	-0.117 (-1.546)	0.018 (0.827)
$Fintech \times PolicyNum_j \times After_{t-1}$				0.330 *** (4.526)	0.282 *** (3.289)	0.044 ** (3.027)
常数项 & 控制变量	控制	控制	控制	控制	控制	控制
年份固定效应	控制	控制	控制	控制	控制	控制
企业固定效应	控制	控制	控制	控制	控制	控制
拟合优度	0.424	0.408	0.394	0.512	0.413	0.416
观测值	11 539	11 539	11 539	11 539	11 539	11 539

综上所述，在金融科技的浪潮下，企业享受到了更为高效与便捷的金融服务，显著削减了财务成本，降低了经营风险，并提高了融资效率和资金利用率，进而全方位地增强了生产力和提升了绩效。在经济转型、金融

改革深化及数字经济蓬勃发展的背景下，探索金融科技对企业绩效的作用显得尤为重要。本节基于 2006～2021 年中国 A 股上市公司数据，从企业经营、创新和成本三个方面度量企业绩效，考察金融科技发展对企业绩效的影响机理和路径。研究结果显示，金融科技业务水平和提升对企业绩效具有显著正向影响，尤其是对国有企业、创业板市场上市企业、生产型企业以及沿海地区企业的绩效驱动效应更加显著。金融科技能通过市场竞争、融资优化、合作研发以及政策支持等途径间接促进企业绩效水平的提升。具体而言，金融科技可以改变行业竞争格局，增强市场竞争程度，进而促进企业创新与提升成本绩效。此外，金融科技还能帮助企业获得更多的银行贷款、政府精准补贴和外部融资，从而改善企业的财务状况和表现。另外，金融科技有助于企业共享创新资源，创造更多的研发成果。最后，研究发现政策支持及其与金融科技的复合作用对企业绩效具有显著正向影响。

5.4　企业数字化、颠覆性创新与生产效率

5.4.1　问题提出

近年来，随着信息技术的快速进步和数字化技术的日益普及，企业数字化转型已经成为推动全球经济发展和增强企业竞争力的关键力量。数字化转型不仅影响了企业内部的生产流程和管理模式，而且也极大地促进了颠覆性创新的发展。颠覆性创新，这一由克里斯滕森（1997）提出的概念，指的是新兴技术或商业模式彻底改变现有市场格局或创造全新市场的创新活动（Christensen，1997）。颠覆性创新通过替代传统产品与服务，改变了行业的竞争规则，同时也为提高企业的生产效率提供了新的机遇。在实践中，企业数字化可以通过优化生产流程（Kagermann et al.，2013），提高运营效率（Schuh et al.，2014），以及更精准地满足顾客需求等方式

（Bower et al.，1995a），直接和间接地提升企业的生产效率。同时，数字化也帮助企业在产品和服务创新上取得突破，实现商业模式的颠覆性创新（Chesbrough，2003）。然而，企业数字化转型并非毫无挑战。企业在实施过程中会遇到包括技术整合、组织结构调整、企业文化改变及对颠覆性创新的接受度等一系列问题（Westerman et al.，2014a）。在数字化转型过程中，企业需要面对各种挑战，因此在制定数字化布局时需要作出明智的战略策略和管理决策。其中重要问题是，企业数字化转型如何能够促进生产效率的提升？以及通过赋能颠覆性创新如何促进企业生产效率的提升？这些问题需要进一步深入地分析与探讨才能得出结论。

5.4.2　理论分析与研究假设

1. 企业数字化转型影响生产效率的理论分析

（1）数字化转型的直接视角。

企业数字化转型旨在通过使用数字技术改变服务和生产方式，以提高效率、提升客户体验和创新产品或服务。从直接影响生产效率的角度看，企业数字化转型通常涉及将传统的生产流程与现代数字工具和方法相结合。企业应用新的数字化技术和工具，可以改善业务流程、节省时间和成本，从而提高生产效率。研究表明企业数字化转型能显著提高全要素生产率（TFP）（Brynjolfsson et al.，2010），这是衡量企业生产效率重要的指标（Aw et al.，2007）。同时，大数据技术和高级分析工具有助于企业实时收集和分析大量生产数据、优化生产计划、预测需求变化、改进供应链管理。数字化转型还能加强供应链透明度，使企业能够实时监控货物流动和库存水平，及时调整生产计划以响应市场需求，从而减少供应链延误和成本，提高整体效率（Brynjolfsson et al.，2000a）。借助数字渠道和客户关系管理系统（CRM），企业能更好地理解客户需求，快速响应市场变化，加快产品创新和改进，进而提高生产链的灵活性和效率（Kohli et al.，2008）。另外，生产技术创新如3D打印和数字仿真技术应用能够加快产品设计和原型开发的过程，减少试错成本，提高生产力。基于此，本节提出以下假设：

假设 H_1：企业数字化水平影响生产效率，并有正向促进作用。

（2）固定资产投资与人力资源水平的视角。

企业数字化转型通常需要投入大量资金购买数字化设备、软件系统以及相关基础设施。这些投资可以带来自动化、智能化的生产方式，提高生产效率。固定资产投资对支持企业数字化的基础设施至关重要（Teece，2007），能帮助优化生产计划、提高设备利用率，进一步提高生产效率（Hall et al.，2012）。同时，员工的技能和知识水平对企业数字化的成功推进也必不可少。数字化转型需要对员工进行培训，提升其数字化技能和应用能力，从而提高劳动生产率。数字化转型也带来企业内部组织结构的调整和优化，培养员工的数字意识和技能，可以减少冗余工作、提高协同效率（Bresnahan et al.，2002a）。因此，固定资产投资与人力资源水平对企业数字化与生产效率之间发挥中介作用（Autor et al.，2008）。基于以上理论，本节提出以下假设：

假设 H_{2a}：固定资产投资影响企业数字化转型对生产效率作用的进一步提升，即固定资产投资在企业数字化水平与生产效率之间具有中介效应。

假设 H_{2b}：地区人力资源水平影响企业数字化转型对生产效率作用的进一步提升，即人力资源水平在企业数字化水平与生产效率之间具有中介效应。

（3）环境不稳定性的视角。

环境不稳定性涉及外部环境对组织的不确定性和变化，对企业战略和运营有深远影响（Duncan，1972）。在组织理论和战略管理文献中，环境不稳定性经常被细分为环境多样性（或复杂性）和环境变化强度（或动态性）来讨论（Tung，1979）。在多样化的环境中，数字化技术能提供更强大的数据分析和实时决策支持能力，帮助企业更快速地理解和应对市场变化，提高生产计划的灵活性和准确性（Dess et al.，1984）。在高度动态的市场条件下，数字技术能力与企业的竞争优势有着直接的联系，创新和数字化技术的应用成为企业生存和保持竞争力的关键（Iansiti et al.，2020）。数字化制造环境中，企业可以通过物联网技术和大数据分析实现精准的生产设备维护和质量控制，提高生产效率；数字化转型也帮助企业创新商业模式，拓展新的市场空间，提高生产效率（Cusumano et al.，2015）。基于此，本节提出以下假设：

假设 H_{3a}：环境的多样性正向调节数智化赋能水平与产业国际竞争力的关系。

假设 H_{3b}：环境的变化强度正向调节数智化赋能水平与产业国际竞争力的关系。

2. 颠覆性创新的理论分析

（1）颠覆性创新与企业数字化转型的视角。

颠覆性创新则是将原本的产品或服务替换为具有更好性能的、价格更低的新产品或服务的过程（Bower et al.，1995b）。企业数字化转型是指企业应用数字化技术和手段优化、改进或重塑核心业务过程以适应新的商业环境（Bharadwaj et al.，2013）。在这个过程中，颠覆性创新扮演着重要的角色，它涉及引入与现有市场和技术格局不相符合的新技术或业务模式，这些创新能够破坏现有的市场结构，给企业带来新的增长机会，并大幅提升生产效率。研究表明，企业数字化转型的过程本身也是颠覆性创新的过程，它可以推动颠覆性创新的发生，从而产生全新的商业模式（Sebastian et al.，2017）。颠覆性技术创新，例如大数据分析、云计算和机器学习，已经改变了企业的运营模式和生产流程，从而提高了企业的效率和灵活性，达文波特（Davenport，2013）的调查强调了颠覆性技术在企业数字化转型中的中介角色，指出大数据和分析在改进决策制定和优化业务流程中的重要作用（Davenport，2013）。此外，企业的数字化转型往往伴随着创新的商业模式，通过重新配置资源和重新定义价值链活动来提高效率。克里斯滕森、雷诺和麦当纳（Christensen，Raynor & McDonald，2015）的分析揭示了颠覆性商业模式在传统行业和新兴市场中的影响，以及这种创新如何促进数字化转型中的生产效率提升（Christensen et al.，2015）。同时，企业数字化转型引入了新的数字工具和平台，改变了企业与顾客的互动方式，增强了数据分析能力，同时也对企业内部的运营模式进行了根本性改进。在这个过程中，颠覆性创新起到了关键作用，因为它能够提供一种全新的途径来利用数字技术颠覆现有市场（Westerman et al.，2014b）。颠覆性创新可以是一个新的产品、服务或商业模式（Bower et al.，1995b），利用数字化的优势以全新的方式满足顾客需求。

（2）企业数字化转型通过颠覆性创新提升企业生产效率。

首先，颠覆性创新导致企业生产流程和模式的改变，这些改变可能导致企业生产效率的提升（Christensen et al.，2015）。此外，颠覆性创新引入的市场竞争可能也对企业生产效率产生影响（Henderson，2006）。颠覆性创新有几种方式可以提升企业的生产效率。一方面，它能够通过针对低端或被忽视市场的新产品和服务来开拓新市场。另一方面，颠覆性创新通常更简单、更便宜、更方便，使得它能够以更低的成本提供产品和服务。此外，颠覆性创新可能会引起行业的技术进步，推动企业寻找效率更高的生产方法（Christensen，1997）。其次，数字化转型为颠覆性创新提供了必要的技术基础，可以使企业更快地适应市场变化，快速迭代产品（Ross et al.，2019）。帮助企业实现生产和运营方式的巨大变革，从而在竞争中保持领先地位（Stiroh，2002）。这种变革能够提高企业的生产效率，尤其是全要素生产率（Bresnahan et al.，2002b）。颠覆式的数字技术如云计算、大数据、人工智能等，可为企业提供更高效的决策支持、优化生产流程、减少浪费、提高资源利用率，最终实现生产效率的巨大提升（Mcafee et al.，2017）。基于此，本节提出以下假设：

假设 H_{4a}：颠覆性技术创新影响企业数字化转型对生产效率作用的进一步提升，即颠覆性技术创新在企业数字化水平与生产效率之间具有中介效应。

假设 H_{4b}：颠覆性商业模式创新影响企业数字化转型对生产效率作用的进一步提升，即颠覆性商业模式创新在企业数字化水平与生产效率之间具有中介效应。

3. 地方政府对企业数字化转型支持政策的理论分析

数字化转型有助于企业提高生产效率、降低运营成本，并激发颠覆性创新。地方政府的支持政策可以加速这一过程，提供必要的资源和环境。（Brynjolfsson et al.，2000b）地方政府通过提供补贴、税收优惠、创业孵化平台等支持措施促进企业数字化，并可通过资助创新项目、设立科技园区等政策来支持企业数字化转型，从而鼓励和推动颠覆性创新的发生。此外，政府还可能实施政策来建设数字化基础设施、提高劳动力的数字技能、促进信息共享以及保护知识产权，为企业提供良好的数字化转型环境（Manyika et al.，2016）。政策支持和激励措施是促使企业投资数字化技术及其相关硬件与软件的重要因素（Lee et al.，2003）。地方政府通过提供资金、知识和基础设施支持，能够为企业提升生产效率创造条件（Arduini et al.，2010）。在此过程中，当地政府通过定向支持政策结合企业实际情况，推动企业定制化的数字化道路。这种合作有助于企业克服技术门槛，高效利用资源，并加速产品创新的步伐。同时，地方政府可以通过鼓励创新创业、优化创新政策环境等方式，支持颠覆性创新的发展，促进产业升级和生产效率的提升。因此，学者们普遍认为，政府的政策和措施可以提供必要的资源和条件，以促进企业在数字化转型过程中的创新和效率提升。基于以上分析，本节提出以下假设：

假设 H_5：地方政府对企业数字化转型的支持政策可以对企业生产效率的提升产生进一步的促进作用。

综合来看，企业的数字化转型与颠覆性创新能够在改善顾客体验的同时，显著提高企业的运营效率和生产效率，使企业得以更好地规划和实施数字化转型策略，从而实现长期竞争优势。然而，其中的具体作用机理、内生性等问题尚需进一步的细致实证研究以便清晰呈现。此外，需要注意的是，不同地区之间可能存在着影响关系的异质性。在经济发达地区，技术创新投入和产出可能更为突出，教育水平、科研实力和科技创新能力通常也更高。因此，产业结构的变化、对外开放程度和基础设施建设的完善等往往有利于企业实施数字化转型与技术创新。此外，企业数字化转型、颠覆性创新对生产效率的影响效果可能也会因企业类型、行业差别以及地理位置的不同而存在差异。上述假设也需要考虑到区域间的差异性和各种限制条件，经过深入研究和数据验证。

5.4.3　研究设计

1. 变量指标

（1）被解释变量：全要素生产率。TFP 为企业的全要素生产率，本节采用常用的 OP、LP 方法计算企业的全要素生产率并进行实证分析（王桂军和卢潇潇，2019；胡海峰等，2020；王桂军等，2019；胡海峰等，2020）。本节通过比较不同方法的优缺点，参考陈中飞等学者的做法（陈中飞等，2021），选择用 LP 法测度企业的全要素生产率，记为全要素生产率 1（TFP_LP）。阿克伯格（Akeberg et al.，2007）指出，在采用 LP 法测算时，由于劳动投入与中间品的投入同时发生，会导致第一阶段生产函数存在内生性问题，进而影响劳动投入的系数估计。为此，本节借鉴阿克伯格等的方法，在 LP 法估计中引入劳动投入的相关变量和特定的投入决策顺序，以此重新估计企业全要素生产率，记为全要素生产率 2（TFP_ACK）。

（2）解释变量：企业数字化程度。对于企业数字化的测量方法存在较大的差异和不统一性。有些研究采用数字化投入和文本挖掘等多种方法进行测度（刘淑春等，2021），借鉴这些研究，本节从文本挖掘的角度出发，测度企业数字化水平。具体而言，我们首先从国家 2010～2021 年发布的相关数字化政策文件中提取数字化相关的关键词，创建检索库，并确定了 80 个关键词。随后，通过文本分析的方法处理上市公司年报中的数字化相关关键词，对数据进行清洗。最后，采用"数字化"关键词的出现次数的自然对数加 1 方式来度量企业的数字化程度水平（Digital1）。在稳健性检验中，本节借鉴了王欣等的研究方法（王欣等，2023），从数字技术资产的角度出发，测量企业的数字化水平。这包括以数字化技术无形资产总额对数化（ln_*Dig_as*）和数字化技术无形资产总额占企业总资产比重（*Dig_as*）等指标，并进一步研究企业数字化对国际化程度的影响。在此基础上，我们将关键词范围缩小至 25 个，并建立企业数字化指标 *Digital*2。

（3）中介变量。本节选取的中介变量包括两个：固定资产投资和人力资本水平。本节参考孟凡生等的做法（孟凡生等，2022），采用固定资产投资作为中介变量，利用固定资产占企业总资产的比重来衡量企业的固定资产投入的程度。而对于人力资本水平，本节借鉴了赵宸宇（赵宸宇等，2021）的方法，利用本、硕、博学历员工占比的加权平均数来衡量企业的人力资本水平。具体来说，为了更加准确地反映企业的人力资本水平，本节采用了员工的学历层次来计算占比，并将不同学历层次的员工所占的比重进行加权平均。这种方法可以更好地反映企业员工整体上的学历水平。

（4）调节变量。环境不稳定性可分为环境多样性（envir1）和环境变化强度（envir2）两个维度来衡量。本节采用王欣和傅皓天等学者的研究方法（傅皓天等，2018；王欣等，2023），以企业销售收入的波动性作为外部环境不稳定性的测度指标。具体测算方法为：将公司的第 t 年、$t-1$ 年、$t-2$ 年、$t-3$ 年、$t-4$ 年的销售收入分别作为因变量，以 5、4、3、2、1 作为自变量进行回归分析，通过将得出的模型回归系数的标准误除以公司 5 年销售额的均值，计算出环境多样性；而将得出的模型回归系数除以公司 5 年销售额的均值，则可计算出环境的变化强度。

（5）控制变量。企业开展数字化程度需要投入大量的资源和成本，制造业企业实施颠覆性创新也需要在一定的资源和能力的基础上，因此，本节选择企业层面控制变量为：企业规模、企业年龄、资产负债率、企业成长性、董事会规模、股权集中度、企业股权性质等；省区层面控制变量为：经济发展水平、产业结构、开放水平、金融发展、基础设施建设、政府财政支出等。本节所用企业层面数据除企业公报外，还来源于国泰安数据库（CSMAR）和 WIND 数据库，省区层面的控制变量数据来自 EPS 数据库，具体详细情况留存备索。

本节主要变量定义如表 5–22 所示。

表 5 – 22 变量定义与说明

变量类型	变量名称		变量符号	变量度量	单位
被解释变量（TFP）	全要素生产率 1		TFP_LP	参见文内说明	—
	全要素生产率 2		TFP_ACK	参见文内说明	—
解释变量	企业数字化程度指数 1		Digital1	参见文内说明	—
	企业数字化程度指数 2		Digital2	参见文内说明	—
	企业数字化程度指数 3		ln_Dig_as	参见文内说明	—
	企业数字化程度指数 4		Dig_as	参见文内说明	—
中介变量	固定资产投资		Fixed_asset	固定资产占企业总资产的比重	%
	人力资本水平		Human_Capital	受高等教育员工占比	%
	颠覆性技术创新	颠覆性技术利用	Dis_technology_PL	参见文内说明	—
		颠覆性技术探索	Dis_technology_PR	参见文内说明	—
	颠覆性商业模式创新	颠覆性市场利用	Dis_market_PL	参见文内说明	—
		颠覆性市场探索	Dis_market_PR	参见文内说明	—
	地方政府政策支持		Policy_region	参见文内说明	—
调节变量	环境不稳定性	环境多样性	Envir1	参见文内说明	—
		环境变化强度	Envir2	参见文内说明	—
控制变量（企业层面）	企业规模		Size	总资产的自然对数	—
	企业年龄		Age	观测值所在年份减去成立年份的差值	年
	资产负债率		Dar	总负债/总资产	%
	企业成长性		Growth	企业的营业收入增长率	%
	董事会规模		Board	企业的董事会人数的自然对数	—
	股权集中度		Concen	第一大股东持股比例	—
	企业股权性质		Soe	该变量为 1 表明是国有企业，为 0 则为民营企业	—

续表

变量类型	变量名称	变量符号	变量度量	单位
控制变量（省区层面）	经济发展水平	$Gdppc$	人均地区生产总值	万元/人
	产业结构	$Secind$	第二产业占 GDP 比重	%
	开放水平	$Open$	外商直接投资额/GDP	%
	金融发展	$Fina$	金融机构存款贷款余额之和与 GDP 的比值	%
	基础设施建设水平	$Infcon$	地区基础设施建设资金投入额/GDP	%
	政府财政支出	Gov	财政一般预算支出占 GDP 的比例	%
控制变量（其他）	企业固定效应	$Industry$	企业虚拟变量，属于该行业时赋值为 1，否则为 0	—
	时间固定效应	$Year$	年度虚拟变量，属于该年度时赋值为 1，否则为 0	—

2. 数据来源

本节选取 2010～2021 年间中国 A 股上市公司 1 986 家作为初始样本，参考王欣（王欣等，2023）、王墨林（王墨林等，2022）以及肖红军（肖红军等，2021）等学者的做法，考虑数据存在缺失或异常值等情况，需要在数据处理阶段进行相应的数据清洗和筛选，确保计算结果的准确性和可靠性，最终样本企业确定为 1 502 家，旨在通过实证检验，探究金融科技发展与企业绩效之间的关系。本节中的金融科技业务的开展情况是由笔者手工整理搜集上市公司年报及基于 Python 文本挖掘构建金融科技相关语义特征词库等方法获取。同时，本节所用企业层面数据采用了 CSMAR 数据库、WIND 数据库等多种数据信息来源，以获取企业财务、公司治理等相关变量信息。在数据处理方面，本节按如下标准对数据进行筛选：（1）剔除曾经被标记为 ST、PT 的异常企业样本，以及资不抵债和相关变量缺失的样本；（2）剔除金融保险行业样本。为了避免极端值的影响，本节对所有连续型变量均做了双侧 1% 的缩尾处理，最终，本节得到了 10 814 组公司 – 年度样本观测值的面板数据。省区层面的控制变量数据来自 EPS 数据库。

3. 模型设定

设定模型（5.10）~ 模型（5.18）如下：

$$TFP_{i,t} = \alpha_0 + \alpha_1 Digital_{i,t} + \alpha_i \sum Control_{i,t} + \varepsilon_{i,t} \tag{5.10}$$

$$Fixed\_asset(Human\_Capital)_{i,t} = \alpha_0 + \alpha_1 Digital_{i,t} + \alpha_i \sum Control_{i,t} + \varepsilon_{i,t} \tag{5.11}$$

$$TFP_{i,t} = \alpha_0 + \alpha_1 Digital_{i,t} + \alpha_2 Fixed\_asset(Human\_Capital)_{i,t}$$
$$+ \alpha_i \sum Control_{i,t} + \varepsilon_{i,t} \tag{5.12}$$

$$TFP_{i,t} = \alpha_0 + \alpha_1 Digital_{i,t} + \alpha_2 Envir_{i,t} + \alpha_3 Digital_{i,t} \times Envir_{i,t}$$
$$+ \alpha_i \sum Control_{i,t} + \varepsilon_{i,t} \tag{5.13}$$

$$TFP_{i,t+1} = \rho_0 + \rho_1 Digital_{i,t} \times Hetero_{i,t} + \rho_2 Hetero_{i,t} + \rho_3 Digital_{i,t}$$
$$+ \gamma Control_{i,t} + \eta_j + \lambda_t + \varepsilon_{i,t} \tag{5.14}$$

$$Digital_{i,t} = \alpha_0 + \alpha_1 Dis\_technology\_PL(Dis\_technology\_PR,$$
$$Dis\_market\_PLDis\_market\_P)_{i,t} + \alpha_i \sum Control_{i,t} + \varepsilon_{i,t} \tag{5.15}$$

$$TFP_{i,t} = \alpha_0 + \alpha_1 Digital_{i,t} + \alpha_2 Dis\_technology\_PL(Dis\_technology\_PR,$$
$$Dis\_market\_PLDis\_market\_P)_{i,t} + \alpha_i \sum Control_{i,t} + \varepsilon_{i,t} \tag{5.16}$$

$$Digital_{i,t} = \alpha_0 + \alpha_1 Policy_j \times After_{t-1} + \alpha_i \sum Control_{i,t} + \varepsilon_{i,t} \tag{5.17}$$

$$TFP_{i,t} = \alpha_0 + \alpha_1 Digital_{i,t} + \alpha_2 Policy_j \times After_{t-1} + \alpha_3 Digital_{i,t} \times Policy_j$$
$$\times After_{t-1} + \alpha_i \sum Control_{i,t} + \varepsilon_{i,t} \tag{5.18}$$

模型（5.10）的因变量为生产效率，自变量为数字化程度水平，以验

证研究假设 H_1。模型（5.11）的因变量为数字化程度水平，自变量包含固定资产投资和人力资本水平；模型（5.12）的因变量为生产效率，自变量为数字化程度水平，同时中介变量为固定资产投资和人力资本水平，用于验证假设 H_{2a} 和 H_{2b}。在模型（5.13）中将环境不稳定性，包括环境多样性和环境变化强度，作为调节变量，以验证研究假设 H_{3a} 和 H_{3b}，因变量为生产效率，自变量为数字化程度水平。在模型（5.14）中，因变量为生产效率，自变量包括数字化程度水平、表示地区差异的虚拟变量 $Hetero_{i,t}$，包括所有权（SOE）、行业异质（IPC）以及地理位置差异（$Coastal$）三个方面①，即分别为 $Digital \times SOE$、$Digital \times IPC$ 和 $Digital \times Coastal$。模型（5.15）的因变量为数字化程度，自变量包含颠覆性技术利用、颠覆性技术探索和颠覆性市场利用、颠覆性市场探索；模型（5.16）的因变量为企业生产效率指数，自变量为数字化程度，同时中介变量为颠覆性技术利用、颠覆性技术探索和颠覆性市场利用、颠覆性市场探索，用于验证假设 H_{4a} 和假设 H_{4b}。在模型（5.17）中，因变量为数字化程度水平，自变量为地方政府政策支持；模型（5.18）的因变量为生产效率，自变量为数字化程度水平，中介变量为地方政府政策支持，用于验证假设 H_5。

4. 描述性统计与相关性分析

回归中所有变量均经过了标准化处理，根据表 5 - 23 的变量描述性统计分析结果，具体来看，在样本中，TFP、TFP_LP、TFP_ACK 等生产率有关变量的样本均值大致相同，但 TFP_LP 和 TFP_ACK 的标准差相对较大，表明这两个变量的取值较为分散。$Digital1$ 和 $Digital2$ 是企业数字化程度变量，$Digital2$ 的均值和标准差都比 $Digital1$ 大，同时 $\ln\_Dig\_as$ 反映的数字化程度变量也比 $Digital1$ 和 $Digital2$ 的变异范围更小。$Dis\_technology\_$

---

① 本节对企业类型进行划分，若企业为国有企业取值为 1，否则为 0；若企业为生产型制造业企业（制造业可以按照其产出的物品的用途和性质进行分类，可将制造业划分为生活制造业和生产制造业。生活型制造业指的是生产面向人们日常生活消费品的制造业，如食品、服装、家居用品等。生产型制造业指的是生产供应其他工业和服务部门使用的生产资料和设备的制造业，如机械、电子、化学等。）取值为 1，为生活型制造业则为 0；若企业位于沿海地区取值为 1，否则为 0。

PL 和 *Dis_technology_PR* 是技术异质性有关变量，样本数据表明企业间技术差距较小。*Dis_market_PL* 和 *Dis_market_PR* 是市场异质性有关变量，样本数据表明企业间销售额差距很大。*Envir*1 和 *Envir*2 是企业所处环境有关变量，平均而言，企业所处环境有利于其发展。*Size* 和 *Age* 是企业规模和年龄有关变量，样本数据表明企业规模和年龄都比较大。*Dar* 是判断企业是否拥有决策权授权的禀赋障碍变量，样本显示企业普遍不存在此类障碍。*Growth* 表示企业的增长率有关变量，平均而言，企业增长率较低。*Board* 是企业董事会规模有关变量，平均而言，董事会规模较大。*Concen* 是股权集中度有关变量，平均而言，股权集中度较高。*Soe* 是反映企业是否为国有企业的二元变量，样本中有较高比例的企业为国有企业。*GDPpc*、*Secind*、*Open*、*Fina* 和 *Infcon*、*Gov* 是反映国家宏观经济状况的变量，样本数据表明所涉及的国家经济发展水平较高，工业部门占比较小，贸易开放程度较高，金融市场较为发达，政府财政状况较好。此外，在相关性分析中发现，数字化程度与企业生产效率之间的相关系数为 0.094，在 1% 的显著性水平上具有显著性。这表明，企业数字化程度越高，企业绩效也越高，符合预期的研究假设。

表 5 – 23 　　　　　　　　　　描述性统计

变量	样本量	均值	标准差	最小值	25%分位数	中位数	75%分位数	最大值
TFP_LP	10 814	0.581	0.184	0.141	0.452	0.567	0.686	1.503
TFP_ACK	10 814	1.070	0.647	0.063	0.654	0.937	1.266	9.498
*Digital*1	10 814	0.121	0.086	0.004	0.070	0.101	0.142	0.969
*Digital*2	10 814	0.173	0.159	0.000	0.080	0.132	0.211	1.484
ln_*Dig_as*	10 814	−0.150	0.281	−2.195	−0.315	−0.130	0.028	4.003
Dig_as	10 814	1.328	0.178	0.301	1.211	1.310	1.418	2.763
Dis_technology_PL	10 814	0.059	0.052	0.000	0.029	0.050	0.081	0.289
Dis_technology_PR	10 814	0.061	0.054	0.000	0.030	0.051	0.088	0.379

续表

变量	样本量	均值	标准差	最小值	25% 分位数	中位数	75% 分位数	最大值
Dis_market_PL	10 814	0.049	0.041	0.000	0.023	0.041	0.066	0.260
Dis_market_PR	10 814	0.013	0.022	0.000	0.007	0.011	0.021	0.124
Fixed_asset	10 814	0.335	0.110	0.020	0.909	0.341	0.262	0.411
Human_Capital	10 814	0.137	0.091	0.002	0.471	0.111	0.078	0.182
*Envir*1	10 814	4.285	1.199	1.386	3.511	4.449	5.092	7.815
*Envir*2	10 814	0.148	0.044	0.069	0.119	0.146	0.177	0.286
Size	10 814	20.992	0.980	18.237	20.381	20.935	21.541	26.389
Age	10 814	10.479	5.361	1.000	6.000	10.000	15.000	24.000
Dar	10 814	41.281	15.692	8.213	30.300	40.002	49.640	97.614
Growth	10 814	0.047	0.323	−1.158	−0.102	0.045	0.197	2.497
Board	10 814	2.638	0.431	1.609	2.346	2.603	2.895	4.476
Concen	10 814	35.944	24.155	0.139	22.537	30.165	39.561	100.000
Soe	10 814	0.296	0.456	0	0	0	1	1
Gdppc	348	6.763	3.287	0.858	4.056	6.181	8.471	23.131
Secind	348	0.426	0.059	0.273	0.383	0.427	0.470	0.572
Open	348	11.62	7.85	0.00	7.21	10.50	14.70	50.34
Fina	348	272.62	165.51	24.25	159.03	236.14	352.84	766.15
Infcon	348	5.26	1.19	3.22	4.36	5.08	5.76	9.27
Gov	348	0.132	0.022	0.081	0.119	0.132	0.147	0.202

5.4.4 实证分析

1. 企业数字化对生产效率的总体影响检验

将控制变量分别纳入实证模型，其中，模型（Ⅰ）和模型（Ⅱ）为不考虑控制变量、年份与企业固定效应的企业数字化转型与企业绩效的关系。模型（Ⅲ）和模型（Ⅳ）为加入控制变量模型，模型（Ⅴ）和模型

（Ⅵ）为一步加入时间与企业固定效应后的模型。

实证结果如表 5 - 24 所示，企业数字化对提高生产效率具有显著正向影响，该结论在控制其他多种因素后依然成立。其中，在模型（Ⅰ）和模型（Ⅱ）中，企业数字化水平对生产效率存在显著正向影响。在模型（Ⅲ）和模型（Ⅳ）中，进一步加入控制变量后，企业数字化水平对生产效率仍然显著正向影响。在模型（Ⅴ）和模型（Ⅵ）中，进一步加入时间与行业固定效应控制变量后，企业数字化水平对生产效率的系数虽略微下降，但仍然显著。综上所述，当控制了其他变量和时间以及企业固定效应后，拟合优度得到了显著的提高，说明这些控制变量对企业生产效率的解释能力较强，同时也进一步证实了企业数字化水平可以为企业生产效率的提高带来积极影响。由此，本项目研究假说 H_1 得到验证。

2. 固定资产投资和人力资本水平的中介效应检验

本项目采用中介效应依次检验法，基于模型（5.11）和模型（5.12）检验研究假说 H_{2a} 和 H_{2b}，即企业数字化程度是否通过固定资产投资和人力资本水平来促进企业生产效率。固定资产投资和人力资本水平的中介效应检验结果如表 5 - 25 所示，可以观察到，列（Ⅰ）和列（Ⅱ）表明，数字化程度都对企业固定资产投资和人力资本水平均有显著的正向影响，在控制其他变量的情况下，它们的系数分别为 0.103 和 0.130。列（Ⅲ）至列（Ⅵ）表明，在控制其他变量的情况下，数字化程度对固定资产投资和人力资本水平都有显著的正向影响，在两种企业生产率的情况下，固定资产投资和人力资本水平的系数分别为 0.191、0.183 和 0.079、0.086，此种情况下企业数字化程度对生产效率均有显著的正向影响。同样，列（Ⅶ）至列（Ⅹ）表明，数字化程度对企业生产效率也具有显著的正向影响，固定资产投资和人力资本水平均在数字化程度与企业生产效率间存在中介效应，其系数分别为 0.049、0.091 和 0.048、0.025，且在 1% 或 10% 的水平上显著，模型结果表明，数字化程度、固定资产投资和人力资本水平对企业生产效率都有正向推动作用。综上所述，本项目研究假说 H_{2a} 和 H_{2b} 中的颠覆性创新对数字化转型正向作用以及中介作用得到检验。

表5-24 数字化程度对企业生产效率的影响

因变量	（I）		（II）		（III）		（IV）		（V）		（VI）	
	TFP_LP	TFP_ACK	TFP_LP	TFP_ACK	TFP_LP	TFP_ACK	TFP_LP	TFP_ACK	TFP_LP	TFP_ACK	TFP_LP	TFP_ACK
Digital1	0.042*** (3.956)	0.038*** (2.602)			0.048*** (3.956)	0.031*** (2.602)			0.032*** (2.780)	0.028*** (2.602)		
Digital2			0.063*** (5.242)	0.054*** (3.542)			0.060*** (5.086)	0.051*** (3.309)			0.049*** (11.311)	0.017*** (3.388)
常数项&控制变量	不控制	不控制	不控制	不控制	控制	控制	控制	控制	控制	控制	控制	控制
企业与时间	不控制	不控制	不控制	不控制	不控制	不控制	不控制	不控制	控制	控制	控制	控制
R^2	0.372	0.306	0.412	0.212	0.372	0.306	0.508	0.218	0.261	0.306	0.618	0.545
Adj. R^2	0.366	0.301	0.407	0.206	0.366	0.301	0.503	0.212	0.256	0.301	0.601	0.531
观测值	10 814	10 814	10 814	10 814	10 814	10 814	10 814	10 814	10 814	10 814	10 814	10 814

表 5－25　中介效应检验结果

因变量	（Ⅰ）Fixed_asset	（Ⅱ）Regional_human	（Ⅲ）TFP_LP	（Ⅳ）TFP_ACK	（Ⅴ）TFP_LP	（Ⅵ）TFP_ACK	（Ⅶ）TFP_LP	（Ⅷ）TFP_ACK	（Ⅸ）TFP_LP	（Ⅹ）TFP_ACK
Digital1	0.103***(3.250)	0.130***(37.130)	0.058***(6.967)	0.118***(4.249)	0.031***(6.390)	0.034***(5.336)				
Digital2							0.034***(3.723)	0.027***(3.562)	0.034***(3.723)	0.072***(12.134)
Fixed_asset			0.191***(3.489)	0.183***(3.449)			0.049***(4.825)	0.091***(5.422)		
Regional_human					0.079***(6.518)	0.086***(6.579)			0.048***(4.825)	0.025*(1.825)
常数项 & 控制变量	控制	控制	控制	控制	控制	控制	控制	控制	控制	控制
年份固定效应	控制	控制	控制	控制	控制	控制	控制	控制	控制	控制
企业固定效应	控制	控制	控制	控制	控制	控制	控制	控制	控制	控制
R^2	0.261	0.701	0.482	0.427	0.443	0.450	0.597	0.528	0.597	0.387
Adj. R^2	0.256	0.699	0.477	0.423	0.442	0.445	0.595	0.527	0.595	0.383
观测值	10 814	10 814	10 814	10 814	10 814	10 814	10 814	10 814	10 814	10 814

3. 环境调节效应检验

基于模型（5.13）对研究假设 H_{3a} 和假设 H_{3b} 进行检验，即检验环境不稳定性在数字化程度与企业生产效率之间的调节效应。如表 5－26 所示，列（Ⅰ）至列（Ⅳ）中环境不稳定性中的 $Envir1$ 和 $Envir2$、$Digital1$、$Digital2$ 以及 $Envir1 \times Digital1$ 交互项、$Envir1 \times Digital2$ 交互项、$Envir2 \times Digital1$ 交互项、$Envir2 \times Digital2$ 交互项，在控制其他因素的情况下，均对提高企业生产效率有显著的正向影响。实证结果还表明环境变化强度与企业数字化程度间的交叉调节作用要显著高于环境多样性的调节作用。因此，本项目研究假设 H_{3a} 和假设 H_{3b} 得到检验。

4. 内生性检验

（1）Heckman 两步法。

在研究过程中，为了解决选择性偏误的问题，即由于样本选择过程中的非随机性导致样本不具有代表性，从而使得回归分析的结果产生偏误，参考成程等学者的做法（成程等，2023a），采用 Heckman 两阶段检验方法，即先将与公告数量有关的变量作为控制变量进行回归，再将得到的结果放入第二步模型中。这样做的目的是检验企业的公告数量是否对研究结果产生了影响，以此来减少研究结果的偏误。本节采用企业上一年发布公告数量的对数（Announcementt－1）作为第一阶段的控制变量，使用 Probit 方法并运用与模型（5.10）相同的控制变量进行回归。然后，将第一步计算的逆米尔斯比率（Inverted Mills Ratio－IMR）置于第二步模型中，以对可能导致的选择性偏差和内生性问题进行控制。最终，研究结果如表 5－27 所示，上市公司数字化转型业务的开展对企业全要素生产率产生积极的影响，这一结论得到通过 Heckman 两阶段检验的证实。

表5-26　调节效应检验结果

因变量	（Ⅰ）TFP_LP	（Ⅱ）TFP_ACK	（Ⅲ）TFP_LP	（Ⅳ）TFP_ACK	（Ⅴ）TFP_LP	（Ⅵ）TFP_ACK	（Ⅶ）TFP_LP	（Ⅷ）TFP_ACK
Envir1	0.126*** (8.829)	0.117*** (7.942)			0.132*** (18.563)	0.109*** (17.469)		
Digital1	0.107*** (19.202)		0.094*** (20.857)		0.117*** (7.942)		0.084*** (17.274)	
Envir1×Digital1	0.032*** (6.150)				0.031*** (5.625)			
Digital2		0.123*** (18.563)		0.048*** (18.947)		0.129*** (12.086)		0.094*** (14.781)
Envir1×Digital2		0.031*** (5.625)				0.081*** (11.774)		
Envir2			0.089*** (15.674)	0.136*** (10.531)			0.114*** (9.536)	0.138*** (12.788)
Envir2×Digital1			0.067*** (7.231)				0.052*** (6.444)	
Envir2×Digital2				0.005 (0.648)				0.060*** (8.462)

续表

因变量	（Ⅰ）TFP_LP	（Ⅱ）TFP_ACK	（Ⅲ）TFP_LP	（Ⅳ）TFP_ACK	（Ⅴ）TFP_LP	（Ⅵ）TFP_ACK	（Ⅶ）TFP_LP	（Ⅷ）TFP_ACK
常数项 & 控制变量	控制	控制	控制	控制	控制	控制	控制	控制
年份固定效应	控制	控制	控制	控制	控制	控制	控制	控制
企业固定效应	控制	控制	控制	控制	控制	控制	控制	控制
R^2	0.297	0.276	0.259	0.270	0.286	0.253	0.215	0.198
$Adj. R^2$	0.289	0.271	0.243	0.263	0.282	0.239	0.213	0.194
观测值	10 814	10 814	10 814	10 814	10 814	10 814	10 814	10 814

表 5-27　　　　　　　　企业公告数量的 Heckman 两步法检验

因变量	（Ⅰ）	（Ⅱ）	（Ⅲ）			
	*Digital*1	*Digital*2	*TFP_LP*	*TFP_ACK*	*TFP_LP*	*TFP_ACK*
$Announcement_{t-1}$	0.168 *** (22.421)	0.187 *** (21.494)				
*Digital*1			0.124 *** (24.806)	0.167 * (15.240)		
*Digital*2					0.195 *** (5.558)	0.097 *** (7.599)
IMR			0.158 *** (25.174)	0.1360 *** (44.224)	0.156 * (1.282)	0.156 *** (9.303)
常数项 & 控制变量	控制	控制	控制	控制	控制	控制
年份固定效应	控制	控制	控制	控制	控制	控制
企业固定效应	不控制	不控制	控制	控制	控制	控制
拟合优度	0.203	0.222	0.276	0.195	0.359	0.203
观测值	10 814	10 814	10 814	10 814	10 814	10 814

（2）双重差分平行趋势检验。

企业开展数字化业务需要一定的前期投入，因此，对于高生产效率的企业更有可能开展数字化业务，即可能存在反向因果问题。为了排除这一问题，本节将样本期间内开展数字化转型业务的企业设为处理组 *DIGITAL_Treat* = 1，将样本期间内从未开展数字化转型业务的企业设为控制组 *DIGITAL_Treat* = 0。接着，根据企业首次发布开展数字化转型业务公告的前后年份设置虚拟变量。通过进行双重差分平行趋势检验，本节得出的结论表明在开展数字化转型业务之前，处理组企业并没有比控制组企业拥有更高水平的全要素生产率，从而排除了反向因果的问题。这表明企业只有在开展数字化转型业务之后才显著促进了企业全要素生产率的提高。

（3）倾向得分匹配检验。

倾向得分匹配检验（Propensity Score Matching，PSM）是一种基于倾

向得分的样本匹配算法。它通过建立一个用于预测处理组和对照组之间差异的"倾向得分"，将处理组和对照组之间逐一进行匹配，使两组之间的样本在倾向得分上尽可能相似。这种方法可以通过控制多个可能干扰因素的影响，来减小组间的偏差，提高比较结果的信度和可靠性。由于当前上市公司开展数字化转型业务的样本占总样本的比例较低，且处理组和对照组包含了各个行业不同的公司，因此公司特征上的差异以及样本选择偏差可能会对本节的基本结论产生影响。为了解决这个问题，本节采用倾向得分匹配法（PSM）进行处理。经过匹配后，处理组和对照组样本在所有控制变量上均不存在显著差异。使用匹配后的样本进行回归分析后，发现企业开展数字化转型业务对全要素生产率的影响系数依然显著为正。这说明在对样本的选择性偏差进行控制之后，上市公司开展数字化转型业务仍然可以显著提高公司的生产效率，本节的结论依然成立。

5. 稳健性检验

（1）更换解释变量。将变量企业数字化程度更换为数字化技术无形资产总额对数化（ln_*Dig_as*）和数字化技术无形资产总额占企业总资产比重（*Dig_as*）两个指标，其他控制变量不变，重新实证。表 5 – 28 中列（Ⅰ）至列（Ⅳ）中的数字化程度（ln_*Dig_as* 和 *Dig_as*）对分别对生产效率（*TFP_LP* 和 *TFP_ACK*）的估计系数分别为 0.046、0.056 和 0.059、0.073，且均在 1% 的水平上显著。因此，同样验证假设 H_1 稳健。

表 5 – 28　　　　　　　　变量替换法的稳健性检验

变量	（Ⅰ）	（Ⅱ）	（Ⅲ）	（Ⅳ）
	TFP_LP	*TFP_ACK*	*TFP_LP*	*TFP_ACK*
ln_*Dig_as*	0.046 *** (11.490)	0.056 *** (14.076)		
Dig_as			0.059 *** (11.175)	0.073 *** (18.091)
常数项 & 控制变量	控制	控制	控制	控制

续表

变量	（Ⅰ）	（Ⅱ）	（Ⅲ）	（Ⅳ）
	TFP_LP	*TFP_ACK*	*TFP_LP*	*TFP_ACK*
年份固定效应	控制	控制	控制	控制
企业固定效应	控制	控制	控制	控制
R^2	0.315	0.424	0.307	0.457
Adj. R²	0.312	0.421	0.305	0.453
观测值	10 814	10 814	10 814	10 814

（2）更换自变量。仅采用熵值化后得到的数字化转型水平指数作为数字化转型发展的代理指标并不稳健。考虑到数字化转型发展依赖于新基建，地区新基建发展水平在一定程度上可以反映当地数字化转型发展水平，为此本节采用赛迪智库新基建发展潜力白皮书对中国各省新基建打分指标作为数字化转型发展的代理变量。采用新基建发展指数来衡量地区的数字化转型发展程度。回归结果仍然稳健。

（3）剔除干扰因素的影响。本节参考唐松等（2020）的方法，剔除了位于直辖市的公司样本，并将样本时间限定在 2011～2014 年，以避免 2015 年股灾对研究结论的干扰影响。此外，参考学者陈中飞等的处理方法（陈中飞等，2021），为排除传统金融发展水平对全要素生产率的影响，本节增加了地区金融发展水平变量。使用商业银行金融机构贷款规模来衡量地方金融发展水平，计算公式为年末商业银行贷款余额除以人口总数。指标越大代表传统金融发展水平越高。所有稳健性检验结果均表明，本节的基本结论依然成立。

6. 异质性分析

进一步研究数字化转型对企业生产效率横向差异的影响，这有助于验证本节的理论机制的合理性，并为制定更加精细化的政策建议提供实证依据，参考孟凡生等（孟凡生，2022）、陈中飞等（陈中飞等，2021）的研究，本节认为企业类型、行业差别以及地理位置差异三个方面进行异质性分析，基于模型（5.14）展开实证。

异质性的实证结果如表 5-29 所示，首先，可以看到 *Digital* 在三个异

表 5－29　异质性分析结果

因变量	（Ⅰ） TFP_LP	（Ⅱ） TFP_ACK	（Ⅲ） TFP_LP	（Ⅳ） TFP_ACK	（Ⅴ） TFP_LP	（Ⅵ） TFP_ACK	（Ⅶ） TFP_LP	（Ⅷ） TFP_ACK	（Ⅸ） TFP_LP	（Ⅹ） TFP_ACK	（Ⅺ） TFP_LP	（Ⅻ） TFP_ACK
Digital1 × SOE	0.175 *** (4.657)	0.135 ** (4.438)										
Digital1 × IPC			0.045 *** (4.015)	0.034 *** (3.929)								
Digital1 × Coastal					0.013 *** (3.905)	0.041 *** (3.827)						
Digita2 × SOE							0.085 *** (4.276)	0.063 ** (3.563)				
Digita2 × IPC									0.069 *** (2.484)	0.048 *** (3.733)		
Digita2 × Coastal											0.041 *** (3.604)	0.024 *** (3.397)
常数项 & 控制变量	控制	控制	控制	控制	控制	控制	控制	控制	控制	控制	控制	控制
年份固定效应	控制	控制	控制	控制	控制	控制	控制	控制	控制	控制	控制	控制

续表

因变量	（Ⅰ） TFP_LP	（Ⅱ） TFP_ACK	（Ⅲ） TFP_LP	（Ⅳ） TFP_ACK	（Ⅴ） TFP_LP	（Ⅵ） TFP_ACK	（Ⅶ） TFP_LP	（Ⅷ） TFP_ACK	（Ⅸ） TFP_LP	（Ⅹ） TFP_ACK	（Ⅺ） TFP_LP	（Ⅻ） TFP_ACK
企业固定效应	控制	控制	控制	控制	控制	控制	控制	控制	控制	控制	控制	控制
R^2	0.375	0.372	0.235	0.183	0.267	0.312	0.189	0.418	0.131	0.282	0.199	0.373
$Adj. R^2$	0.372	0.369	0.226	0.175	0.257	0.302	0.179	0.408	0.121	0.273	0.189	0.363
观测值	10 814	10 814	10 814	10 814	10 814	10 814	10 814	10 814	10 814	10 814	10 814	10 814

质性分析的维度中都对企业绩效产生了显著的正向影响。其中，列（Ⅰ）、列（Ⅱ）与列（Ⅶ）、列（Ⅷ）中的 *Digital* 与国有企业的交互项对企业经营绩效的影响最为显著，系数分别为 0.175、0.135 和 0.085、0.063，且在统计意义上显著。这表明，国有企业的数字化转型能够显著地提高企业的经营绩效。同时，不同类型的企业对企业数字化转型的影响也存在差异，列（Ⅲ）、列（Ⅳ）与列（Ⅸ）、列（Ⅹ）中的 *Digital* 与 *IPC*（生产型制造业企业）的交互项对企业生产效率也都有显著的正向影响。列（Ⅴ）、列（Ⅵ）和列（Ⅺ）、列（Ⅻ）中，*Digital* 与 *Coastal*（沿海企业）的交互项对企业生产效率也有显著的正向影响。

5.4.5 颠覆性创新的中介效应检验

以颠覆性创新和地方政府政策支持作为中介变量。其中，颠覆性创新作为创新的一种，其发展的动力也离不开技术和需求之间的相互作用和影响。事实上，"破坏"并不是技术的本质，它只是描述了基于技术的创新对市场的影响。由于现有市场上成功的企业忽略或者没有及时正确有效地应对这些技术，从而导致企业的失败，最终影响竞争力。参考贾卫峰等关于颠覆性创新的测度方法（贾卫峰等，2023），从颠覆性技术创新的角度，使用专利数据对颠覆性技术利用（*Dis_technology_PL*）和颠覆性技术探索（*Dis_technology_PR*）进行测量；从颠覆性商业模式创新角度，使用企业间市场合作行动数量衡量颠覆性市场创新，其中颠覆性市场创新包括颠覆性市场利用（*Dis_market_PL*）和颠覆性市场探索（*Dis_market_PR*）两个方面[①]，相关数据备索。

---

　　① IPC（International Patent Classification）是国际专利分类系统，是专利文献的分类工具和检索语言。在申请专利时，需要为专利申请指定一个 IPC 分类号，以便统计和检索。该测度方法是将 IPC 前四位分类码定义为一个技术子领域，以 IPC 分类号前四位衡量企业创新专利是否为跨领域专利，基于此，对颠覆性技术利用（*Dis_technology_PL*）和颠覆性技术探索（*Dis_technology_PR*）进行测量。此外，该方法还采用了相关关键词词频代表变量程度的文本挖掘方法来量化颠覆性市场利用（*Dis_market_PL*）和颠覆性市场探索（*Dis_market_PR*）。

本项目采用中介效应依次检验法，基于模型（6）和模型（7）检验研究假设 H_{4a} 和假设 H_{4b}，即企业数字化程度是否通过颠覆性技术与商业模式创新来促进企业生产效率提升。颠覆性技术创新的中介效应检验结果如表4和表5所示，可以观察到，表 5-30 与表 5-31 中的列（Ⅰ）至列（Ⅳ）表明，在控制其他变量的情况下，数字化程度对颠覆性技术创新和商业模式创新都有显著的正向影响，且数字化程度对颠覆性商业模式创新的影响更为明显。

表 5-30 和表 5-31 中列（Ⅴ）至列（Ⅷ）表明，数字化转型对企业生产效率有显著的正向影响，颠覆性技术创新与商业模式创新均在数字化转型与企业生产效率间存在中介效应，且在 1% 或 5% 的水平上显著，模型结果表明，数字化程度和颠覆性技术创新与商业模式创新对企业生产效率都有正向推动作用。而且，在这两种解释变量的作用中，颠覆性商业模式创新的系数更大。这是因为，我国企业进行数字化转型更多和更早地体现在商业模式的创新上，将先进技术应用到企业管理、运营和销售中，从而提升数字化程度；而数字化程度的提升又可以进一步提升企业的竞争力，尤其是在国际市场上的竞争力。综上所述，本项目研究假设 H_{4a} 和假设 H_{4b} 中的颠覆性创新对数字化转型正向作用以及中介作用得到检验。

5.4.6　地方政府政策支持的进一步分析

地方政府政策支持是指地方政府对数字化转型提供政策支持，通过出台政策为企业数字化转型提供政策环境和发展机会，促进行业与企业的颠覆性创新能力和核心竞争力提升，进而提高企业的生产效率。通过对 126.53 万篇地方政府政策文件进行数据挖掘，筛选出具体支持细则，再通过提取政策文件的文本信息和数字化转型概念的词典进行比对，获取了各省区市支持本地企业数字化转型的政策文件。为了研究地方政府政策对数字化转型与企业生产效率的影响，本节采用是否有地方政府支持数字化转型的相关政策这一虚拟变量进行一阶滞后设置，以此来判断地方政府的政

表 5 – 30　　颠覆性技术创新的中介效应检验结果

因变量	（Ⅰ）Dis_technology_PL	（Ⅱ）Dis_technology_PR	（Ⅲ）Dis_technology_PL	（Ⅳ）Dis_technology_PR	（Ⅴ）TFP_LP	（Ⅵ）TFP_ACK	（Ⅶ）TFP_LP	（Ⅷ）TFP_ACK
Digital1	0.158 *** (2.794)	0.138 *** (3.665)			0.051 *** (7.206)	0.043 *** (7.090)		
Digital2			0.137 *** (4.888)	0.124 ** (2.273)			0.050 *** (7.120)	0.045 *** (6.179)
Dis_technology_PL					0.047 *** (3.741)		0.042 *** (2.816)	
Dis_technology_PR						0.033 *** (3.772)		0.046 *** (3.468)
常数项 & 控制变量	控制	控制	控制	控制	控制	控制	控制	控制
年份固定效应	控制	控制	控制	控制	控制	控制	控制	控制
企业固定效应	控制	控制	控制	控制	控制	控制	控制	控制
R^2	0.118	0.128	0.115	0.113	0.238	0.235	0.246	0.216
Adj. R^2	0.115	0.125	0.112	00.10	0.235	0.231	0.242	0.213
观测值	10 814	10 814	10 814	10 814	10 814	10 814	10 814	10 814

表5-31　颠覆性商业模式创新的中介效应检验结果

因变量	（Ⅰ）Dis_market_PL	（Ⅱ）Dis_market_PR	（Ⅲ）Dis_market_PL	（Ⅳ）Dis_market_PR	（Ⅴ）TFP_LP	（Ⅵ）TFP_ACK	（Ⅶ）TFP_LP	（Ⅷ）TFP_ACK
Digital1	0.249*** (11.435)	0.236*** (6.389)			0.034*** (5.528)	0.023* (1.426)		
Digital2			0.216*** (11.186)	0.207*** (4.505)			0.012*** (3.339)	0.018*** (6.024)
Dis_market_PL					0.124*** (3.094)		0.123*** (9.211)	
Dis_market_PR						0.127*** (3.414)		0.157** (1.998)
常数项 & 控制变量	控制	控制	控制	控制	控制	控制	控制	控制
年份固定效应	控制	控制	控制	控制	控制	控制	控制	控制
企业固定效应	控制	控制	控制	控制	控制	控制	控制	控制
R^2	0.149	0.123	0.125	0.126	0.327	0.246	0.201	0.165
Adj. R^2	0.146	0.120	0.119	0.117	0.324	0.243	0.198	0.162
观测值	10 814	10 814	10 814	10 814	10 814	10 814	10 814	10 814

策对企业是否产生了影响。具体来说，参考成程等研究的做法（成程等，2023b），本节采用企业所在地的省级或市级政府是否出台了数字化转型支持政策进行了一阶滞后，设置了虚拟变量 $Policy_j \times After_{t-1}$，如果企业所在地的 j 市当地市政府或省级政府上一年出台了数字化转型的支持政策，则设为 1，否则为 0。

本项目基于模型（5.17）和模型（5.18）采用依次检验法，检验假设 H_5，即数字化转型能通过各地方政府政策支持影响各地区企业生产效率。其中，$Digital_{i,t}$ 与模型（5.10）相同，代表了地区企业数字化程度，$Digital_{i,t} \times Policy_j \times After_{t-1}$ 检验该地区当年企业数字化程度受到当地政府支持政策的影响。为了进一步区分不同地方政府支持企业数字化转型不同力度的异质性影响，本节还计算了当地政府支持智能化政策累计总数 +1 的对数（$PolicyNum_j$），通过观察交乘项 $Digital_{i,t} \times PolicyNum_j \times After_{t-1}$ 的系数[①]，可以判断是否政府支持数字化转型政策的文件数目越多，对地区企业数字化程度的促进作用以及作用于企业生产效率提升的力度是否越大。

结果如表 5 - 32 所示，可以观察到，列（Ⅰ）和列（Ⅱ）也表明，控制其他变量的情况下，地方企业数字化程度对地区企业生产效率有显著的正向影响。同时，列（Ⅲ）表明，系数 $Digital \times Policy_j \times After_{t-1}$ 以正显著的方式呈现，其统计水平为 1%、5% 或 10%。这说明在当地政府政策支持企业数字化转型政策的影响下，支持企业开展数字化转型业务的地区企业生产效率能够显著地正向提升，验证了本节的假设 H_5。值得注意的是，

---

① 变量 $PolicyNum_j$ 表示企业所在地方政府关于金融科技支持政策的数量，而 $After_{t-1}$ 则表示企业所在地方政府在上一时期（$t-1$）是否出台了金融科技支持政策的虚拟变量。变量 $PolicyNum_j$ 可以提供一个地方政府出台金融科技支持政策的总体度量。而将 $After_{t-1}$ 与 $PolicyNum_j$ 相乘，目的是筛选出仅有一个或少量政策变化的市或省，从而更准确地估计政策对企业绩效的影响。当 $After_{t-1}$ 为 1 时，企业所在地方政府在上一时期出台了一项金融科技支持政策，因此 $PolicyNum_j \times After_{t-1}$ 的值为 $PolicyNum_j$；当 $After_{t-1}$ 为 0 时，企业所在地方政府在上一时期没有出台金融科技支持政策，因此 $PolicyNum_j \times After_{t-1}$ 的值为 0。这样的解释也可以解释为什么使用虚拟变量而不是直接使用数值变量。采用这种方法主要是可以避免多重共线性问题，即如果同时使用 $PolicyNum_j$ 和 $After_{t-1}$，可能会发生它们之间的高度相关性，从而干扰统计分析的准确性和解释性。

表 5-32　政府支持的中介效应检验结果

因变量	（Ⅰ）TFP_LP	（Ⅱ）TFP_ACK	（Ⅲ）TFP_LP	（Ⅳ）TFP_ACK	（Ⅴ）TFP_LP	（Ⅵ）TFP_ACK	（Ⅶ）TFP_LP	（Ⅷ）TFP_ACK
$Digital1$	0.021* (1.838)	0.027* (1.730)	0.076*** (12.250)	0.035*** (12.631)				
$Digital2$					0.103*** (3.947)	0.089*** (3.926)	0.188** (2.319)	0.176*** (6.467)
$Policy_j \times After_{t-1}$	0.012 (0.777)	0.004 (0.209)			0.179** (2.365)	0.150** (2.164)		
$PolicyNum_j \times After_{t-1}$			0.174** (2.141)	0.096 (0.889)			0.191 (0.687)	0.146 (0.289)
$Digital1 \times Policy_j \times After_{t-1}$	0.042* (1.768)	0.092*** (3.031)						
$Digital2 \times Policy_j \times After_{t-1}$					0.092* (1.628)	0.056* (1.203)		
$Digital1 \times PolicyNum_j \times After_{t-1}$			0.152** (2.500)	0.187* (1.810)				
$Digital2 \times PolicyNum_j \times After_{t-1}$							0.152* (1.560)	0.126* (1.627)

续表

因变量	（Ⅰ） TFP_LP	（Ⅱ） TFP_ACK	（Ⅲ） TFP_LP	（Ⅳ） TFP_ACK	（Ⅴ） TFP_LP	（Ⅵ） TFP_ACK	（Ⅶ） TFP_LP	（Ⅷ） TFP_ACK
常数项 & 控制变量	控制	控制	控制	控制	控制	控制	控制	控制
年份固定效应	控制	控制	控制	控制	控制	控制	控制	控制
地区固定效应	控制	控制	控制	控制	控制	控制	控制	控制
R^2	0.160	0.174	0.573	0.585	0.306	0.277	0.260	0.212
$Adj. R^2$	0.104	0.130	0.511	0.525	0.259	0.228	0.197	0.162
观测值	10 814	10 814	10 814	10 814	10 814	10 814	10 814	10 814

在稳健性检验中，本节采用了连续型变量 $PolicyNum_j$，用以反映地方政府出台的支持企业数字化转型的政策数量，以替换原来的虚拟变量 $Digital \times Policy_j \times After_{t-1}$。列（Ⅳ）结果表明，即使使用连续型变量进行替换，回归模型依然呈现出显著正的系数，说明地方政府出台的企业数字化转型的支持政策文件越多，支持力度越大，地区支持企业开展数字化转型时也能获得更大的企业生产效率提升的效果。综上所述，本项目研究假设 H_5 得到检验。

综上所述，本研究采用了数据挖掘和人工阅读相结合的方法，实证检验了上市公司开展数字化转型对企业生产率的影响。研究结果显示，企业开展数字化转型业务可以显著促进全要素生产率的提升，其中部分提升效应是通过激发企业实施颠覆性创新而间接实现的，而颠覆性商业创新的作用则更为明显。提升固定资产投资和人力资本水平被证明是企业数字化转型提升全要素生产率的有效机制。此外，地方政府的企业数字化转型支持政策还可以进一步促进企业生产效率的提升。

5.5 数字化赋能下企业实施高端颠覆式创新的路径选择

5.5.1 理论基础与研究框架

1. 高端颠覆式创新与企业发展与产业升级

高端颠覆式创新是当今社会中日益受到关注的话题之一，在科技发展中占据着重要的地位，不仅有利于提高企业的核心竞争力和市场主导能力，还能引领行业的快速发展。在知识经济的背景下，利用前沿理论和技术不断创造新产品、新模式和新需求，成为企业在市场上赢得竞争的关键之一（Kwon，2017）。高端颠覆式创新是一种经济现象，是一种通过引进新技术、新商业模式和组织方式等，提高产品质量和服务水平，在市场上打破原有的格局，创造新领域和市场机会的创新方式（Zeng L., 2019）。它不仅关注产品和服务本身的创新，更侧重于整个产业的跨越式发展。其中的关键是低成本的新技术以替代老技术，同时具备破坏市场和创造新市场的本质。该创新类型通过引进新商业模式、新技术或组织方式等改变市场或产业链格局，寻找企业的新增长点（黄章等，2018）。创新核心是"以用户为中心"，提高产品和服务质量、降低成本，建立自身核心竞争力（章志强等，2018）。企业在高端颠覆式创新时应考虑市场规模、需求和技术等因素，了解消费者的需求及行为，并根据市场动态变化进行产品研发和推广（骆瑾，2019）。学者围绕此原理对多家成功实现高端颠覆性创新展开了分析。如华为、阿里巴巴等在技术、商业模式和管理方面实现领先地位（宗建忠等，2018）。高端颠覆式创新能让企业在激烈的市场竞争中获得先机，成为产业的新引领者，同时也为消费者带来更高品质的产品和服务（Taylor，2019）。又如，海尔集团是国内高端颠覆式创新的典型代表，海尔通过持续打通 8 + 3N 领域，发展出了一系列基于互联网、客户需求和组织重构的创新模式，并在产品、渠道、服务等各个方面实现了全球化布局（陈文钦，2018）。其高端颠覆式创新的核心理念在于"全球网络化智能化组织"，其优势在于主动创新和快速应变能力（徐国庆等，2018）。再如，英特尔是国外高端颠覆式创新的典型代表，在计算技术、大数据处理、人工智能等多个领域，英特尔都形成了核心产品和市场。英特尔通过不断开发新产品、拓展新市场进一步打造自己的核心竞争力（Henry C.，2013）。另外，在中国汽车产业中，特斯拉公司的引进和影响凸显了本土企业在生产技术、智能化技术以及服务模式方面面临巨大的挑战和机遇（施耳才，2015）。深度挖掘特斯拉 7 年发展历程不难发现，该公司通过结合电池技术、自动驾驶技术和智能联网技术等多项新兴技术，升级传统汽车行业的现有技术，并创造出一个全新的市场需求，成功地颠覆了传统汽车行业的商业模式（林镜宁等，2016）。

高端颠覆式创新可以划分为三种类型，包括技术型、业务型和组织型。技术型创新是指通过引入全新技术、改善当前技术、发掘技术潜力等方式，实现技术的重大突破（Chesbrough，2010）；业务型创新是指企业在商业模式、服务流程创新、营销策略等方面的重大变革；组织型创新则是指企业在组织架构、管理体系等方面的重大变革（Kim，1997）。高端颠覆式创新具有破坏力、关注用户需求、盈利能力强等特点（Teachout，2018）。高端颠覆式创新需要具有强大的研发能力，规模经济效应和自由现金流，并能够在竞争激烈的市场环境中不断创新，满足消费者需求并取得商业成功（Wang，2017）。因此，高端颠覆式创新成功与否受多种因素影响，其中技术因素、商业模式、金融环境、政策环境等因素都具有重要的影响作用。在技术方面，新技术的引进、技术突破与创新是成功的关键（Dunne，2012）。在商业模式方面，推进创新的生态系统、跨越式创新思维、协同创新以及创新机制的建立等都是影响成功的重要因素（Li，2019）。金融环境和政策环境方面，则需要配套政策和资金支持（Liang，2019；Mostaghel，2019）。鉴于此，在高端颠覆式创新路线方面，学者们普遍认为创新过程不仅要考虑质量和成本（Wieser R.，2016），还应该考虑市场份额、产品策略和文化因素等，以应对竞争和市场变化带来的风险和机遇（Semrau T.，2016）。此外，政府在国内高端颠覆式创新中发挥了重要的作用（单建民，2016），如政策引导、人才培养和技术支持等，多角度推动企业实现高端创新和产业升级（齐琳琳等，2017；韩振琳等，2018）；又如智能制造标准体系的策划，以及全面实施"中国制造 2025"等政策和措施，扶持企业提供优质服务和产品，推进市场转型升级（肖宝忠等，2016）。

2. 数字化时代企业战略转型的关键途径分析

数字赋能是指利用数字技术的力量来改变传统业务模式的一种新型经营模式，是数字化时代下企业战略转型的重要途径。数字赋能通过数据的采集和分析，提高企业的运营效率、创新能力和市场竞争力。数字赋能从信息化和数字化两个方面来看待，数据在其中扮演着重要角色。大数据时代使我们获取大量有价值的信息，但也带来了巨大挑战。数字化则以数据资产为核心形成企业特征，通过积累和沉淀数据资产来支持企业发展。数字化不仅提高业务效率，而且能够构筑新增长并创造新价值。数字赋能自身是一种颠覆，为传统行业带来同时期机遇和挑战。在数据价值深度挖掘和广泛利用的背景下，企业业务流程、管理决策、组织模式和产业链协同等方面都发生了质的变化。目前，关于颠覆性技术创新的研究中，尚需进一步完善颠覆性技术创新的内在逻辑框架结构以及数字赋能等关键因素的机理研究（张辽等，2021）。数字化正在颠覆企业传统运营和技术创新模式，为激发企业创新活力和拉动产业转型升级提供了重要引擎。基于颠覆式创新理论和数字技术应用创新轨迹，构建数字技术背景下产业"双螺旋同构迭代上升"颠覆创新模式，为企业提供了可行的转型升级路径（张璐阳等，2021）。

随着数字化的加速和全球化的作用，颠覆式创新的发展前景也被愈加看好。未来，颠覆式创新将在多个方面得到快速发展，尤其是在新能源、人工智能、区块链等科技领域，为社会带来更多智能化、智能制造、智慧物流等新机遇。此外，颠覆式创新的推进还需要满足一些条件：需要构建一种全球化业务模式、注重社会价值和产业链协同（Yi L.，2018）。高端颠覆式创新是一个具有新思路和新模式的创新形式，它通过技术创新、商业模式创新和市场策略创新等方面的大力推进，来提供出一种全新的产品与服务，实现市场的颠覆与突破，进而实现企业的跨越发展（Stilgoe，2019）。高端颠覆式创新是企业能够在市场上实现颠覆性创新和不断盈利的一种方式（Wang，2018；Clayton，2019）。认识高端颠覆式创新能够帮助企业制定正确的战略方向，成功地拓展市场（Dovbish，2018）。

数字赋能加速了企业实施高端颠覆式创新的路径。从机理和路径分析的理论框架来看，有以下几个因素驱动了企业的高端颠覆式创新。首先，数字化技术的突破和创新是高端颠覆式创新实施的基础。数字技术的发展和创新激发了企业面向未来的高端颠覆式创新，例如新材料、人工智能等方面的创新。科学实践研究发现，企业可以通过大规模数据挖掘分析、自然语言处理、图像处理等技术手段激发创新活力，提高研发效率和产品品质（陈捷等，2020）。其次，高端颠覆式创新的实现需要形成良好的创新生态系统。企业需要协同创新，从自身出发，利用产学研协同创新平台服务的新模式，共同推动高端颠覆式创新的发展。这需要形成产业链、价值链、供应链、技术创新链等多种链条的协同作用，实现产学研协同创新，权益分配和风险共担，从而形成优秀的创新生态系统（陈玺等，2019）。再次，颠覆式创新的实现需要开放式创新平台的赋能和数字化技术的加持。通过数字技术的赋能，企业可以整合各种资源，协同推动资源共享和知识共创，在开放的创新平台上实现数字化转型。例如利用互联网和移动互联网等数字技术手段，企业可以以数字化场景为依托，在虚拟世界中建立数字化舞台，从而促进高端颠覆式创新的实现（邵晓珊等，2020）。最后，激活数字化生态和触及消费新场景是高端颠覆式创新的重要路径。通过顺应多样化和个性化的消费升级趋势，企业可以将数字技术与消费需求相联系，构建数字化生态，激活创新活力。创新型企业则需要关注年轻消费者和新兴市场，从而发掘出创新的商业模式和产品服务，推动高端颠覆式创新的实现（秦婧等，2020）。综上所述，以数字化技术为核心的创新是企业实现高端颠覆式创新的关键路径。在此基础上，形成创新生态系统、赋能开放式创新平台、激活数字化生态和触及消费新场景等因素共同推动了顺应数字化时代的企业实施高端颠覆式创新的发展（张晶等，2019）。

5.5.2　数字化赋能推动企业高端颠覆式创新：理论框架与案例分析

1. 以数字化转型为核心的四维框架

在数字经济的浪潮中，数据的规模效应日益凸显，促使传统的产业链模式向以平台和数据为驱动力的跨界创新模式转型。面对这一变革，企业必须采纳深层次、颠覆性的创新策略。为了有效实施高端颠覆性创新，企业可以从技术范式、组织结构和价值网络三个维度构建分析框架（张光宇等，2021）。如图 5-5 所示，以数字化转型为核心，围绕以下四个关键领域进行策略制定和实施：（1）消费者需求。深入洞察并响应消费者多元化和个性化的需求，以此为基础推动创新。（2）创新数字化。利用数字技术，如大数据分析和人工智能，来激发创新思维和提高研发效率。（3）开放协同创新平台。建立开放的创新平台，促进资源共享和技术合作，形成协同创新的生态系统。（4）产品/服务数字化。将数字化服务和解决方案整合到产品中，创造新的商业模式并提升产品市场竞争力。如图5－6所示，通过这一框架，企业能够识别和利用关键因素，制定出适应数字经济的创新战略，从而在激烈的市场竞争中保持领先。

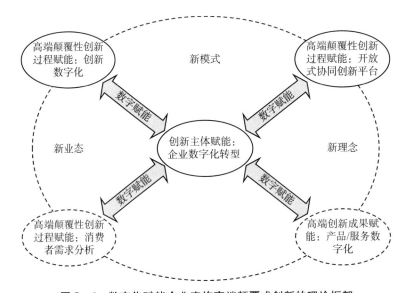

图5－6　数字化赋能企业实施高端颠覆式创新的理论框架

在数字经济的大背景下，企业作为创新的主体，正通过数字化转型引领高端颠覆式创新的新浪潮。这一转型过程涉及四个关键方面的相互作用：（1）消费者需求驱动。企业首先从消费者需求出发，利用数字技术深度洞察和精准把握多元化、个性化的消费升级趋势。颠覆式创新在此过程中体现为对消费者需求的深入理解和快速响应，形成以用户为中心的创新模式。（2）技术突破与创新。关键技术的突破是推动创新轨道跃迁的核心。高端颠覆式创新不仅包含隐性和显性知识的融合，还需要通过建立战略联盟、共享经济模式、商业模式创新和资源的分段优化配置，以实现技术和市场的联合效应。（3）创新生态构建。强化源头技术创新、塑造企业核心能力平台，以及构建一个充满活力的创新生态系统，是数字经济背景下科技企业实现颠覆式创新及商品化的重要机制。这包括采用模块化逻辑和平台化思维，以促进技术和市场的快速迭代与成长。（4）产品和服务数字化。通过数字化转型，企业能够打造全新的产品和服务，形成创新的商业模式。数字化服务不仅释放了新金融活力，还实现了线上与线下运营的无缝对接，提升了产品与服务在数字经济市场中的地位和作用。综上所述，高端颠覆式创新是一个跨界行为，要求企业在创新生态系统的建设、数字化场景的构建上持续发力。政府在这一过程中扮演着至关重要的角色，通过提供政策保障和资源支持，促进企业创新和产业升级，共同推动经济的数字化转型和持续发展。

2. 数字化赋能下的企业高端颠覆式创新路径：从数据到用户体验的全面升级

在数字化的背景下，越来越多的企业通过数字技术的赋能，实现了强有力的产品创新和商业模式创新，成功地打破了原有的市场格局。如表 5-33 所示，数字化变革下，国内外许多企业均实施了高端颠覆式创新，并获得成功，其路径有共性，却也各有特点。

表 5-33　　数字化赋能下国内外企业实施高端颠覆性创新路径分析

企业	要点	案例分析	主要路径
谷歌	智能服务	谷歌是一家全球领先的数字科技公司，其特点是应用数字技术开展创新。谷歌采用数字化赋能模式，激发员工的创新激情，推动高端颠覆式创新。公司鼓励员工在工作时间内使用 20% 的时间进行自主创新和项目研究。此外，公司还为员工提供机制和资源支持，以促进这些研究成果的商业化	谷歌以数据和算法驱动，不断进行技术创新和业务创新。谷歌在搜索引擎、广告和云计算等领域拥有强大的技术积累，不断推出新产品和服务，并通过智能硬件和虚拟现实等新兴技术开拓新的业务领域，成功实现了从搜索引擎公司到全球科技巨头的转型

续表

企业	要点	案例分析	主要路径
特斯拉	数字技术和开放创新理念的整合	特斯拉利用数字化技术和开放创新理念实现高端颠覆式创新。为此，特斯拉开放了电池和电动汽车技术，允许其他汽车制造商和企业使用。这一举措促进了可持续发展方向在整个行业的传播和发展	特斯拉公司实现转型的主要途径是整合新科技与新型商业模式。该公司侧重于汽车电动化和自动驾驶技术的研究，并成功创建了新型商业模式。通过将充电桩和锂电池充电技术作为汽车销售的衍生品，特斯拉从传统汽车制造商转型为新型汽车公司
苹果	重视消费者体验和极致产出	苹果致力于提供更好的用户体验，发掘和满足用户需求，让人们的生活和工作更加便捷、高效和愉悦。该公司在硬件设计、软件优化和用户界面的创新上持续投入，以此为目标。苹果还高度重视自主研发和技术创新，以及产品设计的独特性。该公司打造了自己独特的产品生态，如苹果生态系统和 Apple Store 商店	主要路径在于产品设计和技术创新。苹果公司通过不断地创新设计和技术突破，使核心的产品和服务在市场中取得领先地位，并借助移动设备的整体定位，成功实现了从传统电脑制造商到全球领先移动设备公司的转型
福特	满足用户需求	福特汽车利用数字技术实现了数字车辆的概念，数字车辆提供全面的车辆数据和交互体验，以满足消费者需求。该公司还通过增值服务开发替代性的商业模式，将数字车辆应用于实际商业中	主要途径是通过汽车联网和高级驾驶辅助功能开发。公司综合利用了智能硬件、互联网技术和创新设计，不仅在汽车制造领域树立了新标杆，也为重新定义出行方式提供有力支持
亚马逊	数字化技术的应用	亚马逊是全球最大的网上零售商之一，该公司利用数字化技术如人工智能、机器学习和自动化技术等，提供高效快速的物流和仓储服务，以满足消费者需求，为用户提供全方位用户体验。亚马逊不断满足消费者需求，并通过开放平台模式，促进了整个行业的共同创新发展	主要路径在于商业模式创新和数据驱动的用户体验。亚马逊公司通过不断创新的商业模式，并依托客户行为数据和用户反馈，设计和实现创新民生服务，如智慧家居等，成功打造了以客户为中心，数据驱动的全球电子商务巨头
滴滴出行	实现个性化出行服务	滴滴出行是一家利用互联网技术提供个性化出行服务的中国企业。该公司通过互联网获得客户数据，提高其服务的个性化程度，以实现服务优化和市场盘活。此外，根据司机反馈的信息结合数据，以不断优化服务质量和效率	主要途径是移动出行平台的快速发展和数字科技的应用。公司拥有全面的出行服务体系和智能调度系统，在全场景中为用户提供安全便捷的出行服务，领先市场，并倡导社会共治理念。通过一个 App，滴滴成功实现了多出行场景的集成

续表

企业	要点	案例分析	主要路径
阿里巴巴	实现商业愿景	阿里巴巴是中国领先的电子商务公司，通过数字化赋能实现了多项成就。公司旗下零售平台 Tmall、淘宝吸引了众多厂商和消费者，利用数据整合推广产品和服务，为客户提供全方位的一体化解决方案。此外，阿里巴巴还开发了自身的平台、云技术和 SaaS 服务，扩大商业生态系统的规模	主要路径在于新型商业模式和技术创新。阿里巴巴凭借巨大的互联网用户群和交易数据，不断创新商业模式和业务领域，通过大数据分析、人工智能技术等手段不断拓展业务，成功从电商公司转型为具有云计算、大数据和移动支付等多项业务的综合性互联网企业
华为	数字化技术的创新运用	华为通过数字化赋能颠覆电信行业并在智能手机市场上崛起。该公司注重自主研发和积累技术，鼓励员工不断创新。华为运用人工智能、云计算、大数据等前沿技术，提高企业数字化程度，强调将技术转化为商业价值	主要路径在于技术创新和智能制造。华为公司不断地在技术领域进行创新，打造出众多领先于市场的产品和服务，并运用数字化能力强化生产制造的智慧化、自动化和数字化，提高制造效率和产品质量，成功实现了从电信设备制造商到全球领先综合网络方案提供商的转型
百度	数字化创新提高生产效率和优化体验	百度利用数字化赋能打破了传统的搜索引擎业务模式，注重研发和人工智能技术。公司将重点放在算法和技术方面，其人工智能技术已成为其核心竞争力。百度注重与其他领域进行合作，提供整合方案，进一步扩大服务范围	主要路径在于人工智能技术和新型商业模式的应用。百度公司不断发展 AI 技术，应用 AI 技术推出的产品和服务，如智能手机、智能硬件、自动驾驶、AI 医疗等产品，在市场上取得了很好的反响，并成功实现了从搜索引擎公司到全球人工智能公司的转型
抖音	基于大数据的营销策略	抖音是全球最受欢迎的短视频社交应用之一，该应用利用大数据技术来分析用户行为和兴趣，将广告内容和目标受众匹配起来。抖音通过数字化营销策略成为许多品牌的广告投放首选，为用户提供更丰富、更具个性化的广告内容，扩大了场景营销的范围	主要路径在于短视频平台的打造和算法驱动的个性化推荐。抖音凭借其强大的用户基础和智能算法技术，快速建立起移动互联网时代全新的 UGC（用户生成内容）短视频社交互动平台，大力推进内容创新、科技创新等方面，成功让短视频平台领域顶尖的赛道

　　如上表所示，以上 10 个国内外案例在数字化赋能方面展现出了不同的路径选择，但更多的是共同体现了创新、前瞻的发展理念，应用各种数字化技术实现了各自业务的高效快速发展。这包括但不限于人工智能、机

器学习、自然语言处理、云计算、大数据等技术的应用，以及开放平台、合作伙伴、整合方案等数字化战略方案的实施。这些企业从不断满足消费者需求、提供更加个性化的服务、推动整个行业发展等方面，持续优化数字化赋能的策略和创新路径，进一步实现商业增长与社会价值的平衡。综合起来，其共性在于，它们都成功地利用了数字化赋能的特点，实现了高端颠覆式创新。具体而言：其一，收集和分析数据的能力：这些企业普遍具备广泛的数据采集和分析能力，通过大数据分析来深入了解客户群体和市场定位，并根据数据分析来指导产品、服务和市场推广等方面的创新。其二，创新设计思维的应用：这些企业具备创新的设计思维，不追求简单地仿制，而是在设计和实现产品和服务的过程中，积极引入创新思维。其三，技术创新的驱动作用：这些企业以技术创新为主要驱动力，通过数字技术的应用，开拓新的市场和领域，不断实现业务创新。其四，用户体验的提升：这些企业注重用户体验，致力于产品和服务用户化、个性化的改进，在满足客户需求的同时，增加用户黏性。其五，扩大产品范围的思路：这些企业通过技术创新和文化创新，不断推动自身业务向更广阔的领域扩展。

综上所述，数字化赋能为企业提供了广泛且深入的数据资源支持和更广阔的市场空间，使企业在创新方面具备了更加强大的竞争力，实现高端颠覆式创新是这些企业共同的目标。从技术、创新、用户体验等方面综合考虑和落实，是数字化赋能支持企业实现高端颠覆式创新的重要路径。

5.5.3 数字化赋能与知识资本驱动下的企业高端颠覆式创新实证研究

1. 指标量化说明

目前对数字化赋能下企业实施高端颠覆式创新的实证研究还不足，综合考虑，因线性回归模型限制很大，而联立方程模型可以全面分析多个因素对结果的影响，能评估整个模型的拟合效果，因此适用于本项目实证研究。颠覆式创新的测量十分复杂，与模仿型创新不同，高端颠覆式创新强调技术原创性和市场需求的相互作用。基于市场需求的创新是颠覆式创新的本质，因此，其测度必须同时考虑对市场的破坏程度和企业智能资本的影响。在颠覆式创新概念被提出后，学者们发展出了多种量化测算方法，但大部分过于抽象或不符合中国实际情况。国内学者则从颠覆式创新的原创性特征出发，使用专利数量、新产品、科技研发投入等指标进行测算。但数据获取不便，因此需要从颠覆式创新的特点出发寻找测度方法，类似于通过测试心跳判断一个人的心脏健康状况。颠覆式创新的本质是知识创造与价值创造，价值创新依赖于知识的创新，这是一个基于知识创新的相互反馈的非线性动态过程，智力资本是其产物。从市场特征方面，颠覆式创新可从经营绩效进行测量。综合来看，企业智能资本是颠覆式创新的体现，在测度中具有重要意义。此外，颠覆式创新的市场破坏特征可从需求和供给两个角度考虑。但为确保数据准确性，本节将重点使用销售情况来测量企业生产与运营绩效，综合考虑其他指标。这些指标可从企业层面对颠覆式创新的特征进行清晰量化，是识别不同创新模式的重要指标之一。最后，数字化赋能企业发展，其首要任务是提升企业的数据化能力，考虑数据的可得性，这可以反映在企业中 AI 技术应用占比或数字化业务占比中。

2. 数据统计描述

选取 2019～2022 年沪、深交易所 A 股市场上市且行业类别属于高技术产业的 197 家企业作为研究样本[①]，其中，信息技术企业 160 家，生物医药企业 25 家，装备制造业企业 12 家。运用 STATA 统计软件，对 2019～2022 年的数据作描述性统计分析，具体如表 5-34 所示。

---

① 行业类别划分参照中国证监会的行业分类标准，样本数据均来源于锐思（RESSET）金融研究数据库和企业公开披露的 2018～2021 年度财务报告。

表 5 - 34　　　　　　　　　　　各变量的描述性统计分析

变量	样本量	平均数	标准差	最小值	最大值	第一四分位数	中位数	第三四分位数
OM	788	78.54	15.43	50.23	109.67	67.43	77.56	89.98
PA	788	63.12	9.78	42.67	88.56	55.89	63.56	70.89
PC	788	35.98	5.67	20.56	47.92	30.78	35.67	41.23
IPVA	788	1 234.56	342.12	456.78	2 109.78	987.56	1 238.45	1 476.33
AI	788	0.79	0.09	0.57	0.95	0.72	0.80	0.85
Lev	788	467.89	89.23	230.00	720.00	400.00	465.00	520.00
Size	788	158.00	63.67	50.00	300.00	110.00	153.50	210.00
TAT	788	16.78	4.23	10.67	28.45	13.89	16.56	19.78
GR	788	0.23	0.08	0.08	0.43	0.17	0.25	0.29

如上表所示，经描述性统计分析发现，样本中 OM 平均数为 78.54，标准差为 15.43，变异系数为 19.66%。多数企业的经营绩效在 67.43 和 89.98 之间，说明企业之间存在一定差异。PA 的平均数为 63.12，标准差为 9.78，变异系数为 15.50%，处于 55.89 和 70.89 之间，差异相比其他变量较小。PC 的平均数为 35.98，标准差为 5.67，变异系数为 15.77%，说明成本控制对企业的经营影响较大，但样本中各企业之间的差异不是很大。$IPVA$ 的平均数为 1 234.56，标准差为 342.12，变异系数高达 27.72%，说明样本中的企业知识资本总体上较高，但多数企业的知识资本在 987.56 和 1 476.33 之间，说明差异还是比较大的。AI 的平均数为 0.79，标准差为 0.09，变异系数为 11.39%，说明数字化赋能方面的差异相对较小，多数企业的数字化赋能水平都在 0.72 和 0.85 之间。Lev 的平均数为 467.89，标准差为 89.23，变异系数为 19.06%，说明企业负债总体上较高，但样本中的各企业之间的差异还是比较大的。$Size$ 的平均数为 158.00，标准差为 63.67，变异系数为 40.28%，说明样本中的企业规模差异比较大，但大多数企业的规模在 110.00 和 210.00 之间。TAT 的平均

数为 16.78，标准差为 4.23，变异系数为 25.23%，说明资金周转方面有一定的差异，但样本中各企业之间的差异不是很大。*GR* 的平均数为 0.23，标准差为 0.08，变异系数为 34.78%，说明样本中的企业生产收益较为稳定，但仍有部分企业收益偏低或偏高。

3. 实证分析

（1）模型设计。

构建企业实施高端颠覆式创新的实证模型如下：

$$EP_i = \alpha_0 + \beta_i KE_i + \delta_i X_i + \varepsilon_i$$

各变量的归类与定义如表 5 - 35 所示：其中，*EP*（企业绩效）为因变量，代表企业各项绩效，包括经营绩效（*OM*）、创新绩效（*PA*）和成本绩效（*PC*），α_0 是截距，代表因变量在自变量取值为 0 时的预测值。*KE*（知识资本与数字化赋能）为因变量，代表企业的具体实施策略，包括 *IPVA*（知识资本）和 *AI*（数字化赋能）。其中，*IPVA* 代表企业的知识资本变量（这里用企业智能资本价值来衡量）；*AI* 代表企业数字化程度或自动化和智能化（这里用企业中 *AI* 技术应用占比或数字化业务占比来衡量）；β_i 是自变量系数，代表因变量对自变量的反应强度和方向。X_i 表示控制变量或环境变量，包括负债（*Lev*）、规模（*Size*）、资金周转（*TAT*）和生产收益（*GR*）等；β_i 代表控制变量或环境变量对自变量的反应强度和方向。*i* 代表企业；误差项 ε 代表其他未观察到的影响因素，即模型无法解释的因素。回归分析的目的就是使误差项最小化，即找到最佳的系数值使得模型的拟合效果最优。

表 5 - 35 变量定义

类别	变量名称	经济含义	指标（单位）	计算方法	变量类型
企业绩效（*EP*）	*OM*	经营绩效	营业利润率（%）	营业利润/营业收入	自变量
	PA	创新绩效	专利拥有数量（项）	数据来自上市公司年报	
	PC	成本绩效	企业生产成本（万元）	企业毛利润 - 企业净利润	

续表

类别	变量名称	经济含义	指标（单位）	计算方法	变量类型
知识资本与数字化赋能（KE）	IPVA	知识资本	企业智能资本价值（万元/项）	企业价值增值（VA）/专利授权数量（PL）	因变量
	AI	数字化赋能	企业生产业务数字化程度	企业 AI 技术应用产品产值/产品总产值	
企业其他相关指标（X）	Lev	企业负债	资产负债率（%）	负债/总资产	控制变量
	Size	企业规模	企业规模（亿元）	年末总资产的自然对数	
	TAT	资金周转	总资产周转率（%）	总资产周转率＝营业收入净额/平均资产总额×100%	
	GR	生产收益	营业收入增长率（%）	营业收入增长率＝本年营业收入增长额/上年营业收入总额×100%	

　　上述变量的数据主要来源于国家知识产权局、专利搜索数据库、独立第三方机构或企业自评报告、财务报告等多种渠道；对于少数缺失数据采用 Python 数据爬虫程序进行挖掘获得①。在进行线性回归分析前，项目组

① 各变量数据主要来源包括：营业利润率（%）-企业的财务报告，各公司网站的投资者关系页面或公告页面均可查看，例如阿里巴巴的投资者关系页面：https://alibabagroup.com/en/ir/home。专利拥有数量（项）-国家知识产权局、专利搜索数据库，如专利之星数据库：https://www.patentstar.cn/或企业自行统计。企业生产成本（万元）：企业内部的财务部门提供，如华为公司的财务公开表：https://www.huawei.com/en/about-huawei/annual-report。企业智能资本价值（万元/项）-独立第三方机构或企业自行评估，评估报告的网址会在相应的官方公告中给出，例如青岛海尔的官方公告页面：http://www.haier.net/cn/investor_relations/announcement/。企业生产业务数字化程度-企业自行统计，或是第三方机构的调查报告，例如德勤的数字化中小企业调查报告：https://www2.deloitte.com/cn/zh/pages/growth/articles/digitalization-in-china.html。资产负债率（%）-企业的财务报告，各公司网站的投资者关系页面或公告页面均可查看，例如中国石油的投资者关系页面：https://www.cnpc.com.cn/cnpc/gqyw/tzgg/index.shtml。企业规模（亿元）-企业的财务报告，各公司网站的投资者关系页面或公告页面均可查看，如中国移动的投资者关系页面：https://www.chinamobileltd.com/zh/ir/financial.php。总资产周转率（%）-企业的财务报告或第三方机构的调查报告，如天眼查的企业信息页面：https://www.tianyancha.com/或企业自行发布的年报公告。营业收入增长率（%）-企业的财务报告或第三方机构的调查报告，如财经媒体上的行业分析报道或相关机构的调查报告。

将数据做了一些前置处理工作。例如，上述变量因单位不统一可能会影响到模型的结果，为了避免这种情况，需要对变量进行单位转化或标准化处理。因自变量和因变量发现呈非正态分布特征和变量跨距大的问题，本项目采用对数转换进行处理，这使得变量呈现出更具对称性的正态分布，从而更符合线性回归模型的基本假设（即数据服从正态分布）。又如，检查数据是否存在缺失或异常值，对数据进行标准化，判断各自变量间是否存在共线性等。此外，还对模型的拟合优度进行了检验，以判断模型是否合适。通过上述方法处理后，线性回归模型可以用于研究自变量和因变量间的关系，并计算出自变量的影响程度和方向。联立方程的实证模型如下：

$$\begin{cases} OM_i = \alpha_0 + \alpha_1 IPVA_i + \alpha_2 AI_i + \beta_1 Lev_i + \beta_2 Size + \beta_3 TAT + \beta_4 GR + \varepsilon_1 & (5.19) \\ PA_i = \delta_0 + \delta_1 OM_i + \delta_2 Lev_i + \delta_3 Size + \varepsilon_2 & (5.20) \\ PC_i = \gamma_0 + \gamma_1 OM_i + \gamma_2 IPVA_i + \gamma_3 AI + \gamma_4 TAT + \gamma_5 GR + \varepsilon_3 & (5.21) \end{cases}$$

其中，α_1 至 α_2 分别为企业经营绩效与企业知识资本积累、企业数字化赋能之间的系数；β_1 至 β_4 分别为企业绩效与企业规模、资金周转、生产收益之间的系数；δ_1 至 δ_3 为企业创新绩效与企业经营绩效、企业负债和企业规模之间的系数；γ_1 至 γ_4 为企业成本绩效与企业经营绩效、企业知识资本积累、企业数字化赋能、资金周转和生产收益之间的系数。整个联立方程包含了观察到的变量以及未观察到的影响因素，同时，每个变量都是通过残差项与其他变量相互关联，充分考虑了变量之间的相互依赖性，从而使得模型更具解释性和准确性。

（2）实证结果。

联立方程模型（5.19）~模型（5.21）的系数和显著性检验结果如表 5-36 所示，企业经营绩效（OM）的影响变量中，企业知识资本（$IPVA$）、企业数字化赋能（AI）、规模（$Size$）、资金周转（TAT）、生产收益（GR）对企业经营绩效（OM）均有正向显著影响。

表 5 - 36   联立方程的回归结果

方程 I		方程 II		方程 III	
系数项	Coefficient	系数项	Coefficient	系数项	Coefficient
IPVA	0.44 *** (3.51)	OM	0.30 *** (3.60)	OM	0.65 *** (8.39)
AI	0.50 *** (4.50)	Lev	- 0.38 * (- 4.12)	IPVA	0.13 * (3.55)
Lev	- 0.29 *** (- 3.55)	Size	0.48 * (4.02)	AI	0.30 * (4.75)
Size	0.52 ** (3.76)	ε_2	—	TAT	0.44 * (5.29)
TAT	0.20 ** (2.96)	—	—	GR	- 0.18 * (- 2.44)
GR	0.27 ** (2.94)	—	—	ε_3	—
ε_1	—	—	—	—	—

其中，企业知识资本（IPVA）和企业数字化赋能（AI）对企业经营绩效（OM）的影响最显著（$P < 0.001$）；而企业负债（Lev）对企业经营绩效（OM）有负向显著影响（$P < 0.001$）。同时，企业经营绩效（OM）对创新绩效（PA）和成本绩效（PC）均有正向显著影响（$P < 0.001$），企业经营绩效（OM）对成本绩效（PC）的影响最显著（$\beta = 0.654$，$P < 0.001$）。值得注意的是，表 5 - 36 中，企业规模（Size）和企业经营绩效（OM）对创新绩效（PA）的影响均是正面的，且满足 $P < 0.005$；其他所有变量均满足 $P < 0.010$（即置信水平为 90%）。

如表 5 - 37 所示，方程 I、方程 II 和方程 III 的决定系数分别是 0.42、0.39 和 0.67，方程 I、方程 II 和方程 III 的校正后的决定系数分别是 0.28、0.30 和 0.45。其中，方程 III 的决定系数最高，且方程 III 的回归标准误最小，达到了 0.28，拟合度较好，也说明企业经营绩效（*OM*）对企业成本绩效的影响明显比对创新绩效的影响更强烈。结果显示，所有方程的 Durbin – Watson 值均接近 2，说明误差项之间不存在较强的相关性。此外，方程Ⅰ的因变量均值为 23.45，标准差为 4.56；方程Ⅱ的因变量均值为 25.65，标准差为 5.67；方程Ⅲ的因变量均值为 19.78，标准差为 3.67。方程Ⅰ的残差平方和为 43.55，方程Ⅱ的残差平方和为 56.78，方程Ⅲ的残差平方和为 23.89。方程Ⅲ的残差平方和最小，说明该模型的预测误差相对较小。

表 5 – 37　　　　　　　　　　联立方程Ⅰ – Ⅲ的检验结果

方程Ⅰ			
R – squared	0.42	Mean dependent var	23.45
Adjusted R – squared	0.28	S. D. dependent var	4.56
S. E. of regression	0.56	Sum squared resid	43.55
Durbin – Watson stat	2.04		
方程Ⅱ			
R – squared	0.39	Mean dependent var	25.65
Adjusted R – squared	0.30	S. D. dependent var	5.67
S. E. of regression	0.72	Sum squared resid	56.78
Durbin – Watson stat	1.86		
方程Ⅲ			
R – squared	0.67	Mean dependent var	19.78
Adjusted R – squared	0.45	S. D. dependent var	3.67
S. E. of regression	0.28	Sum squared resid	23.89
Durbin – Watson stat	2.17		

综上所述，研究发现高技术企业的经营绩效（*OM*）对其创新绩效（*PA*）和成本绩效（*PC*）有正向影响，其中扩大公司规模、提高研发能力、控制负债水平等因素可以增加企业经营绩效（*OM*），改善创新绩效与

成本绩效。同时，提高企业经营绩效（OM）、企业知识资本（$IPVA$）、企业数字化赋能（AI）、资金周转（TAT）和生产收益（GR）可以改善成本绩效（PC）。由此得出结论：高技术企业应依据不同需求优化相关策略，提高企业经营绩效（OM）和创新绩效（PA）、成本绩效（PC）。

根据以上实证结果，可解释为：其一，公司规模、研发能力和知识产权能力三个因素能够显著提高高技术企业的经营绩效，成为企业提升绩效的优先考虑方向。其二，企业负债对企业经营绩效无益或者说是有害。减少公司负债水平或者降低生产经营杠杆率，是高技术企业的组织优化方向之一。其三，从联立方程模型结果来看，企业经营绩效对成本绩效的影响力更大，即以企业财务指标为代表的绩效相比于创新绩效受组织能力的影响更深刻。这说明企业大力通过积极优化组织结构和提高组织能力的方式来提升企业经营行为是有益且成效明显的。综合而言，数字化赋能与基于知识资本的技术原创性创新是推动企业实施颠覆性创新的路径，它们通过降低企业生产成本，获得原创性新产品，利用商业模式创新打进主流市场并成为在位企业，以此为核心重塑产业创新生态体系，构建新的产业价值网，最终实现市场的颠覆性效果。

5.6 小　　结

本章深入探讨了数智化技术在现代企业中的应用及其对企业绩效和生产率的影响。首先，分析了人工智能（AI）在企业生产和经营中的关键作用，包括机器学习、深度学习和自然语言处理等技术在优化生产过程、设备维护、销售预测和客户服务方面的应用。金融科技（FinTech）的发展为企业提供了创新的金融产品和服务，改善了融资、支付结算和风险管理，推动了企业的数字化转型和创新发展。企业数字化是提高生产效率、优化资源配置和供应链管理的重要手段，通过物联网、传感器和云计算等技术实现生产过程的自动化和智能化。讨论了企业规模与人力资本对企业创新绩效的影响，以及政府政策支持在推动人工智能技术发展中的关键作用。提出了理论模型，并通过实证研究分析了人工智能应用对民营企业生产绩效的影响，研究方法包括数据收集、样本描述性统计、信度和效度检验，以及探索性因子分析。实证结果揭示了人工智能技术应用对企业经营绩效、创新绩效和成本绩效的显著正向影响。探讨了企业数字化转型如何通过颠覆性创新驱动生产效率的提升，以及地方政府政策支持如何作为外生中介因素发挥作用。构建理论模型，并应用中国 A 股上市公司的数据，研究了企业数字化水平和颠覆性创新对生产效率的影响，并探究了固定资产投资、人力资本水平等因素的中介作用。最后，讨论了数字化赋能下企业实施高端颠覆式创新的路径选择，强调了数字化技术突破和创新的基础性作用，以及形成良好的创新生态系统、开放式创新平台的赋能、激活数字化生态和触及消费新场景的重要性。通过案例分析，展示了不同企业如何利用数字化赋能实现业务的高效快速发展，并强调了数字化赋能支持企业实现高端颠覆式创新的重要路径。实证研究部分通过联立方程模型分析了知识资本和数字化赋能对企业绩效的影响，以及企业经营绩效对创新绩效和成本绩效的正向影响。

第 6 章

智能制造与颠覆性创新的战略融合

在当今竞争激烈的商业环境中，制造企业面临着前所未有的挑战和机遇。为了在市场中脱颖而出，企业需要不断创新和改进其生产方式。智能制造和颠覆式创新作为两种重要的战略方法，可以帮助企业实现生产效率的提升、产品质量的提高，以及开拓新的市场机会。本章将探讨制造向智造转型的战略路径、颠覆式创新，以及如何将这两种战略方法融合在一起，以实现企业的可持续发展。通过分析智能化技术的应用、制造体系的建设、人才培养和组织结构的调整，为企业提供指导，帮助它们在数字化时代中取得成功。同时，将关注颠覆式创新的机会识别、生态系统的构建、创新管理和文化的塑造，帮助企业打破传统思维、实现跨越式发展。本章还将探讨如何制定数智化转型与颠覆式创新的整体规划，并评估转型与创新过程中的风险与挑战，以实现制造向智造转型与颠覆式创新的有机结合。

6.1　制造向智造转型的战略路径

6.1.1　智能化技术布局

1. 引入先进的自动化、机器人技术

企业在智能化技术布局的过程中，首先应致力于引入和开发高度精密与智能化的自动化设备及机器人技术。这些技术的应用不应局限于传统的生产线，而应扩展至整个生产和物流系统。通过采用自动化和机器人技术，企业能够实现生产流程的高效化和精准化，从而显著提升生产效率和产品质量。在物流配送和仓储管理等环节，智能搬运机器人的应用可以极大地提高货物搬运的效率和准确性。这些机器人利用先进的传感器和导航系统，在复杂的仓储环境中自主规划路径，实现快速准确的货物存取。此外，智能机器人能够执行长时间的连续作业，减少对人力的依赖，降低劳动成本，并减少人为操作失误的风险。为了实现这一目标，企业需要加大对相关技术的研发投入，并与科研机构和高校合作，共同推动自动化和机器人技术的创新。政府在这一过程中也扮演着重要角色，应通过政策引导和财政支持，鼓励企业进行技术创新和转型升级。同时，企业还需要关注自动化和机器人技术带来的组织结构和员工技能结构的变化。随着自动化程度的提高，企业应重新设计工作流程，调整组织结构，并对员工进行再培训，以确保劳动力能够适应新的生产模式。

2. 应用物联网实现设备互联

物联网（IoT）技术是智能制造的核心组成部分，其在实现设备间互联互通方面的应用至关重要。企业通过部署 IoT 解决方案，能够建立一个全面覆盖生产设施、设备和工具的互联网络。这不仅提升了设备的智能化水平，同时也为生产流程的优化提供了强有力的数据支持。首先，IoT 技术通过在设备上安装传感器和执行器，实现对设备状态的实时监控。这些传感器收集设备的运行数据，例如温度、振动、压力等，并将数据传输至中央监控系统。实时的数据传输和交互使企业能够远程监控设备状态，及时发现异常情况，实现故障的早期预警。例如，当监测到某一设备的运行参数偏离正常范围时，IoT 系统将及时发出警报，并提供详细的故障分析报告。这允许维护团队迅速响应，提前进行维护和保养，避免故障发生，减少停机时间，显著提升生产的连续性和可靠性。其次，IoT 技术还能优化设备的维护计划。通过分析设备的运行数据和历史维护记录，IoT 系统预测设备的维护需求，并自动生成维护计划，确保设备在最佳状态下运行。这种预测性维护提高了设备的使用效率，同时降低了维护成本。为了充分利用 IoT 技术，企业需要构建一个强大的数据平台，以支撑大量数据的收集、处理和分析。同时，加强网络安全措施以保护设备数据不受外部威胁是必不可少的。政府在这一过程中扮演着重要角色，可以通过提供政策支持和财政激励，鼓励企业投资于 IoT 技术的研发和应用，从而促进智能制造的快速发展。

3. 利用大数据与人工智能技术优化生产流程

在智能制造的背景下，大数据与人工智能技术的应用已成为提升生产效率、产品质量和市场响应速度的重要手段。为了实现这一目标，企业需构建强大的数据采集和分析平台，整合研发、生产、供应链、销售等环节的数据资源，形成全流程的数据驱动机制。首先，企业通过部署传感器和数据采集系统，能够实时收集生产设备的状态信息、工艺参数、质量检测结果等关键数据。这些数据包括结构化数据，如产量、故障率，以及非结构化数据，如图像、声音等。构建数据湖或数据仓库，对这些海量数据进行存储和整合，为后续的分析和应用打下基础。其次，企业运用人工智能算法，尤其是机器学习和深度学习技术，对收集到的大量生产数据进行深度挖掘和分析。通过训练模型识别数据中的模式和趋势，企业能够精准预测市场需求的变化，识别潜在的生产瓶颈和质量问题，从而动态调整生产计划和资源配置。例如，基于市场销售数据和消费者行为分析，人工智能可以预测特定产品的需求量，指导生产计划的制定，避免过剩或短缺。再次，人工智能技术还能优化生产工艺参数，提升产品质量和性能。通过分析历史生产数据，人工智能可以发现工艺参数与产品质量之间的关系，自动调整生产线上的温度、压力、湿度等关键参数，确保产品品质的一致性和稳定性。这种智能调整减少了人工干预，降低了操作失误，提高了生产效率和产品的市场竞争力。例如，在半导体制造或精密机械加工领域，利用人工智能技术对生产过程中的微小变化进行实时监测和调整，可以显著提高产品的良品率和性能稳定性。在快速消费品行业，通过大数据分析消费者偏好，可以快速调整产品配方或设计，满足市场多样化的需求。为了实现上述目标，企业需要加大对大数据和人工智能技术的投资，建立专业的数据分析团队，培养数据科学家和工程师。同时，企业还需加强与软件供应商、科研机构的合作，共同开发适合自身生产特点的数据分析模型和人工智能应用。政府在这一过程中也扮演着重要角色，应通过政策引导和财政支持，鼓励企业进行技术升级和创新。最后，政府还应加强对数据安全和隐私保护的监管，确保企业在利用大数据和人工智能技术的过程中，遵守相关法律法规，保护消费者权益。

6.1.2　智能制造体系建设

1. 构建柔性生产线以适应多样化需求

在智能制造体系的构建过程中，重视柔性生产线的设计和实施至关重要，这旨在适应市场快速变化及满足客户个性化需求。柔性生产线的核心优势在于其能够灵活调整生产任务，迅速适应不同产品的生产需求。为实现此目标，企业首先应采纳先进的模块化设计理念。模块化生产允许企业将生产流程分解为独立、可互换的模块，每个模块针对特定生产任务进行优化，以提升整体生产效率。当市场或客户需求变化时，企业可通过重新组合模块快速调整生产线，避免大规模设备更换或重新设计。此外，柔性生产线亦依赖于智能化自动化技术。自动化设备和机器人能够在短时间内从一个生产任务转换至另一个，同时维持高精度与高效率。集成先进传感器和控制系统的柔性生产线能够实时监控生产状态，自动调整生产参数，确保产品质量一致性和生产过程的高适应性。企业还需建立灵活的供应链管理系统以支持柔性生产线的运作，确保原材料和零部件的及时供应，保障生产连续性，即使在生产需求迅速变化的情况下。为支持柔性生产线的建设和运行，企业应投资于员工培训和技能提升，使员工能够掌握更多技能，并在不同生产模块间灵活切换。同时，企业应培养创新和持续改进的文化，鼓励员工提出改进建议，不断优化生产流程。政府在推动柔性生产线建设中扮演关键角色，通过提供财政补贴、税收优惠和研发资助等政策支持，激励企业投资于柔性生产线及相关技术的研发。政府亦可通过建立行业联盟和创新平台，促进企业间技术交流与合作，共同推进智能制造体系的发展。

2. 实施数字化工厂规划与管理

数字化工厂的规划与管理是智能制造体系的核心组成部分，涉及利用先进的数字化技术对工厂布局、工艺流程、资源配置等进行精确规划和模拟。通过这种方法，企业能够实现生产过程的全数字化监控与管理，从而提升生产效率、降低成本，并提高产品质量。首先，企业必须对工厂的物理布局和工艺流程进行全面的数字化建模。这包括对生产线、设备、工作站以及物流路径进行三维建模，以及对生产流程进行详细规划。数字化模型使企业能够在虚拟环境中模拟生产过程，优化设备布局和工艺流程，减少生产中的瓶颈和浪费。其次，数字化工厂还需借助数字孪生技术，即通过创建物理实体的虚拟数字副本进行模拟和分析。数字孪生技术能在虚拟环境中对生产过程进行预演，帮助企业在实际生产前发现潜在问题并进行优化。这不仅减少生产风险，还提高生产线的灵活性和响应速度。再次，为实现数字化工厂规划与管理，企业需加大对物联网、大数据分析、云计算等技术的投入。最后，企业还需培养一支懂数字化技术的人才队伍，以支持数字化工厂的建设和运营。政府在推动数字化工厂实施中扮演重要角色。政府可通过制定优惠政策、提供财政补贴、建立创新平台等措施，鼓励企业进行数字化转型。政府还需加强数字基础设施建设，为数字化工厂的运行提供良好的外部环境。

3. 集成制造执行系统与企业资源规划

在智能制造体系中，制造执行系统（MES）与企业资源规划（ERP）的集成是实现生产管理精细化的关键措施。通过深化这两个系统之间的整合，企业能够确保生产计划与企业资源之间的紧密衔接，从而提高生产的灵活性和响应速度。首先，MES 系统专注于工厂层面的生产活动，涵盖生产调度、跟踪和报告。该系统能够实时监控生产过程，并提供详尽的生产数据，包括设备运行状态、在制品位置、生产进度等信息。而 ERP 系统则负责企业层面的资源规划，涵盖财务、供应链、库存和人力资源等方面。通过集成 MES 与 ERP，企业能够实现从原材料采购到产品交付的全流程信息共享和流程协同。实时数据交互是 MES 与 ERP 集成的核心优势。借助这一机制，企业能够根据实时订单情况和资源状况进行精准的排产和调度。例如，当市场需求发生变化时，MES 可以及时调整生产计划，而 ERP 则可以同步更新库存和供应链信息，以确保生产与市场需求保持一致。其次，集成后的系统能够对生产过程中的关键指标进行实时监控和分析，包括成本、质量、交货时间等。这为企业决策提供了有力依据。例如，当生产成本超出预算时，系统能够及时发出预警，并提供成本优化的建议，如调整生产参数、优化物料使用或重新安排生产顺序。为了实现 MES 与 ERP 的有效集成，企业需要建立统一的数据标准和通信协议，确保数据的一致性和准确性。同时，企业还需要加强员工培训，提高他们对集成系统的理解和操作能力。再次，企业应定期评估系统性能，不断优化流程，以适应不断变化的生产和管理需求。政府在推动 MES 与 ERP 集成的过程中，可以通过提供政策支持和财政激励，鼓励企业进行技术升级和创新。最后，政府还可以支持建立行业联盟，促进企业之间的技术交流和合作，共同推动智能制造的发展。

6.1.3　人才培养与组织结构调整

1. 培训现有员工掌握智能制造技能

智能制造的推进为企业员工的技能要求带来了新的挑战。为适应这一变革，企业必须开展全面且具针对性的培训计划，旨在提升员工的理论知识水平和实际操作能力。首先，企业应与专业培训机构合作，为员工提供一系列定制化的培训课程。这些课程应涵盖智能制造的关键领域，包括但不限于自动化控制、数据分析、智能设备操作、云计算、人工智能等。通过这些课程，员工可以系统地学习智能制造的基本原理和应用技术，为实际工作提供坚实的理论基础。其次，培训计划应注重提升员工的实践操作能力。企业可以设立模拟生产线，让员工在实际操作中学习和掌握智能制造设备的使用和维护。通过模拟实际生产环境，员工可以更快地将所学知识应用于实际工作中，提高培训的效果和效率。最后，企业应建立内部培训师队伍，选拔和培养一批经验丰富、技能熟练的员工作为内部培训师。这些内部培训师可以在日常工作中指导和帮助其他员工，分享他们的知识和技能，从而营造一个积极学习和交流的工作氛围。为了激发员工的学习热情和竞争意识，企业还可以定期举办技能比武大赛。通过这种形式，员工可以在竞赛中展示自己的技能，相互学习，相互提高。企业应对在竞赛中表现优秀的员工给予表彰和奖励，以此激励全体员工积极参与培训和学习。

2. 招聘具备数字化技能的新员工

在智能制造的背景下，企业需积极拓宽招聘渠道，以吸引并招募具备数字化专业背景和实践经验的人才。这些人才不仅需掌握数字技术，还应具备将这些技术应用于实际生产和管理中的能力。首先，企业应与高校、科研机构建立紧密的合作关系。通过校企合作项目、实习计划等方式，企业可以提前锁定具有潜力的优秀毕业生。这种合作不仅为企业输送新鲜人才，也有助于学生在实际工作环境中学习和成长。在招聘过程中，企业需特别注重候选人的数字化技能，包括对智能制造相关技术的理解和应用能力。其次，创新能力和团队协作精神也是重要的考量因素。创新能力反映了候选人面对新问题的解决能力和创造力，而团队协作精神则是确保他们能够融入企业团队，与其他员工协同工作的关键。为了帮助新员工快速融入企业并发挥其专业技能，企业应提供良好的职业发展规划和培训机会。这包括但不限于入职培训、技能提升课程、职业规划指导等。通过这些措施，新员工可以更快地了解企业文化，掌握必要的工作技能，并明确自己的职业发展方向。最后，企业还可以为新员工配备导师。这些导师通常是企业内部经验丰富的高级员工或管理层。导师可以为新员工提供一对一的指导，帮助他们快速适应工作环境，解决工作中遇到的问题，并在职业发展上给予建议和支持。

3. 调整组织结构以适应智能制造需求

智能制造的实施对企业的组织结构提出了新的要求。为了适应这一变革，企业必须对现有的组织结构进行深入的分析和评估，并根据智能制造的特点和需求进行优化和调整。首先，企业需要减少层级结构，以提高决策效率和信息传递速度。层级结构的减少可以降低组织内部的沟通成本，加快决策过程，使企业能够更快速地响应市场变化和生产需求。这要求企业对管理层级进行精简，优化管理流程，确保信息在组织内部畅通无阻。其次，企业应建立跨部门的协作团队，整合研发、生产、销售等环节的资源，形成协同效应。这种跨部门团队可以打破部门间的壁垒，促进不同部门之间的沟通与合作，提高工作效率。例如，成立专门的智能制造项目组，负责统筹协调智能制造相关的各项工作，确保项目的顺利实施。再次，企业还需要明确各部门和岗位的职责和权限。在智能制造环境下，工作的界限可能变得更加模糊，因此，清晰的角色定位和责任分配对于确保工作流程的顺畅和高效至关重要。企业应制定明确的工作指导和操作规程，确保每位员工都清楚自己的职责所在，以及如何与其他团队成员协作。为了支持组织结构的调整，企业还需要建立相应的激励和考核机制。这些机制应与智能制造的目标和企业的战略紧密相连，确保员工的行为与企业的整体目标一致。通过绩效考核、奖励制度等手段，激励员工积极参与到智能制造的转型中来。同时，企业应加强对员工的培训和发展，提升他们的数字化技能和跨部门协作能力。这包括对现有员工的再培训，以及对新招聘员工的系统培训，确保他们能够适应新的组织结构和工作方式。政府在这一过程中也应发挥积极作用，通过提供政策支持、资金援助和人才培养服务，帮助企业顺利进行组织结构调整。最后，政府还可以通过建立行业交流平台，促进企业之间的经验分享和最佳实践的学习。

6.2 颠覆性创新的战略路径

6.2.1 识别颠覆性创新机会

1. 分析市场需求与技术趋势

在数字化时代的背景下，识别颠覆性创新机会是企业实现突破性发展的关键。企业必须通过深入的市场调研和对技术趋势的敏锐洞察，发现并把握创新的机遇。首先，企业需要持续开展市场调研，密切关注消费者行为的变化。这包括对消费者偏好、购买习惯、使用模式等方面的深入了解。通过运用大数据分析、社交媒体监听等手段，企业可以精准捕捉市场趋势的细微波动，从而洞察到消费者对产品和服务的新需求。其次，企业应时刻追踪相关技术领域的最新进展。技术进步是推动颠覆性创新的重要力量。例如，人工智能、物联网、生物技术等领域的突破，为企业提供了新的工具和方法。企业需要探索这些技术如何与市场需求相结合，以及如何利用这些技术提供出新的产品和服务。例如，通过市场分析发现消费者对个性化定制产品的需求不断增长。结合 3D 打印技术的发展，企业可以找到实现个性化大规模生产的创新机会。3D 打印技术能够以较低的成本提供个性化定制，满足消费者对独特性和个性化的追求，这可能成为颠覆传统制造业的一个切入点。在识别颠覆性创新机会的过程中，企业还需要建立一个跨学科的团队，包括市场研究人员、技术专家、产品经理等，以确保从不同角度对市场和技术进行综合分析。最后，企业应鼓励开放思维和创新文化，激发员工的创造力和想象力，为企业发现新的增长点。政府在这一过程中也扮演着重要角色。通过提供政策支持、资金援助和人才培养服务，政府可以帮助企业建立创新平台，促进企业与研究机构、高校的合作，加快颠覆性创新的孵化和实施。

2. 发掘潜在的新兴市场

在数字化与全球化的背景下，企业要想实现颠覆性创新，必须具备开放和敏锐的市场洞察力，以突破传统市场的局限，识别并挖掘那些尚未被充分开发或被忽视的新兴领域。这要求企业从多个角度出发，寻找新兴市场的机会。首先，企业应关注不同行业交叉点所产生的新机会。行业间的融合创新往往能够催生新的市场需求和商业模式。例如，信息技术与制造业的结合，推动了智能制造的发展；生物技术与农业的结合，为精准农业提供了新的可能性。其次，社会发展的新趋势也是发掘新兴市场的重要途径。随着消费者需求的多样化和个性化，以及对环保、健康、便捷等因素的重视，企业可以通过对这些社会趋势的深入分析，发现新的市场空间。例如，随着环保意识的增强和可持续发展理念的普及，可再生能源、绿色建筑、电动汽车等领域正在成为新兴市场的重要增长点。再次，政策引导的新方向为新兴市场的发展提供了政策支持和市场激励。政府的产业政策、研发资助、税收优惠等措施，往往能够为企业指明发展方向，降低市场进入的门槛。企业应密切关注政策动态，把握政策导向带来的市场机遇。通过对潜在市场的前瞻性研究和评估，企业可以提前布局，抓住新兴市场的发展机遇。这需要企业建立一套系统的市场研究机制，包括市场趋势分析、消费者行为研究、技术发展预测等，以确保能够及时发现并验证新兴市场的机会。同时，企业还需要建立灵活的组织结构和快速响应的决策流程，以确保能够迅速把握市场机遇，快速调整战略和资源配置。最后，企业还应加强与科研机构、行业伙伴、政府部门的合作，共同推动新兴市场的发展。政府在推动新兴市场发展中也扮演着重要角色。通过制定有利于创新和市场发展的政策，提供资金支持和市场激励，政府可以为企业发掘和开拓新兴市场创造良好的外部环境。

3. 评估竞争对手的创新动态

为了在颠覆性创新的道路上保持领先，企业必须建立一个全面而细致的竞争对手监测体系。这一体系应能够实时跟踪并分析竞争对手在产品研发、商业模式创新、市场推广等方面的最新动态。通过这种监测，企业可以及时了解行业内的直接竞争对手，同时也不忽视那些可能从其他行业跨界进入的潜在竞争者。首先，企业需要对竞争对手的创新举措进行深入的分析和评估。这不仅包括对竞争对手新产品特性、技术规格的研究，还涉及对其商业模式、市场策略、客户反馈等方面的综合考量。通过这种深入分析，企业可以洞察到竞争对手创新背后的逻辑，预测其可能带来的市场变化和影响。其次，企业应从竞争对手的创新实践中汲取有益的经验和启示。这可以通过学习竞争对手成功的案例来吸收其创新的精华，同时也通过分析其失败的尝试来避免类似的错误。这种学习和反思有助于企业构建自身的创新战略，并在市场竞争中找到差异化的竞争优势。再次，企业还需要敏锐地发现竞争对手可能存在的漏洞和不足。这可能是由于竞争对手的创新尝试未能充分满足市场需求，或是其商业模式存在缺陷。通过识别这些不足，企业可以找到实现弯道超车的颠覆性创新机会，开发出更符合市场需求的产品和服务，或是构建更高效的商业模式。为了实现上述目标，企业需要构建一个跨部门的分析团队，包括市场研究人员、产品开发专家、战略规划师等，以确保从不同角度对竞争对手的创新动态进行全方位的评估。同时，企业还应利用先进的数据分析工具和技术，如大数据分析、人工智能预测模型等，以提高监测和评估的效率和准确性。政府在这一过程中同样可以发挥作用，通过提供市场情报、研究资助、政策咨询等服务，帮助企业更好地理解和应对竞争对手的创新动态。最后，政府还可以通过建立行业交流平台，促进企业之间的信息共享和合作，共同提升整个行业的创新能力和竞争力。

6.2.2　构建颠覆性创新生态系统

1. 与供应商、客户、研究机构等建立合作关系

积极拓展与供应商的合作深度与广度，共同探索新材料、新技术的应用，以实现成本降低和质量提升。与客户保持紧密互动，深入了解他们的需求痛点和潜在期望，将客户的反馈及时融入创新过程中。加强与研究机

构的合作，充分利用其科研资源和专业知识，联合开展前沿技术研究，加速创新成果的转化。例如，与高校共建研发中心，共同攻克关键技术难题，为颠覆性创新提供有力支撑。具体如下：一是企业应与供应商建立长期且深入的合作关系，这不仅涉及采购和供应的基本层面，还包括共同研发和创新。通过与供应商合作，企业可以更早的介入到材料和零部件的创新过程中，这有助于降低成本、提高产品质量，并最终实现供应链的整体优化。例如，采用供应商早期介入（early supplier involvement，ESI）策略，可以确保供应商在产品设计阶段就参与进来，从而提出成本效益更高的解决方案。二是客户是创新生态系统中的关键节点，他们的需求和反馈是推动创新的重要动力。企业需要建立有效的沟通渠道，收集客户的意见和建议，并将这些信息转化为创新的出发点。通过定期的客户调研、用户测试和市场分析，企业可以更准确地把握市场趋势，设计出更符合客户需求的产品和服务。此外，企业还可以通过客户参与的方式，如众包（crowdsourcing）和开放式创新（open innovation），激发客户的创造力，共同推动创新。三是研究机构拥有丰富的科研资源和深厚的专业知识，是创新生态系统中不可或缺的一部分。企业可以通过与高校、科研院所等研究机构建立合作关系，共同开展基础研究和应用研究。这种合作不仅可以加速技术难题的解决，还可以促进科技成果的快速转化。例如，通过建立联合研发中心或实验室，企业可以与研究机构共享研发资源，共同开发新技术、新产品。通过上述合作，企业可以构建一个强大的创新网络，这个网络能够促进知识的交流、技术的转移和创新的孵化。这种合作模式有助于企业在激烈的市场竞争中保持领先地位，实现持续的创新和发展。同时，这也有助于推动整个行业的技术进步和产业升级，为经济的高质量发展作出贡献。

2. 参与行业创新平台与标准制定

通过主动参与行业内的创新平台，企业能够与同行企业、学术界的专家学者以及其他利益相关者进行深入的交流与合作。这种互动不仅促进了知识的共享和创新经验的交流，还有助于企业获取最新的行业动态和技术趋势，从而为企业自身的创新活动提供灵感和方向。在创新平台中积极表现，可以显著提升企业的知名度和影响力，进而构建企业在行业中的领导地位。此外，通过参与标准制定工作，企业不仅能够对行业规范和发展方向产生影响，还能在相关领域内掌握重要的话语权。这不仅有助于推动行业朝着有利于企业自身发展的方向前进，同时也为企业的颠覆性创新战略提供了有力的外部支持。尤为重要的是，企业在新兴技术领域主导标准的制定，可以引领整个行业的发展趋势，为行业内的技术创新和市场应用设定基调。这不仅能够为企业带来先发优势，还能在市场竞争中占据有利位置。通过这种方式，企业不仅能够提升自身的竞争力，还能够为整个行业的健康发展作出贡献。总之，企业应积极参与行业创新平台与标准制定的工作，这不仅有助于企业内部的创新和发展，还能在更广泛的层面上促进产业的整体进步和竞争力提升。通过这种方式，企业能够在颠覆性创新的道路上走得更远，为经济的高质量发展作出更大的贡献。

3. 支持内部创业与孵化项目

在企业内部构建一个支持创业与孵化项目的生态系统，对于激发创新活力和推动企业持续成长具有重要意义。通过设立专门的创业基金和孵化机制，企业不仅能够鼓励员工提出创新性的想法和项目，还能够实质性地支持这些想法的实现。首先，企业应为内部创业者提供必要的资金支持，这是将创意转化为商业价值的关键。资金可以用于产品原型的开发、市场调研、团队建设和初期运营等方面。此外，技术资源的支持也同样重要，企业应提供包括研发设施、技术指导等在内的技术资源，帮助创业者克服技术难题。其次，提供适宜的工作空间和场地，可以为创业者提供一个集中精力、高效工作的环境。这不仅包括物理办公空间，还应包括网络基础设施、会议和交流空间等。通过这些全方位的支持，企业可以激发员工的创新热情和创造力，促进创新思维的碰撞和交流，从而培育出新的业务增长点。内部创业和孵化项目还有助于企业发现和培养具有创新精神和创业能力的人才，这些人才能够成为企业未来发展的重要推动力。最后，企业还可以通过吸引外部优秀的创业团队加入，丰富和完善企业的创新生态。这不仅可以为企业带来新的视角和创新思路，还能够促进企业与外部创新资源的有效对接。例如，企业可以举办内部创业大赛，通过竞赛的形式选拔出具有潜力的优秀项目进行重点扶持。这种方式不仅能够激发员工的参与热情，还能够通过公平、公开的方式选拔项目，提高孵化成功率。

6.2.3　颠覆性创新管理与文化塑造

1. 建立鼓励创新的企业文化

企业文化是推动创新的重要动力，它能够激发员工的创造力和创新精神，为企业的持续成长提供源源不断的动力。首先，建立一种鼓励创新的企业文化是基础。这意味着企业需要营造一个开放和包容的环境，员工在这样的环境中能够自由地表达自己的想法和观点，而不必担心负面评价。企业应该通过各种方式传播创新的重要性，比如通过举办创新论坛、工作坊、分享会等活动，让创新的理念深入人心。这些活动不仅能够促进知识的交流和分享，还能够帮助员工理解创新对于企业成功的重要性。其次，企业应该树立创新榜样，对于那些在创新方面有显著贡献的团队和个人给予表彰和奖励。这种正面的激励机制能够有效地激发全体员工的创新热情，并且增强他们对创新成果的信心和承诺。例如，企业可以在公司内部设立"创新名人堂"，展示优秀创新成果和表彰创新人物，以此来鼓励更多的员工参与到创新活动中来。最后，企业还需要实施敏捷开发与快速迭代策略，这有助于快速响应市场变化，及时调整创新方向。同时，建立创新激励机制和容错机制也非常重要，这能够鼓励员工勇于尝试，即使面临失败也能够从中学习和成长。总之，颠覆性创新管理与文化塑造是企业适应市场变化、保持竞争力的关键。通过建立鼓励创新的企业文化，企业不仅能够激发员工的创新潜力，还能够在激烈的市场竞争中保持领先地位，实现可持续发展。

2. 实施敏捷开发与快速迭代策略

敏捷开发的核心在于其能够提高团队的工作效率和协同能力，同时快速响应市场变化和用户需求。首先，组建跨职能的敏捷团队是实现这一策略的关键一步。这种团队通常由来自不同部门的成员组成，包括研发、设计、市场和销售等，他们共同协作，以确保项目能够从多个角度得到充分的考量和支持。跨职能团队的建立有助于打破部门间的壁垒，促进信息流通和资源共享，从而提高整体的工作效率。其次，采用敏捷开发方法，企业能够快速推出原型产品，并根据用户反馈和市场变化进行及时的调整和优化。这种方法强调的是"小步快跑"，即通过不断地迭代来逐步完善产品或服务，而不是一次性追求完美的大步前进。每次迭代都包括了开发、测试和反馈的循环，这样的循环能够帮助团队及时发现问题并进行改进，确保产品或服务能够更好地满足市场需求和用户期望。最后，建立灵活的决策机制对于敏捷开发同样重要。在快速变化的市场环境中，企业需要能够迅速做出决策以应对各种突发情况和变化。这意味着决策过程必须足够灵活，能够快速整合来自市场和用户的信息，并迅速制定出相应的应对策略。为了持续改进开发流程，定期举行迭代回顾会议也是敏捷开发中的一个关键实践。在这些会议中，团队成员将总结前一迭代的经验教训，讨论如何改进流程、提高效率和质量。通过这种定期的回顾和反思，团队能够不断学习和成长，从而提升整个开发流程的性能。

3. 设立创新激励机制与容错机制

在推动企业创新和颠覆性创新的过程中，制定明确的创新激励政策是至关重要的。这些政策不仅能够激发员工的创新热情，还能够促进创新文化的深入发展。一是企业应当为取得创新成果的员工提供丰厚的物质奖励，如奖金、股票期权等，以及精神奖励，包括晋升机会、荣誉称号和公开表彰。这种双重激励机制能够确保员工在创新过程中的努力得到公正的回报，同时也能够提高员工的满意度和忠诚度。二是鼓励员工积极参与创新项目，并与之分享创新所带来的收益。这种收益共享机制能够确保员工与企业共同成长，增强员工对企业创新活动的归属感和投入度。三是创新本质上是探索性的过程，失败在所难免。因此，企业需要建立容错机制，对创新过程中出现的失败和错误给予理解和宽容。这种机制能够让员工在面对挑战时敢于尝试新的方法和路径，而不是畏缩不前。四是企业应当强调从失败中学习的重要性，并将失败视为创新过程中的宝贵经验。定期组织失败案例分析会，不仅能够帮助团队成员从中汲取经验教训，避免重复犯错，还能够建立一种开放和诚实的沟通文化。五是设立专门的创新失败基金，对那些勇于尝试但最终未能成功的项目给予一定的补偿。这种基金不仅能够减轻失败项目团队的经济压力，还能够传递出企业对创新尝试的支持和尊重。

6.3　制造向智造转型与颠覆性创新的融合战略

6.3.1　制定数智化转型与颠覆性创新的整体规划

1. 找出制约的关键环节和痛点

在制造业向智能制造转型的过程中，制定数智化转型与颠覆性创新的整体规划是实现这一转变的关键步骤。一是企业首先需要对其现有的业务流程和技术架构进行全面的评估，以识别那些制约数智化转型和颠覆性创新的关键环节和痛点。这可能包括生产效率低下的环节、技术落后的领域、数据利用不足的问题等方面。通过这种评估，企业能够明确自身在数智化转型道路上的薄弱点和改进空间。二是在识别了关键环节和痛点之后，企业需要结合行业发展趋势和自身的战略目标，明确数智化转型的重点领域和优先级。这意味着企业需要考虑市场需求、技术进步、竞争态势等因素，以确定转型的主攻方向。三是基于上述分析，企业应制定一个具有前瞻性和可行性的数字化战略路线图。这个路线图应详细规划出数智化转型的各个阶段、关键里程碑、预期成果以及相应的时间表和责任分配。例如，企业可能决定优先推进生产环节的智能化升级，通过引入先进的自动化设备和人工智能技术，以提高生产效率和产品质量。四是在整体规划中，企业还需要考虑资源配置的问题，确保有足够的资金、技术和人才投入到数智化转型的关键领域。同时，企业应建立风险管理机制，以应对转型过程中可能出现的各种风险和挑战。此外，企业应持续监测数智化转型的进展情况，并定期进行评估，以确保转型活动与既定目标保持一致。这包括对关键绩效指标（KPIs）的跟踪，以及对转型策略的适时调整。

2. 把握颠覆式创新的潜在方向和机会

在制造业的数智化转型过程中，把握颠覆式创新的潜在方向和机会是至关重要的。这要求企业深入研究和理解新兴技术如何与颠覆式创新相结合，以及如何将这些技术有效地融入企业的各个运营环节中。首先，企业需要对新兴技术如人工智能（AI）、大数据、物联网（IoT）等进行深入分析，探索这些技术在颠覆式创新中的应用场景和潜力。例如，AI技术可以用于优化生产流程，提高制造效率；大数据技术可以帮助企业更好地理解市场趋势和消费者行为；IoT技术则可以实现设备的智能互联和远程监控。其次，企业应规划如何将这些技术融入产品研发、生产制造、市场营销等关键环节中。在产品研发阶段，利用AI和大数据分析可以加速新产品的设计和测试，缩短研发周期。在生产制造环节，通过物联网技术的应用，可以实现生产过程的实时监控和优化，提高生产效率和产品质量。在市场营销方面，大数据分析可以帮助企业更准确地识别目标市场和客户需求，制定更有效的营销策略。例如，企业可以利用大数据分析来挖掘新的市场需求和客户偏好，这为颠覆式创新提供了数据支持。通过分析社交媒体、在线评论、历史销售数据等，企业可以获得宝贵的市场洞察，这些洞察可以指导企业开发符合市场需求的创新产品和服务。最后，企业还应关注跨界合作的机会，与科技公司、研究机构、行业组织等建立合作关系，共同探索新技术在颠覆式创新中的应用。这种合作不仅可以加速技术的研发和应用，还可以帮助企业获得新的视角和创新思路。

3. 建立跨部门的协作机制

在制造业的数智化转型与颠覆式创新过程中，建立跨部门的协作机制是实现整体规划有效执行的关键。一是企业应整合研发、生产、营销、信息技术等部门的资源和力量，确保各部门在数智化转型与颠覆式创新的规划实施过程中能够协同工作。通过明确各部门的职责和任务，可以形成一个统一的行动指南，确保转型活动协调一致，避免资源浪费和重复劳动。二是市场变化和技术发展日新月异，企业需要定期对数智化转型与颠覆式创新的规划进行评估，以确保其始终符合当前的市场和技术环境。这种定期的评估和调整有助于企业快速响应外部变化，保持竞争优势。三是除了内部协作，企业还应积极与外部合作伙伴建立联系，如科技公司、高校等，这些合作伙伴可以提供新的视角、技术和资源。通过与这些外部机构的合作，企业可以获得最新的科研成果和技术趋势，加速创新成果的转化和应用。四是企业可以与高校等研究机构联合开展科研项目，利用高校的科研能力和企业的市场经验，共同攻克关键技术难题。这种合作模式不仅能够促进技术创新，还能够加速科研成果的产业化进程。五是通过内部跨部门协作和外部合作，企业可以推动数智化转型与颠覆式创新的融合发展。这种融合有助于企业在保持现有业务稳定的同时，探索新的业务模式和市场机会，实现企业的长期可持续发展。

6.3.2　评估转型与创新过程中的风险与挑战

企业在推进智能制造转型的过程中，将面临来自技术、市场、管理、政策和资金等多方面的风险。为了确保转型的成功，企业必须建立一套完整的风险管理机制，包括风险的识别、评估、监控和应对策略的制定。首先，技术风险管理是关键，企业需要评估新技术的成熟度、集成难度以及更新迭代的速度。同时，市场风险的管理也不可忽视，企业应密切关注市场动态，深入分析消费者行为，以灵活调整市场策略。管理风险的评估涉及组织结构调整、人才培养和企业文化建设等方面，企业需要确保管理团队能够适应新技术，并具备强大的执行力。政策风险的评估则要求企业对政府的产业政策、技术标准和环保法规保持敏感，以便及时作出战略调整。资金风险的管理则要求企业优化资金筹集和使用效率，确保转型过程中的财务稳健。为了有效应对这些风险，企业应采取一系列措施，包括与合作伙伴建立紧密的沟通与协作机制，采用敏捷开发和快速迭代的创新方法，加强内部培训和人才引进，提高员工对新技术的适应能力，以及建立多元化的资金筹集渠道。此外，企业还应与政府部门保持良好的沟通，积极争取政策和资金支持。

6.4　典型案例的进一步分析

6.4.1　研究方法、案例选择与资料收集

1. 研究方法

本研究采用案例研究方法，专注于数字技术促进制造业智能化转型的复杂过程。案例研究方法适用于评估新兴技术应用效果及其影响，能深入理解转型内在逻辑，包括动机和策略。本研究选择了多案例研究法，通过理论抽样和条件类化，选取了涵盖不同地区、规模、所有制和行业的案例，确保了研究的全球视野和多样性。本节综合了理论分析和实际经验，通过收集和研究具有典型性的新基建案例，对案例中的事件进行了详尽的分析、讨论、提炼和总结。这种研究方法旨在解答关键问题，即"为何如此（why）"以及"如何实现（how）"。案例研究法分为两种主要类型：单案例研究和多案例研究。单案例研究专注于深入分析某一独特且具有代表性的事件，提供深入的情境化和个性化见解。相对地，多案例研究则更适用于探索多样化、普遍性且具有代表性的案例集，通过选择多个典型案例，并在一个共同的理论框架下，探究其内在的规律性和普适性（黄振辉，2010）。

2. 案例选择

鉴于主题的普遍性和其在不同地区的深远影响，本节采纳了多案例研究的方法论。根据理论抽样和条件类化的原则，确定了 3~7 个案例作为

多案例研究的理想范围（Eisenhardt K. M. et al.，2007）。在案例的筛选过程中，本研究综合考量了案例数量与研究成本之间的平衡，最终选取了一系列具有代表性的案例进行详尽分析。特别关注了在全球人工智能发展中起领导作用的企业，如美国、欧盟、日本和中国，以揭示智能制造转型的普遍性和特殊性。同时，关注行业研究机构和市场咨询公司发布的最新进展和企业案例，以及主流媒体的报道，确保了研究的时效性和实践相关性。案例选择遵循了代表性、多样性、时效性和可获取性原则，优先挑选在技术创新、模式创新、管理创新等方面具有显著成就和广泛影响力的企业和案例。

特别地，在新基建案例分析时，广东省和江苏省作为新基建发展的典型案例，是基于其经济规模和影响力的考虑，两省在全国的经济总量和对外贸易额中占据重要地位，对国家经济发展具有引领作用。两省的区域代表性显著，广东省的开放型经济和江苏省的制造业基础为新基建提供了多样化的应用场景。赛迪智库的评估显示，两省在新基建的发展潜力和实际应用方面均位于全国前列，提供了丰富的数据和实践案例。两省在政策支持、资金投入、人才培养和创新环境建设方面的成就，对新基建的发展至关重要。广东省在新兴产业如信息技术、生物医药领域具有竞争力，而江苏省在传统制造业和工业互联网领域表现突出，两省的产业结构和转型需求为新基建提供了多样化的发展路径。作为经济发展的先行者，两省的新基建实践对本省乃至全国的经济转型具有重要的示范效应和推广价值。

3. 资料收集

为确保研究资料的精确性和全面性，本章采取了数据三角验证策略，广泛搜集了各类资料。资料来源主要包括：通过国内外知名学术数据库 CNKI、万方、维普、Web of Science（WoS）和 Google Scholar 检索并整理了大量关于新基建的学术文章，为理论研究提供了坚实的基础。同时，关注了国家发展和改革委员会、工业和信息化部、国家统计局及赛迪智库等官方机构的报告，获取了新基建领域的权威数据和政策分析。此外，利用搜狐网、新华网、人民网以及《华尔街日报》、金融时报等国内外主要新闻媒体，追踪了新基建的最新进展和行业动态。参考了国际数据公司（IDC）、弗若斯特沙利文（Frost & Sullivan）、艾瑞咨询等行业分析机构的报告，掌握了市场趋势和专家洞察。搜集了中央及地方政府发布的政策文件和公告，直接了解新基建的政策环境和支持措施。通过参与学术会议、研讨会和专家访谈，收集了来自行业专家的第一手见解和经验，为研究增添了实践深度。通过上述多渠道的数据搜集，本章的研究基础既广泛又多元，确保了分析的深度和建议的实用性。

6.4.2　新基建案例比较分析：政策实践、问题与启示

1. 国内外新基建赋能视角下产业链群多链融合的实践路径

作为数字经济时代的关键驱动力，新基建正在全球范围内改变经济增长的模式，并成为推动经济数字化转型的重要力量。随着数字经济的兴起和技术创新的不断推进，新型城镇化、数字化转型和绿色低碳发展已成为全球经济发展的主要趋势。新基建作为经济增长的新引擎，不仅代表了数字技术赋能的方向，也是经济转型升级的关键。全球范围内的新基建实施加速了数字化进程，激发了创新活力，并形成了众多成功实践。然而，新基建的发展同样面临政策制定的适宜性、安全隐患防控和资金支持可持续性等挑战，需要各国根据自身国情探索切实可行的发展道路。本节选取了国内外的代表性案例（见表6-1），深入分析了新基建的政策实践、挑战与成功经验，旨在为新基建策略的制定提供理论和实践指导。特别是本章对比了广东省和江苏省的新基建实践，这两个省份在全国的经济规模和新基建发展水平上占据显著地位。通过比较，旨在提炼出推动经济高质量发展的有效策略，为其他地区提供借鉴。

表 6 – 1　　　　　　　　国内外新基建赋能经济增长的典型案例

领域	相关介绍	赋能案例
5G 基建	5G 作为新一代通信技术，促进产业链、创新链、供应链的高效融合，加速数字化转型	中国 5G 基建推动了工业互联网的发展，实现制造业的智能化升级，促进产业链与创新链的深度融合
区块链基建	区块链技术提升产业链透明度和安全性，优化供应链管理，推动金融链与技术链的结合	中国区块链基建通过提高交易的可追溯性和安全性，促进了金融科技领域的创新和产业链的协同发展
太阳能基建	太阳能基建推动能源产业链的绿色转型，与环保链、技术链融合，实现可持续发展	西班牙太阳能基建与环境保护相结合，推动了清洁能源产业链的整合，增强了能源安全和经济效益
物联网基建	物联网技术实现物品智能互联，推动产业链各环节的实时监控和管理，提高运营效率	美国物联网基建在智能家居、医疗、交通等领域的应用，促进了产业链与服务链的有效融合
人工智能基建	AI 技术作为产业链智能化升级的关键，通过算法优化和数据分析，提升产业链决策和响应速度	中国 AI 基建在金融、医疗、教育等领域的应用，推动了产业链与创新链的智能化融合
超级计算基础设施	超级计算为科学研究和工程设计提供强大算力，加速产业链的技术创新和产品迭代	中国天河超级计算机支持了气象、生物医药等产业链的高性能计算需求，促进了技术链与产业链的融合
云计算基础设施	云计算提供弹性、可扩展的计算资源，降低产业链企业的 IT 成本，促进数据共享和协同工作	美国硅谷云计算基建为企业提供了灵活的数字化服务，推动了产业链与创新链的高效协同
无人机基础设施	无人机技术在农业、林业、物流和安防等领域的应用，拓展了产业链的服务范围和效率	美国亚利桑那州无人机基建推动了跨行业合作，促进了产业链与技术链的创新融合
绿色建筑基建	绿色建筑基建推动建筑产业链向节能环保转型，促进绿色材料和节能技术的应用	德国绿色建筑基建与可再生能源产业链的结合，推动了建筑行业向环境友好型转型
新能源汽车	新能源汽车产业的发展，带动了汽车产业链的电动化、智能化转型，促进了新技术的融合	中国新能源汽车基建推动了电池技术、充电设施和智能网联汽车产业链的快速发展和融合

资料来源：笔者根据相关资料整理。

新基建作为中国经济高质量发展的新引擎，正通过促进产业链的多链融合，推动经济结构的优化与升级。5G 基础设施强化了工业自动化与智能物流的融合，加速了数字化转型。区块链基础设施通过提升安全性和透明度，改善了供应链管理，促进产业协同发展。太阳能基础设施，如西班牙的实践，整合了清洁能源产业链，推动经济向绿色转型。物联网基础设施在美国推动了智能家居、医疗和交通等行业的产业链与服务链融合。人工智能基础设施，尤其在中国，通过算法优化和数据分析，提升了产业链的智能化水平。超级计算基础设施为科研和工程设计提供了强大的计算支持，加速技术创新。云计算基础设施的灵活性和可扩展性降低了企业 IT 成本，促进了数据共享和协同工作，推动产业链与创新链的高效协同。无人机基础设施在多个领域提升了服务范围和效率。绿色建筑基础设施推动了建筑产业链的节能环保转型，提高了建筑质量和居民生活品质。新能源汽车产业的发展带动了汽车产业链的电动化、智能化转型，为地区经济注入了新的活力和就业机会。新基建的多链融合效应显著提升了产业链的效率和创新能力，为经济结构的优化和升级奠定了坚实基础。随着新基建的不断推进，其在推动社会全面进步和增强国家竞争力方面的作用日益显著。

典型案例显示，新基建对经济发展的积极影响具有以下特点：政策引领是新基建成功实施的关键，需要地方政府制定明确的发展规划和政策，并在资金、科技、人才等方面增加投入。数字化与智能化的推进提高了城市管理水平，促进了经济发展和社会管理水平的整体提升。绿色低碳是新基建发展的核心原则，确保了经济的长期健康增长。科技研发与人才培养的加强为技术创新提供了基础，推动了新基建的健康发展。在数字经济和技术创新的驱动下，新基建已成为推动经济发展的重要力量，为中国经济的持续健康发展注入了新的动力、提供了方向。

2. 基于粤苏新基建比较的产业链群多链融合的实践路径

（1）新基建发展的粤苏比较。

作为经济高质量发展的关键引擎，新基建与地区的经济潜力紧密相连，尤其是在促进产业链的多链融合方面扮演着至关重要的角色。广东省的新基建在推动农业、制造业、服务业等行业的发展上取得了显著成效，其对经济增长的巨大拉动作用，以 100∶202.46 的比率显现，这一数据凸显了新基建对于地区经济增长的关键性贡献（杨新洪，2022）。广东省与江苏省，作为中国的经济强省，它们在新基建的布局和发展上所呈现的差异，实际上也反映了两省在经济发展质量和未来增长潜力上的差异。

新基建的深入实施，特别是在 5G、物联网和云计算等数字技术领域的重点投资，已经显著提升了产业链的数字化程度，并且加深了创新链及金融链的融合，为地区经济增长带来了新活力。根据图 6 - 1 的数据，广东省在新基建的多个项目中处于领先地位，特别是在信息基础设施领域，数字新基建的投资占比超过了 50%，这一事实凸显了广东省在推进数字化转型和建设智慧城市方面的积极行动和决心。

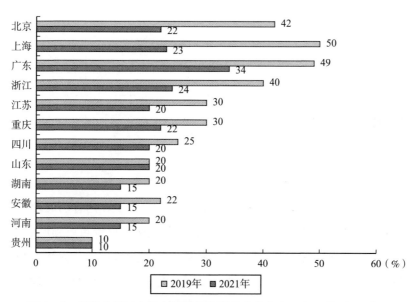

图 6 - 1　新基建项目在重点基础设施项目中的占比（2019 年/2021 年）

资料来源：以上数据来自公开的媒体报道和政府公开信息经过笔者整理所得。

根据赛迪智库发布的《中国各省区市新基建发展潜力白皮书》，广东省和江苏省在新基建的竞争力上均位列全国前茅。具体来说，如表 6 – 2 所示，广东省在潜力得分上排名第一，江苏省则在产业支撑方面居首位，这表明两省在新基建的不同维度上均具有显著的竞争优势。在基础设施的覆盖率、人才优势、创新环境和政策支持等方面，两省均有杰出的表现，这些优势为新基建的快速发展奠定了坚实的基础。

表 6 – 2　　　　　　　　2020 年中国各省新基建潜力分项排名

项目	潜力得分与排名	省份	
		广东	江苏
发展基础	基础设施覆盖率（%）	91.8	88.12
	全国排名	4	6
产业支撑	潜力得分	89.98	90.6
	全国排名	2	1
承接能力	潜力得分	90.74	79.48
	全国排名	1	9
创新能力	潜力得分	88.37	87.77
	全国排名	2	3

资料来源：笔者根据 2020 年赛迪智库新基建发展潜力白皮书整理。

表 6 – 3 的进一步分析揭示了广东省和江苏省在新基建的开发潜力及经济发展质量上位于国内先进行列。在新基建投资上，两省均展现出积极性，特别是在 5G、物联网、云计算和数字化城市建设等重点领域的投资，这些投资举措极大地推动了产业升级和城市规划的改进，并为智慧城市的构建提供了牢固的基础。广东省在推动数字化转型方面取得了更加突出的成就，与此同时，江苏省在工业互联网和智能制造等领域也展现了其非凡的实力。

表 6 – 3　　　　　　　　2021 年广东和江苏两省在新基建领域的比较

1. 基础条件			
省份	GCI 排名	基础设施覆盖率	能源、交通、信息化等基础设施配套情况
广东	4	91.8%	城市轨道交通、高速公路、5G 基站等完善配套
江苏	6	91.8%	高速公路、城市轨道交通、高铁等完善配套

2. 人才优势			
省份	GCI 排名	新能源、新材料等创新人才数量	互联网、大数据等高技能人才数量
广东	4	10.4 万人	109.5 万人
江苏	9	6.9 万人	112.8 万人

3. 创新环境			
省份	GCI 排名	新增专利数量	国际学术论文产出数量
广东	4	27.5 万件	10.8 万篇
江苏	5	25.6 万件	8.1 万篇

4. 政策支持			
省份	GCI 排名	新基建产业基金总规模	新基建政策扶持力度
广东	6	242 亿元	加强政策衔接，激励民营资本参与
江苏	5	200 亿元	加强与中央政策衔接，支持企业研发创新等

资料来源：笔者根据 2021 年赛迪智库新基建发展潜力白皮书整理。

综合分析广东省和江苏省的新基建发展情况，可以看出，两省通过促进产业链、创新链和金融链等多链融合，已经为地区经济的高质量发展奠定了坚实的基础。随着新基建的持续推进，两省在促进社会全面进步和提升国家竞争力方面的作用日益显著。这表明，在未来发展中，新基建将继续发挥其推动力，为两省乃至全国的经济增长带来更多的潜力和效益。

（2）进一步讨论。

在近二十年的发展中，为了促进 GDP 增长，许多省份采取了增加负债的策略。2019 年的统计数据揭示了这一现象：贵州省的负债率高达

720%，重庆市达到650%，江苏省为622%，浙江省也有426%，这些数字都显著超过了国际上通常认为的安全警戒线120%。相比之下，广东省的负债率相对较低，仅为88%，这一数据反映出广东省在财政政策上更为保守和稳健的做法（见表6-4）。

表6-4 我国各主要省份负债率

地区	2019年一般公共预算收入（亿元）	2019年发债城投有息债务（亿元）	2019年经调整债务率（%）
广东	12 651.5	11 134.1	88
江苏	8 802.4	54 774.4	622
上海	7 165.1	3 235.6	45
浙江	7 048.0	30 027.4	426
山东	6 526.7	21 336.5	327
北京	5 817.1	10 881.6	187
四川	4 070.8	22 295.2	548
河南	4 041.6	12 801.4	317
河北	3 742.7	4 605.8	123
湖北	3 388.4	16 784.4	495
安徽	3 182.5	11 234.8	353
福建	3 052.7	7 614.7	249
湖南	3 007.0	15 548.1	517
辽宁	2 652.0	2 829.6	107
江西	2 486.5	11 326.3	456
天津	93.8	13 293.8	552
山西	2 347.6	2 365.7	101
陕西	22 877	10 621.4	464
重庆	2 134.9	13 948.9	650
云南	2 073.5	9 782.1	472
内蒙古	2 059.7	2 128.3	103
广西	1 811.9	6 383.2	352

资料来源：广发证券发布的《2020城投宝典》。

广东省在新基建战略的引领下，依托其经济和社会结构的特点，正积极推进产业链的深度多链融合，展现出新时代下的活力与潜力。站在新基建推动经济高质量发展的新起点，广东省预示着将实现经济实力的大幅飞跃。作为粤港澳大湾区发展的核心引擎，广州迅速崛起，再次成为中国城市竞争力的领跑者。在与成都、重庆及东部新兴城市杭州等地的竞争中，广东省显示了其经济的强劲韧性和发展潜力，特别是在新基建领域的深入布局。广东省的新基建投资策略，注重基础设施的物理建设和对 5G、人工智能、物联网等关键技术领域的重点投资，这些技术对于促进产业链的深度融合具有关键作用。广东省在 2023 年宣布了一系列重要新基建的投资计划，通过这些投资，广东省正在打造一个高效、智能化、环境友好的经济体系，加速产业升级和经济结构的优化。

6.4.3　案例分析：企业制造向智造转型的共性与关键要素的探索

1. 数字技术驱动下的全球生产网络创新与转型实践案例比较

（1）实践案例比较。

数字技术正推动全球生产网络经历一场创新革命，促进了生产流程和商业模式的数字化转型，并为网络的智能化和可持续性提供了新机遇。云计算和物联网技术的融合正在构建智能工厂和数字化供应链，如阿里巴巴的"1688.com"平台，提高了运营效率和产品质量。人工智能、大数据分析、区块链和智能配送系统的应用，不仅增强了生产自动化和智能化，还提升了全球交易的便捷性和供应链的效率。

数字化全球生产网络中颠覆性创新的实践案例如表 6-5 所示。数字化全球生产网络的颠覆性创新是推动企业转型升级和实现高质量发展的关键途径。随着区块链、人工智能、5G 等新兴技术的迅猛发展，未来的数字化生产网络将更加依赖这些技术，以达成更高质量的发展目标。企业需加强协作，形成新业态，发挥网络优势，致力于实现数字化生产网络中的优质颠覆性创新。智能制造和工业物联网领域，华为通过工业物联网技术实现了生产设备的智能监控和管理，显著提升了设备利用率和制造效率，凸显了智能制造和工业物联网在提升工业生产质量和效率方面的关键作用。跨境电商和全球供应链管理领域，亚马逊通过优化供应链管理实现了快速发货和高效盈利的商业模式，而阿里巴巴则整合电商、物流、云计算等技术，为中小企业提供了全球商业机会，证明了数字化转型在跨境电商和供应链管理中的重要性和潜力。云计算和大数据分析领域，谷歌利用这些技术支撑其广泛的服务，而《纽约时报》则通过这些技术增强了其在数字媒体市场的地位，凸显了云计算和大数据分析在提升服务质量和市场竞争力中的重要作用。人工智能和机器学习领域，深度学习算法在图像识别、语音识别等领域的广泛应用，以及好未来公司开发的"小猿搜题"教育产品，展示了人工智能技术在增强产品功能和提升用户体验方面的潜力。区块链和智能合约领域，比特币作为区块链技术的早期应用，展示了数字货币交易的透明度和安全性。联合国粮食和农业组织采用区块链技术提高食品安全和供应链效率，揭示了区块链技术在提升行业透明度和效率方面的广阔前景。

表6-5　数字化全球生产网络中颠覆性创新的实践案例与战略启示

序号	应用领域	案例名称	战略项目/主要业务领域	实施效果	启示
1	智能制造和工业物联网	华为	华为智能工厂	提高生产效率和品质，实现智能监控与管理	数字化转型是提升生产效率和品质的关键
2		达索系统	达索系统智能工厂	实现机器自动化、数据互联、数字化制造、零库存管理	工业物联网技术能够优化生产流程和产品设计
3		英飞凌	英飞凌的智能制造项目	提高生产效率并降低生产成本，实时监测生产数据和质量	数字化生产系统通过实时监测提高效率和降低成本

续表

序号	应用领域	案例名称	战略项目/ 主要业务 领域	实施效果	启示
4	智能制造 和工业 物联网	海尔集团	海尔智能工厂	全面智能化管理，自动化生产家电产品，提升生产效率和质量	"三全五新"战略通过智能设备实现生产效率和质量的大幅提升
5		通用电气 （GE）	GE数字化工厂	实时监测生产数据，预测问题，提高生产效率和客户满意度	数字化制造技术和工具对提升生产效率和客户满意度至关重要
6	跨境电商 和全球供 应链管理	亚马逊 （Amazon）	电商和云计算服务	通过数字技术优化供应链管理、物流配送和客户服务，实现快速发货、低成本和高效盈利	数字化转型对提升业务效率和客户满意度至关重要
7		阿里巴巴 （Alibaba）	跨境电商平台	整合电商、物流、云计算、金融等领域的数字技术，实现全球化战略和全程可视的供应链管理	数字化体系为中小企业提供商业机会，增强全球竞争力
8		联邦快递 （FedEx）	物流服务	实现供应链可视化、运作透明，通过物流信息可视化和数据分析提高运输效率和网络灵活性	物流信息的数字化对提高运输效率和服务质量具有显著影响
9		宝洁公司 （P&G）	消费品	通过数字化和全球供应链管理优化生产效率和成本，提高产品创新和分销速度	高度数字化的供应链是应对市场挑战、提高竞争力的关键
10	云计算和 大数据 分析	谷歌 （Google）	云计算和大数据分析	利用云计算和大数据技术支撑搜索引擎、谷歌地图、YouTube和广告业务	实现高质量服务和数据分析功能，提供商业分析和存储服务
11		《纽约时报》	数字媒体	利用云计算和大数据分析创建数字版《纽约时报》	实现全媒体内容处理、广告数据分析和数据可视化，增强市场地位

续表

序号	应用领域	案例名称	战略项目/主要业务领域	实施效果	启示
12	云计算和大数据分析	网易游戏	在线游戏运维	利用云计算和大数据技术打造游戏智能运维平台	优化游戏性能和运营效率
13		深度学习算法	人工智能领域	应用于图像识别、语音识别、自然语言处理和机器翻译	图像识别在自动驾驶汽车、公安安防等领域取得应用效果
14		好未来人工智能教育助手	教育技术	运用人工智能和机器学习技术打造"小猿搜题"教育产品	提高学生学习效率和互动性
15		微软的人工智能飞行员	航空业	应用人工智能和机器学习技术建立"智能飞行员"系统	提高飞行安全性和效率
16	区块链和智能合约	比特币（Bitcoin）	数字货币	应用区块链技术进行交易记录和验证	去中心化和智能合约机制实现透明安全的数字货币交易
17		联合国粮食和农业组织项目	食品安全和供应链管理	使用区块链技术确保食品安全和供应链有效性	区块链技术提高食品生产和分配的透明性和安全性
18		智能合约商业应用程序	商业流程自动化	利用智能合约自动化商业流程	减少中间成本，提高操作效率，优化贷款流程，提高客户满意度
19		英国高铁票务销售系统	票务销售系统	利用区块链技术的不可篡改性、可追溯性	提高票务销售系统的安全性、可靠性和运营效率

（2）经验启示。

数字化全球生产网络的颠覆性创新实践案例表明，企业通过采用新兴技术如智能制造、云计算、人工智能和区块链，能够显著提升生产效率、产品质量和市场竞争力。这些技术不仅优化了生产流程和产品设计，还增强了供应链管理和服务的智能化，为客户提供了更精细化的服务。此外，企业需加强协作和网络优势，以实现优质颠覆性创新，推动企业转型升级和高质量发展。这些经验启示了数字化转型的重要性和潜力，以及企业在全球化市场中保持竞争力的必要性。

2. 中兴通讯：基于竞合企业的比较视角

（1）中兴通讯在数字化生产网络中的表现。

中兴通讯，自 1985 年成立以来，已在中国通信设备和解决方案领域确立了领导地位。总部位于深圳的中兴通讯，通过其全球 80 多个国家和地区的业务网络，以及超过 40 家子公司的布局，展现了其全球化的企业规模。公司的核心业务涵盖通信产品的全方位服务，包括研发、生产、销售及售后服务，产品线覆盖移动通信、固定通信、数据通信和终端设备等关键领域。在技术创新上，中兴通讯尤其在 5G 技术的研究与应用推广方面表现卓越，拥有众多核心专利技术，并在全球范围内成功部署 5G 测试及商业化服务，赢得了市场的高度认可。此外，中兴通讯通过与全球通信运营商、数据中心和工业互联网等领域的合作伙伴建立合作关系，不断提升其在全球数字化生产网络中的竞争力和行业地位。与此同时，华为作为中国通信设备制造业的领军企业，在市场份额、5G 基站建设、专利申请量以及公司经营业务业绩等方面均占据明显优势。华为以 28.7% 的市场份额在全球通信设备市场中占据主导地位，而中兴通讯在 2022 年第一季度的市场份额约为 12%。在 5G 基站建设方面，华为的中标数量远超中兴通讯，市场份额分别达到 56.05% 和 60.86%。在专利领域，华为以 14% 的全球 5G 专利族数量占比位居首位，中兴通讯以 8.3% 的占比紧随其后，排名第五。在业绩方面，华为在通信设备制造业务收入、毛利率和研发投入等关键财务指标上展现出强劲的领先优势，2021 年通信设备制造业务收入高达 6 368.07 亿元人民币，研发投入为 1 426.66 亿元人民币，占总收入的 22.4%。相比之下，中兴通讯 2021 年的通信设备制造业务收入为 1 145.22 亿元人民币，研发投入为 188.04 亿元人民币，占比 16.42%。尽管面临激烈的市场竞争，中兴通讯依然凭借其在 5G 技术、全球合作伙伴关系以及持续的创新投入，保持着强有力的竞争地位。通过不断的技术创新和市场拓展，中兴通讯在全球通信设备制造业中继续发挥着重要作用，并为中国乃至全球的数字化转型贡献力量。

（2）中兴通讯数字化全球生产网络中的地位。

中兴通讯作为全球通信解决方案的领军供应商，在数字化转型和颠覆性创新策略方面取得了显著成就，其产品和服务遍布全球 80 多个国家和地区，并构建了广泛的合作网络，加强了在全球通信产业中的影响力和地位。通过数字化转型和创新战略，中兴通讯成功打造了集通信设备、云计算、大数据、物联网等技术于一体的全方位生态系统，增强了产品的附加值和社会效益，巩固了其在数字化全球生产网络中的领先地位。此外，中兴通讯展现了灵活的协同策略，与竞争对手建立战略合作伙伴关系，通过资源共享和优势互补，实现互利共赢，共同推动行业创新和发展。

与中兴通讯竞合的主要企业如表 6 - 6 所示。在数字化全球生产网络的背景下，中兴通讯与行业内的主要企业之间形成了复杂的竞争与合作关系。华为，作为全球通信解决方案的领导者，在 5G 技术、物联网和云计算等关键领域保持领先地位，与中兴通讯在全球市场的竞争与合作中展现了互动与协同。艾利和德智能化股份有限公司以其在智能电网领域的技术实力，预示了与中兴通讯在智能化和安全化技术研发方面可能形成的合作与竞争关系。腾讯控股有限公司依托其在互联网、物联网和人工智能技术的领先地位及强大的生态系统，成为数字化生产网络的重要成员，与中兴通讯在数字化转型和智能解决方案方面具有潜在合作机会。爱立信公司作为全球电信领域的领先企业，在网络技术、软件解决方案和 IT 服务等方面展现出竞争优势，为中兴通讯提供了全球化业务拓展的合作机遇。诺基亚公司，作为全球通信解决方案的供应商，在 5G 技术研究与发展上保持领先地位，与中兴通讯在 5G 技术的开发和应用上形成了竞争与合作关系。这些竞合关系的形成，反映了全球通信市场中企业间在推动技术创新和市场扩展方面的复杂互动，并共同促进了行业的繁荣发展。企业间的这些互动展现了在数字化转型过程中，企业需要具备战略灵活性和市场适应性，以实现持续的颠覆性创新和战略路径选择的必要性。

表 6 – 6　　　　　　　　　　与中兴通讯竞合的主要企业

序号	企业名称	竞合关系
1	华为技术有限公司	全球领先的通信解决方案供应商，5G 技术、物联网、云计算等领域的领导者
2	艾利和德智能化股份有限公司	智能电网领域知名企业，擅长数码化、智能化、安全化技术研发
3	腾讯控股有限公司	互联网、物联网、人工智能技术领先，拥有强大的合作伙伴生态系统
4	爱立信公司	全球电信领域领先企业，网络技术、软件解决方案、IT 服务等方面优势明显
5	诺基亚公司	全球通信解决方案供应商，5G 技术研发和发展上保持领先地位

资料来源：笔者根据相关资料整理。

（3）经验启示。

中兴通讯通过在全球范围内建立研发中心，汇集国际技术专家，确保了其在颠覆性创新领域的技术领先。公司在 5G、物联网、云计算和大数据等关键技术领域的持续投入，满足了市场对个性化和智能化服务的高标准需求。中兴通讯还通过创建开放平台和建立紧密的合作伙伴关系，构建了广泛的产业生态圈，为颠覆性创新提供了资源和支持，增强了其在全球市场中的竞争力。

如表 6 – 7 所示，中兴通讯在全球通信产业中通过一系列颠覆性创新策略，成功地提升了其在全球数字化生产网络中的融入度和国际竞争力。公司实施了持续的技术研发和创新，在 TDD – LTE、FDD – LTE 和 5G 技术领域取得了国际领先地位，显著提高了通信业务的速率和品质。其"Cloud UniCore"云核心网方案结合云计算与 5G 技术，为数字产业互联网提供了新一代服务。此外，中兴通讯建立了全球化、网络化的创新体系，通过资源整合,实现了快速产品研发和市场反应。成功因素包括中兴通讯坚持的以技术创新为核心、客户需求为导向的独特创新策略,以及持续的研发投入和全球化资源整合,这吸引了优秀人才并保持了竞争优势。国家政策和市场环境的支持,如《中华人民共和国国民经济和社会发展第十四个五年规划纲要》和"中国制造2025"战略,为中兴通讯的创新和发展提供了坚强保障。经验启示在于坚持技术创新是中兴通讯快速发展的核心。企业必须不断提升研发能力和技术实力,以技术创新为驱动力。同时,企业应综合运用模式创新、服务创新和组合创新等手段,满足客户需求,实现全流程整合和服务提供。加强组织创新和文化建设,激发员工的创新活力和工作热情,对推动企业整体创新能力提升至关重要。

表6-7　中兴通讯颠覆性创新策略的实施、成功因素与经验启示

序号	类别	要点	主要内容
1	实施过程	创新科技	中兴通讯在TDD-LTE、FDD-LTE和5G技术上取得领先,显著提升通信业务速率和品质
2		服务创新	推出"Cloud UniCore"云核心网方案,结合云计算与5G技术,提供新一代数字产业互联网服务
3		模式创新	通过全球化、网络化的创新体系,整合资源,实现快速产品研发和市场反应
4	成功因素	独特的创新策略	以技术创新为核心,以客户需求为导向,用创新思路解决实际问题
5		人才和资源的支持	持续研发投入和全球化资源整合,吸引优秀人才,保持竞争优势
6		国家政策和市场环境	"十三五""中国制造2025"等国家战略提供创新和发展的支持
7	经验启示	坚持技术创新	技术创新是中兴通讯快速发展的核心,持续提升研发能力和技术实力
8		综合运用创新手段	运用模式创新、服务创新和组合创新等手段,满足客户需求,实现全流程整合和服务提供

序号	类别	要点	主要内容
9	经验启示	加强组织创新和文化建设	注重组织创新和文化建设，激发员工创新活力，推动企业整体创新提升

资料来源：笔者根据相关资料整理。

3. 小米与华为：数字化全球生产网络中的颠覆性创新与战略竞争

（1）案例比较。

在当前迅速演变的全球科技领域中，华为和小米作为中国科技企业的佼佼者，不仅在国内市场取得了显著成就，同时也在全球范围内展示了中国企业的竞争力与创新实力。

华为和小米集团在财务实力、战略布局、市场洞察力、未来发展方向、生态系统构建以及国际竞争和企业责任等方面的综合表现如表 6－8 所示。首先，华为展示了其雄厚的财务实力，2023 年前三个季度净利润高达 750 亿元，凸显了其在通信市场的领导地位和卓越的盈利能力。小米虽然在总体盈利能力上不及华为，但其过去五年的财务数据显示了与华为同期净利润的可比性，反映了小米在财务稳定性和盈利模式上的竞争力。其次，小米公司坚持长期可持续发展战略，将企业愿景与市场趋势紧密结合，其产品布局从家电延伸至智能汽车领域，体现了对技术进步和市场需求演变的深刻理解。华为则通过持续的研发投入，构建起在通信领域的核心竞争力。小米在智能手机市场虽有显著成就，但在核心技术自主研发上与华为等领先企业存在差距，指明了其未来需加大研发投入，实现技术突破的方向。在构建智能生态系统和自主研发系统方面，华为与小米均展现出对未来技术趋势的积极响应。它们致力于创造无缝的用户体验，并通过整合家居、移动设备及其他智能产品，获得市场竞争的优势。目前，全球范围内仅有少数企业如苹果、谷歌和华为成功打造了具有广泛影响力的自主系统，这些系统为企业带来了技术领先优势和全球市场领导地位的坚实基础。小米集团在汽车产业的战略布局体现了其对跨行业融合的深远考量，尽管面临资本投入、技术门槛和市场竞争的挑战，但其在智能互联领域的技术积累和品牌影响力为汽车行业的深耕提供了潜在优势。小米汽车项目与国家产业升级和技术创新战略高度契合，有望加强国内汽车产业的竞争力。最后，在全球化的经济背景下，小米和华为彰显了其在国际市场上的领导潜力，通过技术创新和市场拓展，在国内市场取得领先地位的同时，也在国际市场上建立了显著的竞争优势。它们在追求商业成功的同时，承担着企业社会责任，通过提供高质量的产品和服务满足全球消费者需求，促进就业和经济发展，并积极参与社会公益活动，展现了企业的良好形象和责任感。

表 6-8 华为与小米在不同维度的比较

维度	华为	小米
财务表现	2023 年前三个季度净利润高达 750 亿元	过去五年的净利润总和与华为同期相仿，显示稳健的财务状况
市场领导地位	强劲的财务表现体现了市场领导地位和盈利能力	虽然盈利能力较华为有所不及，但展现出稳健的市场竞争力
技术创新	巨额研发投入，建立核心竞争力	手机市场取得成功，核心技术自主研发与华为存在差距
生态系统构建	成功构建了具有强大生命力的生态系统	积极构建智能生态系统，探索智能家居、智能汽车等领域
战略布局	全面而深入的技术积累，确立全球通信市场领导地位	灵活的战略布局，对新兴领域的持续投入
国际竞争	对国家高新技术发展和出口贸易产生积极影响	同样具有成为国际市场领先企业的潜力
企业责任	作为行业领导者，推动社会制度、金融制度、经济制度创新	符合城市和国家战略，推动产业链发展和国家技术进步
未来方向	持续的技术创新和系统构建能力，维持全球市场领先地位	追求长期发展，对新产业的投入展现发展潜力

（2）经验启示。

在数字化全球生产网络（DGPN）的背景下，华为与小米的比较分析揭示了两种迥异的颠覆性创新战略路径。华为依托其雄厚的财务实力、技术创新和系统开发方面的领先地位，展现了深度参与和积极采纳颠覆性创新的姿态。其持续的高额研发投入不仅推动了通信技术的突破性进展，而且成功构建了一个全面而强大的生态系统，体现了其对新技术和新市场的不断探索与应用。相较之下，小米集团虽然在盈利能力和技术积累方面与华为存在差距，但其战略布局和对新产业的投入展现了其追求长期发展的坚定愿景。小米的市场导向战略和对新兴领域的投入，如智能家居和智能汽车，体现了颠覆性创新理念，即通过探索新兴市场和消费者需求来推动产品和服务的创新，实现市场结构的变革。华为和小米的战略路径选择揭示了企业如何根据自身资源和市场定位，采取不同的创新策略来应对全球化和技术革新带来的挑战。华为通过构建强大的技术生态系统，加强了其在全球通信市场的领导地位。小米则通过灵活的战略布局和对新兴领域的持续投入，展现了其在颠覆性创新方面的潜力和灵活性。

6.5　小　　结

本章深入探讨了制造业向智能制造转型的战略路径，以及颠覆性创新在这一过程中的作用和融合战略。制造向智造转型的战略路径涵盖了智能化技术布局、智能制造体系建设和人才培养与组织结构调整。企业需引入自动化和机器人技术，利用物联网实现设备互联，并通过大数据与人工智能技术优化生产流程。构建柔性生产线以适应市场需求的多样化，实施数字化工厂规划与管理，集成制造执行系统与企业资源规划。同时，培训现有员工掌握智能制造技能，招聘具备数字化技能的新员工，并调整组织结构以适应智能制造的需求。颠覆式创新的战略路径包括识别创新机会、构建创新生态系统和管理文化的塑造。企业需分析市场需求与技术趋势，发掘新兴市场，评估竞争对手的创新动态，并与供应商、客户、研究机构等建立合作。参与行业创新平台与标准制定，支持内部创业与孵化项目，建立鼓励创新的企业文化，实施敏捷开发与快速迭代策略，并设立创新激励与容错机制。制造向智造转型与颠覆式创新的融合战略要求企业制定数智化转型与颠覆式创新的整体规划，并评估转型与创新过程中的风险与挑战。找出制约的关键环节和痛点，把握颠覆式创新的潜在方向和机会，建立跨部门的协作机制，全面评估风险与挑战，确保转型策略的有效实施。通过这些战略路径的实施，企业能够促进制造业的智能化升级，同时通过颠覆性创新开拓新的市场和业务模式，实现可持续发展。最后，通过国内外典型案例的广泛取证与比较分析，从各方面诠释整合战略路径的选择。

第 7 章

数智化赋能：制造业模块化、
技术链整合与创新生态

在当前数字化时代，数据已成为推动经济增长的关键因素，其在生产领域的价值日益凸显。它不仅引领着数字经济的蓬勃发展，还促进了经济结构向创新、知识、技术驱动模式的转型，逐步实现从"中国制造"向"中国创造"的转变。政府在 5G、物联网、工业互联网等新型基础设施的建设上投入巨大，进一步凸显了大数据在激发生产力增长中的核心作用。为了充分发挥数据的潜力，需要构建一个有效的数据交易市场和完善的数据要素市场体制机制。这包括设计公平的交易规则，建立数据供求双方的交易平台，以及促进数据市场与其他要素市场的协同发展。数据市场平台应具备查询、交易和隐私保护等功能，同时考虑数据所有者和消费者对平台的信任问题，采用中介化交易方式，最小化信息泄露风险。此外，基于密码学和区块链技术的数据交易方案，可以为保护敏感信息提供有效方法，支持可信交易。同时，数据要素市场化配置与安全保护措施需要协调统一，以培育规范、高效、安全的新型数据要素市场。同时，为了在全球竞争中保持领先地位，制造业必须加快转型升级，实现智能化、高效化和可持续化发展，应从数智化赋能制造业模块化、技术链整合与创新生态构建等角度探索相关改进措施。

7.1 促进数据要素市场化与人工智能赋能千行百业

7.1.1 完善数据要素市场体制机制

第一，数据要素的市场化配置需要加快改革，完善市场决定价格的机制，加强价格管理和监督，引导市场主体依法合理行使定价权，推动政府定价机制的转变。同时，建立要素价格公示和动态监测预警体系，逐步建立价格调查和信息发布制度，完善市场价格异常波动调节机制。第二，培育数字经济新产业、新业态和新模式，支持规范化数据开发应用场景，推动传统制造业向智能制造业转型升级，加强数据资源整合，提高数据质量和规范性，丰富数据产品。完善数字产权保护体系，防范数字侵权行为，培育数字化人才。第三，建立健全数据产权交易和行业自律机制，推进电子化交易，提升监管水平。充分发挥市场配置资源的决定性作用，保障不同市场主体平等获取生产要素，推动数据要素配置依据市场规则实现效益最大化和效率最优化。打破地方保护，加强反垄断和反不正当竞争执法，规范交易行为，构建公平有序的竞争环境。第四，平衡数据市场中数据的资本和劳动属性，鼓励基于数据要素的创新活动，同时激励数据所有者提高数据的数量和质量。研究预测显示，数据要素驱动的人工智能将在未来几十年内使大量工作自动化，数据劳动可能成为国民收入的重要组成部分。因此，需要平衡数据要素对其他要素的替代效应，最大化发挥不同要素之间的互补效应。第五，提高数据产业的技术创新能力和基础设施建设水平，利用机器学习技术，如深度学习，来挖掘大数据的价值。机器学习由大数据源驱动，适用于处理快速变化的大型复杂数据集，并通过云计算和边缘计算基础架构进一步改善。促进区块链技术与云计算、大数据、人工智能等技术的融合发展，形成新的数据经济基础设施的治理手段，加强新一代信息技术创新，推动技术研发和产业化运用。

7.1.2　促进人工智能赋能千行百业

第一，建立由政府主导的人工智能产业发展领导小组，实现省市联动和政企协作，确保政策连贯性和执行效率。加强政策供给，包括财政、税收和金融支持，降低企业成本，同时推动法规规章的制定，确保产业健康有序发展。第二，实施创新人才培育计划，包括"智慧工匠"和"首席算法师"，建设继续教育和高技能人才培养基地，加强人才的专业技术和复合能力培养。强化创新示范应用，支持高创新价值项目，组织创新创业大赛，搭建新产品新技术的供需平台，促进创新成果转化。第三，营造良好的产业生态氛围，鼓励地方布局重点产业集群，建设特色小镇和产业园，支持创新中心和服务平台建设，提供一站式服务。加强国际交流合作，吸引外资企业设立研发中心，深化国内外多层次合作，提升国际影响力，组织国际高水平学术会议。第四，支持人工智能领域项目建设，鼓励市场主体实施伙伴合作计划，共同推进项目实施，促进知识产权的转移转化和保护。推动国家（省）人工智能开放创新平台建设，加快产业基地发展，提升园区智能化水平，形成产学研用一体化的创新生态。

7.2　推动制造模块化与柔性化

7.2.1　模块化生产与提高制造灵活性和降低成本

模块化生产作为一种高效的制造理念，其核心在于将复杂的产品分解为一系列相对独立的模块，每个模块都能够独立设计、生产和组装。这种生产方式对提高制造灵活性和降低成本具有显著影响。首先，模块化生产极大地提高了制造灵活性。通过模块化设计，企业能够快速响应市场变化和客户需求，实现产品的多样化和个性化定制。当市场需要新产品或功能升级时，企业只需更改或升级部分模块，而无须重新设计和制造整个产品，这大幅缩短了产品的研发周期和上市时间。此外，模块化还促进了生产过程的标准化和简化，使得企业能够更容易地进行生产调整和扩展，以适应不断变化的市场需求。其次，模块化生产有助于降低成本。由于模块的标准化和通用性，企业可以实现规模经济，提高材料和组件的采购效率，降低库存成本。同时，模块化设计简化了生产流程，减少了生产复杂性，有助于降低生产成本和维护成本。再次，模块化还促进了供应链管理的优化，通过外包或合作生产某些模块，企业可以专注于其核心竞争力的发挥，进一步提升成本效益。政策制定者可以从中得到启示，通过支持模块化生产的相关技术发展、标准化制定、人才培养等措施，推动制造业的转型升级，增强企业的市场竞争力。最后，鼓励企业采用模块化生产方式，以提高生产效率和灵活性，降低生产成本，促进制造业的可持续发展。

7.2.2　鼓励企业采用模块化设计和生产技术

政府在推动模块化生产和技术创新方面扮演着关键角色。政府应提供研发资金支持，鼓励企业进行模块化设计和相关技术的研究。这可以通过设立专项基金、提供税收优惠等方式实现，以降低企业的研发成本和风险。具体措施包括：一是设立专项基金。创建专注于模块化设计和制造项目的研究与开发基金，支持企业在产品设计、生产工艺、供应链管理等方面的创新。二是提供税收优惠。通过减免税收，为企业节省资金，鼓励其将资金重新投入到研发活动中，如对模块化技术研发投资提供所得税减免或税收抵扣。三是降低研发成本和风险。政府可以承担一部分研发项目的风险，如提供研发保险，减少企业因研发失败而承担的损失。四是建立公私合作模式。政府与企业共同投资研发项目，分担成本和风险，促进知识和技术的交流与共享。五是促进产学研合作。政府搭建平台，加强高校、研究机构与企业之间的合作，使企业能够接触并应用最新的科研成果。六是提供技术指导和服务。设立服务机构，为企业提供模块化设计的技术指导、市场分析、标准制定等服务，提高研发效率。通过这些措施，政府不仅能够促进企业在模块化生产方面的创新，还能够加速技术的应用和产业化，推动制造业的转型升级和可持续发展。

7.2.3　建立支持供应链协同和灵活调整的政策框架

为了实现制造业的高质量发展，供应链的高效协同至关重要。政府可以采取多项措施来促进供应链的优化和创新。首先，通过建立行业信息平台，政府能够促进供应链各环节之间的信息共享，提高透明度，减少信息不对称的成本，并加强企业间的合作。其次，政府的支持可以通过提供技术研发资金和税收优惠，鼓励企业采用物联网、大数据分析和人工智能等先进技术，以提升供应链的智能化和响应速度。再次，政府需要制定政策帮助企业建立有效的供应链风险管理体系，增强对中断和市场波动的应对能力。这包括建立应急预案、多元化供应商策略和灵活的库存管理。同时，通过金融政策创新，政府可以提供供应链金融服务，如订单融资和应收账款质押，以解决中小企业的资金周转问题。人才培养也是关键一环，政府应加强对供应链管理人才的培养，提升从业人员的专业技能，并通过教育和培训项目，促进企业与高校、研究机构的合作。最后，政府应引导企业实施绿色采购、节能减排和循环经济措施，推动供应链的环境友好和可持续发展，这不仅有助于保护环境，还能提高企业的社会责任形象和市场竞争力。

7.2.4　推动标准化和认证工作，确保不同模块之间的兼容性和质量稳定性

政府在促进制造业高质量发展中起着至关重要的作用，特别是在推动

行业标准化方面。首先，政府和行业协会需要合作，制定一系列统一的模块化设计和生产标准，确保不同供应商生产的模块能够无缝对接和集成。这些统一标准将涵盖接口设计、尺寸规格、材料选择和功能要求等方面。其次，建立国家级或行业级的认证体系对于提高市场信任度和产品市场接受度至关重要。通过认证标志，消费者和企业可以轻松识别高质量的模块化产品。再次，政府应鼓励企业参与到模块化标准的制定和修订中，利用企业的实践经验和技术专长，共同推动行业标准的完善。为了保障产品质量，政府质量监督部门应加强质量管理和监督，定期进行产品抽查，确保产品符合国家标准和行业规范。同时，建立标准化信息平台，及时发布最新标准信息和认证结果，为企业提供指导和服务，为消费者提供查询便利。最后，政府应加强培训和教育，组织相关活动提高企业和从业人员对模块化标准的认识，提升标准化设计和生产能力。这些措施将有助于降低企业间的协作成本，促进整个行业的健康发展，推动制造业的创新和升级。

7.2.5 搭建模块化生产交流平台，提升模块化与柔性化生产的技术水平

政府在推动制造业模块化生产方面扮演着关键角色，通过建立行业交流平台来促进企业间的信息共享和技术交流。首先，政府和行业协会将牵头创建合作平台，举办定期的研讨会、工作坊和展览会，以分享模块化设计、生产管理和供应链协同的经验和成果。该平台还将促进知识共享和技术传播，使企业能够获取行业最佳实践、新技术应用案例和市场发展趋势，从而加速自身技术创新。其次，平台将强化产学研合作，鼓励学术界提供理论支持和前沿技术，同时企业贡献实际应用场景和需求反馈，共同推动模块化与柔性化生产技术的发展。技术培训和人才培养机制也将通过平台得以建立，提供专业技能提升服务，并与教育机构合作培养专业人才。国际合作与交流同样重要，平台将致力于引入国外先进的模块化生产

理念和技术，帮助国内企业提升国际竞争力。最后，为鼓励创新，平台可能设立专项基金，支持企业开展模块化生产相关的创新实验项目，探索和优化生产流程。

7.2.6 建立适应模块化与柔性化生产的人才培养体系，提供相关技能培训和支持

政府在培养模块化生产相关技术和管理人才方面发挥着重要作用。首先，高等教育和职业教育机构需要与行业需求紧密结合，通过整合课程资源，开设与模块化和柔性化生产相关的专业和课程，如工业设计、机械工程、自动化技术和供应链管理等。其次，政府应资助和支持企业开展员工技能培训项目，特别是在数字化设计、生产自动化、精益生产和供应链优化等方面，以提升员工的实际操作能力和解决问题的技能。再次，推动双元制教育模式，鼓励企业与教育机构合作，将理论学习与实践操作相结合，使学生在学习期间能够到企业实习，直接参与模块化生产流程，从而更好地理解生产实践和掌握相关技能。最后，为在职人员提供持续教育和职业发展的机会，帮助他们适应技术变革和产业升级的需求，这可以通过在线课程、夜校、短期培训班等形式实现。

7.3 推进技术链垂直化布局

7.3.1 垂直化技术链与提升产业链效率和促进技术创新

垂直化技术链是一种产业组织形式，其中一家公司或少数几家公司掌控从原材料供应、零部件制造，到产品组装、销售和服务的所有技术环节。这种整合可以显著提升效率，因为它紧密衔接各个环节，减少信息传

递的延迟和失真，同时降低交易成本。此外，垂直化技术链有助于公司更好地控制产品质量和研发进程，从而更快地响应市场需求。首先，垂直化技术链提高产业链效率。每个环节都更加专业化和精细化，专注于其核心能力的发挥，提高整体生产效率。通过垂直化，企业可以减少不必要的中间环节，缩短产品从设计到市场的时间，加快市场变化的响应速度。这还有助于降低生产成本和提高资源配置的效率，因为每个环节都可以更加专注于成本控制和质量提升。其次，垂直化技术链促进技术创新。专业化分工使企业能够集中资源和精力进行技术研发和创新。不同环节的企业在其专业领域内深入研究，相互合作产生新的创意和技术突破。再次，垂直化技术链有助于形成创新生态系统，其中企业、研究机构、高校等不同主体在技术链中各司其职，共同推动技术进步和产业升级。最后，垂直化技术链增强竞争力。企业能够灵活调整生产策略，快速适应市场需求的变化，增强市场竞争力。通过技术创新和效率提升，企业可以提供更具竞争力的产品和服务，满足消费者需求，开拓更广阔的市场。

7.3.2 支持相关行业的技术研发和创新

在推动制造业数智化转型和技术创新的过程中，政府发挥着不可或缺的作用。政府可以通过提供定向资金支持，如设立专项研发基金、项目资助和贷款贴息，来鼓励企业在关键技术领域进行研发活动，减轻企业的研发负担，并激励更多的资源投入技术创新。此外，政府还可以通过提供税收优惠，如对研发支出给予税收抵扣或减免研发成果产生的收入税，来进一步激励企业增加研发投入，降低研发成本，提高研发活动的吸引力。建立研发补贴机制是政府另一种有效的激励方式，根据企业的研发投入情况提供一定比例的补贴，无论是现金补贴还是税收减免形式，都有助于降低企业的研发风险和成本。对于具有高潜力的创新项目，政府应提供特别资金支持，帮助这些项目快速成长，加速技术的市场化进程，并促进产业结构的优化升级。政府还应为研发成果的商业化提供便利条件，包括简化行政审批流程、提供市场准入支持、加强知识产权保护等，这些措施可以加快创新技术的市场应用，提高企业的创新回报。通过这些综合性措施，政府能够为企业营造一个有利的研发和创新环境，推动产业的持续进步和升级。

7.3.3　加强产学研合作，促进技术链各环节之间的密切合作与交流

在推动制造业的数智化转型和技术创新中，加强产学研合作是提升产业链效率和促进技术进步的关键策略。政府应通过优化产业链政策，提供激励措施，如税收优惠、资金补贴、研发资助等，以鼓励企业与学术机构和研究机构建立合作关系。这些政策旨在降低合作门槛，提高合作意愿，促进资源共享和技术交流。形成产学研联盟是促进各环节密切合作的有效方式。这种联盟使学术界的研究成果能快速转化为产业界的实际应用，同时产业界的需求也能指导学术研究的方向，实现双方的互利共赢。在这一合作框架下，各方应致力于共享资源和知识。企业可以提供研究资金和实习机会，学术机构可以提供人才和研究成果，研究机构可以提供技术咨询和服务，加速技术创新成果的转化应用。此外，政府应鼓励企业采用模块化生产方式，这有助于提高生产灵活性和效率，降低成本，并促进供应链的协同。模块化生产使企业能更快地响应市场变化，实现个性化和定制化生产，增强企业的市场竞争力。

7.3.4　建立技术链上下游企业间的合作机制

在制造业的数智化转型过程中，建立技术链上下游企业间的合作机制对于提升整个产业链的竞争力和创新能力至关重要。政府和行业协会可以牵头建立产业联盟，这是一个促进上下游企业之间合作的有效平台。通过联盟，企业可以共同探讨行业发展趋势、技术创新和市场机会，实现信息

共享和资源整合。利用数字化技术，构建合作平台，使得上下游企业能够更加便捷地进行信息交流和技术合作。平台可以提供供需匹配、技术交流、联合研发等功能，促进企业间的协同工作。同时，鼓励企业之间的信息交流，包括市场动态、技术进展、管理经验等，有助于企业及时调整战略，把握行业发展趋势，共同应对市场变化。通过产业联盟或合作平台，企业可以更容易地找到合作伙伴，开展技术合作，共同研发新产品或新技术。这种合作可以降低研发成本，分散风险，加速技术创新的进程。此外，合作机制应促进资源共享，包括研发资源、生产能力、市场渠道等。通过资源共享，企业可以优化资源配置，降低运营成本，提高生产效率。

7.3.5 提供财政、税收等政策激励

在推动制造业技术进步和产业升级的过程中，政府的财政和税收政策激励发挥着至关重要的作用。首先，政府可以通过提供税收减免政策，降低企业研发活动的实际成本。例如，对于企业的研发支出，政府可以允许一定比例的税收抵扣，或者在计算应纳税所得额时给予额外的扣除。其次，直接的财政补贴是激励企业增加研发投入的有效手段。政府可以为从事高风险技术研发的企业提供资金支持，降低企业的研发风险，鼓励其进行创新尝试。再次，对于那些在研发过程中产生高额成本的企业，政府可以提供研发成本补贴，减轻企业的财务负担，促进其持续进行技术创新。最后，对于成功将研发成果转化为商业产品的企业，政府可以给予奖励或者额外的税收优惠，以此鼓励企业将研发成果市场化。这些政策激励不仅能够促进企业加大研发投入，加速技术创新，还能推动制造业的产业升级和经济增长。

7.4　促进创新链生态化

7.4.1　建立完善创新生态系统，包括创新孵化器、科技园区等

在促进创新链生态化的过程中，建立和完善创新生态系统是关键措施之一。政府和私营部门应合作建立创新孵化器，为初创企业和中小企业提供必要的支持，包括办公空间、资金支持、技术咨询和市场指导等。这些孵化器专注于培育有潜力的创新项目和企业，帮助它们快速成长。此外，通过规划和建设科技园区，集中创新资源，吸引高科技企业和研发机构入驻。科技园区应提供优越的基础设施、税收优惠、资金扶持等，以促进科技创新和产业集聚。政府应出台一系列优惠政策，如减免税收、提供研发补贴、优先审批等，降低企业的研发成本和市场准入门槛，激励企业增加研发投入。除了财政资金支持外，政府还应提供技术、人才、信息等资源支持。例如，建立公共技术服务平台，提供研发共性技术服务；建立人才培训和引进机制，为企业输送高素质人才。发展和完善创新服务体系，包括知识产权保护、技术咨询、市场分析、法律咨询等，为企业提供全方位的创新服务。

7.4.2　加强知识产权保护，鼓励企业进行技术创新和研发投入

在促进创新链生态化的过程中，加强知识产权保护对于激发企业技术创新和研发投入至关重要。首先，政府应不断修订和完善知识产权相关的法律法规，确保法律体系与时俱进，能够覆盖新兴技术和商业模式中的知

识产权问题。其次，通过提高侵权行为的法律后果，如增加罚款金额、延长监禁刑期等措施，形成足够的威慑力，防止侵权行为的发生。确保企业的创新成果得到有效保护，涵盖专利、商标、版权、商业秘密等多种形式的知识产权，并包括从申请、审查到授权的全过程。这样的保护能够确保企业从研发投入中获得合理的回报，激励企业增加对研发的投入，推动技术创新。强化知识产权保护不仅有助于促进科技成果的转化和商业化，因为企业会更愿意分享和许可其技术，知道它们的权益将得到法律的保护，而且可以提高本国企业在国际市场上的竞争力。外国投资者和合作伙伴会更有信心与这些企业进行技术合作和贸易往来。

7.4.3 开展国际合作与交流，促进跨国科技创新链的形成和发展

开展国际合作与交流对于推动科技创新链的国际化发展至关重要。首先，积极参与国际合作项目，与全球研发机构共同进行技术研究，不仅加速技术引进和创新，也有助于引入先进技术和管理经验，从而提升本土企业的运营效率和产品竞争力。其次，推动国内技术链与国际标准接轨，增强企业对国际市场规则的适应能力，拓宽国际视野。通过国际交流，企业能够增强自身的国际竞争力，这包括技术创新、品牌建设和市场拓展等方面。组织国际会议和展览，为企业提供国际交流的平台，促进知识和经验的共享，同时支持国际人才交流，培养具有全球视野的科技人才，为科技创新提供人力资源支持。最后，利用国际合作机会帮助企业拓展国际市场，建立全球销售网络，这不仅能增加企业的市场接触面，还能促进其产品和服务的全球化。在进行国际合作的同时，也需注意评估和管理国际市场的风险，确保合作的稳定性和持续性。

7.5 推动服务平台数字化

7.5.1 推动数字化转型，提升服务效率和用户体验

在当前的数字经济时代，服务平台的数字化转型对于提升服务效率和用户体验至关重要。鼓励服务行业采用数字技术，如云计算、大数据分析等，不仅能够提升服务效率和用户体验，还能推动传统服务业向现代服务业转型。首先，服务行业通过采用云计算、大数据分析等先进技术，能够实现资源的优化配置，提高服务的响应速度和精准度。这些技术使服务提供者能够更有效地处理和分析大量数据，从而作出更精准的决策。其次，数字化手段可以帮助服务行业简化工作流程，减少中间环节，提高服务的交付速度，并降低运营成本。通过自动化和智能化的工具，服务流程变得更加高效，减少了人力和时间的消耗。再次，数字化服务平台能够通过个性化推荐、智能客服、一键式服务等功能，提供更加便捷、个性化的消费体验，满足消费者的多元化需求。这种以用户为中心的服务模式，能够提升用户满意度和忠诚度。最后，数字化转型不仅仅是技术上的更新，也涉及业务模式和组织结构的创新。这有助于传统服务业实现价值链的提升和商业模式的创新，从而在竞争激烈的市场中脱颖而出。

7.5.2 建立统一的数据标准和共享机制

在数字化转型的背景下，建立统一的数据标准和共享机制对于提升数据资源的利用效率和价值至关重要。首先，统一的数据标准是实现数据互操作性和兼容性的前提。在服务平台数字化的过程中，不同系统和平台会产生大量数据。统一标准确保不同来源和类型的数据可以被不同系统无缝

识别和处理，提高数据处理的自动化水平和准确性，避免信息孤岛的形成。其次，建立数据共享机制有助于打破信息壁垒，促进数据资源的最大化利用。通过合理的数据共享政策和法律法规，鼓励企业、政府部门和研究机构之间的数据流通，激发创新和促进知识传播。数据共享提高决策透明度和科学性，为政策制定和社会管理提供数据支持。最后，统一的数据标准和共享机制可以提高数据的利用效率，将数据资源转化为实际的经济和社会价值。在智能制造领域，实时数据共享帮助企业快速响应市场变化，优化生产流程。金融科技领域中，数据共享促进风险管理，提高金融服务的普惠性。此外，数据共享支持跨行业创新，如智慧城市建设、健康医疗等，推动社会经济的全面发展。

7.5.3　加强网络安全保护

在数字化转型的过程中，网络安全保护是一个至关重要的议题。随着数字服务平台的广泛应用，网络安全成为保护企业和个人数据安全的关键。网络安全体系的健全性直接关系到企业运营的稳定性和个人隐私的保护。加强网络安全保护是确保数字服务平台可持续发展的前提。建立健全的网络安全体系需要政府、企业和社会各界的共同努力。政府应制定严格的网络安全法规，明确网络安全责任和义务，同时提供必要的政策支持和指导。企业则需要投资于网络安全技术，建立专业的网络安全团队，实施有效的网络安全管理和监控措施。此外，还需要加强网络安全意识教育，提升全员的网络安全防范能力。企业和个人信息安全是网络安全保护的核心。企业应采用加密技术、防火墙、入侵监测系统等手段，防止数据泄露和网络攻击。对于个人信息的保护，需要确保数据收集、存储和处理的合法性、合规性，以及透明度。此外，企业应建立数据泄露应急预案，一旦发现安全事件，能够迅速采取措施，减少损失。网络安全保护的最终目的是增强社会对数字服务平台的信任。信任的建立需要长期的努力和持续的投入。通过提供安全可靠的数字服务，企业可以赢得用户的信任，从而促进数字经济的健康发展。政府和企业应积极沟通，共同推动网络安全标准的制定和实施，提高整个行业的安全水平。

7.6 金融科技促进资金链与人才链精准聚合化

7.6.1 加强政策导向

政策应继续支持金融科技企业，提供财政补贴和税收优惠，降低运营成本，激励创新。中央和地方政府需与金融机构合作，通过发放消费券和提供消费信贷支持，形成协同效应，刺激消费，促进金融业务创新。金融科技的普及在中西部地区尤为重要，有助于缩小地区发展差距，并提供定制化金融服务。此外，金融科技在企业融资约束方面发挥重要作用，特别是在高新技术企业和制造业中，通过提高企业会计信息披露质量和银行业竞争，优化投融资期限结构。政府还应鼓励金融科技企业与传统金融机构和科研院所加强合作，推动金融科技的发展，提高生产效率和优化供应链管理。

7.6.2 推动企业开放合作

金融科技企业应加强与高端制造业的融合，支持制造业现代产业体系的建设，并加速产业的数字化转型。在信贷资源配置效率的提升和企业融资渠道的拓宽方面，金融科技的应用也起到了关键作用。政府鼓励企业加强内部控制和治理结构，提升对金融科技的适应能力和利用效率。同时，通过金融科技提升信息透明度，减少信息不对称，增强市场信任，为建立更加公平和透明的市场环境提供支持。

7.6.3　完善金融科技创新生态

建立金融科技创新基金，加强知识产权保护，吸引资金和人才参与金融科技的研究与开发。支持金融科技的基础研究和应用开发，促进大数据、人工智能、区块链等前沿技术在金融领域的创新应用。提高消费者对金融科技服务的认知和接受度，通过教育和宣传增强公众金融素养，使消费者能够更加理性地利用金融科技平台进行消费和投资，提高个人财务管理能力。

7.6.4　宏观审慎监管与金融稳定

在金融科技的快速发展过程中，加强宏观审慎监管是确保创新与金融系统稳定性相协调的关键。制定针对性政策以减轻金融科技可能带来的系统性风险，尤其是在经济下行期，显得尤为重要。同时，推动金融科技与科创金融的有效结合，可以促进技术创新与金融服务的共同发展。为了实现资金链与人才链的精准聚合化，需要建立和完善金融科技监管机制，为金融科技企业提供适应性监管政策和支持。

7.6.5　金融科技重塑金融服务业态

鼓励通过金融科技的发展推动金融服务业态的重塑。例如，金融大模型的发展将对金融科技行业范式产生深远影响，AI 认知和理念的转变、重塑客户服务流程和体验、改善风险管理、提升金融服务效率和创新金融业务形态。科技投入更加关注产出能效，同业科技输出向生态赋能方式转变，AI 助力财富管理创新，机构核心系统自主化提速。保险科技向风险减量管理演进，与产业升级相结合不断拓展服务边界。数实共生和数字化平台服务加速普惠金融发展，多方携手共拓供应链金融新蓝海，移动支付创新场景应用，监管科技有望借助大模型提升监管效率。

7.7　产业组织虚拟化

7.7.1　加强数字化基础设施建设

数字化基础设施作为产业组织虚拟化的技术基础，对于实现高效的虚拟运营模式至关重要。为此，政府需要在高速宽带和云计算中心等关键基础设施上进行投资，为产业虚拟化提供坚实的物理基础。同时，应制定政策鼓励私营部门参与这些基础设施的建设和运营，通过公私合作模式（PPP）共同促进基础设施的发展。此外，政府还需加大对数字化技术的研发力度，推动技术创新，提升基础设施的技术与服务水平，并培养一支既懂技术又具备管理能力的数字化人才队伍，为基础设施建设与运营提供必要的人力资源。同时，随着数字化基础设施的建设，网络安全防护也不可忽视，必须确保数据安全和个人隐私得到有效保护。这些综合措施将共同构建一个强大的数字化基础设施体系，支持产业的虚拟化运营，推动经济的数字化转型，为企业提供更广阔的发展空间。

7.7.2　推动信息共享和互联互通

信息共享平台的建立对于促进企业间的数据流动和知识共享至关重要。它为企业获取合作伙伴的运营数据、市场需求信息、供应链状态等关键信息提供了渠道，使企业能够做出更加精准的决策。此外，信息共享平台还能促进企业间的协同工作，提高整个产业链的运作效率。为了实现这一目标，需要采取以下措施：第一，制定统一的数据交换和通信标准，确保不同企业和系统之间的兼容性。第二，投资于云计算、大数据和物联网等信息技术，支持信息共享平台的建设和维护。第三，加强网络安全措施，保护企业数据和用户隐私，增强企业对信息共享的信任。第四，通过政策引导和财政补贴，鼓励企业参与信息共享平台的建设和使用。第五，建立示范项目，展示信息共享和互联互通的效益，引导更多企业参与。第六，提供培训和教育，提高企业对信息共享和互联互通的认识和操作能力。通过这些综合措施，可以有效地推动企业间的信息共享和互联互通，提高资源配置效率和市场响应速度，从而提升整个产业的竞争力和创新能力。

7.7.3　加强数据安全和隐私保护

确保数据安全的关键在于制定严格的数据保护法规，这些法规需要全面覆盖数据收集、存储、处理、传输和销毁的各个环节，并明确企业在数据处理活动中的法律责任和义务。通过法律手段，可以有效地遏制数据泄露、滥用和盗窃等行为，保护企业和个人的数据安全和隐私不受侵犯。为此，需要制定和更新数据保护相关的法律法规，以适应技术发展和市场变化的需要。同时，定期开展数据安全教育活动，提高公众和企业员工的数据保护意识，并提供专业的数据安全技能培训，以提升企业和个人在数据保护方面的专业能力。此外，采用先进的数据加密、访问控制和网络安全技术，可以提高数据的安全性。建立和完善数据安全管理体系，包括数据分类、风险评估和应急响应等，也是加强数据安全的关键措施。参与国际数据保护标准的制定，推动数据保护的国际合作和交流，有助于提升全球数据保护水平。最后，加强数据保护法规的监管和执行力度，确保法规得到有效实施，是保障数据安全不可或缺的一环。

7.8　小　　结

政策在推动制造业的数智化转型和技术创新方面扮演着关键角色。首先，将数据要素市场化体制机制的建议纳入政府的战略视野，通过数据要素市场化，驱动大数据的深入发展，激发产业创新，促进经济转型，并与科研创新紧密融合，推动基础研究和关键技术突破，为经济发展战略贡献力量。其次，政府鼓励制造模块化与柔性化，以提高生产灵活性和降低成本。这包括建立政策框架以支持供应链协同、标准化和认证工作，搭建交流平台，并建立人才培养体系。再次，政府推进技术链垂直化布局，通过支持技术研发和创新，加强产学研合作，促进技术链各环节的密切合作与交流，并提供财政和税收激励政策。此外，促进创新链生态化也是关键，政府通过建立创新孵化器和科技园区，提供优惠政策和资源支持，加强知识产权保护，鼓励企业技术创新和研发投入。政府还推动服务平台的数字化，建立统一的数据标准和共享机制，并加强网络安全保护，以提升服务效率和用户体验。金融科技的应用促进资金链与人才链的精准聚合化，政府通过加强政策导向和宏观审慎监管，推动企业开放合作，完善金融科技创新生态。最后，产业组织虚拟化通过加强数字化基础设施建设和推动信息共享与互联互通实现，同时加强数据安全和隐私保护。这些综合性政策措施共同构成了促进制造业数智化转型和技术创新的坚实基础，旨在提高产业的整体竞争力和可持续发展能力。

第 8 章

结论与展望：数智化赋能的未来路径

8.1　主要研究结论与贡献

8.1.1　主要研究结论

本书深入探讨了数智化转型与颠覆性创新在中国制造业中的应用、挑战和未来趋势。研究表明，数智化转型通过大数据、人工智能、5G 通信、物联网和区块链等技术的应用，正重塑企业运营模式并增强其竞争力。颠覆性创新则通过引入新技术或商业模式，打破现有市场和产业结构，为企业提供突破传统竞争的新途径。两者结合，对企业乃至整个产业的竞争力和发展方向产生了深远影响。第一，固定资产投资和研发投入对 GDP 增长具有显著正面作用，技术密集型工业和进出口在经济结构优化中扮演关键角色。金融科技对区域创新绩效有显著正面影响，特别是在经济和金融发展较为成熟的地区。数智化赋能被证实能提升产业国际竞争力，其中固定资产投资、人力资源、创新投入和颠覆性创新是关键因素。第二，本书进一步分析了数智化赋能与颠覆性创新在提升企业生产效率、促进企业绩效改进及加速企业国际化进程中的作用。数字化变革与新基建的内在逻辑机理为制造业向智能制造转型提供了理论基础。数字化与创新共同促进企业绩效提升和生产率增长，人工智能（AI）和金融科技（FinTech）在企业数字化转型中的应用及其影响受到了特别关注。第三，智能制造与颠覆性创新的战略融合对制造业高质量发展至关重要。企业需投入研发资源、调整组织结构、培养创新人才、紧密关注市场导向，并构建合作共赢的生态系统。数智化推动了制造业模块化、技术链整合及创新生态构建，这些战略的融合提升了企业的内部运营效率和市场变化的响应能力。总之，本书为政策制定者提供了关于如何通过数智化转型和颠覆性创新推动制造业发展的决策参考，并强调了持续创新和适应变化的必要性。

8.1.2　主要贡献

本研究的主要贡献在于深入探讨了数智化转型与颠覆性创新在推动制造业，尤其是智能制造领域发展中的应用与影响。具体体现为：一是研究系统地梳理了数智化转型和颠覆性创新的理论基础，明确了相关概念、特征和路径选择，为后续的实证分析和案例研究提供了坚实的理论支撑。二是通过实证分析，研究揭示了人工智能、金融科技等关键数字技术在企业中的应用现状和趋势，以及这些技术如何推动企业经营模式、创新生态和生产流程的变革。三是研究详细讨论了政策环境、企业特征和市场条件等因素如何与技术创新相互作用，共同塑造企业的转型路径，为政策制定者提供了实施相关政策的参考和建议。四是研究重点关注了中国制造业的实际情况，通过案例分析详细阐释了制造向智造转型的实践路径和策略选择，为中国制造业的数智化转型提供了宝贵的经验和策略指导。五是研究为学术界提供了新的研究视角与思考路径，通过案例分析、数据分析等研究方法，丰富了数智化转型与颠覆性创新的理论基础，并为相关学术领域的讨论贡献了新的观点。六是研究提出了智能制造与颠覆性创新的战略融合路径，为企业实现战略转型和提升产业国际竞争力提供了具体的策略分析。七是研究不仅总结了当前的研究成果，还识别了研究的局限性，并建议未来研究应扩大样本范围、采用多元方法，并深入探讨数智化在不同环境下的应用。八是研究的结论与展望，为中国乃至全球的制造业转型升级提供了深刻的理论见解和实践指导，助力制造业在全球竞争中立于不败之地。

8.2　研究局限与未来展望

8.2.1　研究局限

研究的局限包括以下几个方面：一是研究可能基于特定的企业或行业样本进行，这可能限制了研究结果的普遍适用性。未来的研究可以考虑更广泛的样本，包括不同规模、类型和地理位置的企业，以增强研究结论的代表性和广泛性。二是研究中使用的数据可能存在偏差，特别是当数据主要来自企业自行报告的信息时。为了提高数据的可靠性，后续研究可以结合多种数据来源，如政府统计、第三方评估等。三是研究可能采用了特定的分析方法，这可能在某种程度上限制了对问题的深入理解。未来的研究可以尝试多种研究方法，如定性分析、案例研究、比较研究等，以获得更全面的理解。四是鉴于数智化和颠覆性创新领域的快速技术进步，研究可能难以跟上最新的技术趋势。后续研究需要不断更新，以反映最新的技术发展和应用实践。五是政策环境是影响数智化转型和颠覆性创新的关键因素，但其变化可能未被充分捕捉。未来的研究应该考虑政策变化对企业战略和行为的动态影响。六是在全球化的背景下，不同国家和地区的经济、文化、法律等差异对数智化转型和颠覆性创新有着重要影响。研究需要在更广阔的国际背景下进行，以理解这些差异如何影响企业的转型路径。七是尽管实证分析提供了宝贵的见解，但可能还有更深层次的因素影响着数智化转型和颠覆性创新的成功。未来的研究可以深入探讨这些潜在因素，如组织文化、领导力、内部抵抗等。

8.2.2　未来展望

未来，数智化赋能和颠覆性创新将继续在全球产业竞争中发挥关键作用。以下是一些可能的发展方向：一是随着技术的不断进步，特别是人工智能、大数据、物联网和 5G 通信等领域的快速发展，预计未来数智化转型将更加深入地影响制造业的各个方面，包括生产流程、供应链管理、产品设计和客户服务等。二是在全球化的大背景下，制造业的国际竞争将更加激烈。企业需要通过数智化转型和颠覆性创新来提升自身的国际竞争力，实现产品和服务的全球化布局。三是政策制定者需要关注数智化转型和颠覆性创新的政策环境，通过出台更加有力的政策支持，为制造业的转型升级提供政策保障和资源支持。四是人才是数智化转型中的关键因素。企业需要加大对人才的培养和引进，特别是在人工智能、大数据分析等领域的专业人才，以促进企业的创新能力。五是企业需要与供应商、客户、研究机构等建立更加紧密的合作关系，共同构建创新生态系统，以促进技术和知识的交流，加速新技术和新产品的开发。六是数智化转型可以帮助企业更好地应对全球性问题，如环境保护、资源短缺等，提升企业的抗风险能力和适应性。七是未来的研究可以扩大样本范围，采用多元方法，深入探讨数智化在不同环境下的应用，以及技术发展对劳动市场的影响、数据安全和隐私保护等问题。

参 考 文 献

[1] 卜云峰，郭建琴．中小型企业构建绿色制造体系的研究［J］．企业改革与管理，2018（19）：2.

[2] 柴正猛，杨燕芳．金融科技对制造业产业链升级的影响研究——基于省级面板数据的 GMM 模型［J］．管理现代化，2022，42（6）：8 - 13.

[3] 蔡啟明，郑卫冰，王琦．基于演化博弈的产业生态链理论研究——以半导体产业为例［J］．科技管理研究，2023，43（20）：1 - 10.

[4] 蔡延泽，龚新蜀，靳媚．数字经济、创新环境与制造业转型升级［J］．统计与决策，2021，37（17）：20 - 24.

[5] 蔡卫星．银行业市场结构对企业生产率的影响——来自工业企业的经验证据［J］．金融研究，2019（4）.

[6] 曹磊，谭畅．平台化如何助力制造企业跨越转型升级的数字鸿沟？——基于宗申集团的探索性案例研究［J］．管理世界，2022，38（6）：117 - 139.

[7] 曹卫军．从赋能到使能：新基建驱动下的工业企业数字化转型［J］．西安交通大学学报（社会科学版），2022，42（3）：20 - 30.

[8] 曹慧平，王欣．智能合约驱动传统跨境贸易模式变革研究［J］．国际贸易，2021（5）：90 - 96.

[9] 陈彪，郑美琪，单标安，等．数字情境下产品创新对新企业成长的影响［J］．管理学报，2023（11）：9.

［10］陈捷，宋春花，吴晓明．数字技术赋能下企业实施高端颠覆式创新路径研究［J］．计算机系统应用，2020，29（2）：40－47．

［11］陈开江．数字化新基建与我国流通业全要素生产率提升：理论分析和实证研究［J］．商业经济研究，2021（23）：5－8．

［12］陈楠，蔡跃洲，马晔风．制造业数字化转型动机、模式与成效——基于典型案例和问卷调查的实证分析［J］．改革，2022：1－17．

［13］陈中飞，江康奇．数字金融发展与企业全要素生产率［J］．经济学动态，2021（10）：82－99．

［14］成程，田轩，徐照宜．供应链金融与企业效率升级——来自上市公司公告与地方政策文件的双重证据［J］．金融研究，2023（6）：132－149．

［15］褚玉春，张振刚，陈一华．制造企业数字服务化：数字赋能价值创造的内在机理研究［J］．科学学与科学技术管理，2022，43（1）：38－56．

［16］杜传忠，杨志坤，宁朝山．互联网推动我国制造业转型升级的路径分析［J］．地方财政研究，2016（6）：19－24．

［17］杜勇，曹磊，谭畅．平台化如何助力制造企业跨越转型升级的数字鸿沟？——基于宗申集团的探索性案例研究［J］．管理世界，2022，38（6）：117－139．

［18］杜勇，张欢，陈建英．金融科技、融资约束与企业研发投入［J］．科研管理，2021，42（6）：147－154．

［19］段文斌，周文辉，周嘉．数字经济时代下制造业企业颠覆式创新研究［J］．软科学，2022，36（7）：1－6．

［20］邓彦，余馥佳，陈伟晓．商业银行科技金融创新风险管理研究［J］．财会通讯，2017（8）：106－110．

［21］邓宇．科技金融驱动我国制造业竞争力提升的路径研究［J］．西南金融，2022（7）：56－66．

［22］丰佰恒，杜宝贵．大模型视域下大数据政策生态链研究——以

科学数据政策为例 [J].现代情报，2024（5）：12 – 39.

[23] 房汉廷.关于科技金融理论、实践与政策的思考 [J].中国科技论坛，2010（11）：5 – 10，23.

[24] 方宝林.互联网金融发展与中小企业融资约束——基于现金—现金流敏感性模型的检验 [J].宏观经济研究，2021（7）：141 – 153.

[25] 方浩.面向未来——华为的颠覆式创新 [J].南开管理评论，2018，21（2）：100 – 112.

[26] 方先明，郭旻申，夏文灏.数字经济时代长江经济带高技术产业创新发展的科技金融支持研究 [J].河海大学学报（哲学社会科学版），2023，25（2）：108 – 117.

[27] 付艳涛，吴雪娟，许金兰.新基建推动消费升级的逻辑机理及应用场景 [J].商业经济研究，2021（14）：62 – 65.

[28] 郭燕青，李海铭.科技金融投入对制造业创新效率影响的实证研究——基于中国省级面板数据 [J].工业技术经济，2019，38（2）：29 – 35.

[29] 黄勃.互联网时代下消费金融的风险度量与产品定价 [M].北京：经济科学出版社，2019.

[30] 焦豪，张睿，杨季枫.数字经济情境下企业战略选择与数字平台生态系统构建——基于共演视角的案例研究 [J].管理世界，2023，39（12）：201 – 229.

[31] 焦勇.数字经济赋能智能制造新模式——从规模化生产、个性化定制到适度规模定制的革新 [J].贵州社会科学，2020（11）：148 – 154.

[32] 焦云霞.数字化驱动制造业升级的机制、困境与发展路径 [J].价格理论与实践，2023（5）：14 – 18.

[33] 匡增杰，于偲.区块链技术视角下我国跨境电商海关监管创新研究 [J].国际贸易，2021（11）：51 – 59.

[34] 梁昊光，秦清华.制造业数字化、数字贸易壁垒与出口企业影

响力 [J]. 经济学动态, 2023 (7): 47 - 68.

[35] 梁树广, 张芃芃, 臧文嘉. 山东省制造业产业链创新链资金链的耦合协调度研究 [J]. 科技管理研究, 2022, 42 (17): 47 - 56.

[36] 梁树广, 张芃芃, 臧文嘉. 中国制造业产业链与创新链耦合协调及其影响因素研究 [J]. 地域研究与开发, 2023, 42 (3): 1 - 6, 26.

[37] 廖信林, 杨正源. 数字经济赋能长三角地区制造业转型升级的效应测度与实现路径 [J]. 华东经济管理, 2021, 35 (6): 22 - 30.

[38] 李钊, 王舒健. 金融聚集理论与中国区域金融发展差异的聚类分析 [J]. 金融理论与实践, 2009 (2): 40 - 44.

[39] 李向红, 陆岷峰. 基于跨境电商场景下供应链金融中区块链技术应用研究 [J]. 金融理论与实践, 2023 (6): 51 - 59.

[40] 刘洋, 唐任伍. 金融供给侧结构性改革视域下的区块链金融模式综述与合规创新探析 [J]. 金融发展研究, 2019 (7): 21 - 31.

[41] 刘建. 数字金融能否促进产业链创新? [J]. 现代管理科学, 2023 (4): 46 - 56.

[42] 刘慧, 王曰影. "数实融合" 驱动实体经济创新发展: 分析框架与推进策略 [J]. 经济纵横, 2023 (5): 59 - 67.

[43] 刘检华, 李坤平, 庄存波, 等. 大数据时代制造企业数字化转型的新内涵与技术体系 [J]. 计算机集成制造系统, 2022: 1 - 20.

[44] 刘静, 王艺霏, 杨小科. 创新主体与营商环境的协同如何驱动区域创新绩效? ——基于制度逻辑的组态效应 [J]. 科学管理研究, 2023, 41 (5): 88 - 96.

[45] 刘启雷, 张媛, 雷雨嫣, 等. 数字化赋能企业创新的过程、逻辑及机制研究 [J]. 科学学研究, 2022, 40 (1): 150 - 159.

[46] 刘淑春, 闫津臣, 张思雪, 等. 企业管理数字化变革能提升投入产出效率吗 [J]. 管理世界, 2021, 37 (5): 170 - 190.

[47] 刘新争. 企业数字化转型中的 "生产率悖论" ——来自制造业上市公司的经验证据 [J]. 经济学家, 2023 (11): 37 - 47.

[48] 刘英基. 制造业国际竞争力提升的绿色技术进步驱动效应——基于中国制造业行业面板数据的实证分析 [J]. 河南师范大学学报：哲学社会科学版，2019，46（5）：46－52.

[49] 刘永文，李睿. 数实融合能否改善要素市场扭曲 [J]. 软科学，2023.

[50] 刘宗巍，赵福全. 工业4.0浪潮下中国制造业转型策略研究 [J]. 中国科技论坛，2016（1）：5.

[51] 卢潇潇，王桂军."一带一路"倡议与中国企业升级 [J]. 中国工业经济，2019（3）：43－61.

[52] 罗琼，钟坚，王锋波. 粤港澳大湾区高技术产业集聚空间效应与门槛效应研究 [J]. 经济体制改革，2023（5）：68－77.

[53] 罗世华，戴玉芳，王栋，等. 大数据应用对制造业服务化转型的作用机制 [J]. 经济地理，2023，43（10）：119－127.

[54] 吕铁，李载驰. 数字技术赋能制造业高质量发展——基于价值创造和价值获取的视角 [J]. 学术月刊，2021，53（4）：56－65.

[55] 马征. 基于区块链的供应链金融监管科技应用探析 [J]. 金融发展研究，2020（9）：82－85.

[56] 马亮，高峻，仲伟俊. 数字化赋能中国先进制造企业技术赶超——动态能力下机会窗口视角 [J]. 科学学与科学技术管理，44（10）：131－151.

[57] 马青山，何凌云，袁恩宇. 新兴基础设施建设与城市产业结构升级——基于"宽带中国"试点的准自然实验 [J]. 财经科学，2021（4）：76－90.

[58] 孟凡生，徐野，赵刚."智能＋"对制造企业创新绩效的影响机制研究 [J]. 科研管理，2022，43（9）：109－118.

[59] 孟凡生，赵艳. 智能化发展与颠覆性创新 [J]. 北京石油管理干部学院学报，2022，29（2）：79.

[60] 欧阳红兵，刘晓东. 基于网络分析的金融机构系统重要性研究

[J]．管理世界，2014（8）：171 – 172．

[61] 潘艺，张金昌．用杜邦分析方法解数字化转型"黑匣子"——基于 A 股制造业上市企业财务报表的实证研究 [J]．科技管理研究，2023，43（13）：201 – 210．

[62] 裴然，侯冠宇．营商环境对数字经济发展的影响与提升路径研究 [J]．技术经济与管理研究，2023（11）：23 – 27．

[63] 齐琳琳，李越文．政府引导下的国内高端颠覆式创新研究 [J]．科学经济社会，2017，7（5）：121 – 122．

[64] 任保平，张嘉悦．数实深度融合推动新型工业化的战略重点、战略任务与路径选择 [J]．西北大学学报（哲学社会科学版），2023（11）：1 – 10．

[65] 任娇，赵荣荣，任建辉．数字金融、高技术产业集聚与区域创新绩效 [J]．统计与决策，2023，39（5）：86 – 91．

[66] 史宇鹏，曹爱家．数字经济与实体经济深度融合：趋势、挑战及对策 [J]．经济学家，2023（6）：45 – 53．

[67] 苏庆川，曾思婷．基于网络营销的企业数字营销赋能指数评测研究 [J]．中国通信，2019，16（2）：208 – 215．

[68] 宋华，陈思洁．供应链整合、创新能力与科技型中小企业融资绩效的关系研究 [J]．管理学报，2019，16（3）：379 – 388．

[69] 孙悦婷．金融科技在供应链金融风险管理中的应用研究 [J]．金融文坛，2023（9）：88 – 90．

[70] 孙保学，李伦．新基建的伦理基础：基于价值的信息伦理 [J]．探索与争鸣，2022（4）：47 – 53．

[71] 孙新波，钱雨，张媛．传统制造企业数字化转型中的价值创造与演化——资源编排视角的纵向单案例研究 [J]．经济管理，2022，44（4）：116 – 133．

[72] 唐松，伍旭川，祝佳．数字金融与企业技术创新——结构特征、机制识别与金融监管下的效应差异 [J]．管理世界，2020，36（5）：52 – 66．

[73] 陶旭辉，郭峰. 异质性政策效应评估与机器学习方法：研究进展与未来方向 [J]. 管理世界，2023，39（11）：216-237.

[74] 田红云. 破坏性创新与我国制造业国际竞争优势的构建 [D]. 上海交通大学企业管理，2007.

[75] 王满仓，聂一凡，王耀平，等. 金融科技、企业融资与信贷资源配置效率 [J]. 统计与信息论坛，2023，38（5）：67-78.

[76] 王荣，叶莉，房颖. 中国金融科技发展的动态演进、区域差异与收敛性研究 [J]. 当代经济管理，2023，45（4）：83-96.

[77] 王世文，张尹，祝演. 金融科技、融资约束与全要素生产率——基于制造业上市公司的实证研究 [J]. 宏观经济研究，2022（8）：55-64，74.

[78] 王霜，魏苗苗，于辉. 供应链金融：金融科技赋能路径探究 [J]. 经济问题探索，2023（3）：56-67.

[79] 王卫红，王颜悦. 广东推进科技、金融与产业深度融合的举措、问题及对策 [J]. 科技管理研究，2014，34（20）：29-32，47.

[80] 王驰，曹劲松. 数字新型基础设施建设下的安全风险及其治理 [J]. 江苏社会科学，2021（5）：88-99.

[81] 王宏鸣. "与时俱化"还是"望而却步"：管理者投资视域与企业数字化转型 [J]. 企业经济，2023（11）：11.

[82] 王和勇，姜观尚. 我国区域制造业数字化转型测度及其影响机制 [J]. 科技管理研究，2022，42（2）：192-200.

[83] 王宏，李娜，王艺. 数字经济对制造业高质量发展的非线性异质影响研究 [J]. 技术经济与管理研究，2022（10）：6.

[84] 王领，黄容，刘瑞青. 制造业、生产性服务业贸易发展与技术创新的动态关系研究——基于 BVAR 模型 [J]. 对外经贸实务，2023（3）：18-26.

[85] 王墨林，宋渊洋，阎海峰，等. 数字化转型对企业国际化广度的影响研究：动态能力的中介作用 [J]. 外国经济与管理，2022，44

（5）：33 - 47.

［86］王绍媛，杨础瑞.借力新基建驱动中国服务贸易高质量发展研究［J］.国际贸易，2022（1）：88 - 96.

［87］王欣，付雨蒙.企业数字化对国际化深度的影响研究［J］.经济学动态，2023（3）：104 - 124.

［88］王雨辰."新基建"视域下的基础设施供给方式研究［J］.经济体制改革，2021（5）：194 - 200.

［89］王雪原，李家先.多主体协同视角下产业链与创新链"链际融合"路径设计［J］.中国科技论坛，2023（9）：48 - 58.

［90］魏玉君，陶永亮，方丹.政府数字化转型过程中的制度变迁及其动力机制研究［J］.电子政务，2023（11）：14.

［91］魏亚楠，戎袁杰，刘明巍.区块链技术在供应链金融中的创新应用研究初探［J］.招标采购管理，2018（8）：32 - 34.

［92］吴震，蒋正云，数字经济与实体经济深度融合的内涵、逻辑与路径［J］.学术探索，2023（11）：1 - 10.

［93］肖宝忠，王建华，邢淑娜.政府高端颠覆式创新推进路径研究——由"中国制造2025"谈起［J］.微观经济学，2016（7）：91 - 94.

［94］肖红军，阳镇，刘美玉.企业数字化的社会责任促进效应：内外双重路径的检验［J］.经济管理，2021，43（11）：52 - 69.

［95］肖红军，阳镇.中国企业社会责任40年：历史演进、逻辑演化与未来展望［J］.经济学家，2018（11）：22 - 31.

［96］徐莉.畅通供需循环视角下中国制造业转型升级的困境与对策［J］.企业经济，2023，42（8）：117 - 124.

［97］徐向龙.数字化转型与制造企业技术创新［J］.工业技术经济，2022，41（6）：18 - 25.

［98］徐星，惠宁，崔若冰，等.数字经济驱动制造业高质量发展的影响效应研究——以技术创新效率提升与技术创新地理溢出的双重视角［J］.经济问题探索，2023（2）：126 - 143.

［99］许可证．计算机技术与现代金融信息［J］．南方经济，1996（4）：26 - 28.

［100］许冠南，陈璐璐，韩齐雅，等．双链耦合创新生态系统中战略定位对创新绩效的影响机制［J］．软科学，2023（11）：1 - 12.

［101］许露元．数字新基建、高技术产业集聚与区域创新绩效［J］．技术经济与管理研究，2023（10）：6 - 9.

［102］许勤，杨冬琴，罗琳，等．数字经济背景下中国制造业高质量发展的机理与路径［J］．企业经济，2023（10）：1 - 11.

［103］阳镇，陈劲，李纪珍．数字经济时代下的全球价值链：趋势、风险与应对［J］．经济学家，2022（2）：64 - 73.

［104］杨东，陈朝，杨鹏．数字化程度、双元创新与企业绩效［J］．统计与决策，2023，39（19）：167 - 172.

［105］杨海朝．新基建对我国流通数字化转型的推动效应研究［J］．商业经济研究，2022（6）：9 - 12.

［106］杨瑾，李蕾．数字经济时代装备制造企业颠覆式创新模式——基于扎根理论的探索［J］．中国科技论坛，2022（8）：89 - 99.

［107］杨娜．新基建助推产业结构升级与优化研究——评《新基建：数字时代的新结构性力量》［J］．商业经济研究，2022（6）：2.

［108］杨雅程，雷家骕，陈浩，等．加工制造企业数字化转型的机理——基于资源编排视角的案例研究［J］．管理案例研究与评论，2022，15（2）：198 - 220.

［109］杨新洪．新基建对广东经济高质量发展的赋能效应［J］．深圳社会科学，2022，5（4）：57 - 68.

［110］姚维保，陈高．金融科技对商业银行经营效率的影响研究——基于40家上市银行的面板数据分析［J］．武汉金融，2021（8）：32 - 39.

［111］余东华，王爱爱．数字技术与实体经济融合推进实体经济发展——兼论对技术进步偏向性的影响［J］．上海经济研究，2023（10）：74 - 91.

[112] 余艳，王雪莹，郝金星，等. 酒香还怕巷子深？制造企业数字化转型信号与资本市场定价 [J]. 南开管理评论，2023（8）：27.

[113] 禹海慧，胡瑶瑛，李煜华，等. 路径依赖视角下先进制造业数字化转型组态路径研究 [J]. 科技进步与对策，2022，39（11）：74-83.

[114] 曾洪鑫，李海浪，王铁旦. 粤港澳大湾区出口制造业高质量发展水平评价——基于犹豫模糊熵权与 TOPSIS 模型的实证分析 [J]. 科技管理研究，2023，43（7）：42-50.

[115] 张光宇，欧春尧，刘贻新，等. 人工智能企业何以实现颠覆性创新？——基于扎根理论的探索 [J]. 科学学研究，2021，39（4）：738-748.

[116] 张国胜，杜鹏飞，陈明明. 数字赋能与企业技术创新——来自中国制造业的经验证据 [J]. 当代经济科学，2021，43（6）：65-76.

[117] 张昆，张盼. 数字技术与实体经济融合推进实体经济发展——兼论对技术进步偏向性的影响 [J]. 上海经济研究，2023（10）：74-91.

[118] 张璐阳，戚聿东. 数字技术背景集成电路产业颠覆创新模式构建 [J]. 科学学研究，2021，39（5）：920-929.

[119] 张鹏杨，刘蕙嘉，刘会政. 数字化销售与中间品贸易网络地位提升——基于微观企业视角 [J]. 国际商务（对外经济贸易大学学报），2023（3）：21-39.

[120] 张振刚，杨玉玲，陈一华. 制造企业数字服务化：数字赋能价值创造的内在机理研究 [J]. 科学学与科学技术管理，2022，43（1）：38-56.

[121] 张雪，王凤彬. 生态系统向心力与离心力的演变——基于小米生态链的纵向案例研究 [J]. 中国工业经济，2023（9）：174-192.

[122] 张金清，李柯乐，张剑宇. 银行金融科技如何影响企业结构性去杠杆？[J]. 财经研究，2022，48（1）：64-77.

[123] 张玉华，张涛. 科技金融对生产性服务业与制造业协同集聚的影响研究 [J]. 中国软科学，2018（3）：47-55.

[124] 赵渺希，朵朵．全球化进程中珠三角城市区域的多中心网络组织 [M]．广州：广东科技出版社，2016．

[125] 赵春明，班元浩，刘烨，等．供应链金融与中小企业"走出去"[J]．国际贸易问题，2023（10）：19－35．

[126] 赵剑波．新基建助力中国数字经济发展的机理与路径 [J]．区域经济评论，2021（2）：89－96．

[127] 赵卿，曾海舰．产业政策推动制造业高质量发展了吗？[J]．经济体制改革，2020（4）：180－186．

[128] 赵宸宇，王文春，李雪松．数字化转型如何影响企业全要素生产率 [J]．财贸经济，2021，42（7）：114－129．

[129] 郑强，胡靖麟．基于逻辑回归的企业数字营销赋能能力研究 [J]．现代情报，2019（10）：123－128．

[130] 郑耀群，邓羽洁．中国制造业高质量发展的测度与区域差距分析 [J]．现代管理科学，2022（2）：3－12．

[131] 钟韵，朱雨昕．新基建下开发性 PPP 模式激励机制模型——基于政府视角 [J]．工业技术经济，2021，40（2）：48－55．

[132] 周嘉，马世龙．从赋能到使能：新基建驱动下的工业企业数字化转型 [J]．西安交通大学学报（社会科学版），2022，42（3）：20－30．

[133] 周茜．数字经济对制造业绿色发展的影响与机制研究 [J]．南京社会科学，2023（11）：67－78．

[134] 周代数，郭滕达．金融科技风险观：一个辩证分析 [J]．科学管理研究，2020，38（5）：143－147．

[135] 周少甫，叶宁，詹闻喆．科技和金融结合试点政策对地区创新的影响研究——基于金融科技的视角 [J]．经济学家，2023（8）：95－106．

[136] 周文辉，王鹏程，杨苗．数字化赋能促进大规模定制技术创新 [J]．科学学研究，2018，36（8）：1516－1523．

[137] 周锡冰．华为智能汽车业务的组织架构和颠覆创新路径分析

［J］. 中外管理, 2018（2）：180 – 186.

［138］朱国军, 王修齐, 张宏远. 智能制造核心企业如何牵头组建创新联合体——来自华为智能汽车业务的探索性案例研究 ［J］. 科技进步与对策, 2022, 39（19）：12 – 19.

［139］朱小艳. 数字经济赋能制造业转型：理论逻辑、现实问题与路径选择 ［J］. 企业经济, 2022, 41（5）：50 – 58.

［140］朱毅轩. 新基建时期流通经济对居民消费的空间溢出分析 ［J］. 中国商论, 2022（7）：16 – 18.

［141］朱国军, 周妙资. 智能制造核心企业如何通过创业孵化实现价值涌现——来自小米生态链企业的嵌入式案例研究 ［J］. 软科学, 2023, 37（5）：77 – 86.

［142］朱仁泽, 陈享光, 李光武. 科技金融结合试点政策对企业期限错配的影响 ［J］. 经济经纬, 2023, 40（1）：130 – 140.

［143］中曾宏, 宋莹, 毛瑞丰. 金融科技的影响 ［J］. 中国金融, 2017（4）：11 – 13.

［144］Acebo E, Miguel – Dávila J, Nieto M. Do financial constraints moderate the relationship between innovation subsidies and firms' R&D investment? ［J］. European Journal of Innovation Management, 2022, 25（2）：347 – 364.

［145］Alkhazaleh A M K. Challenges and opportunities for Fintech startups：Situation in the Arab World ［J］. Academy of Accounting and Financial Studies Journal, 2021, 25（3）：1 – 14.

［146］Al – Smadi M O. Examining the relationship between digital finance and financial inclusion：Evidence from MENA countries ［J］. Borsa Istanbul Review, 2023, 23（2）：464 – 472.

［147］Arner D W, Barberis J, Buckley R P. FinTech, RegTech and the reconceptualization of financial regulation ［J］. Nw J Int'l L & Bus, 2016, 37（3）：71 – 92.

[148] Autor D, Dorn D, Hanson G H et al. Foreign Competition and Domestic Innovation: Evidence from US Patents [J]. The American Economic Review: Insights, 2020, 2 (3): 357 – 374.

[149] Agrawal A, Gans J, Goldfarb A. Prediction Machines: The Simple Economics of Artificial Intelligence [M]. Cambridge: Harvard Business Review Press, 2019.

[150] Alaybeyi F S R. Smart Production via Machine Learning and Internet of Things [M]. Lausanne: Springer International Publishing, 2018.

[151] Alhajjaj Z, Al – Nuaimi A. The adoption of digital manufacture in the UK manufacturing sector: A survey [J]. Production Planning & Control, 2021, 32 (1): 1 – 12.

[152] Amit R, Zott C. Value creation in E – business [J]. Strategic Management Journal, 2001, 22 (6 – 7): 493 – 520.

[153] Arduini D, Belotti F, Denni M, et al. Technology adoption and innovation in public services the case of e-government in Italy [J]. Information Economics and Policy, 2010, 22 (3): 257 – 275.

[154] Arner D, Barberis J, Buckley R. The Evolution of Fintech: A New Post – Crisis Paradigm? Social Science Electronic Publishing, 2016, No. 4.

[155] Asmussen C G F N, Nell P C. Dynamic Capabilities: Existing Research Practices and Avenues for the Future [J]. Journal of Management Studies, 2019, 56 (8): 1484 – 1516.

[156] Baryannis G, Validi S, Dani S et al. Supply chain risk management and artificial intelligence: state of the art and future research directions [J]. International Journal of Production Research, 2019, 57 (7): 2179 – 2202.

[157] Beck T, Demirguc – Kunt A. Small and medium-size enterprises: Access to finance as a growth constraint [J]. Journal of Banking & Finance, 2006, 30 (11): 2931 – 2943.

［158］ Bunin G. Ecological communities with Lotka – Volterra dynamics ［J］. Physical Review E, 2017, 95 (4): 042414.

［159］ Belleflamme P, Lambert T, Schwienbacher A. Crowdfunding: Tapping the right crowd ［J］. Journal of Business Venturing, 2014, 29 (5): 585 – 609.

［160］ Burstall R M V C. Predictive analytics and big data in medicine ［J］. Journal of Biomedical Informatics, 2017, 75: 63 – 69.

［161］ Berman S J. Digital transformation: opportunities to create new business models ［J］. Strategy & Leadership, 2012, 40 (2): 16 – 24.

［162］ Bhattacharyya A, Hastak M. Strategic Investment in Infrastructure Development to Facilitate Economic Growth in the United States ［J］. International Journal of Economics and Management Engineering, 2021, 15 (6): 600 – 618.

［163］ Bhattacharya M, Nikhil R, Georgios A G. Financial Technology: Review of Trends, Prospects and Policy Issues ［J］. Journal of Economics and Business, 2017 (2): 100.

［164］ Bighin J, Hazan E, Ramaswamy S, et al. Artificial Intelligence: The Next Digital Frontier? ［J］. McKinsey Global Institute, 2017 (6): 1 – 74.

［165］ Bontis N. Intellectual Capital: An Exploratory Study that Develops Measures and Models ［J］. Management Decision, 1998, 36 (2): 63 – 76.

［166］ Boot A W, et al. Fintech: What's Old, What's New? Journal of Financial Stability, 2021 (12): 53.

［167］ Bower J L, Christensen C M. Disruptive technologies: catching the wave ［J］. Harvard Business Review, 1995 (73): 43 – 53.

［168］ Breznitz D, J, T A. Financial and human capital challenges in financing innovation: Capital access, cost and structure in the USA and Finland ［J］. Technovation, 2019, 19 (2): 6 – 7.

［169］ Bresnahan T F, Brynjolfsson E, Hitt L M. Information technology, workplace organization, and the demand for skilled labor: Firm-level evidence [J]. The Quarterly Journal of Economics, 2002, 117 (1): 339 – 376.

[170] Brettel M, Friederichsen N, Keller M, et al. How virtualization, decentralization and network building change the manufacturing landscape: an Industry 4.0 perspective [J]. International Journal of Mechanical, Industrial Science and Engineering, 2014, 8 (1): 37 – 44.

[171] Brynjolfsson E, Hitt L M. Beyond Computation: Information Technology, Organizational Transformation and Business Performance [J]. Journal of Economic Perspectives, 2000, 14 (4): 23 – 48.

[172] Brynjolfsson E, McAfee A. Machine, Platform, Crowd: Harnessing Our Digital Future [M]. New York: W. W. Norton & Company, 2017.

[173] Burke J. Policy implications of digital supply chains: The future is here [J]. Management Research Review, 2019, 42 (2): 193 – 210.

[174] Chaudhry S M, Ahmed R, Huynh T L D, et al. Tail risk and systemic risk of finance and technology (FinTech) firms [J]. Technological Forecasting & Social Change, 2022, 174: 1191 – 1205.

[175] Chiu J, Chen C H, Cheng C C, et al. Knowledge capital, CEO power, and firm value: Evidence from the IT industry [J]. The North American Journal of Economics and Finance, 2021, 55 (C).

[176] Chou C M. Investigating corporate bankruptcy prediction using support vector machines with feature selection [J]. Applied Soft Computing, 2020, 96 (3): 126 – 158.

[177] Christensen C M. The Innovator's Dilemma: When New Technologies Cause Great Firms to Fail [M]. Cambridge: Harvard Business School Press, 1997.

[178] Christensen C M, Raynor M E, Mcdonald R. What is disruptive innovation? [J]. Harvard Business Review, 2015, 93 (12): 44 – 53.

[179] Christensen C M, Wang D, Van Bever D. Consulting on the cusp

of disruption [J]. Harvard Business Review, 2015 (93): 106 – 114.

[180] Choi C J, Ma P. Innovation ecosystems and the role of government: A case study of Ecuador [J]. Technological Forecasting and Social Change, 2019 (147): 28 – 37.

[181] Cockburn I M, Henderson R, Stern S. The impact of artificial intelligence on innovation [M]. Cambridge, MA, USA: 2018.

[182] Cohen W M, Klepper S. A reprise of size and R&D [J]. Economic Journal, 1996, 106 (437): 925 – 951.

[183] Cohen W M, Levinthal D A. Absorptive Capacity: A New Perspective on Learning and Innovation [J]. Administrative Science Quarterly, 1990, 35 (1): 128 – 152.

[184] Coad A. The growth of firms: A survey of theories and empirical evidence [M]. Cheltenham: Edward Elgar Publishing, 2009.

[185] Dai J, Wang Y, Vasarhelyi M A. Blockchain: an emerging solution for fraud prevention [J]. The CPA Journal, 2017, 87 (6): 12 – 14.

[186] Deng L, Lv Y, Liu Y, et al. Impact of fintech on bank risk-taking: Evidence from China [J]. Risks, 2021, 9 (5): 1 – 27.

[187] Di Cuonzo G, Galeone G, Zappimbulso E, et al. Risk management 4. 0: The role of big data analytics in the bank sector [J]. International Journal of Economics and Financial Issues, 2019, 9 (6): 40 – 47.

[188] Doran J, Ryan G. The role of stimulating employees' creativity and idea generation in encouraging innovation behaviour in Irish firms [J]. The Irish Journal of Management, 2017, 36 (1): 32 – 48.

[189] Derave T, Prince Sales T, Gailly F, et al. Comparing digital platform types in the platform economy [C]//Proceedings of the International Conference on Advanced Information Systems Engineering, 2021: 417 – 431.

[190] Danneels E. Disruptive Technology Reconsidered: A Critique and Research Agenda [J]. Journal of Product Innovation Management, 2004, 21

（4）：246 – 258.

［191］Davenport T H, Guha A, Grewal D, et al. How Artificial Intelligence Will Change the Future of Marketing ［J］. Journal of the Academy of Marketing Science, 2020, 48（1）：24 – 42.

［192］Davenport T H, Ronanki R. Artificial intelligence for the real world ［J］. Harvard business review, 2018, 96（1）：108 – 116.

［193］Dess G G, Beard D W. Dimensions of organizational task environments ［J］. Administrative Science Quarterly, 1984, 29（1）：52 – 73.

［194］Diewert E A N A. The Measurement of Productivity for Nations ［J］. Journal of Econometrics, 2009, 151（1）：2 – 16.

［195］Dunne D N R. Innovation, disruption and their implications for the future course of healthcare ［J］. Journal of the American Medical Association, 2012, 307（22）：2409 – 2410.

［196］Eisenha rdt K M, G raebne r M E. Theory building from cases: opportunities and challenges ［J］. Academic of management journal, 2007, 50（1）：25 – 32.

［197］Friedman J R. The world city hypothesis ［J］. Development and Change, 1986, 17（1）：63 – 70.

［198］Fang F J K L H. The Impact of Digital Innovation on Industrial Upgrading: Evidence from China's Manufacturing Industry ［J］. Sustainability, 2020, 12（15）：6183.

［199］Fountaine T, Mccarthy B, Saleh T. Building the AI-powered organization ［J］. Harvard Business Review, 2019, 97（4）：62 – 73.

［200］Furr N, Zhu H. How to create an innovation culture ［J］. MIT Sloan Management Review, 2016, 58（2）：79 – 86.

［201］Gomber P, Koch J, Siering M. Digital Finance and FinTech: current research and future research directions ［J］. Zeitschrift für Betriebswirtschaft, 2017, 87（5）：537 – 580.

[202] Gozman D, Liebenau J, Mangan J. The innovation mechanisms of fintech start-ups: insights from SWIFT's innotribe competition [J]. Journal of Management Information Systems, 2018, 35 (1): 145 – 179.

[203] Gartner. Top 10 Strategic Technology Trends for 2019: A Gartner Trend Insight Report [R]. Stamford, CT, 2019.

[204] Gilbert C. Unbundling the structure of inertia: Resource versus routine rigidity [J]. Academy of Management Journal, 2005, 48 (5): 741 – 763.

[205] Godina R K P B. Towards Industry 5.0: Analysis of Current Sustainability Challenges in Smart Manufacturing [C]. In: Procedia CIRP. Elsevier, 2020: 59 – 64.

[206] Govindarajan V K P K. Disruptiveness of Innovations: Measurement and an Assessment of Reliability and Validity [J]. Strategic Management Journal, 2006, 27 (2): 189 – 199.

[207] Grönroos C. Value co-creation in service logic: A critical analysis [J]. Marketing Theory, 2020, 20 (1): 2.

[208] Griliches Z. Patent Statistics as Economic Indicators: A Survey [J]. Journal of Economic Literature, 1990, 28 (4): 1661 – 1707.

[209] Howe J. Crowdsourcing: Why the power of the crowd is driving the future of business [M]. New York: Crown Currency, 2009.

[210] Handiso S Y. Professionals and Implementation of Artificial Intelligent Manufacturing Process in Manufacturing Industry [J]. International journal of engineering research and technology, 2021, 9 (11): 1.

[211] Harrison J S, Bosse D A. How much is too much? The limits to generous treatment of stakeholders [J]. Business Horizons, 2020, 63 (4): 5.

[212] Haddad C, L H. The emergence of the global fintech market: Economic and technological determinants [J]. Small Business Economics, 2018, 6 (10): 1 – 23.

[213] Hall B H. The financing of research and development [J]. Oxford Review of Economic Policy, 2002, 18 (1): 35 – 51.

[214] Hall B H, Lerner J. The Financing of R&D and Innovation [J]. Handbook of the Economics of Innovation, 2010 (1): 609 – 639.

[215] Hall B H, Lotti F. Innovation and productivity in SMEs: Empirical evidence for Italy [J]. Small Business Economics, 2012, 39 (2): 339 – 356.

[216] Hausman J H J A. What You Export Matters [J]. Journal of Economic Growth, 2007, 12 (1): 1 – 25.

[217] He Y, Wang S, Liao S. New infrastructure construction accelerates the digital transformation of industries [J]. E – Government, 2020, 5 (1): 27 – 38.

[218] Henderson R. The innovator's dilemma as a problem of organizational competence [J]. Journal of Product Innovation Management, 2006 (23): 5 – 15.

[219] Henry C. M C. Is High – Tech Sector Resilient to Financial Crisis? Evidence from Patenting Activity during 2008 – 2009 [J]. Industrial and Corporate Change, 2013, 22 (4): 1033 – 1057.

[220] Hsu C T, Hung K H. Promoting FinTech industry in Taiwan: A government perspective [J]. Journal of Internet Banking and Commerce, 2019, 24 (5): 3.

[221] Huang J Y K L. Research on the sustainable development of manufacturing industry by using big data analysis [J]. Sustainability, 2019, 11 (4): 972.

[222] Huang K W L. Research on the development path of China's manufacturing industry based on big data analysis [J]. Journal of Intelligent & Fuzzy Systems, 2019, 37 (5): 7267 – 7274.

[223] Iansiti M, Lakhani K R. The truth about blockchain [J]. Harvard

Business Review, 2017, 95 (1): 118 – 127.

[224] Jacobides M G, Cennamo C, Gawer A. Towards a theory of ecosystems [J]. Strategic Management Journal, 2018, 39 (8): 2255 – 2276.

[225] Jarrahi M H. Artificial intelligence and the future of work: Human – AI symbiosis in organizational decision making [J]. Business Horizons, 2018, 61 (4): 577 – 586.

[226] Jin M, Zhang J, Zhang H. China's digital economy: Opportunities and risks [J]. China Economic Review, 2020, 63: 101516.

[227] Jx A, Xr B, Ps C. Can a new model of infrastructure financing mitigate credit rationing in poorly governed countries? [J]. Economic Modelling, 2021, 95: 111 – 120.

[228] Kaal W A. Decentralized Corporate Governance via Blockchain Technology [J]. Annals of Corporate Governance, 2020, 5 (2): 101 – 147.

[229] Kandpal V, Mehrotra R. Financial inclusion: The role of fintech and digital financial services in India [J]. Indian Journal of Economics & Business, 2019, 19 (1): 85 – 93.

[230] Kidwell D S, Blackwell D W, Whidbee D A. Financial institutions, markets, and money [M]. Hoboken: John Wiley & Sons, 2016.

[231] Kagermann H, Wahlster W, Helbig J. Recommendations for Implementing the Strategic Initiative Industrie 4.0 [R]. Technical Acatech – National Academy of Science and Engineering. Final report of the Industrie 4.0 Working Group, 2013.

[232] Kane G C, Palmer D, Phillips A N, et al. Strategy, not Technology, Drives Digital Transformation [M]. Cambridge and New York: MIT Sloan Management Review and Deloitte University Press, 2015.

[233] Kaplan R S, Norton D P. The Balanced Scorecard: Translating Strategy into Action [M]. Boston: Harvard Business School Press, 1996.

[234] Kaplan R S, Norton D P. The Strategy – Focused Organization:

How Balanced Scorecard Companies Thrive in the New Business Environment [M]. Boston: Harvard Business School Press, 2001.

[235] Kiron D, Kane G C, Palmer D E A. Aligning the organization for its digital future [J]. MIT sloan management review, 2016, 58 (1): 3 – 27.

[236] Kogut B, Zander U. Knowledge of the Firm, Combinative Capabilities, and the Replication of Technology [J]. Organization Science, 1992, 3 (3): 383 – 397.

[237] Kogut B. Normative observations on the international value-added chain and strategic groups [J]. Journal of international business studies, 1984, 15 (2): 151 – 167.

[238] Ko A, Y K J. The role of government in supporting Industry 4.0. Journal of Open Innovation: Technology [J]. Market and Complexity, 2017, 3 (4): 21.

[239] Kohli R, Grover V. Business value of IT: An essay on expanding research directions to keep up with the times [J]. Journal of the Association for Information Systems, 2008, 9 (1): 23 – 39.

[240] Ko C R, Osei – Bryson K M. Developing a Retrospective DEA Model to Determine Technology Change and its Impact on Improving the Banking Efficiency of Global Banks [J]. Information Technology and Management, 2004, 5 (1): 2.

[241] Levinson D. Network Structure and City Size [J]. Plos One, 2012, 7 (1): e29721.

[242] Lee C, Ni W, Zhang X. FinTech development and commercial bank efficiency in China [J]. Global Finance Journal, 2023, 57 (10): 108 – 150.

[243] Lee I, Shin Y J. Fintech: Ecosystem, business models, investment decisions, and challenges [J]. Business Horizons, 2018, 61 (1): 35 – 46.

[244] Li Y, Spigt R, Swinkels L. The impact of FinTech start-ups on incumbent retail banks' share prices [J]. Financial Innovation, 2017, 3 (26): 1 – 16.

[245] Lee I, J S Y. Fintech: Ecosystem, business models, investment decisions, and challenges [J]. Business Horizons, 2018 (61): 35 – 46.

[246] Lee J N, Kozar K A, Larsen K R. The technology acceptance model: Past, present, and future [J]. Communications of the Association for Information Systems, 2003 (12): 752 – 780.

[247] Li P, Zhou L. The Integration Mechanism of New Infrastructure and Traditional Industry Chains [J]. Industrial Technology & Economy, 2019, 38 (8): 18 – 24.

[248] Li X, Karahanna E. Online Recommendation Systems in a B2C E – Commerce Context: A Review and Future Directions [J]. Journal of the Association for Information Systems, 2020, 21 (2): 2.

[249] Li Y, Hu L, Cozzarin B. Does fintech improve firm performance? Evidence from a panel of US small businesses [J]. Journal of Small Business Management, 2020, 58 (1): 254 – 268.

[250] Li Y W C. Research on the influence factors of disruptive innovation performance in China's high-end equipment manufacturing industry [J]. International Journal of Production Research, 2019, 57 (9): 2851 – 2867.

[251] Liang Q W J. Analysis of the influence factors and path selection of disruptive innovation for the high-end equipment manufacturing industry [J]. Technological Forecasting and Social Change, 2019 (146): 116 – 126.

[252] Liu J, Q C. Towards Industry 4.0 and the future of manufacturing practices: A Delphi study on supply chain disruptions [J]. Technological Forecasting and Social Change, 2019, 146: 135 – 147.

[253] Liu X, Huang S. Digital transformation, innovation capability, and enterprise performance: A resource orchestration perspective [J]. Journal

of Business Research, 2020, 109 (5): 35 - 46.

[254] Loureiro S M C, Guerreiro J, Tussyadiah I. Artificial intelligence in business: State of the art and future research agenda [J]. Journal of business research, 2021, 129: 911 - 926.

[255] Luo Q H C X. Industrial upgrading and optimization of regional industrial structures in China based on big data analysis: A case study of the Yangtze River Economic Belt [J]. Complexity, 2020: 8812674.

[256] Mishchenko S, Naumenkova S, Mishchenko V et al. Innovation risk management in financial institutions [J]. Investment Management & Financial Innovations, 2021, 18 (1): 190 - 202.

[257] Mahto M B K M. Empirical investigation of synergies among Industry 4. 0 enablers: A case study of Indian manufacturing industry [J]. Journal of Manufacturing Technology Management, 2020, 31 (6): 1300 - 1329.

[258] Manyika J, Chui M, Bisson P, et al. The Internet of Things: Mapping the Value Beyond the Hype [R]. Technical McKinsey Global Institute, 2015.

[259] Manyika J, Chui M, Miremadi M, et al. A future that works: AI, automation, employment and productivity [J]. McKinsey Global Institute Research (Tech. Rep), 2017, 60: 1 - 135.

[260] Marien M. The second machine age: Work, progress and prosperity in a time of brilliant technologies [J]. Cadmus, 2014, 2 (2): 174.

[261] Markides C. Disruptive innovation: In need of better theory [J]. Journal of product innovation management, 2006, 23 (1): 19 - 25.

[262] Markides C G P. Fast Second: How Smart Companies Bypass Radical Innovation to Enter and Dominate New Markets [M]. Boston: Jossey - Bass, 2005.

[263] Martin A, Grudziecki J. DigEuLit: Concepts and tools for digital literacy development [J]. Innovation in teaching and learning in information and

computer sciences, 2006, 5 (4): 249 – 267.

[264] Mcafee A, Brynjolfsson E. Big Data: The Management Revolution [J]. Harvard Business Review, 2012, 90 (10): 60 – 68.

[265] Mcdowell W, Moser P, Selden L. Digital disruption and the game of business [J]. McKinsey Quarterly, 2018 (1): 1 – 11.

[266] Mcgrath R G. The End of Competitive Advantage: How to Keep Your Strategy Moving as Fast as Your Business [M]. Boston: Harvard Business Review Press, 2013.

[267] Mollick E R. Fintech crowdfunding and firm innovation. Research Policy, 2020, 49: 3.

[268] Molyneux P, S M T. Fintech in China: The 2020 perspective [J]. Managerial Finance, 2020, 46 (9): 1203 – 1212.

[269] Mokyr J. Secular Stagnation? Not in Your Life [J]. AEA Papers and Proceedings, 2014, 104 (5): 1 – 12.

[270] Mostaghel R R M. The Role of organizational agility in the high-end disruptive innovation processes [J]. Technology Analysis & Strategic Management, 2019, 31 (4): 431 – 444.

[271] Mulgan. G E. The political economy of digital technology [J]. European Journal of Social Theory, 2018, 21 (2): 154 – 174.

[272] Naim A. Role of artificial intelligence in business risk management [J]. American Journal of Business Management, Economics and Banking, 2011, 1 (1): 55 – 66.

[273] Naumenkova S, Mishchenko S, Dorofeiev D. Digital financial inclusion: evidence from Ukraine [J]. Investment Management & Financial Innovations, 2019, 16 (3): 194 – 205.

[274] Nankervis A R. Disruptive innovation in Chinese and Indian businesses: the strategic implications for local entrepreneurs and global incumbents [J]. Asia Pacific Business Review, 2013, 19 (3): 432 – 433.

［275］Nardo M，Forino D，Murino T. The evolution of man-machine interaction：The role of human in Industry 4. 0 paradigm ［J］. Production & Manufacturing Research，2020，8（1）：20 – 34.

［276］Niebel T H T W. The role of artificial intelligence in future industrial value creation：a scenario-based analysis ［J］. Journal of Cleaner Production，2020：247.

［277］Nishimura Y O Y Y. Sources of economies of scale and scope：A network DEA and social network analysis approach ［J］. European Journal of Operational Research，2018，268（3）：1014 – 1029.

［278］Ondrus J，Gannamaneni A，Lyytinen K. The Impact of Openness on the Market Potential of Multi-sided Platforms：A Case Study of Mobile Payment Platforms ［J］. Journal of Information Technology，2015，30：3.

［279］O Mahony M，M V. Quantifying the Impact of ICT Capital on Output Growth：A Heterogeneous Dynamic Panel Approach ［J］. Economica，2005，72（288）：615 – 633.

［280］Potts J. Introduction：Creative industries & Innovation policy ［J］. Innovation：A Journal of Social Science，2009，11（2）：138 – 147.

［281］Pan H，et al. Is Government Engagement Effective for Resolving Non-performing Loans in China? Financial Innovation，2020，6：1.

［282］Penrose E T. The Theory of the Growth of the Firm ［M］. Oxford：Oxford university press，2009.

［283］Pfeffer J. Competitive advantage through people：Unleashing the power of the work force ［M］. Brighton：Harvard Business School Press，1994.

［284］Philippon T. The FinTech Opportunity ［J］. NBER Working Paper，2016.

［285］Pillania R K，A H. Digital twin technology：A scholarly review ［J］. Journal of Manufacturing Systems，2020，57：411 – 429.

［286］Porter M E，Heppelmann J E. How Smart，Connected Products

Are Transforming Competition ［J］. Harvard Business Review, 2014, 92 (11): 64 – 88.

［287］ Porter M E, van der Linde C. Green and competitive: Ending the stalemate, ［J］. Harvard Business Review, 1995, 73 (5): 120 – 134.

［288］ Porter M E. The Competitive Advantage of Nations ［M］. New York: Free Press, 1990.

［289］ Posa P, Saridakis C. Entrepreneurial ecosystems and regional productivity growth: A Spatial econometric analysis ［J］. Entrepreneurship & Regional Development, 2021, 33 (9 – 10): 757 – 781.

［290］ Puschmann T. Fintech. Business & Information Systems Engineering, 2017, 59 (1): 1.

［291］ Qian Q, J L. The effect of innovation chain-industrial chain coupling on technological innovation performance: Evidence from China's high-tech manufacturing industry ［J］. Chinese Management Studies, 2020, 14 (2): 373 – 391.

［292］ Ranade A. Role of Fintech in Financial Inclusion and New Business Models ［J］. Economic and Political Weekly, 2017, 52 (3): 125 – 128.

［293］ Ronaghi M H. Contextualizing the impact of blockchain technology on the performance of new firms: The role of corporate governance as an intermediate outcome ［J］. Journal of High Technology Management Research, 2022, 33 (2): 100438.

［294］ Ransbotham S, Gerbert P, Reeves M, et al. Reshaping Business With Artificial Intelligence: Closing the Gap Between Ambition and Action ［J］. MIT sloan management review, 2017, 59 (1): 11 – 19.

［295］ Rejeb J B H W. Small firms and innovation: differential role of human capital, market power and size ［J］. Journal of Innovation Economics & Management, 2013, 12 (1): 63 – 85.

［296］ Ross J W, Beath C M, Mocker M. Designed for Digital: How to

Architect Your Business for Sustained Success ［M］. Massachusetts： Cambridge： MIT Press，2019.

［297］ Rukanova B H S H H. Digital trade infrastructures：a framework for analysis ［J］. Complex systems informatics & modeling quarterly，2018 （14）：1 – 21.

［298］ Sassens S. The Global City：New York，London，Tokyo ［M］. Princeton：Princeton University Press，1991.

［299］ Schueffel P. Taming the Beast：A Scientific Definition of Fintech ［J］. Journal of Innovation Management，2016，4 （4）：32 – 54.

［300］ Schwab K. The Fourth Industrial Revolution ［M］. New York：Crown Business，2017.

［301］ Schwab K. The Fourth Industrial Revolution ［M］. New York：Currency，2016.

［302］ Sebastian I M，Ray S，Puram C. The Impact of Digital Disruption on Innovation：Evidence from the Banking Industry ［J］. Journal of Management Information Systems，2017 （34）：703 – 736.

［303］ Semrau T，W A K S. How Do Innovation Priorities Change as Firms Mature? Evidence from a Large German Panel ［J］. Journal of Product Innovation Management，2016，33 （5）：586 – 604.

［304］ Shahrokhi M. Fintech：Ecosystem，business models，investment decisions，and challenges ［J］. Journal of Digital Banking，2018，3 （1）：1 – 6.

［305］ Shen W Q H Y H. Applications of agent-based systems in intelligent manufacturing：An updated review ［J］. Advanced Engineering Informatics，2006，20 （4）：415 – 431.

［306］ Shin S H G V K. Manufacturing in Industry 4.0：Digitalization challenges and research opportunities ［J］. Computers & Chemical Engineering，2020 （136）：106959.

[307] Shumelda L. Digital technologies and business models innovation: A systematic literature review [J]. Journal of Innovation & Knowledge, 2020, 5 (4): 222 –233.

[308] Simon H. Digital technology and the future of advanced manufacturing [J]. Annals of the New York Academy of Sciences, 2018, 1396 (1): 17 –27.

[309] Stilgoe J. Responsible innovation, disruptive innovation and 'needs-led' disruption [J]. Journal of Responsible Innovation, 2019, 6 (1): 86 – 95.

[310] Stiroh K J. Information technology and the U. S. productivity revival: what do the industry data say? [J]. American Economic Review, 2002 (92): 1559 –1576.

[311] Subramaniam M, Youndt M A. The Influence of Intellectual Capital on the Types of Innovative Capabilities [J]. Academy of Management Journal, 2005, 48 (3): 450 –463.

[312] Su Y S, Chen H. Fintech adoption and customer satisfaction in financial services: A review of the literature [J]. Journal of Financial Services Marketing, 2020, 25 (1): 53 –59.

[313] Tapscott D, Tapscott A. Blockchain Revolution: How the Technology Behind Bitcoin Is Changing Money, Business and the World [M]. London: Penguin, 2016.

[314] Trumbore P F. Public opinion as a domestic constraint in international negotiations: Two-level games in the Anglo-Irish peace process [J]. International Studies Quarterly, 1998, 42 (3): 545 –565.

[315] Tambe P, Hitt L M, Brynjolfsson E. Job hopping, information technology spillovers, and productivity growth [J]. Management Science, 2014, 60 (2): 338 –355.

[316] Tao Y A, Xy B, Sl A, et al. Intelligent Manufacturing for the

Process Industry Driven by Industrial Artificial Intelligence [J]. Engineering, 2021, 7 (9): 1193 – 1342.

[317] Taylor J. Disruptive innovation: A new era of healthcare [J]. Frontiers of Health Services Management, 2019, 26 (1): 3 – 12.

[318] Teece D J. Business models, business strategy and innovation [J]. Long Range Planning, 2010, 43 (2 – 3): 172 – 194.

[319] Teece D J. Explicating dynamic capabilities: The nature and micro-foundations of (sustainable) enterprise performance [J]. Strategic Management Journal, 2007, 28 (13): 1319 – 1350.

[320] Teece D J. Profiting from innovation in the digital economy: Enabling technologies, standards, and licensing models in the wireless world [J]. Research policy, 2018, 47 (8): 1367 – 1387.

[321] Teece D J. Profiting from technological innovation: Implications for integration, collaboration, licensing and public policy [J]. Research Policy, 1986, 15 (6): 285 – 305.

[322] Tellis G J. Disruptive Technology or Visionary Leadership? [J]. Journal of Product Innovation Management, 2006, 23 (1): 34 – 38.

[323] Thakor A V. Fintech and Banking: What Do We Know? Journal of Financial Intermediation, 2020, No. 41.

[324] Thoben K D W S W T. "Industrie 4. 0" and smart manufacturing-a review of research issues and application examples [J]. International journal of automation technology, 2017, 11 (1): 4 – 16.

[325] Tidd J, Bessant J R. Managing innovation: integrating technological, market and organizational change [M]. Hoboken: John Wiley & Sons, 2020.

[326] Triplett J E. The Solow productivity paradox: What do computers do to productivity? [J]. The Canadian Journal of Economics/Revue canadienne d'Économique, 1999, 32 (2): 309 – 334.

［327］ Tripsas M. Unraveling the Process of Creative Destruction: Complementary Assets and Incumbent Survival in the Typesetter Industry ［J］. Strategic Management Journal, 1997, 18 （S1）: 119 – 142.

［328］ Wang C G R. Industry transformation via digital innovation: Manufacturing in mainland China and Hong Kong ［J］. Technovation, 2020 （90 – 91）: 102128.

［329］ Wang W H Y. Digital transformation path analysis based on manufacturing ［J］. Applied Mechanics and Materials, 2020 （865）: 204 – 208.

［330］ Westerman G, Bonnet D, Mcafee A. Leading Digital: Turning Technology into Business Transformation ［M］. Brighton: Brighton: Harvard Business Review Press, 2014.

［331］ Wieser R. W T. The Effect of Flexible Innovation Strategies on Stock Returns ［J］. Journal of Business Research, 2016, 69 （11）: 5323 – 5331.

［332］ World Bank. Doing Business 2019: Training for Reform ［R］. International Bank for Reconstruction and Development/The World Bank, 2019.

［333］ Wu J, Zhang H. The pull effect of new infrastructure on the industry chain and its implementation path ［J］. China Industrial Economics, 2020 （4）: 5 – 23.

［334］ Wu J A L A. Digital Financial Management, Market Competition and Business Performance: Based on the Moderating Effect of Technical Progress ［J］. Journal of Industrial Engineering and Engineering Management, 2019, 33 （12）: 65 – 75.

［335］ Xia L Y W W. Sustainable development of the manufacturing industry: Empirical research based on industrial big data ［J］. Sustainability, 2019, 11 （10）: 2850.

［336］ Xiaodong L. Research on the Development and Application of Digital Empowerment in Smart Cities ［J］. Journal of Chengdu Normal University （Natural Science Edition）, 2018, （2）: 68 – 72.

[337] Xie J. A review of research on the business model of the sharing economy [J]. Economic Research Guide, 2018 (18): 15 – 16.

[338] Xu M, David J M, Kim S H. The fourth industrial revolution: Opportunities and challenges [J]. International journal of financial research, 2018, 9 (2): 90 – 95.

[339] Xu Y, Xu Z, Zhang Z. Business model innovation driven by digital transformation: An empirical study [J]. Chinese Journal Of Management Science, 2019, 28 (1): 182 – 194.

[340] Yang T, Zhang X. FinTech adoption and financial inclusion: Evidence from household consumption in China [J]. Journal of Banking & Finance, 2022, 145: 6668 – 6680.

[341] Yusuf M, Hakim L, Hendra J, et al. Blockchain technology for corporate governance and IT governance: A financial perspective [J]. International Journal of Data and Network Science, 2023, 7 (2): 927 – 932.

[342] Yusuf S. From Creativity to Innovation [J]. Technology in Society, 2009, 31 (1): 1 – 8.

[343] Yan T, Du J. Research on the coupling coordination of China's digital and creative industries using a Heterogeneous Double – Chain Model [J]. Sustainability, 2020, 12 (2): 574.

[344] Yang Wei L G Y M. Application Research of Intelligent Logistics Technology Based on Digital Empowerment [J]. Journal of Industrial and Intelligent Information, 2019, (2): 41 – 44.

[345] Yang Z, L L. Industry 4.0: A bibliometric review and future research directions [J]. International Journal of Production Research, 2019, 57 (12): 3599 – 3623.

[346] Ye F, Liu Y, Fu Y. Exploration on the Path and Model of Number – Reality Integration in Digital Manufacturing [J]. Journal of Mechanical Engineering, 2018, 54 (22): 88 – 98.

［347］ Yi L. Y M. Study on the Influence Factors of Disruptive Innovation Capability – Supported by the Case of Ali Baba Group ［J］. Journal of Convergence Information Technology, 2018, 13 （3）: 15 – 23.

［348］ Yin B, Wu J, Liu J. Investigation of evolvability of complex networks based on system identify framework ［J］. Physica A: Statistical Mechanics and its Applications, 2020, 534.

［349］ Yu H, Han S, Yang D, et al. Job Shop Scheduling Based on Digital Twin Technology: A Survey and an Intelligent Platform ［J］. Complexity, 2021, 2021: 1 – 12.

［350］ Yu J H, Tse T C H, Zhang T. Does involvement in standardization bring business benefits to Chinese firms? Asia Pacific Journal of Management, 2020, 37 （3）: 779 – 802.

［351］ Zetzsche D A, Buckley R P, Barberis J N, et al. Regulating a Revolution: From Regulatory Sandboxes to Smart Regulation ［J］. Fordham Journal of Corporate & Financial Law, 2017, 23 （31）: 112 – 137.

［352］ Zavolokina L, Dolata M, Schwabe G. FinTech Transformation: How IT – Enabled Innovations Shape the Financial Sector. Enterprise Modelling and Information Systems Architectures, 2016, 111 （1）: 1.

［353］ Zeng L. W C X Y. Research on the Influence Factors of Disruptive Innovation Capability – Supported by the Case of Ali Baba Group ［J］. Journal of Technology Management for Growing Economies, 2019, 10 （1）: 2 – 9.

［354］ Zhang B, et al. Moving Mainstream: The European Alternative Finance Benchmarking Report. Cambridge Centre for Alternative Finance, 2020.

［355］ Zhang J Y, Han C Y, Hua T X. Research on the Coupling Mechanism between Financial Development and Physical Capital Investment in the Age of Big Data ［J］. Mathematical Problems in Engineering, 2019, 32 （10）: 1 – 15.

［356］ Zhang L Z J. Technological upgrading, market openness, and manufacturing quality upgrading: Evidence from China [J]. China Economic Review, 2021 (66): 101542.

[357] Zhang S, Zhao L. Research on the Impact and Policy Guidance of New Infrastructure Construction on the Development of Industrial Internet [J]. Macroeconomics, 2018 (9): 152 – 161.

[358] Zhang X, H L. From big data to deep insight: A comprehensive study of quality-related problems in manufacturing [J]. International Journal of Production Research, 2020, 59 (10): 3229 – 3248.

[359] Zhao L, Wang J, Wang Z. Research on the impact of new infrastructure construction on industrial structure upgrading [J]. Science and Technology Management Research, 2020, 40 (18): 137 – 143.

[360] Zhao Yang L X. Research on the Application of Data Driving in Supply Chain Management under the Background of Digital Empowerment [J]. Computer Engineering, 2020 (8): 43 – 48.

[361] Zhao Y, Liu X, Zhang X. Digital twin-driven smart manufacturing: Connotation, reference model and applications [J]. Journal of Manufacturing Systems, 2018, 48 (2): 1 – 10.

[362] Zheng N, Xu J, Xie K, et al. Digital twin-enabled smart manufacturing: Challenges and new opportunities [J]. International Journal of Computer Integrated Manufacturing, 2020, 33 (7): 677 – 692.

[363] Zhou K, T F. Digitalizing the manufacturing process: A conceptual model [J]. Journal of Manufacturing Systems, 2018, 48 (2): 54 – 67.

[364] Zhou Q, Chen X, Li J. Green development and policy suggestions under the background of New Infrastructure Construction [J]. Ecological Economy, 2019, 35 (11): 67 – 73.

[365] Zúñiga – Vicente J Á, Alonso – Borrego C, Forcadell F J et al. Assessing the effect of public subsidies on firm R&D investment: A survey [J]. Journal of Economic Surveys, 2012, 26 (1): 36 – 67.

后　　记

随着《数智化赋能：制造向智造转型与颠覆式创新战略路径》这本专著的完成，我不禁感慨万千。在这本书的撰写过程中，我深入探讨了数字化时代下制造业的转型与创新，见证了技术革新如何引领产业变革，同时也体会到了知识探索的艰辛与乐趣。随着数字化转型进程的加速，其已成为推动现代经济增长的核心动力。技术革新的推动作用使得原本预计需要数十年完成的变革，有望在短短一二十年内实现。在当前充满不确定性的环境中，数字化转型无疑构成了最为明确的增长机遇。数字化时代的到来标志着传统行业将广泛受益于技术的升级与转型。在新冠疫情的催化作用下，中国的小微企业迅速实现了向线上运营的转型。这一转变不仅促进了数字化生产力的提升，也推动了传统行业的技术革新。当前，无论企业所属行业为何，均面临着利用数字技术降低运营成本、提高效率的重大机遇。疫情正促使诸多应急技术转变为日常应用，而在此过程中，最大的受益者并非仅限于互联网企业，而是那些利用互联网技术进行自我改造的传统企业。因此，投资者应拓宽视野，关注那些通过新技术实现自我革新的传统行业。传统制造业一旦与新技术结合，便有可能实现质的飞跃，而互联网行业的领先企业则更易受到颠覆。未来，所有行业都将与互联网技术相融合，区别在于是否采用了新理念和新技术来实现自我革新。

数字化转型不仅仅是信息技术和信息化的简单叠加，而是业务流程与数据深度融合的过程。5G技术的应用远超过通信领域的范畴，它预示着一个万物互联的新时代的到来。供应链、制造业和服务业的全面数字化，标志着人类全面进入物联网时代。制造业的技术投入已从传统的设备和流水线转向数字化流程的改造、数字技术人才的培养以及产品数字化的创新。以我国服装产业为例，随着数智化赋能，中国庞大的服装生产能力将在未来展现新的竞争力，这不仅体现在大规模生产上，更体现在灵活应对市场变化的能力上。数字化跨境业务的兴起预示着未来贸易将建立在全新的基础设施之上，例如全球支付、物流和数字化通关等。这将使得中小企业和小包裹成为贸易的主力军。数字技术的发展将为中国内需带来全新的发展阶段。中国14亿多人口的内需潜力尚未充分挖掘，而数字经济的兴起将为世界经济发展提供新的动力。在此背景下，低收入人群的消费将成为可持续的内需力量。教育改革成为应对未来社会变革的迫切需求。随着工业化时代的教育模式逐渐过时，新的教育方式必须适应数字时代的需求，培养能够在未来竞争中胜出的人才。综上所述，数字化转型为经济社会技术带来了巨变，而坚定方向、信念和行动，将使我们能够把握机遇，应对挑战。

本书的完成，不仅是对当前制造业发展趋势的一次系统性总结，更是对未来智能制造发展的一次大胆预测和展望。我们深知，每一次技术的飞跃都伴随着无数挑战，但也同样孕育着无限可能。书中提出的一系列策略和建议，希望能够为制造业的数智化转型提供指导，为企业的颠覆性创新提供灵感。

在研究与撰写的过程中，我与众多学者、专家和企业家进行了深入的交流与讨论。他们的见解和经验为本书的内容丰富性和实用性提供了宝贵的支持。在此，要向所有给予帮助和启发的人士表示最诚挚的感谢。

此外，我也要感谢我的爱人吴二娇女士以及我两个可爱又给力女儿的全力支持。在漫长的研究和写作过程中，是她们的鼓励和陪伴让我克服了重重困难，坚持到了最后。

虽然本书已经完成，但研究不会停止。制造业的数智化转型和颠覆性创新是一个持续发展的过程，我们将继续关注这一领域的最新动态，不断学习和探索，以期在未来能够提供更多有价值的研究成果。

　　最后，希望本书能够成为制造业转型与发展道路上的一盏明灯，为企业和政策制定者提供指导和启示。期待与各界人士共同探讨和交流，携手推动制造业的繁荣发展，迎接智能制造的美好未来。

刘　璟

2024 年 8 月